国家社会科学基金项目成果
西华师范大学出版基金资助

国家社科基金项目

善治乡村

基于贫困治理的当代创举

聂应德 等/著

人民出版社

目　录

绪　　论

乡村治理现代化是国家治理现代化的重要内容和基础工程。党的十一届三中全会以来,中国进入改革开放时期,在农村实行家庭联产承包和村民自治,农村发展取得了举世瞩目的历史性成就。党的十八大以来,中国进入了全面深化改革和中国特色社会主义建设新时代,坚持以人民为中心,以全面建成小康社会和全面建设社会主义现代化国家为目标,在农村实行精准扶贫和脱贫攻坚方略,党领导全国人民经过八年的艰苦卓绝奋斗,不仅极大地改变了乡村的物质生活条件和社会经济面貌,实现了农村贫困人口与全国同步小康的战略目标,为实现乡村振兴奠定了坚实基础,而且从价值取向、主体结构和体制机制等方面创新了乡村治理,有力地推动了基层社会治理现代化,开辟了善治乡村的新道路。因此,研究精准扶贫视域下乡村治理创新,对于全面总结脱贫攻坚的成功经验,促进乡村振兴战略实施和社会主义现代化国家建设,实现国家治理体系和治理能力现代化,具有重要的理论和实践意义。

一、研究的背景和意义

(一)研究的背景

党的十八大以来,中国特色社会主义进入了新时代,以习近平同志为核心的党中央,提出了2020年在中国全面建成小康社会的宏伟目标,为此“把脱贫攻坚摆在治国理政的突出位置,把脱贫攻坚作为全面建成小康社会的底线任务,组织开展了声势浩大的脱贫攻坚人民战争”①。八年脱贫攻坚,八年艰辛奋斗,终于完成了消除绝对贫困的艰巨任务,实现了全面建成小康社会的宏伟目标。在建党百年之际,习近平总书记庄严宣布,“我国脱贫攻坚战取得了全面胜利,现行标准下 9899 万农村贫困人口全部脱贫,832 个贫困县全部摘帽,12.8 万个贫困村全部出列,区域性整体贫困得到解决”②,中国这场伟大的反贫困斗争,创造了减贫治贫的中国样本,为全球减贫事业作出了重大贡献。

但是,在农村消除绝对贫困、全面建成小康社会不是终点,而是新生活、新奋斗的起点。这种新生活、新奋斗集中体现为实施乡村振兴战略。乡村振兴战略在党的十九大报告中正式提出,其总体要求是“产业兴旺、生态宜居、乡风文明、治理有效、生活富裕”。乡村振兴是精准扶贫的接续和升级,应以精准扶贫、脱贫攻坚成果为基础,继续做好巩固和拓展工作;乡村振兴是全面建设社会主义现代化国家的重要内容,必须围绕立足新发展阶段、贯彻新发展理念、构建新发展格局带来的新形势、提出的新要求,坚持农业农村优先发展,从根本上解决“三农”问题,使之在现代化进程中不掉队、赶上来。从这个意义上说,“全面实施乡村振兴战略的深度、广度、难度都不亚于脱贫攻坚”③。

国家治理现代化,早在党的十八届三中全会决定中就正式提出来了,最近又在党的十九届四中全会《决定》中得到新的阐释和发展。国家治理现代化是新时代全面深化改革的总目标,被称之为中国的“第五个现代化”,它是实现中国特色社会主义事业“五位一体”总体布局和“四个全面”战略布局的根本道路。全面深化改革是改革发展的新阶段,意味着改革进入攻坚期和深水区,到了攻坚拔寨和啃“硬骨头”的关键环节;全面深化改革具有系统性、整体性和协同性,覆盖经济、政治、文化、社会等各个领域,内涵制度、体制、机制各个层面。就基层民主、村民自治和社会管理的全面深化改革而言,党的十八大以来创造性地提出了“社会治理”的概念,并强调治理重心下移和治理手段创新。根据党的十九大报告和《中共中央国务院关于实施乡村振兴战略的意

① 习近平:《在全国脱贫攻坚总结表彰大会上的讲话》,《人民日报》2021 年 2 月 26 日。
② 习近平:《在全国脱贫攻坚总结表彰大会上的讲话》,《人民日报》2021 年 2 月 26 日。
③ 习近平:《在全国脱贫攻坚总结表彰大会上的讲话》,《人民日报》2021 年 2 月 26 日。

见》,2019 年中共中央办公厅、国务院办公厅印发的《关于加强和改进乡村治理的指导意见》,正式提出了"乡村治理体系和治理能力现代化"(以下简称"乡村治理现代化")的发展目标,并明确了总体要求、主要任务和组织实施。

目前,中国乡村振兴和治理现代化方兴未艾、正在路上。如果说全面建成小康社会,是以精准扶贫、脱贫攻坚如期完成为标志,那么,现在中国则正处于从小康社会向建成社会主义现代化强国的转变时期;国家治理现代化,以党的十九届四中全会《决定》为标志,"在各方面制度更加成熟更加定性上取得明显成效",现在正朝着"全面实现国家治理体系和治理能力现代化"的目标奋进。根据党中央的决策,乡村振兴和治理现代化这两大战略目标,都将分两步实施,到新中国成立一百周年之际完成。因此,怎样全面建设社会主义现代化国家,特别是怎样使现代化强国与现代化治理、使乡村振兴战略与乡村治理现代化良性互动、相辅相成,是一个必须认真研究和科学回答的重要理论与实践问题。

八年精准扶贫脱贫攻坚的伟大实践,对于解决乡村振兴战略与乡村治理现代化良性互动相辅相成问题,提供了成功经验和理论启示。精准扶贫脱贫攻坚"对中国农村的改变是历史性的、全方位的"①。精准扶贫视域下的乡村治理,一方面,在精准扶贫脱贫攻坚的过程中,从中国国情出发,以减贫规律为指导,出台了一系列超常规政策举措,构建了一整套行之有效的政策体系、工作体系、制度体系,这"不仅确保了脱贫攻坚取得全面胜利,而且有力提升了国家治理体系和治理能力现代化水平,丰富和发展了新时代中国共产党执政理念和治国方略"。另一方面,中国"脱贫攻坚行之有效的制度体系和方法手段,为基层社会治理探索了新路径"②,使贫困地区基层治理体系进一步健全、治理能力显著提升;使"基层党组织充分发挥战斗堡垒作用,在抓党建促脱贫中得到锻造,凝聚力、战斗力不断增强,基层治理能力明显提升"③。因此,我

① 中华人民共和国国务院新闻办公室:《人类减贫的中国实践》白皮书,《人民日报》2021 年 4 月 7 日。

② 中华人民共和国国务院新闻办公室:《人类减贫的中国实践》白皮书,《人民日报》2021 年 4 月 7 日。

③ 中华人民共和国国务院新闻办公室:《人类减贫的中国实践》白皮书,《人民日报》2021 年 4 月 7 日。

们必须对精准扶贫脱贫攻坚这一治贫治村的伟大实践和成功经验进行认真总结和深入研究,以丰富和深化对共产党执政、社会主义建设和人类社会发展规律的认识,特别是丰富和深化对实施乡村振兴战略与乡村治理现代化的规律性认识,以更加自觉而有效地开展新的伟大社会实践。

(二)研究的意义

1. 在理论上,有利于完善和发展乡村治理现代化的思想观点

意识是存在的反映,理论是实践的产物。理论研究的意义在于认识世界,也就是对客观现象、外部世界在主观上建立起因果联系,通过重组和推理建立起一个由概念和判断构成的新的知识系统。作为伟大事业伟大斗争的精准扶贫也是伟大的思想宝藏,储量大、品质高,要丰富和发展乡村治理理论,就必须以积极的态度和科学的方法,去认识、研究和升华精准扶贫这一社会新生事物。目前,中国精准扶贫脱贫攻坚如期完成,面对全面建成小康社会的伟大胜利,人们开始在思考总结中探索发现脱贫攻坚精神和中国特色反贫困理论,从而形成了优秀的理论成果。

贫困地区基层治理创新是中国特色反贫困理论的一个重要内容,本书将以此为起点和基础。作为党和国家重大决策的精准扶贫方略,对中国农村地区乃至全国经济社会全局都有着深远的影响,其政策的贯彻执行需要中央统筹、省负总责,充分发挥集中力量办大事的制度优势,但也要市县抓落实。市县落实,一方面要依靠农村基层治理体制机制的有效运行,另一方面要依靠党和国家的强大力量推动农村基层治理体制机制的改革创新。精准扶贫在中国农村的实践,既不同于家庭联产承包责任制和村民自治的改革,也不同于社会主义新农村与社会主义和谐社会建设,而是中国“三农”政策的突破性发展。因此,研究精准扶贫的生动实践、丰富材料和新鲜经验,揭示和阐释乡村治理现代化基本概念、基本观点和基本理论,分析和归纳现代乡村治理的价值观念、结构功能和体制机制,发现和揭示其本质规定、运行机理和发展趋势,有助于我们走出村民自治和基层民主研究的困境,完善和发展乡村治理现代化的思想观点。

2. 在实践上，为乡村治理现代化提供智力支持和理论参考

中国在历史上长期是一个农业大国，迄今仍有五亿多人口居住在乡村，农业农村现代化对全面建设社会主义现代化国家有着至关重要的作用。乡村治理现代化是解决“三农”问题、实现乡村振兴的重要保障，乡村治理创新研究则为乡村治理现代化提供智力支持和理论参考。

研究精准扶贫视域下的农村治理体制机制创新能够给广大人民群众提供智力支持。广大人民群众是实现乡村振兴和全面建设社会主义现代化国家的主体，也是基层治理改革创新的主体，他们对乡村治理现代化的认识、理解的程度和水平，将直接影响着对乡村治理现代化的态度与参与度，影响着乡村治理现代化的实践和成效。在过去四十多年，广大农村居民基本适应了村民自治的制度环境和运行状况，并形成了强大的思维定式，这在一定程度上对适应精准扶贫和乡村振兴而开展的乡村治理改革创新造成了障碍和阻力。因此，如果不转变普通群众中的思想认识，乡村治理现代化就很难与时俱进、很难做到针对性和有效性。理论要说服和掌握群众，就不能墨守成规，或新瓶装旧酒，而是要从实际出发，研究新形势、新问题和新任务，提出新观点、新思路和新方法，用以宣传群众、教育群众和武装群众，使广大人民群众不仅认识到乡村治理现代化的必要性和重要性，而且了解和掌握其目标、进程、条件等理论知识，从而真正成为推进乡村治理现代化的强大动力。

研究精准扶贫视域下的农村治理体制机制创新能够为解决当前基层治理困境提供理论参考。诚然，经过几十年的建设与发展，基层群众自治和基层民主是中国制度的显著优势之一，必须在乡村治理现代化过程中予以坚持和完善。但是，正如家庭联产承包责任制改革发展为所有权、承包权和经营权等“三权分置”一样，中国村民自治和基层民主在经历几十年的发展后，也积累了许多问题，表现在治理上软弱和低效，要求全面深化改革，把中国特色社会主义乡村治理现代化提高到新阶段、推进到新时代。中国精准扶贫脱贫攻坚的实践，既给这种改革提供了契机和抓手，又对基层治理创新进行了探索和积累了经验。所以，推进中国乡村治理现代化，就不能拘泥于传统的村民自治和基层民主理论，必须研究精准扶贫视域下的农村治理体制机制创新，构建新时代中国特色社会主义乡村治理的理论体系，使之成为在顶层设计、工作指导和

效果评价上的理论参考,以提高广大干部的思维能力、决策能力和执行能力,支持和保障中国乡村治理现代化的顺利实施;自觉地按社会政治发展规律办事,以减少盲目性和提高自觉性,进而顺利实现国家治理现代化。

二、基本概念和理论

(一)乡村治理

中国自古就有“治国理政”的说法,当代学者用此词来翻译英文 Governance 时,则融入了新的内涵。20 世纪 80 年代末治理问题开始受到重视,主要是出于国际组织和跨国公司为改善受援国或投资国社会政治环境的努力,如世界银行概括当时非洲情形时就使用了“治理危机”(crisis in governance)。但是治理问题受到世界各国的普遍重视,“更深刻的原因在于政府体制和市场体制的局限性和在若干领域中的失效”①。至于治理概念的广泛运用,则得力于 1992 年联合国教科文组织成立的全球治理委员会的研究及推进工作。联合国全球治理委员会关于治理的定义指出,所谓治理就是指“各种公共的或私人的个人和机构管理其共同事务的诸多方法的总和,是使相互冲突的或不同利益得以调和,并采取联合行动的持续过程”。与此相适应,20 世纪 90 年代治理理论在西方兴起,主张用治理替代统治。虽然“工具性的治理改革必然要涉及政治制度”、体现“政治价值”,但“治理是一种公共管理行为,是价值因素较少而技术因素较多的政治行为”。② 治理出于对“政府失灵”和“市场失灵”的矫正,强调主体多元性、方法多样性,以及公共生活的“管理性”和公共管理的“有效性”,从而区别于传统的政治、统治、行政的理论与实践。③世界盛行的治理理论很快传入中国,并作为一种新的分析研究范式在各个学科中广泛运用,如政治学、社会学、管理学、经济学等。在中国共产党的重要文

---

① 俞可平:《国家治理评估——中国与世界》,中央编译出版社 2009 年版,第 3 页。

② 俞可平:《国家治理评估——中国与世界》,中央编译出版社 2009 年版,第 3 页。

③ 参见樊雅强、陈洪生:《社会主义新农村建设中的乡村治理理论与实践》,《江西社会科学》2007 年第 3 期。

件中,“治理”一词也由概括专门的具体问题到被写入全面深化改革的总目标,从党代会的报告到被写入党的决定和党章,其地位和作用不断提高。

中国“乡村治理”概念最早于1998年由华中师范大学中国农村问题研究中心的政治学者提出①,他们“将村治定义为乡村治理和乡村建设,试图以村治研究来统括当前的农村研究”,认为“乡村治理研究就是从经济、政治、社会、文化各个方面对乡村进行研究,发现乡村的治理逻辑,真正从乡村本身来研究和讨论乡村的出路”。② 后来,与实施社会主义新农村建设和乡村振兴战略相联系,乡村治理成了热点问题和流行热词。综合众多论者的研究可以看出,中国的乡村治理是社会治理的重要内容和国家治理的基础工程,指的是与中国农业生产发展状况相适应,同时受乡村历史文化传统和国家经济政治环境制约,通过多元主体和多种方法对农村基层社会公共事务进行管理的过程,以实现乡村社会的和谐有序与发展活力。

中国乡村治理有着悠久的历史传统。中国自有文字记载以来的几千年历史主要是农业国的历史。在漫长的古代社会阶段,城乡分而治之,“皇权不下县”,广大农村地区主要通过家户宗族和地方乡绅进行治理,著名学者徐勇称之为“东方国家的基层群众自治”“东方国家自由主义传统”。③ 正是这种“基层群众自治”,有效维持着乡村社会秩序以及生产和再生产活动,但却又导致农业农村发展严重“内卷化”问题。近代以来,国家公共权力通过乡镇制度和保甲制度大力向基层农村渗透和下沉,以建设现代民族国家,但因内忧外患,效果不佳。直到1949年中华人民共和国成立,通过在农村开展的土地改革以及集体化运动,彻底摧毁了传统宗法和乡绅力量对乡村治理的影响,建立了自上而下的以三级管理、队为基础的行政化管理体制即人民公社制度。人民公社制度在把农民组织起来和支持国家工业化方面功不可没,但计划命令体制抑制了乡村的发展活力,且不由自主地一次次卷入国家的政治运动中,造成农民群众的普遍贫穷。1978年召开了党的十一届三中全会,以家庭联产承包责

① 徐勇、吴毅、贺雪峰等:《村治研究的共识与策略》,《浙江学刊》2002年第1期。

② 贺雪峰:《新乡土中国》,北京大学出版社2013年版,第447页。

③ 徐勇:《东方自由主义传统的发掘——兼评西方话语体系中的“东方专制主义”》,《学术月刊》2012年第4期。

任制为主要内容的农村改革在中国应运而生、率先突破,极大地调动了农民的生产积极性和主动性,迅速地解决了农民的温饱问题,同时导致政经合一的人民公社制度走向解体。如果说1978年安徽小岗村率先探索了包产到户家庭经营,那么1980年则是广西河池合寨大队首创了村民委员会进行自我管理,克服了人民公社制度解体后农村一度的混沌混乱状态,恢复了村民规范和乡村秩序。这两大来自基层实践的改革创新,代表了民心,反映了社会规律,相继上升为党和国家的政策法规,在全国范围内普遍推行。就乡村治理而言,在农村实行家庭联产承包经营体制基础上,1983年中共中央、国务院发布通知,要求实行政社分开、建立乡政府;根据基层群众开展自治的实践经验,1987年全国人大通过了《村民委员会组织法(试行)》,从立法上确认了村民自治的地位和作用。从此,"乡政村治"取代了公社管理、"村组制"取代"社队制",也就是以原公社组织为基础恢复建立了中国最基层的政权组织即乡镇党政机构,以原生产大队和小队为基础实行村民自治,分别建立了新的村委会和村民小组,其中农村基层党组织发挥领导核心作用,基层政权发挥工作指导作用。① 村民自治制度坚持村民的民主选举、民主决策、民主管理和民主监督原则,强调村民的自我教育、自我管理和自我服务功能。

"乡政村治"制度建立以后,中国农村经济改革又相继经历了农产品购销体制改革推动市场化进程、乡镇企业发展推进工业化战略转移、农村税费改革催生城乡公共服务均等化,精准扶贫为建立橄榄型社会新格局积累条件等四大事件,②以及实行"让一部分人先富起来"、社会主义新农村建设、城乡统筹一体化发展、美丽乡村建设和实施乡村振兴战略等重大决策,对中国整个经济社会发展产生了巨大影响,所有这些都是在村民自治的框架下进行的,并不同程度地促进了村民自治和基层民主的自我完善与发展。但是,随着形势任务的变化,出现了新情况、新问题,使村民自治显现出质量不高、行政干预过大和治理效果欠佳,其适应性、包容性和发展性逐步减弱,面临严峻挑战。

---

① 《中华人民共和国村民委员会组织法》(1998年修订),《中华人民共和国全国人民代表大会常务委员会公报》1998年第5期。

② 马晓河、刘振中、钟钰:《农村改革40年:影响中国经济社会发展的五大事件》,《中国人民大学学报》2018年第3期。

这些问题的产生，其原因主要有：一是农村双层经营体制中集体所有制形同虚设，片面强调家庭承包制（1998 年前叫家庭联产承包责任制），导致村民自治缺乏坚强的经济基础和社会基础；二是大一统的历史传统和一盘棋的政治结构，强调国家对基层农村个体农民的整合与管控，以维护秩序和保持稳定；三是现行的工业化和城镇化政策，虽然在形式上有别于通过城乡二元结构和工农产品"剪刀差"来加以保障和支持，但在实质内容上则是基本一致，都是通过农村农业向城市工业输送人力、物力和财力，从而形成原始积累和强大动力；四是片面强调村民自治，政府权力向上收缩至乡镇一级，党的基层领导被悬浮、虚化、弱化。正如计划经济时期片面强调行政管控一样，改革开放时期片面强调村民自治，都存在着不周延之处。因为社会治理是一项复杂的系统工程，除了基层群众自治，还需要政党领导、政府治理、社会协同、法治保障和科技支撑等等。所以，乡村治理现代化被提上了党和国家的重要议事日程和工作日程，乡村治理现代化强调农村党组织要全面领导基层治理工作，实行共建共治共享的社会治理制度和自治法治德治相结合的治理体系。

（二）精准扶贫

贫困"是人类社会的顽疾"，摆脱贫困、追求富裕一直是人民群众的梦想。但由于造成贫困原因的复杂性和严重性，使得仅仅依靠个人努力和家庭力量是不可能完全彻底地摆脱贫困的，要让人民群众过上幸福美好的生活，必须把扶贫减贫作为重要的社会公共工程，让国家政府组织和社会各界都承担起责任来，正如习近平总书记所指出："反贫困始终是古今中外治国安邦的一件大事，一部中国史，就是一部中华民族同贫困作斗争的历史。"

马克思主义认为，贫穷不是社会主义，社会主义本质特征是共同富裕。中国共产党自建立以来，就一直领导广大人民群众开展反贫困斗争、追求美好生活，向贫困宣战、向造成贫困的旧制度宣战，开展了新民主主义革命运动，于 1949 年取得了全国胜利，建立了中华人民共和国。新中国实行社会主义公有制和按劳分配，为实现党的初心使命、为民富国强开辟了广阔的道路。在其最初十多年里，通过国家工业化和农业集体化道路，国家经济社会发展取得了明显成效，但十年"文革"浩劫，使得国民经济濒临崩溃的边缘，造成了社会普遍贫穷甚至绝对贫困。因而,改革开放的初衷就是解决老百姓的温饱问题,消除普遍贫困、绝对贫困,并允许一部分人通过自己辛勤劳动与合法经营先富裕起来,再通过先富带动后富,最后走向共同富裕,实现社会主义现代化。所以,从根本上说,中国特色社会主义本身就是反贫困理论、反贫困政策、反贫困制度。不仅如此,在社会主义建设和改革过程中,党和国家还一直坚持对社会弱势群体、特殊困难群体实行专门的扶贫济困政策,如五保制度、低保制度、合作医疗制度、大病保险制度、养老保险制度、灾害救济制度等等,帮助社会弱势群体和贫困人口跟上时代前进的步伐,共享建设和改革发展成果。经过四十多年来的不懈努力,中国建设成为世界第二大经济体,并"成功走出了一条中国特色扶贫开发道路,使 7 亿多农村贫困人口成功脱贫,为全面建成小康社会打下了坚实基础。我国成为世界上减贫人口最多的国家,也是世界上率先完成联合国千年发展目标的国家。这个成就,足以载入人类社会发展史册,也足以向世界证明中国共产党领导和中国特色社会主义制度的优越性"①。

新时代中国共产党高度重视反贫困斗争。这除了中国共产党的理论自觉外,还有两个重要原因,一是新时代中国脱贫攻坚形势依然严峻。据统计,到 2014 年年底,中国农村还存在着 7000 多万贫困人口②,这不仅相当于世界上一个较大规模国家的总人口,而且是扶贫中最难啃的"硬骨头",属于贫中之贫、坚中之坚,这与中国在 2020 年实现全面建成小康社会,要求不能让一个民族、一个地区、一个家庭掉队的目标相比,还有较大差距。二是习近平总书记亲自领导和指挥。全面建成小康社会,重点在农村,难点在农村。2013 年,习近平总书记在视察湖南十八洞村时正式提出了"精准扶贫"思想。2014 年,党和国家作出重大决定,在全国农村开展精准扶贫、精准脱贫,用超常的决心和举措,实施攻坚工程。从此以后,习近平总书记每年都主持召开专门座谈会,每次座谈会前,总书记都先到贫困地区调研,实地了解情况,听取基层干部群众意见,根据了解到的情况,召集相关省份负责同志进行工作部署。③

---

① 《习近平谈治国理政》第二卷,外文出版社 2017 年版,第 84 页。

② 参见《习近平谈治国理政》第二卷,外文出版社 2017 年版,第 84 页。

③ 参见习近平:《在决战决胜脱贫攻坚座谈会上的讲话》,《人民日报》2020 年 3 月 7 日。

精准扶贫是党和国家的新的重大战略决策。一是党和国家把过去扶贫济困的具体政策和部门行为上升为国家战略，举全党全国之力抓精准扶贫和精准脱贫，要求“脱贫攻坚任务重的地区党委和政府要把脱贫攻坚作为‘十三五’期间头等大事和第一民生工程来抓，坚持以脱贫攻坚统揽经济社会发展全局”①。二是精准扶贫是全面建成小康社会的攻坚战。建设小康社会，是20世纪70年代末邓小平同志代表全党提出来的奋斗目标，并在世纪末如期实现。党的十六大正式把全面建设小康社会作为新世纪最初二十年的奋斗目标。党的十八大以来，继续坚持这一奋斗目标，并用全面建成代替全面建设，把中国特色社会主义推向新的时代。正如习近平总书记所指出的，“到2020年全面建成小康社会，是我们党向人民、向历史作出的庄严承诺”，“是我们对人民立下的军令状，必须全力以赴去实现”。② 但是，中国全面建成小康社会突出的短板主要在民生领域，尤其是“农村贫困人口是最突出的短板”，近一个亿的农村贫困人口不仅数量巨大，而且贫困程度深、贫困情况复杂，扶贫和脱贫的难度也最大。所以，“小康不小康，关键看老乡”，必须在农村地区打通全面建成小康的“最后一公里”。三是精准扶贫为实施乡村振兴战略奠定基础。乡村振兴战略是在党的十九大报告中提出来的。改革开放四十多年极大地改变了中国的面貌，一个人口多、底子薄和地域广的贫穷落后的东方大国，由温饱而达到小康水平，一跃而成为世界第二大经济体，实现了中华民族的和平发展。但总体来看，中国仍是世界上最大的发展中国家，将长期处于社会主义初级阶段，人民群众对美好生活的愿望与发展不平衡不充分的矛盾成为当前和今后一段时间内的社会主要矛盾，其中最大的不平衡是城乡之间的不平衡，最大的不充分是农村农业发展不充分。“三农”问题仍是全党和全国工作的重中之重，而实施乡村振兴战略，则是从根本上解决“三农”问题的新型战略抉择。精准扶贫是乡村振兴战略的基础和第一阶段，乡村振兴战略是精准扶贫的接续和升级。通过精准扶贫脱贫攻坚，消除区域性的整体贫困，消除农村中的绝对贫困，为实施乡村振兴战略扫清障碍，从物质条件、思想意识、干部和组

---

① 《习近平谈治国理政》第二卷，外文出版社2017年版，第86页。

② 《习近平谈治国理政》第二卷，外文出版社2017年版，第71—73页。

织资源等方面奠定坚实的基础。四是把乡村建设发展和乡村治理创新有机结合起来。精准扶贫、脱贫攻坚政策的主要内容包括“两不愁三保障”“六个精准”“五个一批”,实行“五级书记”抓脱贫攻坚的领导体制和中央统筹、省负总责、市县抓落实管理体制,构建“三位一体”的大扶贫格局,实行派驻工作组和第一书记制度,等等。由此可见,精准扶贫既是专项的特殊的乡村建设即围绕着贫困人口脱贫奔康的乡村建设,也是以治贫为目标的专项的特殊的乡村治理,在这个意义上,精准扶贫是乡村建设和乡村治理的有机统一,是善治乡村的创新之举。

精准扶贫是国家长治久安的社会条件。中国精准扶贫、脱贫攻坚的对象和范围在农村,而农村则是现代化的稳定器和蓄水池。美国学者亨廷顿曾指出,“在某种程度上讲,现代化中国家政府的稳定取决于它进行农村改革的能力”;“农村的角色是可变的:它或是充当稳定的源泉,或是充当革命的源泉”;“一旦农村充当反对派的角色,政治体系和政府都有被颠覆的危险”。[①] 但是,“农村是否充当革命的源泉,还将取决于政权对乡村控制的强弱与农民被政治动员的程度这两个变量”[②]。在中国现代化启动阶段,由于国家政权未能解决好农村问题和因农村精英的大规模流失,使得对乡村社会的控制弱化,这在一定程度上给中共动员农民群众和开展阶级革命创造条件。[③] 精准扶贫对中国乡村影响巨大而深远,它不是简单的扶贫济困和脱贫奔小康,而是乡村建设、改革和发展的大战略、新战略,其实践过程如期完成,深刻地影响着乡村的经济、政治、文化和社会生活,其巨大的社会政治意义已经并还将继续显现。一是履行党的庄严承诺,在同步奔小康过程中,不让一个人一个地区和一个民族掉队;二是提振社会的精气神,克服小富即安不思进取的怠惰思想和幸福期望值过高的急躁情绪,消除物欲膨胀、心绪浮躁以及享乐主义和奢靡之风;三是巩固和扩大共产党执政的社会基础,让七千万多人口“两不愁三保障”,不

---

① [美]塞缪尔·亨廷顿:《变革社会中的政治秩序》,李盛平、杨玉生译,华夏出版社 1988 年版,第 365、285 页。

② 许纪霖、陈达凯:《中国现代化史　第一卷(1800—1949)》,生活·读书·新知三联书店 1995 年版,第 17 页。

③ 许纪霖、陈达凯:《中国现代化史　第一卷(1800—1949)》,生活·读书·新知三联书店 1995 年版,第 18 页。

仅直接解放和发展了生产力，而且还有广泛的增量的政策溢出效应，惠及相关的更多人民群众，巩固与党同心同向同行的信念和决心；四是全面改变农村面貌，缩小贫富差别、工农差别和城乡差别，为城乡统筹一体化发展、新农村建设和乡村振兴奠定坚实基础；五是创新乡村治理的理念和体制，精准扶贫政策实施和任务完成，不仅要依靠现行乡村治理体制机制的保障和支持，而且更要突破现行体制机制的束缚，采用新的共建共治共享理念，整合权威规范机制，按精细准确绿色有效的要求，去推进精准扶贫，确保脱贫攻坚任务如期完成。总之，抓精准扶贫就是贯彻落实新发展理念，就是抓乡村建设发展、抓"收入倍增计划"和发展新常态、抓乡村社会保障制度建立健全，也就是抓乡村治理、抓和谐社会构建。

通过精准扶贫、脱贫攻坚的伟大实践，形成了中国特色反贫困理论。习近平总书记 2021 年 2 月 25 日在全国脱贫攻坚总结表彰大会上的讲话，把中国特色反贫困理论概括为"六个坚持"，中国特色反贫困理论，是中国特色社会主义的理论创新，是对马克思主义反贫困理论的继承和发展，是对西方社会反贫困理论的借鉴和超越。

（三）治理创新

创新就是人类变革旧事物与创造新事物的实践活动，它是指人类为满足自身需要，不断拓展对客观世界及其自身的认知与行为的过程和结果，创新活动是引领社会经济发展的第一动力，是民族进步和国家兴旺发达的不竭源泉。创新发展意即创新驱动发展，是党的十八届五中全会提出的新发展理念之一，且居于首要的地位。创新发展是一个复杂的系统工程，具体包括理论创新、制度创新、科技创新、文化创新等多方面。

制度创新、体制改革、制度文明、政治现代化、治理现代化等概念与治理创新有着密切的联系，它们从不同的视角和侧重指代同一社会政治现象或行为，因为治理创新就是社会政治的改革发展。本书主要关注制度创新，因为制度创新是治理创新的根本性内容。在政治上，党的十一届三中全会后，邓小平在总结中国共产党治国理政的教训时曾指出，"我们过去发生的各种错误，固然与某些领导人的思想、作风有关，但是组织制度、工作制度方面的问题更重要”,“制度问题更带有根本性、全局性、稳定性和长期性”。① 在理论上,外国学者通过对凯恩斯主义和行为主义的反思,新制度主义关注到制度创新对提高效率和推动经济社会发展或变迁所起的重要作用,在这种意义上,可以说改革就是改制。国内学者认为,变革通常是针对制度和体制而言的,“乡村社会治理创新其实就是通过制度创新,来达到乡村治理效率的提高,促进乡村社会更好地发展”;创新乡村社会治理,可以“从乡村治理体制、机制、结构、过程和手段5个方面去推进”。② 从贫困治理来看,也与制度创新密切联系,“中国的经验证明,成功的反贫困与发展高度相关,但又不仅仅依赖于发展。……系统的农村制度创新和基础性制度供给、农民政治经济权利的全面赋予(赋权)、贫困人群可行能力的培育、乡村社会组织体系的重建、社群道德伦理和文化的回归、贫困人群的心理建设和心理支持,都构成新型扶贫战略的不可缺失的核心内容”③。

治理现代化是中国式现代化的重要内容。发展是人类社会的永恒主题,现代化则是社会发展的新探索、新形态。美国学者布莱克称之为人类历史上的第三次革命性的大转变,也就是从农业文明或游牧文明逐渐过渡到工业文明、从传统社会逐渐过渡到现代社会的历史过程。④ 这种革命性大转变始于近代西方国家,西方国家率先追求工业化、城市化、市场化,并成为最早的发达国家,然后这种发展趋势向广大落后国家蔓延和扩展,认识和研究这种社会现象及其历史过程就形成了现代化理论。社会现代化理论主要是在E.迪尔凯姆和马克斯·韦伯等人的思想基础发展起来的,在西方国家经历了18世纪至20世纪的萌芽、第二次世界大战后至六七十年代的形成以及70年代至今的扩展等三个发展阶段,现代化理论研究了近几百年来世界各国的经济、科技、政治、文化、社会等各个领域,逐渐成为一个包含了社会学、社会心理学、经济

① 《邓小平文选》第二卷,人民出版社1994年版,第333页。

② 陆益龙:《后乡土中国》,商务印书馆2017年版,第293、300页。

③ 王曙光:《中国扶贫——制度创新与理论演变(1949—2020)》,商务印书馆2020年版,第1—3页。

④ [美]布莱克:《现代化的动力:一个比较史的研究》,张静译,浙江人民出版社1989年版,第1—4页。

学、政治学、历史学等各社会科学内容的综合性理论体系。①

乡村治理现代化是国家治理现代化的基础工程，国家治理现代化是新时代全面深化改革的总目标。如果说党的十一届三中全会以来的改革开放，是从经济到政治、从农村到城市分步实施、逐项开展，通过"放权让利"来搞活经济，解放和发展生产力，追求温饱富裕和实现安定团结，那么新时代的改革，则进入了深水区和攻坚期，具有系统性、整体性、协同性，是对过去那种不全面不深化改革的扬弃。新时代的改革是全面深化的改革，改革的总目标就是"完善和发展中国特色社会主义制度，推进国家治理体系和治理能力现代化"。国家治理现代化包括两大方面，从国家治理体系现代化方面看，指的是国家制度的坚持与完善、改革与发展。中国的国家制度，既是中国特色社会主义性质的，其最本质的特征就是共产党领导；也是一个系统完整、相互协调的制度体系，涉及经济、政治、文化、社会、生态文明和党的建设等各个领域的法律法规、体制机制。从国家治理能力现代化方面看，指的是治国理政、公共管理能力的增强和提高，也就是通过运用国家制度和配置公共资源，有效地进行改革发展稳定、内政外交国防、治党治国治军，并达到预期的目的。在国家治理现代化的大背景下，中国乡村治理现代化也提上了重要的议事日程和工作日程。党的十八大以来，对于乡村社会治理，在坚持基层群众自治基本制度和社会治安综合治理体制的基础上，创造性地用"社会治理"思想代替"社会管理"观念，并重点强调国家的治理重心向基层转移和下沉、使政府治理与群众自治的良性互动。党的十九大以来，对加强和改进乡村治理即实现乡村治理现代化的要求更加明确，一是坚持和加强党对乡村治理的集中统一领导；二是构建共建共治共享的社会治理制度；三是建立自治、法治和德治相结合的治理体系；四是建设充满活力、和谐有序的乡村社会。目标更加具体，到 2020 年，现代乡村治理的制度框架和政策体系基本形成；到 2035 年，乡村治理体系和治理能力基本实现现代化。党的十九届四中全会作出了《关于坚持和完善中国特色社会主义制度、推进国家治理体系和治理能力现代化的若干重大问题的决定》，在十三个制度优势和十三个坚持完善中，明确指出要坚持和完善共建共治共

① 丰子义：《现代化的理论》，北京大学出版社 1995 年版，"引言"。

享的社会治理制度,“健全充满活力的基层群众自治制度”,“构建基层社会治理新格局”。为贯彻党的十九届四中全会精神,各省区市结合自身实际,又分别作出决定决议,其中 2019 年 12 月中共四川省委十一届六次全会通过的《关于深入贯彻党的十九届四中全会精神推进城乡基层治理制度创新和能力建设的决定》指出,要深入推进现代乡村治理制度改革,完善村党组织领导村级治理体制机制、稳步推进村级建制调整改革、建立健全村集体经济组织运行机制、做好乡政行政区划调整优化乡镇机构设置、健全乡村服务惠民机制推进“放管服”改革向乡村延伸、建立“美丽四川　宜居乡村”建设长效机制;要全面加强乡村基层治理能力建设,包括“六个提升”,即提升党建引领能力、提升群众自治能力、提升法治保障能力、提升德治教化能力、提升社会统筹能力、提升科技支撑能力、提升基层权力监督能力。

全面深化改革是实现治理现代化的根本途径。改革是革故鼎新、自我完善和发展的实践;现代化是对传统扬弃和改革创新的过程;创新不是无中生有,而是对旧事物的批判继承,是开拓进取、发明创造,创新不仅有批判和否定,也有继承和保留,创新是继承和超越的统一。由此可见,改革、创新、现代化三者有着不可分割的联系。创新发展是当代中国新发展理念的最重要内容,建立创新型国家不仅是科技教育方面伟大事业,更是包括经济、政治、文化、社会、生态等全方位的开拓进取,国家治理现代化亦即国家治理创新,就是在社会上层建筑领域中的创新发展。因此,本书研究的乡村治理创新是在乡村治理与精准扶贫的关系中开展的、过程中实现的,一方面精准扶贫作为党和国家战略决策,需要现行的乡村治理体制机制的支持和保障;另一方面实施精准扶贫政策必然要突破现行治理体制机制,把乡村治理发展推向新的阶段。

三、课题研究的总体思路和基本结构

(一)总体思路

脱贫攻坚和国家治理现代化是新时代中国农村发展的重大主题。本书将精准扶贫与乡村治理创新统合起来作为一个整体进行研究,以揭示二者之间的因果转化、同生共长的关系。这种研究,既不同于对精准扶贫和乡村治理的分别研究,也不同于一般地研究二者的结合部和交叉点,而是将精准扶贫与乡村治理进行无缝衔接,把精准扶贫过程作为村治创新本体来研究。精准扶贫与村治创新二者虽有区别,但更有联系。二者区别是相对的,即精准扶贫是国家治理贫困农村地区的公共政策和目标任务,要解决的是民生经济问题,乡村治理则是农村公共事务管理的体制机制及其运行,要解决的是公共秩序问题;二者的联系则是绝对的,要实现精准扶贫的政策目标,就必须依靠既有的或构建新的乡村治理体制机制;要实现乡村治理的政策目标,就必须解决好经济民生和农村发展问题,特别是要解决好乡村贫困问题,因为贫困问题在本质上是对人民的根本态度问题,脱贫奔康的关键在于解决农业农村发展不充分不均衡问题。在这种意义上,可以说精准扶贫和乡村治理二者是你中有我、我中有你,合二而一的问题。

精准扶贫脱贫攻坚"是中国农村又一次伟大革命"①,它对中国农村的改变是历史性、全方位的。本书将从精准扶贫的实际出发,把贫困地区的农村基层治理作为精准扶贫的有机组成部分,根据精准扶贫的主要政策内容和总体实施过程来研究乡村治理的新形势、新任务和新思路。课题研究的基本结构是,"两不愁三保障"和"五个一批"政策与小康治理、"生态补偿脱贫一批"与绿色治理、"六个精准"与有效治理、"五级书记抓扶贫"与党对乡村治理的全面领导、国家的大扶贫格局和结构与共建共治共享的乡村社会治理制度、扶贫脱贫的多样化工具手段与自治法治德治相结合的乡村治理体系、市县抓落实的体制机制与乡村组的三级治理结构等等。概而言之,基于精准扶贫的村治创新研究,其总体架构就是价值观念、政策要求和体制机制等三大板块。

精准扶贫脱贫攻坚是一项巨大的复杂的社会系统工程,涉及经济、政治、文化、社会、民生、生态等领域。精准扶贫视域下农村治理体制机制研究,属于基础研究项目,跨越社会学、政治学、经济学、管理学等学科,使用任何单一的学科知识和方法,都不是有效开展项目研究工作的优化选择。因此,在整个研

① 中华人民共和国国务院新闻办公室:《人类减贫的中国实践》白皮书,《人民日报》2021年4月7日。

究过程中,我们采取了综合性、跨学科的方法,坚持理论与实际相结合的原则,综合使用理论研究与实证研究、文献研究与案例分析、调查研究与现场走访等研究方法。

(二)基本结构

1. 小康治理:“两不愁三保障”的扶贫目标

全面建成小康社会是党的十八大以来党对人民的庄严承诺,也是新时代中国乡村治理的价值取向和目标定位。“全面小康”是走向“共同富裕”的必经阶段,是对全体民众“温饱”和“一部分人先富起来”政策的继承和超越。完成“全面小康”这一伟大历史使命的重点和难点在农村,特别是几千万农村贫困人口是全面建成小康社会的“最后一公里”,精准扶贫的政策目标就是要解决农村绝对贫困问题,达到小康生活水平,其具体标准就是“两不愁三保障”。中共中央、国务院印发的《中国农村扶贫开发纲要(2011—2020年)》提出“‘一达标、两不愁、三保障’,确保现行标准下农村贫困人口全部脱贫,确保贫困县全部摘帽,决不让一个民族、一个地区掉队”。

精准扶贫通过采取一切可能的措施来解决“两不愁三保障”问题。特别根据不同的致贫原因,因地制宜、分类施策,实行“五个一批”政策,即发展生产脱贫一批、易地搬迁脱贫一批、生态补偿脱贫一批、发展教育脱贫一批、社会保障兜底一批,以消灭农村地区的绝对贫困现象,实现贫困户脱贫奔康,在此基础上构建防止返贫和解决相对贫困问题的长效机制。贫困户脱贫标准,根据四川省规定是“一超六有”,即人均纯收入稳定超过国家扶贫标准且吃穿不愁,有义务教育保障、有基本医疗保障、有住房安全保障、有安全饮用水、有生活用电、有广播电视;与贫困户脱贫相适应,精准扶贫政策还对贫困村和贫困乡(镇)退出也提出了要求,这就是村的“一低五有”和乡(镇)的“三有”,即贫困村退出要达到贫困发生率低于3%,要有集体经济收入、有硬化道路、有文化室、有卫生室、有无线通信网络,贫困乡(镇)退出要达到有标准的中心学校、卫生医院和便民服务中心,贫困县摘帽则要求户村乡(镇)全部达标。

脱贫攻坚、全面建成小康社会具有十分重要的意义。它不仅极大地改变了贫困地区的物质生活条件,而且还产生了积极的社会政治效应,巩固和发展了基层群众自治和基层民主，促进了贫困地区基层治理能力显著提升。如果说由饥饿走向温饱、由“一部分人先富起来”走向“全面建设小康社会”是政府简政放权或“无为而治”，是调动群众积极性和实行为民惠民政策即实体民主的结果，但在贫富两极分化和一部分人绝对贫困条件下则是不可能“全面建成小康社会”的，也是不可能实行高质量程序民主和程序自治的，如果人为地推行民主自治，则往往会陷入“大民主”“街头政治”和群众运动，或被民主、被自治和被运动状态，只有在全面小康的物质基础上，乡村治理才能防止失范失序，防止发生群体性突发事件和社会动荡不安，才能实现社会和谐有序和发展充满活力，实现真正的民主自治和良治善治。实施乡村振兴战略，必将进一步巩固和发展小康社会的物质基础，为乡村治理现代化创造条件。

2. 绿色治理：生态扶贫的理论与实践

绿色治理的本质是生态文明。生态文明又称“绿色文明”，是对“黄色文明”（即农业文明）和“黑色文明”（即工业文明）的否定之否定，坚持尊重、顺应和保护自然的原则，人与自然和谐相处，环境友好型社会，可持续发展。

精准扶贫的理论与实践就是绿色治理。实施精准扶贫方略的“五个一批”途径，全都属于绿色治理性质的。首先是“发展生产脱贫一批”，要求从农村实际出发，发扬乡土优良传统，利用自然资源禀赋，保持山水田园优美，发展特色优势产业，发展生态有机农业，这就是绿色发展和绿色治理形态，是增强贫困农民“造血”功能、实现脱贫奔小康的根本途径和长效机制。至于说“易地搬迁”“生态补偿”“发展教育”和“政策兜底”也都贯穿着绿色发展和绿色治理理念。易地搬迁脱贫一批，要解决自然条件恶劣，一方水土不能养活一方人的问题，恢复自然生态原貌，保持绿水青山。生态补偿脱贫一批，就是通过保护贫困地区的生态环境，为其他地区人口提供生态公共产品服务，使护林护山、护水护草的贫困人口得到经济补偿，实现脱贫奔小康。发展教育脱贫一批和政策兜底脱贫一批，只涉及加大公共投入和政策创新问题，与环境污染、生态破坏没有关系。总之，绿色治理是推动贫困地区永续发展的现实需要，是实现贫困群众精准脱贫的重要途径。通过考察党和国家的顶层设计、地方政府的政策跟进和农村基层的实践创新，全方位地揭示精准扶贫就是生态扶贫绿色治理的实践过程。

绿色治理是乡村治理的显著特色和优势。这是由农业农村的特性所决定的,或说是由这里的自然条件、产业结构、生产方式和生活方式所决定的。农业的对象是对生命体的悉心照料,特点是利用自然条件和自然规律。迄今为止,农业仍是第一产业,是国民经济的基础。所以农村和农业现代化,尽管必须坚持工业反哺农业和城市反哺乡村,以及城乡统筹一体化建设方针,但一定不能脱离农村实际,不能照搬工业化和城镇化模式,不能走非农化或“去农化”的路子,因为这不符合世界农业发展规律,更不符合中国人多地少的实际。精准扶贫是在乡村脱贫攻坚,必须坚持生态文明方针,走绿色发展和绿色治理的道路,使乡村没有城市的拥挤喧嚣、环境污染,看得见山,望得见水,记得住乡愁,绿水青山就是金山银山,由此决定了农村治理与城市治理在具体的政策机制上必然存着差异或不同,如果说它们之间存在趋同,则更可能的趋同是新型城镇化必须摆脱旧有的“城市病”,向社会主义新农村趋同,建设田园城市、山水城市、森林城市、公园城市等等。

通过优化政治生态来保障精准扶贫和绿色治理。精准扶贫目的在于贫困人口、弱势群体的脱贫奔康,绿色治理源于草根、参与和民主,要求人与自然、人与人、人与社会和谐相处、状态均衡,要求按自然规律、社会规律和法律法规办事,以人为本,以人民为中心,治理为了人民、服务人民。但精准扶贫和绿色治理不可能一帆风顺、自发实现,必须在党的领导下同一切不良现象进行坚决斗争,反对群众身边的腐败现象即“微腐败”问题,扫除农村的黑恶势力,查处扶贫过程中的腐败问题,修复被污染被破坏的乡村政治生态,营造政治清明、政府清廉、干部清正的扶贫环境,用净化、优化即绿色的政治生态来保障精准扶贫和乡村治理。

3. 有效治理:脱贫攻坚的“六个精准”政策

在新时代,如果说全面建成小康是乡村治理的社会价值取向和目标定位,那么实现有效治理则是乡村治理内在规定和要求。在乡村治理的内在价值取向上,最近四十多年里,我们主要强调村民自治和基层民主,政策法律虽规定了党的领导和政府指导原则,但细化不够、操作性不强,导致有的基层政府“无为而治”,或无为少治、无为无治,甚至是为而不治。精准扶贫政策实施以来,使人们的观念和行为都发生了变化,开始重视和强化治理效能问题。

实行积极的扶贫政策，是我们党和国家一贯的方针政策。特别是党的十一届三中全会以来，中国进入了改革开放的新时期，扶贫工作更是被提上了重要的议事日程和工作日程，先后经历体制性扶贫救济、以西部地区为主实施扶贫开发、将592个县确定为国家级贫困县开展脱贫攻坚和实施新的扶贫开发等几个阶段，这些举措虽然成绩很大，但未能达成全部预期目的，一个重要的原因就是扶贫政策方针还未上升为党和国家战略，扶贫针对区域而未到村到户、整体普惠而缺乏重点，这种宽泛的粗放的扶贫政策或称为“大水漫灌”的扶贫政策的效能不高，导致资源浪费、事倍功半。党的十八大以来，适应决胜全面建成小康社会的需要，精准扶贫、精准脱贫政策应运而生。

精准扶贫，贵在精准，重在精准，成败之举在于精准。精准是效能的基础。强调扶贫的精准性就是为了提高扶贫效能，也就是实现扶贫工程的效用、效率、效果，事实也表明没有精准就会事倍功半、浪费资源。精准性是脱贫攻坚的根本特征，其要求集中表现为“六个精准”，即扶贫对象精准、措施到户精准、项目安排精准、资金使用精准、因村派人精准、脱贫成效精准。“六个精准”的要求，突破了在贫困人口规模庞大的国家找准贫困人口、实施扶真贫这一普遍性难题，增强了脱贫攻坚的目标针对性，提升了脱贫攻坚的整体效能。精准扶贫“体现了中国共产党一切从实际出发、遵循事物发展规律的科学态度，面对新矛盾新问题大胆闯、大胆试的创新勇气，对共产党执政规律、社会主义建设规律、人类社会发展规律的不懈探索，对实现人的全面发展和全体人民共同富裕的远大追求”①。

精准扶贫方略是中国有效治理贫困村和打赢脱贫攻坚战的制胜法宝。过去，人们把民主化和法治化、把领导和管理作为检验治理主要指标，这是有失偏颇的，因为民主和法治、领导和管理都是手段，都是为实现治理目的任务即有效治理服务的，而乡村社会的和谐有序与发展充满活力则是检验治理有效的根本标准。所以，党中央在乡村振兴战略中对乡村治理的要求是“有效”，用以取代了在社会主义新农村建设中的“民主”，有效治理是实施精准扶贫和

---

① 中华人民共和国国务院新闻办公室：《人类减贫的中国实践》白皮书，《人民日报》2021年4月7日。

乡村振兴战略的政治保障,是内涵民主自治的乡村治理的新理念、新常态和新格局。治理必须有效,有效治理必须精细化、精准化,为此必须从物质、精神和制度等三个维度做好脱贫攻坚与有效治理的衔接,并在乡村振兴战略和治理现代化过程中推广应用精准扶贫的成功经验,采取网格管理、积分制、清单制、考核制、奖惩制等科学化、精准化方式方法。当然,精细化、精准化不仅要体现在乡村治理某个方面、某个环节,而且必须贯穿于党委领导、政府负责、社会协同、公民参与、法治保障和科技支撑的全方位和全过程,有效治理是政府治理、社会协同和居民自治的良性互动,是政党中心、科层体制和整体治理的良性互动。

4.“三共”制度:精准扶贫中的力量整合

“三共”制度是共建共治共享的社会治理制度的简称。在中国,关于怎么指称农村基层社会治理,一般并不简单地提“民治”或“官治”,而是使用“村治”这样包容性更广泛的概念,直到党的十九届四中全会《决定》正式使用“社会治理共同体”和“社会治理制度”这两个术语。中国基层社会治理制度的内容有三,一是共建治理共同体,二是共治公共事务,三是共享治理成果,这种具有现代化性质的基层社会治理,在精准扶贫的政策实践中得到了充分体现。

改革开放四十多年来,乡村治理成效显著,但党的领导作用和政府指导作用发挥得不够好,存在着缺位或弱化现象,在一定程度上可以说是村民委员会的一家独治,以及村务乡治、村务恶治的变异现象,精准扶贫政策实施以后这一治理格局得以改变。

精准扶贫是一种共建共治共享的社会公共政策。如果说家庭是社会的细胞,村社就是农村基层社会的生活共同体、治理共同体,那么国家精准扶贫政策要到村到户,要达到预期目的,就必须构建具有共建共治共享性质的社会治理格局。精准扶贫中的“谁来扶”和“怎么扶”就体现“三共”的社会治理制度。

“谁来扶”是精准扶贫中的重要问题。精准扶贫是复杂的社会系统工程,是党和国家的战略方针,须举全党全国和全社会之力去落地落细落实,这就要求构建“大扶贫”格局。从责任体制看,实行中央统筹、省负总责、市县抓落实;从扶贫动力看,有专项扶贫、行业扶贫和社会扶贫,有政府、市场和社会互动;从帮扶机制看,四川省实行了“五个一”扶贫工作组制度,即贫困村有一个县级领导联系、一个帮扶单位、一个驻村工作组、一个第一书记、一个农技员。对于“三州三区”这样的深度贫困地区，还有东西部对口帮扶和中央机关定点帮扶机制。“怎么扶”是精准扶贫中的关键问题。中央不仅规定了实施“五个一批”工程，而且提出了“五个坚持”，即坚持扶贫攻坚与全局工作相结合，走统筹扶贫的路子；坚持连片开发与分类扶持相结合，走精确扶贫的路子；坚持行政推动与市场驱动相结合，走开放扶贫的路子；坚持“三位一体”与自力更生相结合，走“造血”扶贫的路子；坚持资源开发与生态保护相结合，走生态扶贫的路子。从帮扶内容看，包括扶贫、扶志、扶智的有机统一，“输血”“造血”的有机统一。由此可见，扶贫减贫作为重大民生工程和社会建设事业，在党组织的统一领导下，社会各个阶层和各个方面普遍参与、各司其职、协调治理，真正体现了共建共治的原则，同时也实现了共享的目的，这就是贫困户脱贫、贫困村退出和贫困县摘帽，帮扶人员履职尽责、帮扶单位完成任务，党政机关优化服务、增强了治理能力，巩固和扩大了执政的阶级和社会基础。党的十九届四中全会将共建共治共享的社会治理格局上升为制度，全会《决定》指出，坚持和完善共建共治共享的社会治理制度，坚持和完善“党委领导、政府负责、民主协商、社会协同、公众参与、法治保障、科技支撑的社会治理体系，建设人人有责、人人尽责、人人享有的社会治理共同体，确保人民安居乐业、社会安定有序，建设更高水平的平安中国”①。

在建设社会主义现代化强国和实施乡村振兴战略的过程中，必须以共享为目标完善新型乡村社会治理制度。在“三共”制度中，共建是基础，共治是中心，共享是目的，必须使共建共治共享三者相互贯通，有机统一。共建要求参与乡村治理的多元主体，首先是“打铁必须自身硬”，搞好自身建设，比如基层党建和治党工程、基层政权建设、基层民主建设、基层社会建设、基层民生工程；其次找准角色定位，做好本职工作，如对乡村社会治理，要发挥党委领导、政府负责、社会协同和公民参与作用；再次，积极参与搭建共治平台，多方协作实现共同目标。乡村治理的协商民主平台、法治保障平台、德治教化平台、科

① 《中共中央关于坚持和完善中国特色社会主义制度、推进国家治理体系和治理能力现代化若干重大问题的决定》，《人民日报》2019 年 11 月 6 日。

技支撑平台等等,需要在党组织的统一领导下,各方积极参与,协力建设;又如乡村治理的社会协同和公民参与,乡村社会是具有密切联系人们的生产生活和文化共同体,建立有村党支部组织、村委会组织、群团组织、集体经济组织、专业合作社组织、村民文化理事会、乡贤理事会、企事业单位等等,这些组织协同党委和政府治理乡村社会或村庄社会;村民自治是村民直接行使权利和自主行为,村民对村治以外的公共事务则是间接参与,即通过各种途径和形式,参与管理国家事务、管理经济文化事业、管理社会事务。共治奉行生产资料公有制、民主共和制度,同时也是一个开放的多元体系,是党的领导、人民民主和依法治国的有机统一,是民治、官治和法人治理的有机统一,是政府治理、社会调节和居民自治的良性互动,是对单一的行政强制管控或基层群众自治、是对政府中心主义或社会中心主义的整合与超越,是一种新型的混合治理体制,是以政党为中心、党领导全部农村工作的社会主义制度;共治是分工,主体职能明确,各司其职,各用其权,各负其责,做到小事不出村,大事不出乡,整合靠政党;共治是协同,要求问题联治、工作联动、平台联创。共享以人的全面发展、共同富裕和人民民主为目标,一是资源共享,人力、财力、物力共享,政策、安全、服务共享;二是各尽所能、各取所需,党组织实现全面领导的目标,政府实现城乡均衡发展和公共服务最大化、村民实现安居乐业和美好生活目标;三是成果共享,精准扶贫成果让贫困农民与非贫困农民共享、贫困村与非贫困村共享、贫困县与非贫困县共享。

5.“三治”体系:精准扶贫中的治理方略

党的十九大报告提出“要加强农村基层基础工作,健全自治、法治、德治相结合的乡村治理体系”。自治、法治和德治相结合的乡村治理体系,首先是指自治、法治、德治这三种治理工具或治理方略。从党的全面领导和社会治理的总体上看,自治是基层群众自我管理、自我服务和自我教育,法治是有法可依、依法办事,依法执政、依法行政、一体守法;德治是依靠道德伦理和社会舆论所进行的行为调控。其次是指三者之间的相互关系。其中,自治是基础,政府治理乡村要通过和依靠基层村民自治组织,乡村道德秩序维持也离不开自律自治;法治是保障,法律是成文的道德,自治和德治都必须依法和守法;德治是引导,道德是内心的法律,自治和法治都应遵循道德这种“自然法”的指引。

精准扶贫采取了治理工具理性多元化，不仅有“科技支撑”手段，更蕴含着“三治”融合要义，同时又有着自身的重点和特点，即突出了政府履职、政府执法。精准扶贫首先和主要是法治建设工程，即政府依法履职、依法行政。习近平总书记指出，到2020年全面建成小康社会，贫困人口脱贫、贫困村退出、贫困县摘帽，消除区域性整体贫困，这是党中央对全国人民的庄严承诺和立下的“军令状”。党中央决策后，各省区向中央、市县向省区签订责任书，贫困地区的党政领导把精准扶贫作为第一民生工程，用以统揽本地区的经济社会发展，承诺按期完成目标任务。精准扶贫还弥补了制度短板、法治短板，建立健全系统的城乡均衡的社会公共服务制度和社会保障制度，给贫困人口赋能赋权，即“制度供给型扶贫”①，使扶贫制度化和常态化。精准扶贫也是德治建设工程。在新时代之前，党和政府的公信力、影响力和动员力，因治理低能低效、腐败现象滋生蔓延、贫富两极分化和城乡公共服务不均等而有所削弱，精准扶贫使党和政府重新占领社会道德制高点，不忘初心和使命，增强社会公信力。通过精准扶贫脱贫攻坚，加强党的政治建设、思想建设、组织建设、干部建设、作风建设、廉政建设和制度建设，让人民群众尤其几千万仍处于贫困状态的农民继续相信党，与党同心同向同行，提高了党的政治威信和执政能力，扩大了党执政的阶级基础和社会基础。精准扶贫还是自治建设工程。人民群众是社会实践的主体，是民主国家的主人，社会主义事业是亿万人民自己的事业。自己的事情自己办，基层的事情基层办，群众的事情群众办，但超越私人事务的众人之事、公共之事，则需要代表公众的公共机关和公共权力去办。精准扶贫涉及每个村民的切身利益，并从利益驱动上促进村民积极参与村级事务和自治事务。精准扶贫增强了村民的民主法治意识，因为贫困的权益诉求和保障，是与其脱贫奔小康的切身利益直接相关，与获得帮扶的项目和资金直接相关；同时，村“两委”和驻村工作组为了精准识别、精准帮扶和精准管理，也坚持走群众路线，走村入户开展摸排了解、调查研究和协商对话，这既是依法依规办事，也是协商民主的具体形式。事实表明，精准扶贫虽然伴随着党组

① 王曙光：《中国扶贫——制度创新与理论演变（1949—2020）》，商务印书馆2020年版，第38页。

织作用全面强化和行政权力重回村组，但并没有取消和闲置村民自治的资源，并没有引起群众的反感和抵制。总之一句话，“三治结合”促进和保障了精准扶贫，精准扶贫完善和发展了“三治结合”。

在乡村振兴过程中必须巩固和拓展精准扶贫“三治结合”的成果。一是把精准扶贫中的“三治结合”的成功经验上升为国家意志，加以推广和适用。二是以提升治理效能为目标，通过要解决“三治结合”与精准扶贫脱贫攻坚实践不相适应问题，强化农民的主人翁意识，增强乡村干部“法治”素养，提高“德治”工程实效。三是以法治和德治为基本方略，重视自治的主体作用。基层群众自治是中国的四大基本制度之一，村民自治就是农村基层群众自治，农村基层治理的两个基本依据，即法律性文件《中华人民共和国村民委员会组织法》和乡规民约性的村民自治章程、村民守则等，体现村民自治应以法治村和以德治村，法治和德治是村民自治的基本方略；党委领导和政府负责的社会治理，是针对村民自治而开展的，是把村级自治组织作为无数个基本社会单元来看待的，按照自治法治德治相结合的要求，对村级治理的内部结构功能进行升级换代、进行创新性改造，如在村委会之外，建立理事会、监事会等机构，实行基层协商民主，以完善和发展村民自治。

6. 三级结构：精准扶贫中的责任体制

精准扶贫实行由中央统筹、省负总责和市县抓落实的管理体制。习近平总书记指出：“中央统筹，就是要做好顶层设计，主要是管两头，一头是在政策、资金等方面为地方创造条件，另一头是加强脱贫效果监管。省负总责，就是要做到承上启下，把党中央大政方针转化为实施方案，加强指导和督导，促进工作落地。市县抓落实，就是要因地制宜，从当地实际出发，推动脱贫攻坚各项政策措施落地生根。”①

精准扶贫，市县抓落实。“在我们党的组织结构和国家政权结构中，县一级处在承上启下的关键环节，是发展经济、保障民生、维护稳定的重要基础”，而我们党的“县委是我们党执政兴国的‘一线指挥部’，县委书记就是‘一线总

---

① 《习近平谈治国理政》第三卷，外文出版社2020年版，第155页。

指挥’，是我们党在县域治国理政的重要骨干力量”。① 市县依靠什么机制来落实精准扶贫方略？依靠各级党的书记一起抓扶贫的机制。作为县域脱贫攻坚“一线指挥部”县委和县政府，其具体的落实机制就是乡、村、组三级组织结构。乡（镇）政府是中国最基层的政权组织，是由原来的人民公社演变而成的，乡镇发挥着联系村县的纽带桥梁作用和治理村组的领导指导作用；行政村是在原来公社的生产大队基础上建立的，其组织形式有村党支部、村委会等，村党支部是党在农村的最基层组织，村委会是由村民依法建立的自我管理、自我教育、自我服务的自治组织，同时协助乡镇党政机关开展工作，具有政府代理人和村民当家人的双重属性；村民小组根据自然村落人口分布而在原公社的生产小队（即生产队）或新型农村社区基础上建立的，村民小组或农村社区是基层基础，主要是协助村党支部和村委会开展工作。

乡、村、组在精准扶贫县抓落实中有着重要作用。一是这种既有体制机制较为健全，精准扶贫政策落细落地必须依靠，只能加强，不能削弱，更不能另起炉灶。所以，上级组织向贫困乡村派驻第一书记和工作组，是为了加强而不是取代村党的支部委员会。二是在脱贫攻坚过程中，乡村组除了履行日常职能之外，还被赋予精准扶贫的专门任务，村民小组在参与精准识别和民主评议“谁贫困”，以及精准脱贫和民主评议“谁该退”即是否达到户“五有”指标的工作中，发挥了积极作用；以党支部和村委会为代表的行政村，负责完成村“六有”扶贫工作目标；乡镇党委、政府在主导解决“扶持谁”“谁来扶”“怎么扶”“如何退”和“如何稳”的基础上，还要承担完成乡镇“三有”扶贫任务。由此可见，没有乡村组三级结构的功能发挥，精准扶贫的“两不愁三保障”“六个精准”“五个一批”“四个问题”的解决就会落空，脱贫攻坚、全面建成小康社会目标就不能如期达到。

精准扶贫、脱贫攻坚的经验启示我们，要巩固和拓展脱贫攻坚成果，实现乡村振兴战略和治理现代化，必须在县域统筹下坚持和发展乡村组三级治理结构，特别是要建强乡镇和小组（社区）这两级结构。坚持和发展乡村组三级治理结构也是中国发展的新形势、新格局和新情况的要求。新形势就是面临

① 习近平：《做焦裕禄式的县委书记》，中央文献出版社2015年版，第66—67页。

世界百年未有之大变局和实现中华民族伟大复兴中国梦即建成社会主义现代化强国,也就是新的“两个大局”,这就给农业和农村现代化提出了新要求。新格局就是中国经济发展要保持质量提升和结构优化的新常态,要建立以国内大循环为主体、国内国际双循环相互促进的新发展格局,这就使广大不发达的农村地区有了新的发展机遇。新情况就是根据农村实际,中国完成了撤乡并乡、撤村并村基层结构调整,使乡(镇)和村(组)的管理的幅员和人口成倍扩大,必将对基层社会治理产生重要影响,改革的重点在村级(即村支部和村委会)层面,工作的重心则在乡镇和小组(社区)层面。必须扩大乡镇自主权,做大建强乡镇,提高乡镇治理能力和公共服务能力,改变乡镇事多、人少、权小、责大的现状,真正把乡镇建成基层政权实体,使之有能力对乡村社会治理负起主导责任来;可将村级组织逐步转化成乡镇政权派出机构,对其实行精兵简政,把治理重心下沉到村民小组;重塑原以自然村落为基础建立的村民小组,根据现行有关法律规定,村民小组是土地集体所有的代理人,负责向村民发包土地,具有民事行为能力,故有条件将其改革为以生产和生活所在地为基础建立的新型农村社区,实行农村社区居民自治。

7. 全面领导:精准扶贫中党的“书记责任制”

党政军民学,东西南北中,党是领导一切的。共产党领导是中国特色社会主义的最本质特征,这完全不同于欧美“国家—社会”的二元结构。共产党的领导,既是思想的也是组织的,既是道义的也是制度的,既是党内的也是党外的,其力量构成包括政治领导力、思想引领力、群众组织力和社会号召力。党的基层组织是党的神经末梢,是党的全部工作和战斗力的基础。新中国成立七十多年来,在广大农村,村组建支部,乡镇建党委,党在农村基层社会中一直都是存在的。但在最近四十多年,由于农村社会经济结构和人口结构的巨大变化,由于党内的党员结构老化和素质参差不齐,使大多数农村基层党组织处于软弱涣散,甚至瘫痪状态,缺乏领导力、组织力、动员力和影响力,没有充分发挥先锋模范和战斗堡垒作用。精准扶贫政策实施以来,党的领导作用得到全面落实和加强。

中央文件明确规定,抓精准扶贫、脱贫攻坚,各级党组织是第一责任主体,各级党的书记是第一责任人,从省到村自上而下地由“五级书记”抓精准扶贫和脱贫攻坚,要求书记们把工作抓在手上、责任扛在肩上,亲自安排部署、亲自监督检查,这反映在领导体制上就是“双组长制”,即各级精准扶贫脱贫攻坚领导小组由书记任第一组长,各级行政首长为第二组长,在此下面党政联合设立办公室,作为日常工作机构。不仅如此,为了切实加强基层党组织建设,尤其是基层党的领导力建设,从上级和城镇党政机关工作人员中选派干部去贫困村任第一书记、贫困乡县任副书记;重新组织队伍,向特困村派驻工作组,把本村本乡复退军人的党员、民营企业的党员,以及新型社区中的党员组织起来,建立党小组或党支部。从精准识别、帮扶到管理的各个环节,都由各级党委安排部署;从项目、资金到施工,都由党的各级组织系统进行配置。至于村党支部更是处于脱贫攻坚的最前线,发挥战斗堡垒作用,从精准识贫到精准脱贫等六个环节,都制定了详细规程并加以实施,以防止对贫困户的漏评和错退,真正做到精细准确。

中国部分农民绝对贫困原因是多方面的,但从体制机制上看就是没有组织起来,制度依靠和保障不健全。那么,当今中国,有什么力量能够把农村农民重新组织起来呢?理论和实践显示,只有共产党能动员农民、组织农民。这从根本上说是由党的性质和精准扶贫使命所决定,此外还有两个,一是农村传统社会组织的衰败。土地改革、人民公社、家庭承包制等农村社会改造运动,使农村的宗族组织和乡绅势力受到沉重打击、极大削弱,几乎完全丧失了对基层社会的治理功能;家庭承包制下的村民,在工业化、城镇化和市场化的冲击下也在很大程度上丧失了自组织功能;农村基层党组织虽然结构完整健全,但在家庭承包制和村民自治体制的双重压力下,其地位作用也大不如前。二是全面从严治党,重新组织力量和塑造形象。创建先进基层组织争当优秀党员活动、群众路线教育实践活动、全面从严治党和对干部“三严三实”要求、“不忘初心、牢记使命”主题教育、党史学习教育活动等等,都有利于保持党的先进性和纯洁性,增强党的凝聚力和战斗力。尤其党的十八大以来,党坚决地持续不断地开展了反腐败斗争,廉政风暴既打“老虎”又拍“苍蝇”,有效遏制了腐败现象滋生蔓延的势头,净化了政治生态,正在形成“不敢腐不能腐不想腐”的局面,赢得了广大人民群众的积极点赞和衷心拥护。

党组织对精准扶贫精准脱贫全面领导、直接领导,使精准扶贫顺利实施、成果丰硕,使全面建成小康社会的宏伟目标如期完成,充分发挥了党的领导核心和政治保障作用,增强了党的凝聚力和战斗力。所以在中共中央《关于加强和改善乡村治理的指导意见》和党的十九届四中全会《决定》等重要文件中,都科学总结了党组织领导扶贫脱贫经验,将可复制可推广的经验定性为制度,指出乡村党委和支部是农村的最高政治组织,对村委会、集体经济组织及合作社、其他群众团体实行全面领导;实行“一肩挑”体制,党支部书记通过一定程序兼任村委会主任、集体经济组织负责人,并主持基层协商民主,实行“四议两公开”的工作机制;坚持农村重大资源配置,通过党组织系统来进行配置,重大事项决策,先由党组织提出后再交由自治组织审议或决定,以保障党组织“有资源有能力”进行领导,要求农村党员和干部增强“四个自信”,做到“两个维护”,充分发挥模范带头作用。

四、课题研究的主要特点与观点

(一)开展乡村治理研究的独特视角

人们对乡村治理和精准扶贫的研究取得了长足进展,出了很多成果,产生了较大影响。但是,这些研究存在局限性。一是分别研究居多。比如研究乡村治理,主要是研究村民自治、基层民主和基层党建,以及基于传统维稳思路对乡村社会的综合治理;研究乡村建设发展,主要基于经济社会方面的新农村建设、美丽乡村建设、城乡统筹一体化发展,以及实施以农业农村现代化为主要内容的乡村振兴战略;研究反贫困斗争和减贫事业,主要是基于民生方面社会救济、扶贫开发、社会保障、脱贫攻坚等具体操作性政策措施。二是结合研究较少。自实施精准扶贫脱贫攻坚八年来,也有将实施精准扶贫和乡村治理创新结合起来研究的成果,但数量不多,且不乏政策宣传说明、工作情况报告、实践经验介绍,而对精准扶贫脱贫攻坚的政治效应、治理成果重视不够认识不足;研究还呈现出碎片性,缺乏系统化和理论化,缺乏对精准扶贫对乡村治理创新的本质规定、运行机制和发展趋势的揭示和阐释。

精准扶贫视域下的乡村治理创新,是一个独特的研究视角。这个视角的出发点和落脚点是基层社会治理即乡村社会治理，即以乡村治理为研究对象和主题，但是我们不是就治理研究治理，而是跳出治理看治理，从精准扶贫脱贫攻坚视角观察和研究乡村治理，其具体意蕴有以下几点：首先，视角本身是广角镜性质的，视角大、景深长，也就是说精准扶贫是国家战略，不是简单的救急救困、送钱送物，而是把精准扶贫与脱贫攻坚结合起来，把贫困人口的生计和发展问题一并解决、把个人贫困与区域性整体贫困问题一并解决，把政策兜底保障脱贫与发展产业脱贫、易地搬迁脱贫、发展教育脱贫和生态补偿脱贫结合起来，把脱贫攻坚与乡村振兴和农业农村现代化结合起来，总之一句话，精准扶贫脱贫攻坚实质上就是解决农业农村农民的可持续发展问题，或者说是解决“三农”问题的瓶颈和关键问题。其次，把精准扶贫与村治创新结合起来研究，基于贫困治理研究村治创新，也就是从二者的相互关系中，主要是从精准扶贫对乡村治理促进和影响、从实现精准扶贫目标的社会治理体制机制方面进行研究。这种研究，体现了从宏观到微观、从顶层到基层、从整体到部分的研究思路，既不同于研究群众首创精神和基层自发实践，更不同于就事论事地和孤立静止地研究乡村治理。再次，通过考察研究精准扶贫脱贫攻坚本身的政策举措、实施过程、绩效状况来认识乡村治理创新，来揭示精准扶贫就是乡村治理创新的同一性和统一性。因为在过去八年里，精准扶贫脱贫攻坚是全党全国的中心工作、重点工作，是贫困地区统揽经济社会政治全局的工作，在这里一切都服从和服务于精准扶贫，乡村治理完全与精准扶贫融为一体，认识和理解了精准扶贫，也就认识和理解了乡村治理和乡村治理创新，这种研究视角所得出的结论、形成的理论完全不同于对二者的分别研究，也不同于从乡村治理视角研究精准扶贫、脱贫攻坚所产生认识和观点。把乡村治理创新置于精准扶贫的基础上，使创新有根有源，平和顺畅，看似一场“静悄悄的革命”，但成效却非常巨大非常卓越。

（二）揭示精准扶贫创新治理的内在机理

本书围绕精准扶贫和脱贫攻坚的战略举措，分析和阐发乡村治理创新的主要内容，进而追问精准扶贫何以能够创新乡村治理，以揭示这种创新的动力机制和理论逻辑。思维是存在的反映，理论是实践的产物。精准扶贫之所以能够创新乡村治理,因为精准扶贫作为党和国家的重大公共政策,它本身就是改革创新的产物,具有改革创新的基因,实施这一创新政策,必然产生"蝴蝶效应",进一步引发与之密切联系的乡村治理的创新。精准扶贫具有的这种创新特性,我们认为这是由其内在的、本质的规定性所决定的,具体表现在:

1. 抓住制约乡村社会全面建成小康的主要矛盾

目前,中国社会的主要矛盾已由供给与需求的矛盾转化为需求与发展的矛盾,即人民日益增长的美好生活需要和不平衡不充分的发展之间的矛盾。中国发展不平衡不充分的主要矛盾在乡村社会中表现得尤为突出,农民更需要美好生活。

精准扶贫所要解决的是乡村社会的主要矛盾。这一主要矛盾具体表现在全面建成小康目标与存在绝对贫困现象的矛盾。这一主要矛盾制约着乡村社会的其他矛盾,如富人与穷人的矛盾、治理体系中治理者与被治理者的矛盾、党群矛盾、官民矛盾以及上下级矛盾。如果不解决好乡村社会的主要矛盾,就会影响乡村的稳定与秩序、活力与发展,影响乡村治理现代化,还可能导致社会动荡和政治分裂。

精准扶贫不仅要解决乡村社会的主要矛盾,而且要解决矛盾的主要方面。乡村社会矛盾的主要方面在于贫困农民、贫困农户、贫困农村。如果严重的贫富两极分化问题长期得不到解决,部分绝对贫困农民不能同全国人民一起奔小康,就会使党和国家失信于民,影响广大农民群众与党同心同向同行,直至威胁整个国家的政治安全。所以,习近平总书记指出:"脱贫攻坚已经到了啃硬骨头、攻坚拔寨的冲刺阶段,必须以更大的决心、更明确的思路、更精准的举措、超常规的力度,众志成城实现脱贫攻坚目标,决不能落下一个贫困地区、一个贫困群众。"①

以精准扶贫为契机和抓手,通过党委领导、政府主导和社会协同,不仅解决了乡村社会的主要矛盾和矛盾的主要方面,而且使社会各界深入基层、深入农村,更加了解民情、国情和党情,既不使发展的期望值过高,又不妄自菲薄缺

---

① 《习近平谈治国理政》第二卷,外文出版社 2017 年版,第 84 页。

乏自信,从而有利于增强使命感和责任感,有利于增强凝聚力和向心力,有利于解决社会其他矛盾,以实现社会主义现代化事业可持续发展和中华民族伟大复兴。

2. 为基层治理的发展创造社会经济条件

精准扶贫作为公共政策直接要解决的是农村的物质贫困问题,即“两不愁三保障”问题。“两不愁”问题所要解决的是基本生活保障问题,“三保障”所要解决的是发展基本条件问题,亦即消除致贫和返贫的基本条件问题。基层治理发展既是村民自治和基层民主的发展,也是党的领导和政府能力的加强,归根结底表现为治理有力、治理有效。

经济基础决定上层建筑。经济发展状况和个人收入水平与民主自治、党建水平和政府能力成正相关关系。上层建筑必须同下层基础相适应,建立在小康收入水平和密切利益联系之上的国家治理必然是真正民主自治、有力有效的。反之,在物质匮乏和个体小农的条件下,是不可能结出丰硕、优质的民主治理果实的。

乡村治理受乡村经济社会发展水平的决定和影响。在新中国七十多年的发展历程中,如果说土地改革带来了新民主主义,合作化运动产生了人民公社体制,家庭承包形成了村民自治,那么通过精准扶贫、脱贫攻坚所形成的全面小康、中产阶层扩大和橄榄型社会结构也必将要求完善和发展村民自治和基层民主,建立健全共产党领导下的自治法治德治相结合的乡村治理体系,直至全面实现乡村治理现代化。

3. 国家治理现代化推动基层治理创新

党的十八大以来,以新发展理念为指导、以全面深化改革为动力,提出并实施了全面建成小康社会和国家治理现代化这两大战略目标。部分依赖整体、服从整体,全面建成小康社会和实现国家治理现代化这两个整体性质的宏观层面的大战略、大政策,必将直接影响着作为基层部分的乡村建设和乡村治理的发展。

党的十八届三中全会把完善和发展中国特色社会主义制度,实现国家治理体系和治理能力现代化,作为中国全面深化改革的总目标正式确定下来,以指导今后相当长时期的党和国家的各项工作,推动全面建成小康社会和建设社会主义现代化强国的事业发展。而乡村社会治理,无论是自治还是他治、是民治还是官治,都是国家治理的组成部分,都必须贯彻落实党和国家的关于国家治理现代化的大政方针。中国特色社会主义国家治理现代化,强调共产党的全面领导,强调中央权威和集中统一,精准扶贫、脱贫攻坚把这些原则落实到了乡村治理之中。

对于乡村社会治理,如果说经济民生发展和基层自治民主是一种政治需求,那么,上层领导和治理则属于政治供给,治理体系和治理能力现代化是上层建筑领域内的供给侧结构性改革,精准扶贫是基层乡村治理的供给侧结构性改革。作为自上而下的社会治理,精准扶贫由党和政府所主导,贯彻"党委领导、政府负责、民主协商、社会协同、公民参与、法治保障、科技支撑"的要求,从治理供给侧的人口管理、资源配置、组织体系三个维度创新①,改进和完善党的领导、政府治理、社会协同和法治保障,以增加有效公共产品,做好"放管服"改革,从而使农村基层党组织更加坚强、基层群众自治更加有效、懂农业爱农村爱农民的"三农"工作队伍不断壮大、社会治理水平明显提升,实现了"贫困地区基层治理体系进一步健全、治理能力显著提升"②,并反作用于国家治理现代化,为其创造基础条件,形成后发优势。

4. *精准扶贫经验具有治贫治村的普遍意义*

从社会治理视角来看,可以说精准扶贫是社会专项治理、是专门的乡村治理,专项治理虽具有特殊性,但又包含普遍性,由点到面、由个别到一般,具有可复制和可推广的意义。

一滴水能反映太阳光辉。正如微观与宏观同构一样,家与国、基层与上层、乡村治理与社会治理、社会治理与国家治理,也具有同构性。实施精准扶贫是为了脱贫攻坚、有效扶贫,虽然解决的是局部问题、专门问题,但符合马克思主义认识路线、思想路线,实践—认识—再实践—再认识;符合党的初心使命、群众路线和工作作风,为中国人民谋幸福、为中华民族谋复兴是党的初心使命,为了群众依靠群众,从群众中来(个别试点、具体经验),经

---

① 黄先海、王煌:《社会治理体系供给侧改革路径选择》,《光明日报》2016年7月11日。

② 中华人民共和国国务院新闻办公室:《人类减贫的中国实践》白皮书,《人民日报》2021年4月7日。

过总结提高（转化为国家意志、公共政策），再到群众中去（复制、推广、指导实践）。

精准扶贫在广大农村基层，使过去衰败的田园焕发生机，软弱涣散的党的领导得以加强，“悬浮”的基层政权得以落地，落后的精神文化得以改善，现在党和国家将这些精准扶贫中积极成果，加以认可和肯定，上升为国家意志，并使之制度化和法律化，从而使乡村治理和社会治理变得更加成熟、更加定型，成为中国特色社会主义制度的重要内容之一，成为实施乡村振兴战略过程中基层社会治理的新常态，“必须长期坚持并不断发展”①。

（三）主要的理论观点

精准扶贫方略与脱贫攻坚伟大斗争，其理论结晶和思想精华集中体现为中国特色反贫困理论和脱贫攻坚精神上，形成了一系列精准扶贫、脱贫攻坚中乡村治理体系创新和治理能力提升的新概念、新思想。通过项目研究，有以下几点新的认识。

1. 基层群众自治有边界

民主有范围，自治有边界。诚然，摆脱贫困是农民群众自己的事情，自己的事情自己办，但也有社会和政府的责任，正如乡村治理一样，村庄内部事务实行村民自治，村庄的外部事务、村庄之上的各种事务，如村与村之间、村与市场之间、村与政府之间的关系，村民与市场、政府和社会的关系，这些公共事务管理就是政府的责任。

精准扶贫的经验显示，一是要正确处理中央、地方和基层的关系。基层群众自治不是封闭系统、不是“独立王国”，而是有机整体，大政策管小政策、大制度管小制度、根本制度管基本制度和重要制度，所以，乡村基层制度必须遵循国家层面的领导制度和管理制度，坚持党对乡村治理工作的全面领导，实行多元共治的基层制度。各级国家政权对乡村社会不能任其自流、“无为而治”，不能把所有的事项都推卸给基层群众，而是要自觉担当、主动作为，该管的要管住，该治的要治好，如消除贫困的社会体制性因素，非贫困群众力所能

① 习近平：《在全国脱贫攻坚总结表彰大会上的讲话》，《人民日报》2021 年 2 月 26 日。

及,必须是党和政府主动担当作为,所以,基层社会治理要实行政府、居民和社会三者的良性互动。又如政府对乡村建设发展的认识和投入、对乡村社会公共服务的供给和保障,就存在着明显匮乏、城乡失衡的问题。二是正确处理自治与法治和德治的关系。导致贫困的原因是多方面的,但个人主观原因是少数的,多数原因是非人力所能改变的自然因素(如因病因残、因老致贫)和社会保障不健全因素。因此,脱贫致富,要鼓励和支持自力更生奋发图强、自立自强当家作主,鼓励和支持村组内部的村民和自治组织扶贫济困,但自治民主不是万能的,必须与法治和德治相结合,要大力鼓励和支持社会各阶层各界别积极参与扶贫减贫、参与公益慈善事业,党和政府机关更要主动担当作为,这不仅是道义上的初心使命,更是政治上的法定职责。党和政府主导的精准扶贫、脱贫攻坚与民主自治之间从根本上说是完全一致。因为自治失灵、民主失灵则政府担当政府作为,而且民主自治与政治官治并没有不可逾越的鸿沟,它们可在一定条件下相互转化。对于政治官治,只要发扬民主,走群众路线,一切以人民群众的利益为出发点和落脚点;只要人民赋予国家以权力,国家权力为民所用,民主执政、民主行政,调查研究,协商对话,广开言路,集思广益,这也是民主政治,即不同于自治或直接民主的代议制民主或间接民主,这也是提倡党的领导、依法治国和人民民主有机统一的根据所在。为了防止间接民主脱离群众、蜕化变质,一方面要加强教育,如党的群众路线教育实践活动、"不忘初心、牢记使命"主题教育活动;另一方面要自觉接受群众监督和评议,以人民群众的获得感、幸福感和安全感作为检验党政工作的根本标准。

2. 政府要对乡村治理负责

改革开放时期的"乡政村治",说的是村庄内部事务村民自我管理和自我服务,乡村社会公共事务由乡(镇)政府即基层党政机关负责管理,乡(镇)政府不能"无为而治"。乡镇政府是中国乡村地区最基层的政权组织。根据中国有关法律规定,乡镇政府全面负责本区域内经济社会发展和公共事务管理,指导村民委员会的工作。较之于人民公社时期,这种政权向上收缩、治权向村组下放的改革,使基层政权"悬浮"于乡村社会之上,未能将公共管理的职能落到实处,反而因为同村委会一道向农民推行计划生育和收缴农税农费,加剧了干群矛盾，是造成社会动乱隐患因素。到 2006 年，国家决定取消全部农业税费，后又取消独生子女政策，村级党的组织和自治组织的正常运转的业务费用和干部津贴，由国家财政予以保障，从而使行政管理真正下沉到基层、到村庄。在这种体制下，乡镇党委和政府向村党支部和村委会直接安排布置工作，并对它们进行绩效考评。在精准扶贫过程中，这一体制机制从以下方面被进一步强化，一是精准扶贫脱贫攻坚成为贫困地区基层党政组织这一阶段的中心工作、重点工作；二是党的书记第一责任制，扶贫政策通过乡村党组织贯彻落实，资源通过乡村的党组织进行配置，使党的领导有职有权有能，真正落到了实处；三是脱贫攻坚考核指标，明确规定了“户六有”“村五有”“乡三有”等具体内容。总之，精准扶贫的经验显示，政府负责实施脱贫攻坚方案，党政主要负责人是各级领导小组的双组长，这就是乡村社会治理由政府负责，政府治理、社会调节和居民自治的良性互动的意蕴。

精准扶贫经验揭示：一是政府必须依法行政。在精准扶贫、脱贫攻坚的过程中，虽然规定中央统筹、省负总责、市县抓落实，但真正在第一线抓具体实施和工作落实则是乡镇政府。乡镇党政组织除面上的组织协调外，还有专门的具体任务，如负责乡中心学校、中心卫生院、便民政务服务中心达标建设，这涉及脱贫“三保障”的内容，但精准扶贫也不是由政府大包大揽，不能挤压村民自治和基层民主空间、挤压经济活动和民事行为空间，扼杀社会发展活力。二是政府必须接受领导和监督。乡镇政府作为社会之上的公共机关，是一个相对独立的政治实体，也存在着自我膨胀和政治异化现象，如发生扶贫不精准、乡村“微腐败”现象，所以，必须改革全能国家、全能政府的结构，把国家权力、政府权力关进制度笼子，依法治村、依规治村。从古至今，监督制约权力的制度笼子，先后经历了宗族（伦理）制度笼子、宗教制度笼子、民主法治制度笼子、政党制度笼子。现代政治经验表明，政府自律是不够的，群众监督是有限的，政府之外的强大政党制度能够有效地制约国家政府“利维坦”，即政党领导政府，党权制约政权，这就是党作为乡村社会的最高组织、全面领导乡村治理工作的理论依据。三是建立健全追责问责机制。诚然，村民内部事务属于村民自治范畴，按照民主选举、民主决策、民主管理、民主监督的规定，由村民自我管理、自我服务和自我教育，乡镇政府负有指导责任。但村作为乡村社会的基层单位,属于乡镇政府的社会治理范围,乡镇政府负有直接的治理责任,保障乡村治理有效、和谐有序和充满活力,否则就属于不作为不担当,就应被问责和追责。追责问责机制,既包括赋能赋权,又包括容错纠错,激励履职者,惩罚失职者。

3. 要扩大基层治理的自主权

新中国成立七十多年来,乡村治理体制经过长期探索,日趋成熟和定型,并不断上升为国家意志和国家法律制度。

精准扶贫的经验显示,脱贫攻坚是党和政府的使命与责任,必须担当作为;贫困群众是脱贫致富的主体,必须尊重人民主体地位和首创精神,发挥其主体作用和内生动力,把"要我脱贫"与"我要脱贫"结合起来,使外力与内力形成合力,才能事半功倍,达到目的。否则,脱贫致富就不能实现,即使一时脱贫也存在返贫的可能与风险。一直以来,党和政府高度重视发挥贫困群众主体作用,多措并举如通过生产奖补、劳务补助、以工代赈等方式,调动贫困群众的劳动积极性和主动性,增强参与发展、共享发展、自主发展能力,使贫困群众不仅成为减贫的受益者,也成为发展的贡献者,这是其一。其二,通过建档立卡、网络办公、网格管理等,使中央扶贫政策、资金、项目以及帮扶单位和人员直接到村到户,做到"六个精准"。其三,通过上下结合、干群结合和办事公开透明、社会协同、群众参与,使农民群众了解明白、监督执行,以减少中梗阻,减少官僚主义和形式主义危害。在这种意义上,中国共产党和政府主导的精准扶贫脱贫攻坚伟大事业,也就是坚持和完善基层民主和村民自治的实践过程,是在乡村发展全过程人民民主的生动写照。

扩大基层治理的自主权具有重要的意义。如果说社会阶层结构以两头小中间大为宜,那么政治权力结构则与之不同,可能以两头大中间小为宜,这是一条重要的历史经验。历史和现实反复证明,官僚主义和形式主义主要发生在地方政权这一中观层面,因此,封建帝国的中央政权周期性地大举"削藩",社会主义国家不断开展反对党和国家机关中的官僚主义和形式主义的斗争,主张放权让利,将社会治理的重心下沉到基层,以落实以人为本、以人民为中心的政治理念。

习近平总书记曾经指出,"解决好'三农'问题是全党工作的重中之重"①,优先发展农业,要以发展强村,靠建设美村,抓反哺富村、促改革活村,讲文明兴村,建法治安村,强班子带村;强调"执政重在基层"②。基层就是基础,党的基层组织是党的全部工作和战斗力的基础,是承上启下的节点、各种矛盾的焦点和工作落实的重点,基础不牢,地动山摇。因此,"要促进上级的工作向基层倾斜";要关心群众生活、关心基层干部,关心基层建设;要"因地制宜地做大做强乡镇",③做大做强农业,做大做强基础。尤其是要改变目前乡镇治理主体人少权小、事多责大的现象。因此,在省市县三级精兵简政、放权让利,做大做强的社会基础和乡(镇)村组,有利于反制地方主义和官僚主义。

4. 党的全面领导要落实到农村基层

精准扶贫、脱贫攻坚,从上到下从始到终都是由党组织全面领导的。这一实践表明,中国共产党的领导既不同于西方国家的以国建党、以国制党,更不同于它的政党竞争与政党轮换,中国政党政治是以党建国、以党领政,共产党既领导与执政,又教化与整合,从而成为中国社会的最高组织形式,党对社会经济、政治和文化生活实行全面领导、集中统一领导,这是中国特色社会主义制度的本质特征和最大优势。现行政策规定,农村治理体制实行村支书、村主任和村集体经济组织负责人"一肩挑",治理机制实行"四议两公开"工作方法,也就是说所有村级重大事项的决策和实施,由村党支部委员会提议、村"两委"会议商议、党员大会审议、联户代表会议或村民会议决议,公开决议、公开组织实施决议和实施结果。这种乡村社会治理的新的体制机制,有利于增强中国共产党的基层组织的"政治领导力、思想引领力、群众组织力、社会号召力,确保我们党永葆旺盛生命力和强大战斗力"。

以全面深化改革的精神坚持和完善党的全面领导。一是怎样从理论的高度,基于中国的实际政治经验和"不忘本来、吸收外来和面向未来"思路,科学

① 习近平:《之江新语》,浙江人民出版社2007年版,第190页。
② 习近平:《之江新语》,浙江人民出版社2007年版,第111页。
③ 习近平:《之江新语》,浙江人民出版社2007年版,第110页。

理性和全面准确地回答共产党长期领导和执政、共产党领导一切这一重大政治原则问题；二是如何迎接“四大考验”、破除“四种危险”和“四风”危害，有力有效地监督制约防范“一肩挑”的权力异化，防止权力过分集中而导致政治腐败，增强社会治理的针对性、有效性；三是在乡村社会治理中，如何划分党的组织、政府机构和社会团体的职责权利，调动一切积极因素，等等，仍是需要不断探索和解决的问题。

5. 中国新型乡村治理模式是对世界的贡献

当今世界各国，讲治理成为一种时尚，并且有人一讲治理言必称西方、言必称美国，其实这是一种误解，因为西方的传统是革命与改造、分权与制衡、民主与法治，中国的传统才是治国与养民、安定与和谐、基层自治与中央集权，如古代的中央政府的皇权中心主义和基层乡绅治理的社会中心主义。古代中国的中央政权被称为专制主义，但在基层农村，由于“政权不下县”，其治理主要是基于宗族和乡绅来主持实施的，小农生产使家户具有相对自主经营权，此种现象被称为“东方自由主义”，或基层群众自治传统。

国外乡村治理模式呈现各异。如美国的县乡治理没有照搬中央政府的“三权分立”制度，而是实行“议行合一”体制、基层单位自治和市乡社会管理下沉到自治实体；匈牙利、德国和印度是政府组织、社会团体和居民共治乡村，明确划分央地与基层单位职权、明确划分国家与社会职能、公权与私权的界限，用法治思维和方法实施社会治理。

当代中国为乡村治理贡献自己的智慧和方案。这个方案的特色和优势表现在，党组织领导基层治理的一切工作，基层社会治理实行政府治理、社会调节和居民自治的良性互动即协同治理或混合治理，居民自治与法治和德治相结合，构建共建共治共享的社会治理制度，强调把制度优势转化为治理效能。这种体制机制即治理模式，一方面，深深地扎根于中国土地，与中国乡村治理的优良传统相契合，可以说是这种传统的发扬光大，创造性转化、创新性发展；另一方面，这种乡村治理模式在全国精准扶贫、在抗击新冠疫情的过程中普遍推行、成效显著，故而得到中央的肯定与推广。当然，治理创新要与时俱进，因为生活始终处于运动发展的过程之中，所以发展无尽头，创新无止境。

中国道路中国方案是中国国情的产物。世界上其他国家可以参考借鉴，但不可照抄照搬、不可食“中”不化,因为每个国家的国情民情不同、经济社会发展水平不同、历史文化传统不同。我们讲中国道路中国方案,我们讲道路自信和制度自信,不是要搞革命输出、意识形态输出,其根本意义在于,走自己的路,建设中国特色社会主义。

第一章　治贫治村：百年变迁与研究现状

“贫困是人类社会的顽疾，是全世界面临的共同挑战。”精准扶贫是中国减贫史上的伟大创造，其影响广泛而深远。树有根、水有源，要准确理解精准扶贫、脱贫攻坚的实践创举，就必须回顾百年来的治贫治村的历史变迁。1921年诞生了中国共产党，共产党胸怀“为中国人民谋幸福、为中华民族谋复兴”的初心使命，开创了中国反贫困斗争发展的新纪元。要深入研究精准扶贫视域的村治创新，就必须梳理既有的理论动态和文献资料，作为研究的基础和起点，在前人研究的基础上有所突破、有所发展，为实现乡村振兴的宏伟蓝图添砖加瓦，以之推动研究的深化发展。

一、百年治贫治村

中国共产党成立百年来，治贫治村是乡村波澜壮阔的伟大变革。中国共产党是中国工人阶级的先锋队，同时是中国人民和中华民族的先锋队，但在解决贫困问题上始终以农村为重点，无论在建党初期以城市革命运动为主导阶段，还是在改革开放中以工业化城市化为主导阶段，都没有忘记或忽视乡村的贫困治理问题。从这个意义上讲，“三农”问题，尤其是农村贫困问题始终是中国共产党关注的重点问题。习近平总书记指出：“中国共产党一经诞生，就把为中国人民谋幸福、为中华民族谋复兴确立为自己的初心使命。”①在中国

① 习近平：《在庆祝中国共产党成立100周年大会上的讲话》，《人民日报》2021年7月2日。

共产党的坚强领导下,中华民族经历了从站起来到富起来再到强起来的历史变迁过程。百年来乡村革命、建设、改革与发展构成了党在农村工作的重要内容,而"治贫治村"则贯穿于这一过程的始终。中国共产党百年"治贫治村"史是一部波澜壮阔的减贫史,其最终目的在于改善或消除乡村贫困落后的面貌,提升乡村治理的绩效,实现农民物质与精神共同富裕的双重目标。"治贫治村"既是党对农村社会矛盾普遍性与特殊性的科学认识,也是在精准研判的基础上所形成的重要政策共识,更是党在乡村社会的伟大社会实践。当然,因为社会环境、主要任务、工作目标等等变化,使得百年"治贫治村"呈现出明显的阶段性特征。现对中国近代以来百年"治贫治村"的政策动因、实施目标、核心思想、主要内容、作用方式、治理成效等进行考察,并将这百年来生动实践过程大致分为以乡村拯救为导向的改良与革命运动、以农业集体化为导向的乡村建设与人民公社管理制度、以农村改革为导向的农业发展与村民自治模式、以小康社会和现代化为导向的脱贫攻坚与乡村有效治理等四个阶段。

(一)以乡村拯救为导向的改良与革命运动

社会政策是对社会突出矛盾的一种集中反映,社会政策本质上是对社会主体之间利益关系的变革与协调,体现着政策制定者的政策初衷与目标、作用手段与方式。社会环境则是政策生成的深层土壤,影响着政策目标的确立与实现。20 世纪初的中国完全沦为半殖民地半封建社会:一方面,西方帝国主义列强通过坚船利炮威胁、贸易谈判、资本输出、商品倾销等途径控制着中国的财政与经济命脉,挤压着社会底层民众的生存空间。另一方面,以地主阶级、官僚买办阶级为代表的反动势力与帝国主义势力勾结盘剥、巧取豪夺地压迫着各阶级和阶层人民。多种势力的叠加共振,使得以小农经济为基础的传统乡村种植业、棉纺织业遭遇空前冲击,农民生存每况愈下,社会贫苦落后,这种严峻形势激发了以张謇、晏阳初、梁漱溟、陶行知、卢作孚等为代表的知识界、教育界、工商界人士掀起了"实业救国""民族再造""民族自救"等救亡运动;以国民党为代表的地主阶级、官僚买办阶级实则对乡村控制与"汲取资源"的所谓"乡村复兴运动";这些以乡村拯救为导向的运动,为中国共产党早期探索治贫治村提供了有益的探索,即以中国共产党为代表的马克思主义政党对中国革命即农民问题解决方案——消灭封建土地私有制——的理论与实践探索。三者尽管各有侧重,但均突出了以“乡村拯救”为导向,开展了如火如荼的改良与革命运动,在“治贫治村”上,主要体现为乡村建设运动、乡村复兴运动与土地革命运动,以及国民党保甲制度、中共苏维埃政权建设与“三三制”政权建设。

1. 乡村建设运动、乡村复兴运动与土地革命运动

一是以实业家、知识分子为代表的乡村建设运动。清末民初,中国社会处于风雨飘摇、内忧外患之际,中华民族陷入到民族危亡之中,一批实业界、知识界、教育界的知识分子不忍目睹中国之颓势、乡村之贫困惨状,纷纷寻求解决危机的良策方案。① 张謇秉持实业救国的理念,为实行“村落主义”的主张,张謇在南通大兴实业,主要包括兴办工厂、创办学校、提出发展“村落主义”、开展移风易俗,如大力投资教育,“南通在中国千七百余县中,不过一极小县耳,而竟有高等教育三所,中等教育六所,小学校三百七十余所,特殊教育二所,及职业教育四所。他如通俗教育馆、幼稚子教育之设立,亦不在少数也。”②张謇的南通乡村建设产生了广泛影响,胡适指出,“张季直先生……独力开辟了无数新路,做了三十年的开路先锋,养活了几百万人,造福于一方,而影响及于全国”③。通过发展实业推动了南通的城镇化建设和发展,探索和尝试了乡村自治,乡村建设推动了中国农业现代化的发展,乡村的变化开阔了人们的视野,使当地“风气大开”。

知识分子秉持“教育救国”“学术救国”的乡村建设运动。“为了挽救民族,必须开启明智,兴办教育”④,力图通过发展教育来改变乡村贫困落后的面貌,以实现乡村社会的安定团结。梁漱溟指出,“乡村建设运动,是由于近些年来的乡村破坏而激起来的救济乡村运动”⑤。“我们稍一留心,就可以看到许多杂志都在大出其农村经济专号,开头没有不谈农村经济破产的……救济

① 黄家亮:《百年变迁视野下的定县乡村建设实验》,《山东社会科学》2020 年第 12 期。

② 南通县自治会编:《二十年来之南通》下编,南通翰墨林印书局 1930 年版,第 26 页。

③ 张孝若:《南通张季直先生传记》,台湾学生书局 1974 年版,第 3 页。

④ 徐勇:《国家化、农民化与乡村整合》,江苏人民出版社 2019 年版,第 293 页。

⑤ 梁漱溟:《乡村建设理论》,上海人民出版社 2011 年版,第 9 页。

农村已成为普遍的呼声，声浪一天一天的高上去。……好多乡村运动是从这里来的。”①正是基于这样的理念或思想，在抗日战争之前的“乡村建设”主要开展了一系列有代表性的活动，如：米鉴三、米迪刚父子力推“翟城新政”，创办“育正学堂”，制定“村规民约”，开办“义仓”，以开展互助、扶贫济困②；1926年，晏阳初及其平教会成员基于平教会理论而开展的“定县实验”，以县为单位开展平民教育；1931年，梁漱溟基于乡村建设派理论而开展“邹平实验”，以乡村学校作为开展乡村建设的载体，教育内容涉及农民识字、农技培训、自卫训练等，力图实现“政教合一，以政统教”。还有当时的教育家陶行知通过兴办晓庄学校提出“乡村教育思想”、黄炎培提出“大职业教育”、江恒源提出“富教合一”③的职业教育思想。到抗日战争时期，具有代表性的“乡村建设”实验有平教会在四川设立的“新都实验”，以县政改革和乡村建设为目标，还有江西黎川的基督教试验区以及福建协和大学在闽北邵武设立的试验区等等。这一时期知识精英开展的治贫治村，以“乡村建设”实验为载体，通过积极动员民众，在一定程度上推动了“试验区”（实验区）经济社会的发展、村民生活面貌的改观、乡村社会结构的优化以及治理资源的整合等。但遗憾的是未触及当时农民所关心的土地这一核心问题，未从根本上改变乡村经济结构及其存在的物质基础。随着抗日战争的爆发，“乡村建设”运动被迫陷入瘫痪。

二是以南京国民政府为代表组织开展的乡村复兴运动。民国前期，面对乡村社会衰败、贫困的现实，面对接踵而来的天灾人祸，“政府都采取了相应的措施救灾”④，尤其农业的衰败没落影响着国民党政权对乡村的控制与汲取，国民政府试图“改变皇权不下县，县下皆自治”的局面，为此开展了轰轰烈烈的“乡村复兴”运动。1933年5月，国民政府成立了“农村复兴委员会”，在全国开展了全方位、多领域的声势浩大的“乡村建设”运动。1935年先后颁布

① 梁漱溟：《乡村建设理论》，上海人民出版社2011年版，第149页。

② 翟城：《中国村民自治的发祥地》，见 gxs.nanyang.gov.cn/gzsh/31。

③ 施由明：《论当代中国“乡村振兴战略”在中国百年乡村建设思想史上的意义》，《农业考古》2019年第1期。

④ 范鹏：《反贫困与精准扶贫——甘肃模式探索》，甘肃人民出版社2017年版，第130页。

了《土地村公有办法大纲》《合作社法》《土地施行法》,其中《土地村公有办法大纲》提出"土地村公有"即"农民之耕作年龄,定为十八岁到五十八岁,人民满十八岁,即有向村公所呈领份地之权,至五十八岁,即应将原领之田交还村公所"①。张作霖依据这些政策、法律在东北开展了"乡村改革实践",地方政府开展的治贫治村实践活动得到南京中央政府的支持,并取得了一定成就。同时也有的"乡政"运动受到南京中央政府反对,如彭禹庭在河南镇坪县开展的乡村建设运动,最终被蒋介石政府取缔,彭禹庭本人被暗杀,乡村建设运动失败;李宗仁和白崇禧新桂系开展的"民团建设"随着抗日战争的爆发而不了了之。当然,也有持续存在较长时间的"乡政"运动,如1930年到1944年,卢作孚在西南开展的以乡村工业化和城市化为主要内容的"北碚模式"一直持续到国民政府后期。② "北碚模式"是民国时期不按照传统的乡村建设目标,在"乡村建设"运动中另辟蹊径,力图将贫困落后的乡村建设成为繁华的工业城市的理想追求,"卢作孚主持嘉陵江三峡地区'乡村建设'是近代以来继张謇'南通模式'后民间与社会主导乡村城市化的又一经典案例"③。费孝通则从经济的角度解决"农民的生计",也就是解决农民的温饱问题,将农民生计作为乡村建设的关键所在,秉持"自力更生的原则"从经济问题出发设计了一条"工业下乡与中国式的工业化道路",通过重建中国的城乡结构关系、恢复农村企业、考量社会结构或文化对经济发展的影响、人文生态等措施,④通过乡村建设试图构建新的乡土中国,寻求制度变化的轨迹,从乡村工业到发展小城镇,其目的是通过乡村建设使广大农民脱离贫困,走出一条致富的道路。

回顾这一时期民国政府发动的"乡村复兴"运动,最初的目标欲解决处于经济上极端贫困落后和解决政权上"皇权不下县"的乡村问题,且实际上也起到了一定的作用,但乡村建设的主要目的则在于强化对乡村的控制,民国政府通过有力的制度汲取资源,进而控制共产主义在乡村的渗透和快速发展,并借

---

① 李茂盛:《评阎锡山的"社会主义"思想》,《晋阳学刊》1994年第3期。

② 刘重来:《卢作孚与民国乡村建设研究》,人民出版社2007年版,第25—26页。

③ 涂文学:《自下而上:20世纪前半叶民间参与城市化运动论析——以张謇、卢作孚、刘歆生为中心之考察》,《江汉论坛》2020年第10期。

④ 李烊、刘祖云:《近代中国乡村建设思想的回眸、反思与展望——以梁漱溟、晏阳初和费孝通为中心的考察》,《中国农史》2022年第2期。

此机会从乡村汲取官僚买办阶级、地主阶级、大资产阶级以及军队开支所需要的各种资源。此外，地方上军阀与官僚势力明争暗斗使得政权极不稳定，也影响了“乡村复兴”运动的持续开展，使得以“乡村复兴”为口号的建设运动和以拯救为导向的治贫治村尝试最后均以失败告终。

三是以中国共产党为代表开展的土地革命运动。土地革命时期，中国共产党认为近代农民的问题主要是土地问题，“土地是农民的‘命根子’，农民问题是解决治贫治村的中心”①。为争取建立一个民主独立富强的国家，改变半殖民地半封建的社会性质，挖掉农村积贫积弱的苦根，中国共产党发动了土地革命。以毛泽东同志为主要代表的中国共产党人在井冈山创造性开辟了革命根据地，并且在根据地开展了土地革命，先后颁布《井冈山土地法》和《兴国土地法》，通过“打土豪、分田地”整合了乡村资源，拯救极端贫穷落后的农民，使农民和共产党紧紧地形成血肉联系。实际上，土地革命既是一种特殊的乡村建设，也是治贫治村的一种方式方法，在广大乡村采取“打土豪、分田地运动”，解决了农民对土地的渴望，一方面增强了农民对中国共产党领导的革命运动的拥护，进一步宣传了中国共产党的政策和纲领，扩大了党在农民之中的影响力；另一方面积极吸纳更多农民参军参战，巩固了广大农村革命根据地。

抗日战争爆发后，中国共产党从民族大义出发，为最大限度巩固抗日民族统一战线，调动广大农民参战的积极性，就土地关系而言，提出并实施了“减租减息”的土地政策。这种土地关系相比早期的“打土豪、分田地”有了很大不同和转变，“减租减息”的土地政策是抗日战争的特定背景下的产物，也就是在没有实施土改的地区允许地主将土地以适度租金形式出租给农民，但原则上必须减少租金，减轻农民的租贷负担。“减租减息”的土地政策是在特定时期不改变土地所有制性质的一种土地政策，“兼顾了农民和地主的利益”②，为处于极端贫困的农民点燃了无限的希望，在抗日战争期间赢得了社会各界好评，团结了社会各界力量积极投入到抗日斗争之中。解放战争时期，废除了“减租减息”的土地政策，颁布《五四指示》《中国土地法大纲》，大大地激发了

① 农村工作通讯编辑部：《中国共产党百年农政史记》，《农村工作通讯》2021 年第 Z1 期。

② 农村工作通讯编辑部：《中国共产党百年农政史记》，《农村工作通讯》2021 年第 Z1 期。

解放区农民生产的积极性,通过加强农业建设和基层政权建设将各种革命力量汇聚到民主革命的洪流之中。

总体来看,民国时期的反贫困斗争试图达到治贫治愚治弱治穷的目的,通过乡村治理拯救处于极端贫困线下的乡村百姓,安抚农民,稳定乡村。以改良为主的"乡村建设"运动和"乡村复兴"运动虽然取得一些成绩,但是没有抓住乡村持续贫困落后的根本原因,使之进行的各种探索只能是"昙花一现"。自中国共产党登上历史舞台后,以马克思主义理论与方法为指导,以土地革命与农村苏维埃政权建设为抓手,则成为探索治贫治村走出困境的新道路、新办法。

2. 保甲制度、苏维埃政权建设与"三三制"政权建设

第一,以国民党保甲制度为核心的村务管理。如果说"乡村建设"运动、"乡村复兴"运动均属于治贫(乡村建设)的内容,而"保甲制度"则属于治村(村务管理)的核心举措。长期以来,受国家财力和治理技术的限制,国民政府对乡村的控制处于一种相对松散的状态,"皇权不下乡,乡村靠宗族"正是对这种状态的典型写照。为了加强对乡村的控制,国民政府实施了政权渗透,一方面,国民政府按照"以农立国""家国同构"的历史传统,通过以家长制为中心重建乡村社会组织,坚持以"执简而驭繁",挽救已疲惫不堪、贫穷落后的乡村社会。另一方面,为实现"乡村复兴"运动的目标,国民政府在村务管理中采取了保甲制度。保甲制度起源于北宋时期的带有军事管理色彩的户籍管理制度,一直延续至民国。民国的保甲制度以户为单位,设置户长,以十户为一甲,十甲为保,保长的管理职能主要是统计户口、督练壮丁、辅助军警,甲长受保长的管理,负责编查户口、抽选壮丁,盘查奸宄,报告户口异动等。[①] 民国时期的乡村治理体制机制融入了"自治"元素,所谓"寓保甲于自治之中",即大体保持原来的"自治"体制,以乡镇为范围一律编为保甲,国民政府试图通过保甲制度达到乡村社会资源整合的目的,将行政治理体系直接延伸进入村庄,将村落转变成为最基层的行政单位,试图改变"皇权不下县"的困境。然

---

① 王先明:《从自治到保甲:乡制重构中的历史回归问题——以 20 世纪三四十年代两湖乡村社会为范围》,《史学月刊》2008 年第 2 期。

而，保甲制度严格限制了农民的活动自由，并没有成为乡村治理的一种制度优势。同时，在鄂豫皖等地以推行保甲制度的名义采取"剿共"的策略使得老百姓人心惶惶，自然无法实现乡村有效治理的目标。

第二，以"中华苏维埃"为代表的党的革命根据地的农村政权建设。1927年大革命失败后，国民党对中国共产党采取"白色恐怖主义"政策，倒逼共产党将进攻城市的革命战略转向农村地区，在农村建立革命根据地，并在总结土地革命"依靠贫雇农，联合中农……变封建的地主土地所有制为农民的土地所有制"①经验的基础上，开展工农武装割据斗争，建立苏维埃政权。苏维埃政权分为城市苏维埃政权和乡村苏维埃政权，其政权建设具有典型性和和代表性的主要集中于中央苏区即"中央革命根据地"②。限于研究的议题和主题，在此只简述中央苏区乡村苏维埃政权建设的基本情况。面对国民党反动政府对中国共产党领导的中央革命根据地所进行的经济封锁、军事"围剿"，党内出现严重的思想分歧，一部分人认为战争环境不宜进行经济建设；另一部分认为经济建设是一切工作的中心。有鉴于此，毛泽东明确要求，"苏维埃政权采取坚决的政策，去发展苏区的国民经济，抵制奸商的残酷剥削，打破国民党的经济封锁，使群众生活得到进一步的改良，使得革命战争得到更加充实的物质上的力量"③。自1930年开始，中国共产党在农村苏区的政权建设主要有以下举措：一是将乡苏维埃政权建设视为工作的重点，推行民主选举。认为乡苏维埃是苏维埃政权的基本组织类型，接近群众，能够领导群众执行苏维埃的各项命令、任务；以村落或一定区域为单位推行直接选举，通过选举大会产生苏维埃代表，由代表组成政府。二是继续开展土地革命，解决农民土地问题。为了动员广大农民参加革命和乡村建设，党和苏维埃高度重视农民的土地诉求，1928年，颁布了具有新民主主义性质的《井冈山土地法》，明确提出没

---

① 中国社会科学院经济研究所中国现代经济史组：《第一、第二次国内革命战争时期土地斗争史选编》，人民出版社1981年版，第151页。

② 中央苏区，即"中央革命根据地"，是1929年至1934年土地革命战争时期以赣南、闽西两块根据地为基础创建的。中央苏区是当时全国最大的革命根据地，区域覆盖范围包括：福建省20个县、江西省13个县、广东省1个县。详见鲁克荣：《中央苏区乡村建设思想及其历史经验》，《广西民族大学学报（哲学社会科学版）》2011年第4期。

③ 出自《中央政府通告第二号》，《红色中华》1933年7月20日。

收一切土地归苏维埃政府,由政府根据农民家庭人口多寡平均分配土地,但由于未明确土地所有权,农民参加革命的积极性并未有实质性的调动,随后又出台《兴国土地法》《土地问题决议案》和《中华苏维埃共和国土地法》等法规,其中《中华苏维埃共和国土地法》以国家法律的形式规定了分配土地的合法性,"所有封建地主豪绅军阀官僚,以及其他大私有主的土地,无论自己经营或出租,一概无任何代价的实行没收,被没收的旧土地经过苏维埃由贫农与中农实行分配"①。通过一系列的法律政策,推翻了封建土地制度,实现了"耕地农有"的目标。三是重视农业生产,发展互助组织。围绕革命战争开展农业生产是这一时期的一大特点,苏区政府结合根据地实际,组织开展了粮食生产、生产合作等活动,不仅解决了农民增收、红军供给的难题,也调动了苏区广大农民参加互助合作生产的积极性,有力地促进了农业生产的发展。四是重视社会服务和民生保障。中央苏区乡村建设除了满足战争需要,也需要满足农民基本的社会保障,基于此先后设立了互济会,颁布了《优待红军家属耕田队条例》,使得难民、灾民及患重病家庭等得到了募捐救济,解决了红军官兵参军后家里田地无人耕种的后顾之忧。此外,还开展了文化卫生教育活动,提高了根据地民众的科学文化素质、卫生保健意识以及邻里互帮互助意识。这个时期乡村"治贫"和乡村"治村"构成了乡村政权建设的一体两面,通过一系列的举措,稳固了党在中央革命根据地的经济基础和群众基础,为反抗国民党军事"围剿"、经济封锁以及随后的抗日战争中的群众动员打牢了基础。

第三,中国共产党领导的乡村"三三制"民主政权建设。抗日战争爆发,标志着革命形势发生新的变化——从土地革命战争转向抗日战争,使得党的政治路线和战略方针被迫作出新的调整。中国共产党为了广泛动员和扩大抗日民族统一战线,在广大抗日根据地实行"发展进步势力、争取中间势力、孤立顽固势力"的方针政策,采取"三三制"民主政权建设举措。"三三制"是在政权框架内对民主政权组成人员所作的探索创新,其基本内涵是指代表工人阶级和贫农的共产党员、代表和联系广大小资产阶级的非党左派进步

---

① 《中央革命根据地史料选编》(下),江西人民出版社 1982 年版,第 319 页。

分子和代表中等资产阶级、开明绅士的中间分子在抗日政权中各占三分之一。乡村“三三制”民主政权在广大抗日根据地成立了各级群众组织，进一步加强了基层党组织对农村的治理，增强了民众抗日的信心和底气，对团结抗日，推动民主政权建设做了有益探索。同时为了巩固“三三制”民主政权，党加强了对根据地的经济建设，依托《劳动互助社组织纲要》开展劳动互助、兴修水利；组织“大生产运动”，如三五九旅开垦南泥湾等。抗日战争时期，中国共产党对乡村的治理集中体现为政权下乡，通过政权下乡和“民主政权建设”有力整合了乡村分散的政治资源，调动了生产的积极性，为敌后战争积累了物质基础，也为新中国成立以后的民主协商制度的建立与发展提供了初步经验。

（二）以农业集体化为导向的乡村建设与人民公社管理制度

由于长期战争的破坏，新中国成立之初，国民经济濒临崩溃的边缘，反革命残余力量仍然威胁着新生的国家政权，乡村百废待兴，农民群众困苦不堪。如何快速拯救濒临破产的国民经济，解决亿万民众极端贫困的状态，巩固新生的国家政权成了当务之急，同时如何快速的实现工业化也是当时迫切需要解决的重点难题。为此采取了以土地改革为中心的乡村经济恢复与发展、以农业集体组织建设解决个体农民生产难题，以此相适应在广大农村建立了人民公社管理制度。

1. 以土地改革为中心的乡村经济恢复与发展

中国共产党是马克思主义政党，善于将马克思主义基本原理同中国的革命、建设、改革与发展的实际相结合，善于将抽象的理论与具体的社会实践相结合，善于抓住并解决社会的主要矛盾，以主要矛盾的解决来促进社会发展。中国共产党成立之初便将“土地”视为农民的“命根子”，将解决“土地问题”作为解决农民问题的“中心工作”。正是基于这样的科学认识和精确判断，通过《井冈山土地法》《兴国土地法》《中国土地法大纲（草案）》等政策、制度、法律来满足农民对土地的诉求。实际上，在土地革命战争、抗日战争以及解放战争的过程中围绕着解决“土地问题”也增进了对土地问题的认识，积累了诸多实践经验。新中国成立标志着新民主主义革命取得胜利，但并不意味着农民的土地问题已经得到彻底解决,实际上土地改革仍未完成,封建土地剥削依旧存在,而在广大的农村地区最迫切需要解决的问题依旧是如何持续地普遍地推进土地改革,以满足农民“耕者有其田”的夙愿。1950 年颁布《中华人民共和国土地改革法》(以下简称《土地改革法》),其中第一条旗帜鲜明地提出:“废除地主阶级封建剥削的土地所有制,实行农民的土地所有制,借以解放农村的生产力,发展农业生产,为新中国的工业化开辟道路。”①据此开展了轰轰烈烈的土地改革运动。新中国成立之初的土地改革是对解放战争时期土地改革的继续,总体上看前后具有一致性,除了在对待“富农问题”上不同外,该时期的土地改革更具有彻底性,也正因为这种彻底性使得该时期的土地改革意义显得格外重大,土地改革运动的完成,标志着两千多年来对中国农民剥削的封建地主土地所有制转为农民土地所有制,实现了土地制度的重构,亿万农民翻身解放成了土地的主人。土地作为农民核心性的生产要素与农民作为劳动力主体的两大要素的有机结合便焕发出巨大的活力,这种变革实质上既是对生产力发展要求的适应,也是对生产关系的根本变革,继而生产力与生产关系的相互适应与调试,不仅推动着农村生产力的发展,也调动了以农民作为社会实践主体的积极性、创造性,进而推动着农村经济的复苏与发展。据统计,从 1950 年至 1952 年,全国粮棉油的整体产量均呈现不同程度的快速增长,如“1951 年全国粮食产量比 1949 年增加 28%;1952 年比 1949 年增加 40%左右,超过抗战前最高年产量的 9%”②。正是农村生产力的解放,农村经济的恢复与发展,极大改善着农民的生产、生活条件,改变着农民的精神面貌。不仅仅使极端贫困状况得到有效缓解,也使党和农民的关系因为土地问题的解决而得到巩固和提升。

土地改革运动的推动需要以组织为依托,究竟需要以何种组织来推动,成为乡村政权建设的重要议题。依靠农民自己的组织推动中国的土地改革运动,正如著名政治学者亨廷顿所指出:“农民联盟、农民联合会、农民合作团体都是保证土地改革生命力持续的必要组织。不管其公然宣称的功能如何,组

① 农村工作通讯编辑部:《中国共产党百年农政史记》,《农村工作通讯》2021 年第 Z1 期。

② 中国国际贸易促进委员会:《三年来新中国经济的成就》,人民出版社 1952 年版,第 116 页。

织这一事实就在农村建立了新的权力中心。"[1]新中国成立后,国家除了对乡村实施军事管制外,还对乡村政权进行了系统性的建设并通过规范性的制度固定下来,如1950年政务院颁布了《乡(行政村)人民代表会议组织通则》《乡(行政村)人民政府组织通则》《农民协会组织通则》等,废除保甲制度,建立乡(行政村)一级基层政权即建立乡(行政村)人民政府,设立村农民协会,农民协会充当土地改革的执行机关。[2] 乡(行政村)农民协会有团结、保障、组织农民的职责[3],其行使权力的机关为乡(行政村)农民代表大会,其组织运转的经费来自人民政府的补贴和会员的会费。乡(行政村)人民政府为乡(行政村)人民代表大会闭会期间行使政权的机关,设立乡(行政村)人民政府委员会并行使《通则》规定的职权。实际上,新中国成立初期乡村政权建设才刚刚开始,农民协会在组织农民生产及其他各项事务中发挥着举足轻重的作用,"乡级农民协会只是土地改革的专门性组织。而农民协会则成为了事实上的政权组织"[4]。由此可知,新中国成立之初,农民协会发挥着两个方面的重要作用:一方面是推动土地改革,落实政策,保证"耕者有其田";另一方面发挥着组织生产、团结村民等作用。这一时期党组织领导农民协会并动员农民参加土地改革,改造传统乡村社会制度,使土地制度适应生产力的发展要求,同时,基层党组织通过《关于整顿党的基层组织的决议》《关于发展新党员的决议》开展集中式整顿,教育引导党员干部,塑造党员标准,对党员进行资格审查,提升党员队伍的纯洁性。[5] 总之,这一阶段党在乡村以解决土地问题为核心的反贫困斗争使党和农民紧密联系在一起,党和农民关系凝结为不可分割的共同体,为随后进行的农业、手工业社会主义改造奠定了基础。

---

① [美]塞缪尔·亨廷顿:《变革社会中的政治秩序》,李盛平、杨玉生译,华夏出版社1988年版,第385页。

② 于建嵘:《岳村整治:转型期中国乡村政治结构的变迁》,商务印书馆2001年版,第212页。

③ 政务院:《农民协会组织通则》,《人民日报》1950年7月16日。

④ 于建嵘:《岳村整治:转型期中国乡村政治结构的变迁》,商务印书馆2001年版,第223页。

⑤ 唐皇凤、李要杰:《中国共产党基层组织政治功能的百年演进和基本特征》,《华中科技大学学报(社会科学版)》2021年第3期。

2. 以农业集体组织建设解决个体农民生产难题

新中国成立初期的土地改革实现了农民“耕者有其田”的目标,但是由于生产力水平低下和土地资源分散,一方面使得农业生产难以快速恢复和发展,在农业发展“短暂的春天”之后,农民因为牛、犁等生产工具和劳动力的匮乏,使得农业生产难以顺利持续的推进;另一方面,低水平、“原子化”的农业生产难以支撑城市人口增长、工业经济发展所需要的物质资料、资本积累。在这种情况下,党和国家决定学习苏联农业集体化经验,借用“战时兵团作战、集体化协同配合”①的革命举措,对农业进行社会主义改造,变农民土地所有制为社会主义公有制,而合作化成为主要的推进路径,先后经历了从互助组到初级社再到高级合作社的这一演进过程。通过“农业集体化运动”解决土地被分割导致生产力和生产效率低的情况,将分割的自给自足的农业生产发展为集约化和集体经济,达到提高生产力发展水平的目的。1951 年,《中共中央关于农业生产互助合作的决议(草案)》获得通过,以农业合作化推动农业发展,以农业发展缓解统购统销的困局。随后中央农村工作部正式成立,邓子恢担任首任部长,以国家的力量推动互助合作运动的开展。1953 年 12 月,中共中央发出了《关于发展农业生产合作社的决议》,指出土地入股在初级合作社中发挥了积极作用并要求将初级社作为转向高级社的恰当形式。1955 年,《关于农业合作化问题的决议》在中共七届六中全会上获得通过,在全国农村掀起了合作化运动,“截至 1956 年 1 月,农民入社从 1955 年 6 月的 14. 2%增加到 80. 3%,到 1956 年年底,增加到 96. 3%”②。至此,农业社会主义改造基本完成。

中国农业社会主义改造的完成标志着农民土地所有权向合作社集体所有权的转变。“原子化”的农民被整合到集体组织的经营之中,按计划进行生产,实行集体劳动和按劳分配。从治贫的角度讲,这个时期反贫困斗争主要依靠传统的计划经济体制来抑制社会两极分化,如从 1953 年中共中央发出《关于实行粮食的计划收购与计划供应的决议》开始,实行“统购统销”,以集体的

---

① 朱道林:《中国共产党百年土地制度变革》,《乡村振兴》2021 年第 7 期。

② 农村工作通讯编辑部:《中国共产党百年农政史记》,《农村工作通讯》2021 年第 Z1 期。

形式组织生产、分配、交换、消费,用计划经济体制取代以价格机制为核心的市场经济对资源的配置,集体单位承担起消解致贫、返贫风险的责任,毫无疑问,在低生产力发展条件下,这种政策的实施有效缓解了乡村较大规模贫困的发生,一定程度上也减轻了既有贫困。另一方面,这种集体经济模式也存在缺点,即忽视产权制度的不同配置对经济绩效与作为生产主体的人的能动性发挥影响,导致平均主义盛行。此外,统购统销以服务城市、服务工业为目标,农产品供给价格整体偏低,损伤了农民生产的积极性主动性。由于过度地强调生产的集体性、计划性、组织性,分配的平均性,使生产效率更为低下,导致乡村农民一度陷入了"集体性贫困"的陷阱。

3. 推行人民公社管理制度

从新中国成立到改革开放这一相当长时间里,中国乡村的"治贫"与"治村"互为手段与目标,但呈现阶段性、结构性等特征。第一阶段,主要以"治贫"为目标,通过制度变革巩固新生政权。在土地改革后,农民既深切感受到得到土地的实惠,同时又感到生产生活的改善与期望存在较大距离。由于土地条块分割严重,生产物质资料相对欠缺,难以形成规模经营,农民依旧难以"摆脱贫困",导致乡村社会生产发展能力明显不强,农民自发形成了各种互助组、互助社,即"外部冲击—村落传统互动模式"①。互助组、互助社逐渐成为普遍,这种组织形式彰显的民意得到了政府重视认可,1950 年,政务院颁布了《乡(行政村)人民政府组织通则》《农民协会组织通则》,标志着将乡村政权建设正式纳入国家政权建设的体系之中。第二阶段,推动农业组织形式和制度改造,引导农民参与农村公共管理事务,达到"治村"的目标。在农业生产中,先后完成互助组到初级社再到高级社的过渡,将农民纳入组织化、制度化的生产经营体系中。在政权建设中,1954 年通过建立各级人民代表大会制度,并且按照一定时期召开会议,将人民民主落实到农村基层。第三阶段,以人民公社为基层组织单位,实施"全能式"治理。1958 年颁布《关于在农村建立人民公社问题的决议》,标志着人民公社制度初步确立。1962 年《农村人民公社工作条例修正草案》的正式确立了"三级所有,队为基础"的基本管理原

① 张乐天:《告别理想——人民公社制度研究》,上海人民出版社 2016 年版,第 4 页。

则，形成了“政社合一”的人民公社制度。在经济上，人民公社制度表现为“三级所有、队为基础”即“以生产队为基础的公社、生产大队和生产队三级所有”①。在治理上，表现为“政社合一”、指令性计划，通过成立公社管理委员会作为国家基层政权，作为一个基层治理的综合体，统揽政治、经济、文化和社会管理，具体表现为管理乡村农业生产、财政、税收、粮面米油、民政、文教卫生、治安、民兵和调解民事纠纷等项工作。

事物都是矛盾统一体，在方法论上要求科学辩证地看待这种对立与统一，人民公社作为社会发展过程中的一种阶段性产物也不例外。从发展演进看，人民公社这种体制机制对当时乡村的集体经济的发展起到了一定的推动作用，并且在一定时期内积累了工业化所需要的大量原料和资金，高度计划性、指令性的乡村经济管理的扶贫模式，由人民公社实施“兜底”，在一定程度上保障了贫困人口的生存需求。“但由于当时党对人民公社化运动和农村所有制问题的认识不足，造成多次反复，导致经济发展滞后。”②以及“文革”爆发后阶级斗争的扩大化，使得片面强调“一大二公，政社合一”的乡村治理制约了乡村民主政治的发展，也阻碍了农民生产的积极性、主动性和创造性发挥，造成生产力低下，使普遍贫困进一步延续。邓小平曾深刻指出：“一哄而起搞人民公社化，片面强调‘一大二公’，吃大锅饭，带来大灾难。”③“吃大锅饭”这种分配上的平均主义，导致乡村生产力无法得到改善，贫困问题不断加深，反贫困斗争形式更加严峻。实施严格的工农业产品价格“剪刀差”、城乡户籍管理制度等，导致工农、城乡发展不平衡、不协调的问题凸显。

（三）以农村改革为导向的农业发展与村民自治模式

党的十一届三中全会以来，中国经济社会发展进入了改革开放时期。从党的十一届三中全会到党的十八大，党和国家将“三农”工作的重心放在解放和发展生产力上，以解决温饱问题，从总体上达到小康水平的战略目标。为了

① 张乐天：《告别理想——人民公社制度研究》，上海人民出版社 2016 年版，第 6 页。

② 王志章、杨珂凡、王静等：《百年来中国共产党反贫困的实践逻辑、理论结晶与分享策略研究》，《贵州财经大学学报》2021 年第 4 期。

③ 《邓小平文选》第三卷，人民出版社 1993 年版，第 115 页。

实现这一战略目标，在经营体制上，实行家庭联产承包责任制度和统分结合的双层经营体制。在乡村治理上，废除人民公社，实施村民自治。在反贫困机制的设计上，由注重政府的计划手段转向注重发挥市场的基础性作用的转变。这一阶段中国的治贫治村伴随着农村经济体制改革与村民自治模式的确立发生了翻天覆地的变化。

1. 以体制改革推动农村经济社会发展

经历十年“文革”浩劫，人民公社的体制弊端日渐凸显，农业集体经营模式越发变得不可持续。面对中国农村贫困人口基数大、农业发展滞后、农村缺乏活力、贫困发生率高的严峻形势，如何走出贫困的困境，成为治贫治村迫切需要解决的问题。1978 年，邓小平在中央工作会议上明确提出：“如果现在再不实行改革，我们的现代化事业和社会主义事业就会被葬送。”①随后召开党的十一届三中全会，将经济建设确定为党和国家的工作中心，并提出实行改革开放。农村改革成为对内改革的突破口，安徽凤阳小岗村成为改革开放后中国农村改革的第一村，实行土地包产到户、包干到户等形式，满足农民对土地的要求。为了打消人们当时认识上的疑虑、分歧，国家出台了《关于进一步加强和完善农业生产责任制的几个问题》，明确指出边远山区、贫困落后地区均有自主选择包产到户、包干到户生产责任制形式的权利，至此，家庭联产承包责任制迅速地推开，农民生产积极性重新得到激发和调动。1987 年，邓小平在接见外宾时提出“贫穷不是社会主义……首先必须摆脱贫困”的重要论断，据此党的十三大中明确提出到 20 世纪末人民生活达到小康水平的目标，制定“三步走”发展战略，提出“两个大局”的战略构想。② 为了进一步的贯彻落实党的十一届三中全会、党的十二大和十三大提出的政策精神，党和国家继续推进家庭联产承包责任制即在坚持土地集体所有制的前提下，通过将土地等生产资料和生产任务下放到每家每户，以家庭为生产单位，责任到户、自负盈亏。截至 1987 年，全国 98%的农户实行了家庭联产承包责任制。③ 至此，理顺了

---

① 农村工作通讯编辑部：《中国共产党百年农政史记》，《农村工作通讯》2021 年第 Z1 期。

② 中华人民共和国国务院新闻办公室：《人类减贫的中国实践》白皮书，《人民日报》2021 年 4 月 7 日。

③ 农村工作通讯编辑部：《中国共产党百年农政史记》，《农村工作通讯》2021 年第 Z1 期。

农村基本生产关系,使农民成为从事农业生产的主体,极大地调动农民的生产积极性、主动性和创造性,解放和发展了农村生产力,实现了农业由徘徊不前向快速发展的转变。"1978 年至 1985 年,全国农村居民家庭人均纯收入从 133.6 元迅速增加到 397.6 元,增长了 2.59 倍,年均增长达到前所未有的 43.8%。"①党在农村实施以家庭联产承包为主的生产责任制和统分结合的双层经营体制,是乡村为了改变贫困面貌通过治理创新转变,进一步解放和发展了生产力,推动了乡村农业建设的快速发展。与此相适应,国家在 20 世纪 80 年代还相继启动了"移民搬迁"、"三西"地区农业建设以及"以工代赈"工程、大规模的开发式扶贫等,进一步推动了贫困地区经济社会的发展。

2. 实行村民自治制度,开展全国性的扶贫开发

经历了 20 世纪 80 年代的改革开放,农村贫困问题大大缓解,但贫困的类型和成因也发生了极大的变化,由普遍性分布向分层、分块、分化方向凸显,区域间发展不均衡的问题突出②,中西部地区贫困发生率增加。同时,人民公社中的集体劳动逐渐被家庭联产承包责任制中的个体、家庭劳作所取代,农村也面临新的组织重建的压力。在这种背景下,党和国家制定和实施了以下政策举措。

一是通过"村民自治模式"解决乡村社会如何治理的问题。人民公社在家庭联产承包责任制实施后逐渐式微,村庄公共事务的治理一度出现"真空",广西合寨村村民勇于创新,率先在全国成立了第一个村民委员会,党和国家重视农民的创举,将村民自治确立为农村基层治理制度,1987 年通过了《中华人民共和国村民委员会组织法(试行)》,标志着村民自治迈入有章可循阶段。通过村委会组织法十余年的成功试行,到 1998 年正式颁布《中华人民共和国村民委员会组织法》,标志着村民自治制度正式确立。与人民公社相比,村民自治模式创新了乡村治理,也标志着农村反贫困斗争进入了与村民自治相结合的时期。村民自治主要以行政村为单位开展"民主选举、民主决策、民主管理、民主监督"活动,引导村民参与村庄公共治理事务。相对于人民公

① 吴晓华:《改革农地制度,增加农民收入》,《改革》2002 年第 2 期。

② 中华人民共和国国务院新闻办公室:《人类减贫的中国实践》白皮书,《人民日报》2021 年 4 月 7 日。

社，村民自治既是政府“权力下乡”的产物，也是国家推行政治民主化的组织平台，在村民自治实施过程中，改变了人民公社时期将农民束缚在土地、束缚在乡村的局面，农民的自主性增强，促进了农民自由流动，注重经济内外发展，加强了基础设施建设，改善了民生，使共同富裕迈出了坚实的一步。

二是以经济发展为基础，制定新的“三步走”发展战略，提出全面建设小康社会目标，继续推进大规模扶贫开发国家行动。党的十三大提出新的“三步走”战略，其中明确提出“第二步目标，1991年到二十世纪末国民生产总值再增长一倍，人民生活达到小康水平”。正是有了这样的目标定位，才有一系列推进目标实现的实践方案或政策。1994年，国务院印发《国家八七扶贫攻坚计划（1994—2000年）》，该计划是新中国历史上第一个有明确扶贫目标、明确扶贫对象、明确扶贫措施和明确扶贫期限的全国扶贫开发工作纲领。从1994年“八七计划”提出到2000年，解决了当时全国农村8000万贫困人口基本的温饱问题。为了顺利完成新“三步走”中的第二步目标和迎接新世纪的到来，中共中央、国务院于1996年10月颁布了《中共中央国务院关于尽快解决农村贫困人口温饱问题的决定》，《决定》的颁布标志着中国扶贫战略框架的形成。1996年，中共中央召开扶贫开发工作会议，进一步明确到20世纪末基本解决贫困人口温饱问题的目标绝不动摇，并确定了由救济式扶贫转向开发式扶贫的基本方针。2001年，中共中央召开扶贫开发工作会议，国务院印发《中国农村扶贫开发纲要（2001—2010年）》明确提出，“为达到小康水平创造条件”，意味着中国的扶贫开发在取得重要阶段性成就的基础上，继续向纵深推进。

三是从城乡分治向城乡一体治理的扶贫开发转变。党的十六大指出：“城乡二元经济结构还没有改变，地区差距扩大的趋势尚未扭转，贫困人口还为数不少。”①党和国家开始认识到城乡二元差距对先富带后富，实现共同富裕的不利影响，大力推进产业扶贫和劳动力培训转移，积极开展易地搬迁扶贫、生态移民，实施西部大开发、振兴东北地区老工业基地、中部地区崛起等国家区域发展战略，促进区域、城乡协调与融合发展，缩小城乡发展差距。正如

① 《江泽民文选》第三卷，人民出版社2006年版，第542页。

徐勇所说："农村社会在工业化、市场化及城市化大背景下已经发生了深刻变化，传统孤立的农村社区正在向开放性、流动性、变化性、异质性转变。"①在这种时代背景下，党的十六届五中全会进一步提出建设社会主义新农村的要求，实行"村级公益事业'一事一议'以奖代补政策，发挥农民的主体作用，改善村内公益事业"②。与此相适应，这个时期的政府扶贫开发的职能也有新的变化，开始由管理型向服务型转变、从资源汲取向反哺"三农"转变，不再是"以农言农"，不再是"工业优先、城市偏向"。党的十七大进一步提出"统筹城乡发展，推进社会主义新农村建设"，通过"建立以工促农，以城带乡长效机制，形成城乡经济社会发展一体化新格局"，③以新农村建设为抓手推动扶贫开发，走高水平中国特色城镇化道路，推动城乡一体协调发展。

（四）以小康社会和现代化为导向的脱贫攻坚与乡村有效治理

改革开放四十多年来的经济社会发展，为减贫事业发展奠定了坚实的人力、物力和财力基础，各项制度不断趋于完善，但是绝对贫困问题依然较为突出，解决绝对贫困和区域性整体性贫困问题成为全面建成小康社会的攻坚任务之一。党的十九大提出的"乡村振兴"，成为实现第二个百年奋斗目标的主要抓手。党的十九届五中全会和2021年中央一号文件指出："实现巩固拓展脱贫攻坚成果同乡村振兴有效衔接。"④在实现第二个百年奋斗目标的征程中，扶贫长效机制的建立和乡村有效治理成为乡村建设和发展的重点。

1. 以脱贫攻坚为抓手促成全面建成小康社会的实现

自党的十八大以来，中国面临着实现第一个百年奋斗目标，即全面建成小康社会的任务。中国特色社会主义进入新时代，意味着我们面临的国际经济政治形势、社会发展主要矛盾、发展动力、发展目标、实现方式等都产生了深刻的变化，特别是中国仍然有8900多万人口处于绝对贫困的状态，贫困问题成

---

① 徐勇：《在社会主义新农村建设中推进农村社区建设》，《江汉论坛》2007年第4期。

② 罗峰：《从资源汲取到以人为本：乡村社会管理基础变革》，《华中农业大学学报（社会科学版）》2011年第2期。

③ 《胡锦涛文选》第二卷，人民出版社2016年版，第630页。

④ 《中共中央国务院关于全面推进乡村振兴加快农业农村现代化的意见》，《人民日报》2021年2月22日。

为2020年全面建成小康社会亟待解决的短板。这些贫困人口贫困程度更深、脱贫难度更大、减贫成本更高①，对于“贫中之贫、坚中之坚”的贫困人口，很显然按照以往“大水漫灌”“撒胡椒面”式的扶贫方式已远远不能完成脱贫攻坚的艰巨任务，于是精准扶贫和脱贫攻坚应运而生。2013年习近平总书记考察湖南十八洞村时，提出“扶贫要实事求是，因地制宜。要精准扶贫，切忌喊口号”，针对贫困人口实施“两不愁三保障”。随后，党和国家根据习近平总书记提出的“精准扶贫”的政策要求，2014年中共中央办公厅、国务院办公厅印发《关于创新机制扎实推进农村扶贫开发工作的意见》，与《中国农村扶贫开发纲要（2011—2020年）》所提出的“两不愁三保障”的目标要求一脉相承。“确保到2020年农村贫困人口实现脱贫，是全面建成小康社会最艰巨的任务”②，为了高质量完成脱贫攻坚任务，2015年11月29日，中共中央、国务院颁布《关于打赢脱贫攻坚战的决定》，同年习近平总书记提出了“六个精准”举措。通过这些政策、制度、措施，使得精准扶贫方略能够顺利推进并得以落地。2020年面对突如其来的新冠肺炎疫情，习近平总书记要求全党全国做好“加试题”、打好收官战，信心百倍向着脱贫攻坚的最后胜利进军。

2. 以农业农村现代化为导向的乡村有效治理

乡村治理有效是推动农业农村现代化的重要保障。脱贫攻坚、乡村振兴作为新时代影响中国乡村社会长远发展的重大战略，二者具有内在的关联性，一方面，精准扶贫是实现乡村振兴的基础，为乡村振兴补齐短板。另一方面，乡村振兴又超越了精准扶贫，并巩固了脱贫攻坚的成果，实施乡村振兴战略实质上就是推进农业农村现代化，乡村振兴、农业农村现代化共同指向中华民族伟大复兴。治理有效是乡村振兴战略的总体要求之一，是实现农业农村现代化的基础和保障，因此乡村要全面振兴就必须实现社会和谐有序和发展充满活力。为达到乡村治理有效，2015年中共中央办公厅、国务院办公厅印发《深化农村改革综合性实施方案》；2016年年底中共中央、国务院印发《关于深入推进农业供给侧结构性改革 加快培

---

① 国家发展和改革委员会：《“十三五”脱贫攻坚规划》辅导读本，人民教育出版社2017年版，第2页。

② 《中共中央国务院关于打赢脱贫攻坚战的决定》，《中华人民共和国国务院公报》2015年第35期。

育农业农村发展新动能的若干意见》;2017 年先后修订了《农民专业合作社法》《农村土地承包法》《土地管理法》,并且正式施行《乡村振兴促进法》;2018 年年初,中央一号文件提出《关于实施乡村振兴战略的意见》,对全面推进中国特色的乡村振兴作了总体部署,同年 9 月提出《乡村振兴战略规划(2018—2022 年)》,对乡村振兴进一步作了阶段性规划,进一步细化落实重点和举措。从 2018 年开始,中国将每年秋分日设立为“中国农民丰收节”。2021 年 2 月,中央一号文件《中共中央国务院关于全面推进乡村振兴加快农业农村现代化的意见》发布,并且于同年成立了国家乡村振兴局,负责专门推进乡村振兴;3 月,中共中央、国务院印发《关于实现巩固拓展脱贫攻坚成果同乡村振兴有效衔接的意见》。2022 年印发《中共中央国务院关于做好二〇二二年全面推进乡村振兴重点工作的意见》。乡村一直是中国经济社会发展的薄弱环节,“中国社会的现代化发展取决于乡村的发展”①,从这个角度讲,需要解决农村发展的短板问题,而精准扶贫、乡村振兴旨在解决乡村治理低效的问题,力图激发乡村治理的内生活力,进而实现有效治理的目标。精准扶贫突破了传统的乡村建设,集中了全党的智慧和人民群众的实践经验,尤其通过脱贫攻坚体制机制进一步创新了乡村治理,乡村治理创新在乡村振兴过程中得以巩固和拓展。从党的十八大以来党中央对乡村出台的文件和重大举措,可见对乡村振兴、对乡村治理、对推动农业现代化的重视程度之高、举措之强。推进农业农村现代化,需要扎实稳妥地推进乡村振兴,在乡村振兴的过程中不断改进和提升乡村治理效能和水平。

二、研究现状述评

2021 年是中国共产党建党一百周年。在过去的一百年间,中国共产党始终牢记初心和使命,带领中国人民走过了百年治贫治村的艰辛路程,解决了绝对贫困的这一世界性难题,全面建成了小康社会,开启了社会主义现代化建设

① 王沪宁:《当代中国村落家族文化——对中国社会现代化的一项探索》,上海人民出版社 1991 年版,第 10 页。

的新征程。与此相适应，对百年治贫治村的理论与实践，学术界持续不断地加以关注、认识和研究，形成了非常丰富的文献资料。“弱水三千，只取一瓢”，这里只是围绕“精准扶贫与乡村治理”主题，对文献资料进行梳理，全面把握和认真分析研究现状，为课题研究提供条件、奠定基础。

（一）乡村治理与精准扶贫的内涵

1. 乡村治理的内涵研究

“问渠那得清如许，为有源头活水来。”明确的概念内涵是理论逻辑的起点和科学研究的基本前提。乡村治理的概念兴起于20世纪90年代，是在“治理”概念提出后由于乡村社会问题研究的需要所提出的一个在当时具有时髦性的概念，是对“治理”概念内涵的丰富和外延的拓展。在具体的科学研究中，较早提出或使用该概念的则是“华中乡土学派”，他们认为“乡村治理是通过解决乡村社会面临的问题与矛盾，实现乡村社会发展与稳定的一个过程”①。随后，国内相关的学者对“乡村治理”的概念与内涵进行了进一步丰富和拓展：一是从乡村治理实施主体和作用对象的角度，认为乡村治理是乡村公共权力对村庄公共事务的组织、管理与调控。② 二是从乡村治理方法与目标的角度，认为乡村治理应当是多元主体采用参与、协商等方式化解矛盾与冲突，实现乡村社会的和谐状态。③ 其中，“多元主体”究竟是哪些主体？在对乡村治理主体整体界定的基础上专家学者们对主体进行了细分，指出乡村治理的主体包括乡镇党委政府、村级组织以及民间群体等各种性质不同的组织，而乡村治理就是这些组织通过一定的制度机制共同管理好乡村社会公共事务的一个过程。④ 当然，不同的主体发挥不同作用，其中党政是乡村治理中的权威性力量，发挥着关键性的作用，正是基于这样的认识，有学者将乡村治理看作

① 徐勇：《挣脱土地束缚之后的乡村困境及应对——农村人口流动与乡村治理的一项相关性分析》，《华中师范大学学报（人文社会科学版）》2000年第2期。

② 参见贺雪峰：《村治研究的意义与方法——兼评几种流行的村治研究倾向》，《青海师范大学学报（哲学社会科学版）》1999年第2期。

③ 参见赵树凯：《乡村治理：组织和冲突》，《战略与管理》2003年第6期。

④ 参见郭正林：《乡村治理及其制度绩效评估：学理性案例分析》，《华中师范大学学报（人文社会科学版）》2004年第4期。

是以乡村政府为治理主体的权威机构为乡村提供公共产品和公共服务的一种活动。①

除了对“乡村治理”的概念进行了研究,也有学者对“治理有效”和“乡村治理现代化”等相关概念作了阐释。自开展精准扶贫以来,扶贫机制创新推动中国贫困地区乡村治理取得显著进步,但是乡村治理(包括精准扶贫)过程中形式主义、官僚主义、贪污腐败等问题较为突出,影响着治理绩效的改进和目标的达成,引发了学界对“治理有效”的思考。人们认为乡村治理的目标在于实现“治理有效”,而对于什么是“治理有效”,学界则形成了两种主要的观点:一种观点是从治理主体、治理体系以及治理目标对何为“治理有效”作了界定,认为“治理有效”是指通过充分调动多元治理主体的积极性,建立健全自治法治德治相结合的乡村治理体系,从而实现乡村社会的安定与有序。②另一种观点是在把握多元主体、治理目标的基础上从“成本—收益”角度对其概念作了解释,指出治理有效就是在乡村党组织的领导下实现多元主体良性互动,用较低的治理成本有效提供乡村公共产品和公共服务。③ 乡村治理现代化既是乡村实现“治理有效”的现实要求,也是未来发展的目标,他们认为乡村治理体系和治理能力现代化集中表现为制度机制健全、多元主体积极参与、治理内容广泛多样、治理方式丰富多样等特征。④

2. 精准扶贫的内涵研究

自2013年习近平总书记在湖南花垣县十八洞村考察时首次提出“精准扶贫”概念以来,国内学者对其内涵和外延进行了深入解读。通过梳理,主要体现为三个维度:一是从精准扶贫的“对象—问题—对策”角度进行解析,认为精准扶贫是针对真正的贫困家庭和人口,对其致贫原因科学分析,⑤根据不同的贫困类型,采取有针对性的帮扶政策和措施,消除致贫因素和障碍,实现减

① 参见党国英:《我国乡村治理改革回顾与展望》,《社会科学战线》2008年第12期。

② 吴蓉、施国庆:《后税费时代乡村治理问题与治理措施——基于文献的讨论》,《农业经济问题》2018年第6期。

③ 程瑞山、任明明:《乡村“治理有效”的意蕴与考量》,《科学社会主义》2019年第3期。

④ 赵秀玲:《农村治理体系和治理能力现代化评估与瞻望》,《西南交通大学学报(社会科学版)》2021年第1期。

⑤ 汪三贵、郭子豪:《论中国的精准扶贫》,《贵州社会科学》2015年第5期。

贫脱贫的可持续性。① 二是从精准扶贫的分层分级角度进行分析，认为精准扶贫的内涵分为扶贫“对象—资源—主体”、扶贫“目标—过程—结果”、“微观—中观—宏观”三个层级的精准。② 三是从精准扶贫“目标靶向”角度进行解读，认为精准扶贫不仅仅限于人口学、经济学意义上的数字精准，而是要让贫困问题得到真解决。③ 精准扶贫的核心要义是精准，精准的关键是实事求是，根据实际情况来推进扶贫工作，用较少的扶贫资源取得最大的扶贫成效。④ 虽然学者们对精准扶贫内涵的具体论述存在“横看成岭侧成峰”的情况，但随着脱贫攻坚实践的深入，对于精准扶贫的内涵，学术界形成了基本共识，即精准扶贫是指通过对贫困户和贫困村采取精准识别、精准帮扶、精准管理和精准考核的方式，优化配置各种扶贫资源，确保各类扶贫资源到村到户，构建扶贫减贫脱贫的长效工作机制。⑤

（二）精准扶贫对乡村治理的积极影响

任何事物都处于普遍联系之中，联系的普遍性使得相互影响成为可能。诺贝尔经济学奖获得者约瑟夫 · E.斯蒂格利茨（Joseph E.Stiglitz）认为：“只要一个人和一个企业的行动影响了另一个人或另一个企业，而后者没有为此付费或收费，外部性就会出现。其结果是存在负外部性的产品会过度生产，存在正外部性的产品会供给不足。”⑥精准扶贫作为一项公共政策，同样会产生巨大的外部效应，精准扶贫不仅解决了绝对贫困人口和地区的生存与发展问题，而且产生了巨大的政策溢出效应，对乡村治理的影响主要体现在物质基础、治理理念、治理体系、治理主体、治理方式、治理环境等多个方面。具体如下。

---

① 黄承伟、覃志敏：《论精准扶贫与国家扶贫治理体系建构》，《中国延安干部学院学报》2015 年第 1 期。

② 庄天慧、杨帆、曾维忠：《精准扶贫内涵及其与精准脱贫的辩证关系探析》，《内蒙古社会科学（汉文版）》2016 年第 3 期。

③ 陆益龙：《后乡土中国》，商务印书馆 2017 年版，第 211 页。

④ 贺雪峰：《论后扶贫时代的反贫困战略》，《西北师大学报（社会科学版）》2021 年第 1 期。

⑤ 张笑芸、唐燕：《创新扶贫方式，实现精准扶贫》，《资源开发与市场》2014 年第 9 期。

⑥ ［美］约瑟夫 · E.斯蒂格利茨：《公共部门经济学》（第三版）（上），郭庆旺等译，中国人民大学出版社 2013 年版。

1. 精准扶贫政策落地夯实乡村治理的物质基础

在个体层面，通过实施“六个精准”，推进“五个一批”，使得贫困人口达到“两不愁三保障”的脱贫标准，提升农村贫困人口的生活水平。生活水平的提升集中体现在两个方面：一是贫困地区居民人均年收入达到现行标准下的脱贫标准，人均可支配收入、工资性收入和经营性收入逐年上升；二是贫困地区居民全面实现不愁吃、不愁穿，义务教育有保证、医疗保险全覆盖、住房安全有保障。在区域层面，国家加强贫困农村基础设施建设，加快推进农村产业发展，加大农村公共产品有效供给，推动农村公共服务均等化，对特殊困难群体生存发展权利有效保障，①贫困地区落后面貌根本改变，解决了区域性整体贫困，促进了乡村社会经济发展，夯实了农村治理的经济基础，实现了全面建成小康社会的宏伟目标，为农业农村治理的现代化奠定了坚实的物质基础。② 从基础设施来看，出行难、用电难、用水难、通信难长期以来制约贫困地区发展的瓶颈问题得以解决；从农村产业发展来看，产业结构显著改善，特色优势产业不断发展，电子商务、光伏、旅游等新业态新产业蓬勃兴起，经济发展日益多元，经济持续快速增长；从基本公共服务来看，教育、医疗、文化、社会保障等公共服务水平显著提升，贫困人口学有所教、病有所医、老有所养、弱有所扶得以实现；从特殊困难群体生存发展权利有效保障来看，贫困妇女生存发展状况显著改善、困难儿童关爱水平明显提高、贫困老年人生活和服务保障显著改善、贫困残疾人保障水平全面提升。③

2. 精准扶贫调适乡村治理理念

精准扶贫内涵的治理理念推动乡村治理理念的更新。精准扶贫内涵参与式、多元合作式和精准式三大治理理念有助于贫困乡村的有效治理并为乡村治理提供了科学、有效的治理模式和治理方式。④ 内涵参与式理念鼓励农民

① 中华人民共和国国务院新闻办公室：《人类减贫的中国实践》白皮书，《人民日报》2021年4月7日。

② 张伟军：《当代中国农村治理模式的演进逻辑——基于政府与社会关系的分析》，《宁夏党校学报》2019年第2期。

③ 中华人民共和国国务院新闻办公室：《人类减贫的中国实践》白皮书，《人民日报》2021年4月7日。

④ 宋超：《精准扶贫：治理现代化视野下的新型贫困村治理模式》，《贵州社会主义学院学报》2016年第2期。

积极参与到扶贫当中,多元合作式理念促进政府、社会、市场、社区、农户合作推动贫困治理,精准式理念主张扶贫对象精准、措施到户精准、项目安排精准、资金使用精准、因村派人(第一书记)精准、脱贫成效精准。同时,精准扶贫强调以农民为主体提升了治理活力、引入第三方治理主体实现了治理有效、干部下乡促进了治理和谐,①全面推动了乡村治理理念的优化与更新、促进了治理成效的展现与彰显。

3. 精准扶贫优化乡村治理体系

精准扶贫不仅满足了贫困群众的基本生产生活需求,全面提高了贫困群众的生产、生活水平,精准扶贫的体制机制还推动着中国基层治理体系的不断改革、持续创新。② 精准扶贫将农村贫困治理纳入乡村治理体系建设之中,在实践过程中强调多元主体参与,促进农民的参与合作,实现国家与农民之间的交流与互动,③构筑了党组织统一领导、各类组织合作协同、村民积极参与的基层治理体系,有效激活了乡村治理体系的功能与作用。④ 精准扶贫推动了乡村治理体系和治理能力的现代化,促使乡村治理由粗放型治理向精准型治理转变,改变了以条条为主的二维平面治理结构,转向建构为条块结合的三维立体治理结构。⑤ 从本质上来看,脱贫攻坚是国家治理体系和治理能力现代化在贫困治理领域的成功实践。打赢脱贫攻坚战,促进了国家贫困治理体系的完善,贫困地区基层治理体系得到进一步健全、治理能力显著提升。⑥

4. 精准扶贫对乡村治理主体的积极效应

精准扶贫改变基层政府行为。精准扶贫战略实施过程之中,建立了"中

---

① 宋超:《精准扶贫:治理现代化视野下的新型贫困村治理模式》,《贵州社会主义学院学报》2016 年第 2 期。

② 王亚华、舒全峰:《中国精准扶贫的政策过程与实践经验》,《清华大学学报(哲学社会科学版)》2021 年第 1 期。

③ 李萍、李飞:《精准扶贫实践中的重点难点与有效治理》,《理论学习》2017 年第 4 期。

④ 燕继荣:《反贫困与国家治理——中国"脱贫攻坚"的创新意义》,《管理世界》2020 年第 4 期。

⑤ 王亚华、舒全峰:《中国精准扶贫实践的溢出效应》,《中共中央党校(国家行政学院)学报》2021 年第 2 期。

⑥ 中华人民共和国国务院新闻办公室:《人类减贫的中国实践》白皮书,《人民日报》2021 年 4 月 7 日。

央统筹,省负总责,市县抓落实”的扶贫工作机制。随着精准扶贫的深入开展,各项扶贫资源、各项扶贫任务需要乡镇政府具体落实、落地、落细,倒逼乡镇政府开始重返乡村,改进了基层政府在乡村发展中的注意力分配和公共投入上的缺失等问题,改善了后税费时代基层政府的“悬浮”状态,弥补了基层政府在乡村社会治理中的“缺位”,形成了“乡镇—村委—村民”之间的互动格局。①

精准扶贫对农村党组织建设的积极效应。脱贫攻坚中实施“五级书记”负责制,第一书记驻村帮扶,选优配强村党支部书记,把农村致富能手、退役军人、外出务工经商返乡人员、农民合作社负责人、大学生村干部等群体中具有奉献精神、吃苦耐劳、勇于创新的优秀党员选配到村党组织书记岗位上,推动村党支部书记、村委会主任、集体经济负责人“一肩挑”,加强了党的建设与领导。所选拔的党员干部深入基层服务贫困群众,在实践中,对党员进行了精神洗礼,强化了党的政治优势,加强了党的组织建设和创新,提升了党员的能力素质,密切了党群关系,彰显了民心作为最大的政治及其与党性之间的深刻和深厚联系。② 精准扶贫的政策实践使得农村基层党组织更加坚强。③

精准扶贫促进了乡村民间组织的发展。精准扶贫任务重、难度大、时间紧、政治性强,扶贫工作艰巨复杂,各项扶贫资源难以有效对接原子化个人,需要农民的组织化,从而为民间组织的建设以及参与乡村治理提供了发展机会。④ 随着精准扶贫的不断开展,例如乡贤理事会、百姓议事团、老年人协会、农民经济合作社等民间社会组织积极参与到精准扶贫的过程中,为脱贫攻坚贡献自己的一分力量,不仅推动了精准扶贫的进程,也促进了自身的建设与发展。

---

① 李康辉、罗亚男:《精准扶贫与乡村社会治理的重塑》,《太原城市职业技术学院学报》2018 年第 4 期。

② 王浦劬:《党建与脱贫攻坚互动实践的理论分析》,《中共中央党校(国家行政学院)学报》2020 年第 6 期。

③ 中华人民共和国国务院新闻办公室:《人类减贫的中国实践》白皮书,《人民日报》2021 年 4 月 7 日。

④ 徐琳、樊友凯:《乡村善治视角下精准扶贫的政治效应与路径选择》,《学习与实践》2017 年第 6 期。

精准扶贫对村民自治带来了积极影响。脱贫攻坚有力推动了贫困地区基层民主政治建设，基层治理更具活力，基层群众治理更加有效。① 在精准扶贫过程中贫困户识别和退出、产业引入和发展以及帮扶资源的分配和监督等，都与民众的利益密切相关，既需要村民自治组织发挥组织、动员、协调的作用，同时，也需要农民的积极配合、参与、助力，通过扶贫政策、机制的创新，推动民主选举、民主决策、民主管理、民主监督落到了实处，②自我管理、自我教育、自我服务、自我监督得到不断加强。精准扶贫除了将"四个民主"落到了实处，还推动了村民自治模式的创新，如贵州省石门乡为了更好地推动精准扶贫的实施，该乡开展了"村委会、自管委员会、十户一体"三级自治模式创新。③

精准扶贫对村民参与乡村治理有促进作用。精准扶贫中贫困户的识别、帮扶、脱贫效果的评价等，无一能够脱离民众而存在，因而在民众的参与中增加了村民的话语权，为村民参与村庄公共事务治理提供了保障。④ 从政策的出发点和整个过程看，体现了村民的主体地位，在一定程度上破除了村民在乡村治理实践中处于被动参与的尴尬局面。

精准扶贫改善了村民群众的精神风貌。脱贫攻坚不仅是一场深刻的物质革命，也是一场深刻的思想革命；既取得了物质上的显著成效，也取得了精神上的累累硕果。脱贫攻坚使得村民群众脱贫致富热情高涨、主人翁意识显著提升、现代观念不断增强、广泛弘扬文明新风，脱贫群众精神面貌焕然一新。⑤

5. 精准扶贫推动乡村治理方式的革新

精准扶贫战略下的治理方式呈现出以下特征：一是技术式治理突出。"精准"作为精准扶贫的核心，意味着治理方式必须精准化、精细化、精确化。为了达到精准的目标，在精准识别层面，对建档立卡户进行认真识别与筛选，

---

① 中华人民共和国国务院新闻办公室：《人类减贫的中国实践》白皮书，《人民日报》2021年4月7日。

② 章文光、刘丽莉：《精准扶贫背景下国家权力与村民自治的"共栖"》，《政治学研究》2020年第3期。

③ 张奇林、凌爽：《精准扶贫背景下我国村民自治组织的适应性变革——以贵州省石门乡为例》，《决策与信息》2019年第11期。

④ 王晓毅：《精准扶贫如何改变乡村治理结构》，《文化纵横》2020年第3期。

⑤ 中华人民共和国国务院新闻办公室：《人类减贫的中国实践》白皮书，《人民日报》2021年4月7日。

将贫困户信息录入全国扶贫系统,建立数据档案,进行动态调整;在精准帮扶层面,因地制宜,因户施策,保证扶贫措施切实有效;在精准管理层面,建立信息化扶贫系统进行动态管理,数据分析,全面监测农户信息、扶贫资源使用等,保证扶贫资源、扶贫项目、扶贫举措落到实处;在精准考核层面,明确考评方式,对扶贫项目成效进行量化考核,保证扶贫成果严格达标。这表明精准扶贫中呈现出以精准识别、精准扶贫、精准脱贫为代表的技术式治理方式治理乡村社会。① 二是"运动式"治理显著。精准扶贫作为国家层面的重要战略,关乎乡村社会的和谐稳定,关乎第一个百年奋斗目标的实现,国家举全党全国之力,大力推进脱贫攻坚,采取了超常规的运作机制,呈现出以书记负责制、驻村工作队、群众动员为运作机制的运动式治理。②

6. 精准扶贫改善乡村治理环境

乡村治理环境包括乡村经济、政治、文化、社会以及生态环境。精准扶贫对乡村治理环境的改善表现在以下几个方面:第一,精准扶贫缩小了村民的贫富差距,促进村民平等的交往,建构了和谐的人际关系。第二,精准扶贫吸引大量劳动力返乡创业就业,缓解了农村人口"空心化"现象,有助于留守儿童、空巢老人等社会难题的解决。第三,基层政府直接参与扶贫使得村民与基层政府交往密切,增强了村民对基层政府的信任感,强化了基层政府在乡村中的权威。③ 第四,精准扶贫加强贫困地区传统文化、特色文化、民族文化的保护、传承和弘扬,促进了贫困地区优秀文化繁荣发展,有效提升乡村治理的文化环境。第五,脱贫攻坚将扶贫开发与水土保持、环境保护、生态建设相结合,贫困地区生态环境得到明显改善,优化了乡村治理的生态环境。④

精准扶贫在整体上除了上述几个方面对乡村治理产生的积极影响,其具

---

① 王雨磊:《村干部与实践权力——精准扶贫中的国家基层治理秩序》,《公共行政评论》2017 年第 3 期。

② 魏程琳、赵晓峰:《常规治理、运动式治理与中国扶贫实践》,《中国农业大学学报(社会科学版)》2018 年第 5 期。

③ 徐琳、樊友凯:《乡村善治视角下精准扶贫的政治效应与路径选择》,《学习与实践》2017 年第 6 期。

④ 中华人民共和国国务院新闻办公室:《人类减贫的中国实践》白皮书,《人民日报》2021 年 4 月 7 日。

体运行过程中的派驻机制对乡村治理也有独特的社会效果。派驻机制对乡村治理产生的积极效应主要体现在两个方面：一是对乡村治理主体的影响。第一书记、驻村工作队进入乡村社会，对乡村治理主体结构进行了重塑，对乡村治理格局进行了重构。① 二是对乡村治理结构的改变。驻村帮扶既实现了国家与社会在村治场域内的上下贯通、紧密嵌合的治理结构，也依托规范的公共治理规则和官僚化的治理工具构建出正规化的治理过程。②

此外，有学者虽未正面阐释精准扶贫对乡村治理的影响，但从精准识别视角揭示了精准扶贫与乡村治理的关系。他们认为精准识别工作具体落实是由乡村基层组织来实现，精准扶贫中的精准识别过程在本质上就是基层治理的过程。③ 学者们还系统梳理了精准扶贫视域下乡村治理呈现的新特点、新问题以及解决的新途径，指出精准扶贫背景下乡村治理出现"精英阶层"治村、政府主导的村民集体自治、多元主体协作治理的主体特征，需要解决乡村"空心化""原子化""内卷化"、治理体系不完善等乡村治理问题，采用党建引领、乡土重建、社会资本培育、"去内卷化"、制度创新、"三治融合"的方式解决治理难题。④

（三）精准扶贫面临的治理性难题

"万千事物无一不具有两面性"，精准扶贫也不例外。精准扶贫在对乡村治理产生积极效应的同时，也面临着一些治理性难题，主要体现为以下两个方面。

1. 政策自身局限性以及政策执行偏差对乡村有效治理的阻碍

一是精准扶贫的规模控制导致的一系列负面影响。规模控制以及扶贫动员会影响村民自治在精准扶贫工作中的组织成果和承担上级政府短期政策变

---

① 黄政：《精准扶贫背景下乡村治理的挑战与发展路径》，《现代管理科学》2019 年第 12 期。

② 程同顺、许晓：《驻村帮扶下的乡村治理变革——基于 H 省 C 镇 X 村的田野调查》，《江苏行政学院学报》2020 年第 1 期。

③ 张世勇：《国家认证、基层治理与精准识别机制——基于贵州 W 县精准识别实践的考察》，《求索》2018 年第 1 期。

④ 秦良芳、陈卓、游昭妮：《精准扶贫背景下的乡村治理研究综述》，《社会科学动态》2019 年第 2 期。

动所带来的后果;遭受规模排斥的农户“争贫”、闹访会严重影响村庄治理;基于维持村庄稳定的考量,对闹访村民做出妥协,但又会损伤村民自治的权威。① 二是竞争性扶贫资源、扶贫资源靶向偏离以及地方政府对扶贫资源的过度干预会给乡村治理带来负面影响:第一,竞争性扶贫资源需要村庄按流程进行申报,但在申报过程中与上级政府密切的村庄就容易申报成功,这就导致了其他村庄村民对政府的不信任,采取抗议、上访等行为进行反对,给乡村和谐、稳定带来挑战。第二,扶贫资源难以真正惠及贫困人口、大量资源下乡引发“精英俘获”、基层政府打造“面子工程”带来的扶贫资源靶向偏离导致乡村民众对基层政府的信任度降低。第三,地方政府对扶贫资源干预过度会束缚贫困人口参与治理的积极性和挤压乡村自治空间。② 三是驻村干部与村干部的矛盾与冲突影响乡村治理成效。作为国家代表的驻村工作队进入乡村会挤占村干部一定的“话语权”,也会打破村干部谋利空间,从而造成村干部对派驻干部的不配合。③ 四是压力型体制对乡村治理的负面作用。精准扶贫下的乡村干部的过度压力化,自上而下层层加码,迎查送检、填表做账耗费大量用于治理乡村的时间。④ 五是精确瞄准与投向偏差产生消极影响。在脱贫攻坚中,对重点贫困地区的精确瞄准与偏向投入产生了县域脱贫结构失衡、村庄帮扶悬崖效应与边缘人群“争贫”风险等负外部效应。⑤ 六是僵硬、无变通的科层体制导致与理想治理目标的偏差。精准扶贫的科层制运作引发了行政意志取代农村发展实质需求的现象,导致资源浪费,不利于乡村治理。⑥

---

① 万江红、苏运勋:《精准扶贫基层实践困境及其解释——村民自治的视角》,《贵州社会科学》2016 年第 8 期。

② 徐琳、樊友凯:《乡村善治视角下精准扶贫的政治效应与路径选择》,《学习与实践》2017 年第 6 期。

③ 黄政:《精准扶贫背景下乡村治理的挑战与发展路径》,《现代管理科学》2019 年第 12 期。

④ 黄政:《精准扶贫背景下乡村治理的挑战与发展路径》,《现代管理科学》2019 年第 12 期。

⑤ 陈涛:《扶贫政策的负外部性及其化解》,《西北农林科技大学学报(社会科学版)》2020 年第 2 期。

⑥ 王丽惠:《连片山区乡村的发展式治理——精准扶贫溢出效应及对村治体系的重构》,《学术交流》2018 年第 12 期。

2. 现行乡村治理体制对精准扶贫的制约

一是村民自治能力不足影响精准扶贫预期成效的达成。在精准扶贫过程中，精准识别、精准帮扶、精准管理由于村民自治能力不足使得部分政策难以落到实处。[①] 二是村干部的自由裁量权导致扶贫政策偏离正轨。在乡村场域，村组干部因其拥有的自由裁量权导致了精准扶贫政策在乡村的变向执行，在扶贫对象识别、项目安排、资金使用以及扶贫措施等方面存在失范表现。[②] 三是乡村权力结构带来的不良影响。乡村治理呈现出一种共谋与垄断性的权力结构直接给扶贫工作造成了识别不准、资源跑漏、扶贫效果不好等现象。[③] 四是基层干部承受着国家和农民的双重压力和监督带来的消极作用。来自国家与农村的压力集于基层干部一身，导致出现权威导向的选择性治理、风险规避的规范化治理、硬任务软执行等现象，从而导致精准扶贫政策无法有效落地。[④]

（四）巩固和拓展脱贫攻坚成果

2020 年是决战决胜脱贫攻坚之年，也是全面建成小康社会之年，在这一年中国消除了绝对贫困。但绝对贫困的消除并不意味着中国将不存在贫困问题，也不意味着减贫工作走向“历史的终结”，因为相对贫困还将长期存在。[⑤] 如何巩固和拓展精准扶贫的成果已经成为政界和学界关注的重点。巩固和拓展精准扶贫的成果有两层含义：一是巩固，二是拓展。“巩固”在于强调脱贫攻坚成果的可持续和稳定性，做到不返贫不致贫；“拓展”在于强调对脱贫攻坚成果的不断发展，坚持提质增效。[⑥] 目前学界对于直接提出巩固和拓展脱

① 杨秀丽、徐百川：《精准扶贫政策实施中村民自治能力提升研究》，《南京农业大学学报（社会科学版）》2017 年第 4 期。

② 李金龙、杨洁：《农村精准扶贫政策执行的失范及其矫正——基于街头官僚理论视角》，《青海社会科学》2017 年第 4 期。

③ 徐加玉：《乡村治理权力结构对扶贫的影响》，《山西农业大学学报（社会科学版）》2016 年第 8 期。

④ 雷望红：《论精准扶贫政策的不精准执行》，《西北农林科技大学学报（社会科学版）》2017 年第 1 期。

⑤ 汪三贵、刘明月：《从绝对贫困到相对贫困：理论关系、战略转变与政策重点》，《社会科学文摘》2020 年第 12 期。

⑥ 汪三贵、郭建兵、胡骏：《巩固拓展脱贫攻坚成果的若干思考》，《西北师大学报（社会科学版）》2021 年第 3 期。

贫攻坚成果的研究还不多,但对精准扶贫脱贫攻坚的成效总结和后贫困时代的贫困治理研究与之有密切联系。

1. 对精准扶贫脱贫攻坚的成效总结

对精准扶贫的成效研究集中在其历史性成就、实践经验、创造的精神财富以及对世界贫困治理产生的影响等几个方面。一是总结精准扶贫的历史性成就。精准扶贫是对以前"大水漫灌"扶贫模式缺陷的弥补①,取得了贫困地区居民收入快速增长,发展条件明显改善,绝对贫困得到消除,区域性整体贫困得到缓解等历史性成就。② 二是总结精准扶贫的实践经验。精准扶贫的实践过程重视以先进理念指引精准扶贫道路,以科学方法推进精准扶贫施策,以多种工具提升精准扶贫成效,为后贫困时代的贫困治理提供了宝贵经验。③ 三是总结精准扶贫创造的精神财富。精准扶贫坚持了"不忘初心、牢记使命"的理想信念,体现了以人民为中心的根本立场,凸显了中国发展最大的政治优势是中国共产党领导,证明了中国特色社会主义道路的正确性,彰显了幸福生活需要奋斗的思想观念,锻造了干部勇于担当的政治品格④,这是精准扶贫留下的最宝贵的精神财产。四是阐释精准扶贫对世界产生的影响。精准扶贫不仅对中国的反贫困斗争与乡村治理有重大意义,其顺利完成也推动了全世界减贫事业的进程,为全球人民消除贫困提供了信心,为世界减贫事业提供了中国智慧。⑤

2. 对后精准扶贫时代的贫困治理研究

一方面,研究了巩固脱贫、稳定脱贫、防止返贫的机制与措施。后贫困时代应当建立稳定脱贫和防止返贫长效机制:对扶贫政策和驻村工作队设立过渡期;更加精准识别扶贫对象,将有限资源用于特困群体和潜在返贫群体;将社

---

① 李小云、徐进:《消除贫困:中国扶贫新实践的社会学研究》,《社会学研究》2020 年第 6 期。

② 张占斌:《新时代精准脱贫的历史性成就与国际贡献》,《湘潮》2020 年第 11 期。

③ 王亚华、舒全峰:《中国精准扶贫的政策过程与实践经验》,《清华大学学报(哲学社会科学版)》2021 年第 1 期。

④ 张占斌:《中国减贫的历史性成就及其世界影响》,《马克思主义研究》2020 年第 12 期。

⑤ 张新平、成向东:《新时代"中国减贫方案"的世界意义》,《甘肃社会科学》2020 年第 6 期。

会保障制度作为扶贫的基本制度；整合社会保障碎片化，确保扶贫政策在公共财政的制度化轨道上运行。① 除此之外，还可以通过完善城乡基本公共服务体系，加强社区建设，加强基层党建奠定贫困治理的组织基础来防止返贫、消除贫困、维持脱贫成果。②

另一方面，论述了后精准扶贫时代贫困治理举措的转变、贫困治理思维的提升。一是贫困治理举措的转变。后贫困时代的绝对贫困基本消除，农村贫困治理措施应将扶贫开发的重点从个人转向区域，对贫困个人采用专门的扶贫救助政策进行救助。③ 通过加强社会保障与扶贫开发联动来治理贫困。④ 同时，还应当建构城乡兼顾的贫困救助格局，大力推进全面脱贫与乡村振兴有效衔接。⑤ 二是贫困治理理念的提升。首先，后精准扶贫时代要从多维贫困视角研究乡村贫困治理，科学、有效识别多维贫困；加大财政扶贫投入力度，针对不同类型贫困农户分类施策；实现扶贫和社会福利计划的衔接；根据多维贫困理念，建立多维扶贫绩效考核体系来提高乡村贫困治理能力。⑥ 其次，贫困治理要以保障农民权利为中心进行改革，将政府包办式贫困治理转向政府、市场、社会共同参与的农村贫困治理体系建构上。⑦ 最后，贫困治理体系优化设计还需要具备国家治理能力现代化的战略思维，应从经济治理体系、政治治理体系、文化治理体系、社会治理体系、生态治理体系、党的建设体系、法治建设体系等方面多维度推进国家贫困治理能力现代化建设。⑧

---

① 郑秉文：《“后2020”时期建立稳定脱贫长效机制的思考》，《宏观经济管理》2019年第9期。

② 吴高辉、岳经纶：《面向2020年后的中国贫困治理：一个基于国际贫困理论与中国扶贫实践的分析框架》，《中国公共政策评论》2020年第1期。

③ 贺雪峰：《论后扶贫时代的反贫困战略》，《西北师大学报（社会科学版）》2021年第1期。

④ 焦克源：《社会保障与扶贫开发的现实联动》，《甘肃社会科学》2021年第1期。

⑤ 张占斌：《中国减贫的历史性成就及其世界影响》，《马克思主义研究》2020年第12期。

⑥ 贾海彦、王晶晶：《后精准扶贫时期农村隐性贫困的精准识别与治理——基于异质性视角的贫困农户微观数据分析》，《河北经贸大学学报》2019年第4期。

⑦ 周庆智：《乡村贫困及其治理：农民权利缺失的经验分析》，《学术月刊》2020年第8期。

⑧ 莫光辉、皮劭轩：《国家治理能力现代化视域下贫困治理体系优化策略——2020年后中国减贫与发展前瞻探索系列研究之二》，《学习论坛》2019年第4期。

(五)对研究动态的评价

1. 已有研究取得的巨大进展

一是部分学者敏锐地观察到精准扶贫与乡村治理存在内在的关联,指出了精准扶贫给乡村治理带来的积极作用以及精准扶贫面临的治理难题。在分析精准扶贫对乡村治理的积极影响时,并不仅仅从乡村治理宏观层面来论述,学者们从精准扶贫中的基层党建、村民自治、技术治理、派驻机制、治理环境、治理理念等微观层面具体呈现精准扶贫为乡村治理带来的影响与变化,充分展现了精准扶贫对乡村治理的治理体系、治理主体、治理方式、治理环境、治理结构、治理理念等方面的发展,这更能有效凸显精准扶贫对乡村治理体制机制的创新。学者们也对精准扶贫面临的治理性难题进行了分析,全面呈现了精准扶贫相关政策本身局限性以及政策执行偏差对乡村治理产生的消极影响以及旧有乡村治理体制机制对精准扶贫产生的阻碍作用。指出精准扶贫给乡村治理带来的积极影响有利于我们及时总结推广精准扶贫对促进乡村治理创新产生的先进经验,提出精准扶贫面临的治理难题有助于我们意识到二者协调推进过程中存在的问题并采取有效措施解决二者之间的矛盾与冲突,这为深入研究精准扶贫的政治内涵、价值理念以及对乡村治理效能的提升作用奠定了坚实的基础,也为后精准扶贫时代反贫困与乡村治理现代化提供了经验借鉴。

二是及时地总结了精准扶贫的伟大成就、实践经验、精神财富以及对世界的意义,凸显了精准扶贫取得的成效、成果,体现了中国精准扶贫体制的正确性,更彰显了中国政治制度的优越性,为后扶贫时代的贫困治理积累了经验,为全世界的贫困治理提供了方向指引。

三是前瞻性地关注后精准扶贫时代的治理问题,为后精准扶贫时期的贫困治理给出了建议与参考。学者们在总结精准扶贫成果的基础上,从防止返贫、维护脱贫成果、贫困治理战略调整、统筹城乡贫困治理、关注多维隐形贫困、国家贫困治理的现代化等不同的视角对后贫困时代的贫困治理进行了探讨,增强了后贫困时代治理研究的深度、广度和厚度,为后贫困时代贫困治理政策指明了方向。

2. 已有研究中存在的不足之处

首先，缺乏对精准扶贫与乡村治理创新内在关联的深度研究，存在“两张皮”的现象。自习近平总书记提出“精准扶贫”以来，学界对精准扶贫的内涵、困境、成因以及精准扶贫的优化路径等展开了详细的研究，对如期打赢脱贫攻坚战有明确的方向指引和理论支撑。进入新世纪以来，随着农业税费的取消，城市化、工业化、信息化的加快，乡村社会的经济基础、伦理观念、人际关系等发生深刻变化，乡村社会问题日益增多，学界从乡村治理存在的问题、原因以及乡村治理改进路径进行了大量的理论探究与实地调研并取得了丰富的研究成果，对进一步提升乡村治理的效能有显著的促进作用。但学界对精准扶贫与乡村治理两者关系的研究并未有机结合起来，未能深入挖掘精准扶贫与乡村治理创新的时代意蕴、理论逻辑、历史逻辑以及实践逻辑等核心性联系，未能深度透视二者之间的内在机理。少量研究二者关系的文献也仅仅停留在“一鳞半爪”，未形成系统认知，因此，使得乡村治理与精准扶贫依旧存在“两张皮”现象，“自说自话”现象普遍存在。

其次，缺乏对精准扶贫视域下农村治理体制机制创新的系统归纳和实质性意义探索。已有研究关注于精准扶贫中的派驻机制、技术治理，实施了“五级书记”负责制，加强了基层党组织建设，促进了村民自治创新等，但缺少对农村治理体制机制创新的分层分类以及系统化研究。从实际层面来看，精准扶贫带来的乡村治理体制机制创新可包括“三共”制度（共建共治共享的社会治理格局）、“三治融合”（党组织领导下的自治、法治、德治相结合的乡村治理体系）、“三级结构”（乡—村—组三级治理）和“三位一体”（村党支部书记、村委会主任、村集体经济负责人“一肩挑”）等等，但学界尚缺乏完整系统的归纳与逻辑理路的升华，不便于我们进一步深入理解精准扶贫的治理深蕴。除了缺乏体制机制层面的系统的归纳，也缺乏对机制创新是否具有实质性和积极性意义的研究。例如，就精准扶贫过程中的“五级书记”负责制、党建引领扶贫、技术赋能治理、派驻村庄机制等只是指出了其政策实践，未就其对乡村治理产生的深远的政治效应、社会效益等作具体而又深入的阐释。对一项政策的研究，并不仅仅在于客观的将其运行过程通过“观乎其外”展现出来，更应“入乎其内”看到其对乡村治理，乃至农业农村现代化的启发意义和经验价值。

再次,缺少精准扶贫对乡村治理在价值观念层面革新的梳理与归纳。学者们在探究精准扶贫对乡村治理的积极作用时,更多看到的是精准扶贫体制的创新,很少有学者关注到精准扶贫在价值观念层面对乡村治理的革新。事实上,精准扶贫蕴含的价值观念是体制机制背后更为内在和深层的东西,它决定着体制机制的提出、形成与运行。精准扶贫蕴含的价值观念主要包括小康治理、有效治理和绿色治理。精准扶贫的基本目标就是实现“两不愁三保障”,实现对贫困人口的最低生活保障是实现共同富裕的基础,也是全面建成小康社会的必经之路。精准扶贫奠定了乡村社会的物质基础,可谓是“小康治理”。精准扶贫突出强调“精准”二字,要求“扶贫对象精准、措施到户精准、项目安排精准、资金使用精准、因村派人精准、脱贫成效精准”,这都是在追求“有效治理”。精准扶贫也产生了“绿色治理”,生态扶贫、爱护环境、绿色生产等正是其内涵的科学诠释。精准扶贫所呈现的一系列价值观念,为乡村治理提供了指导性意义。

最后,缺乏对精准扶贫创新的乡村治理体制机制的总结以及后贫困时代贫困治理的核心概念、贫困治理与乡村治理体制机制关系的研究。在以习近平同志为核心的党中央的坚强领导下,截至2020年年底,全国832个贫困县全部摘帽,绝对贫困人口和地区得以消除,如期完成脱贫攻坚的艰巨任务,顺利实现全面建成小康社会的政治目标,同时,也标志着中国扶贫政策从以消除绝对贫困为目标转向解决相对贫困问题的后脱贫攻坚时代。马克思主义认为事物是不断地运动变化发展的,依据此理,这就意味对贫困问题的解决不可能一劳永逸的、彻底的根除,相反,会持续伴随人类经济社会的发展,而如何解决后精准扶贫时代的相对贫困?现行的精准扶贫政策机制对后贫困时代的治理有何意义?现行的扶贫机制与治理机制有哪些需要保留和传扬?哪些需要更新与修正?怎样巩固和拓展精准扶贫的成果与经验?等等。这些重要问题还需理论界进一步深入研究,为后脱贫攻坚时代的乡村治理做好前瞻性谋划。但目前学界对后脱贫攻坚时代的治理的系统性研究还不多,既有研究的深度还有待延伸,例如对相对贫困的含义与产生原因的论述还不多,对后脱贫攻坚时代的贫困治理与乡村治理现代化两者之间内在逻辑关系的论述仍十分欠缺，需要辨析或厘清什么是相对贫困？是可行能力不足导致的贫困、是权利缺失导致的贫困、是精神领域的贫困？如何划分相对贫困的标准？后扶贫时代的贫困治理如何与乡村治理融合推进？只有弄清楚了相对贫困的概念界定与划分标准以及后贫困时代的贫困治理与乡村治理现代化的关系，才有助于进一步科学施策，有效治理相对贫困、有效治理乡村。

3. 基于精准扶贫研究村治创新的几点理由

本书将精准扶贫与乡村治理结合起来研究，将研究中心聚焦于精准扶贫视域下的乡村治理创新，主要基于以下几点理由：

第一，对于精准扶贫视域下的乡村治理创新研究不足决定了研究的必要性。精准扶贫作为一项在乡村场域落地的国家重大战略，各项具体措施的落实都离不开乡村社会深厚土壤的支持，实际上，各项扶贫政策、各项扶贫机制也对乡村治理产生巨大影响。但目前学术界就精准扶贫为乡村治理体制机制带来的变化与影响关注度还不够强，重视度还不够高，研究力度还不够大。从上文中对于研究现状不足的阐述中可以看出，现有的研究只是简单指出了精准扶贫对乡村治理的影响，并未全面归纳精准扶贫给乡村治理带来的体制机制的创新，也未深入探究精准扶贫给乡村治理带来的理念更新。研究不足则说明精准扶贫视域下的乡村治理创新是学界研究的薄弱环节，弥补薄弱环节则是推动学术进步的重要选项，因此，对于精准扶贫视域下的乡村治理创新研究有其必要性。

第二，精准扶贫与乡村治理内在的关联性决定了研究的可行性。首先，精准扶贫与治理创新是中国新农村建设发展和实施乡村振兴战略这一问题的两个方面，它们都属于公共政策和公共体制的改革完善，精准扶贫中内含治理创新，治理创新包括精准扶贫。精准扶贫下的派驻机制、项目制、网格制等既是治理贫困的机制，也是治理乡村的有效途径。在某种意义上来讲，某些精准扶贫的体制机制就是乡村治理的体制机制。体制机制的共通性就决定了精准扶贫的推进需要乡村治理的配合，乡村社会的有效治理需要精准扶贫作为有力抓手。其次，精准扶贫的成果为乡村有效治理奠定基础。“经济基础决定上层建筑”，乡村社会的和谐稳定离不开乡村居民的共同富裕。精准扶贫的直接任务是解决乡村的绝对贫困问题，实现全面建成小康社会的宏伟目标。精准扶贫在本质上也是一种乡村建设行为,既解决了乡村社会的绝对贫困,也加强了乡村基础设施建设,提升了乡村公共服务水平,为乡村社会的有效治理奠定了坚实的物质基础。最后,乡村治理的创新又进一步推动精准扶贫的进程。"上层建筑反作用于经济基础",乡村治理创新弥补了乡村治理的不足,优化了乡村治理结构,提高了乡村治理能力,也革新了精准扶贫的机制体制,能够反作用于精准扶贫,党组织全面领导下的多主体共建共治共享的社会治理格局加快了脱贫攻坚的速度、增强了精准扶贫的效度。精准扶贫与乡村治理二者的关联性和一致性,决定了二者的耦合效应。

第三,精准扶贫与乡村治理的区别彰显了研究的创新性。精准扶贫与治理创新的目标诉求存在一定差异,精准扶贫更偏重于经济层面,主要解决脱贫奔小康问题,治理创新更偏重于政治层面,主要解决和谐有序问题,这是二者之间显著的区别。虽然二者的体制机制存在一定的共通性,但二者的目标差异又表明二者在具体的政策、机制方面可能存在不同的侧重点。如果精准扶贫完全就是乡村治理,乡村治理也等同于精准扶贫,就没必要谈二者的结合研究,直接研究其中之一即可,但二者却不完全重合。二者确实存在区别表明了二者并不是同一事物,但二者又不是截然分开的事物与机制,二者还存在耦合性,这也决定了该课题研究有一定的新颖性和创新性。

第四,精准扶贫与乡村治理结合研究具有重大的意义与价值。实践是认识的来源,精准扶贫任务的完成也给乡村治理留下大量的经验和教训,值得总结、反思与提升。精准扶贫创新了乡村治理,使乡村治理呈现出新的变化,归纳精准扶贫为乡村治理带来的创新,可以为新时代乡村治理提供指导性建议,为乡村振兴提供机制性保障,为后脱贫攻坚时代的贫困治理提供方向性指引,为全面实现国家治理现代化提供制度性基础,也为国际贫困治理与乡村治理提供中国经验与中国方案。因此,加大精准扶贫与乡村治理结合研究的力度,全面分层分类总结精准扶贫视域下的乡村治理创新点、深入挖掘精准扶贫的治理意涵、分析精准扶贫给乡村治理带来的价值理念更新和机制体制革新,应当是当下政治学界和社会学界研究的重要选项。

第二章　小康治理:“两不愁三保障”的扶贫目标

自党的十八大以来,国家将精准扶贫视为全面建成小康社会过程中攻克贫困堡垒的有力举措、作为“三大攻坚战”①之一进行重点谋划与统筹推进。“两不愁三保障”既是全面建成小康的底线任务,也是考核消除绝对贫困和整体性贫困的核心指标。“五个一批”是消除绝对贫困进而实现“两不愁三保障”的重要举措。“两不愁三保障”不仅仅解决了贫困地区与贫困人口的生存权与发展权问题,更是夯实全面建成小康社会物质基础的一种系统性、整体性方法。那么,小康社会与“两不愁三保障”之间究竟存在怎样的逻辑关系?“五个一批”政策如何成功解决“两不愁三保障”问题以及如何在脱贫攻坚取得全面胜利的基础上进一步巩固乡村治理的物质基础,这是值得深入探究的。中国的减贫实践超越了现有经典教科书既定理论的阐释能力,因此“两不愁三保障”实现小康治理目标的实践需要新的理论解释、总结与提升。

一、小康社会与“两不愁三保障”

2020年是中国实现第一个百年奋斗目标即全面建成小康社会之年。消除贫困,走向富裕,是古今中外治国安邦的大事情;实现幸福安康,共同富裕,是中华民族几千年来孜孜以求的目标。在西方社会,从古希腊亚里士多德的

① 习近平:《决胜全面建成小康社会　夺取新时代中国特色社会主义伟大胜利——在中国共产党第十九次全国代表大会上的报告》,《人民日报》2017年10月28日。

“城邦政治”对城邦“至善”,公民“优良的生活的追求”①,到英国启蒙思想家约翰·洛克对政府职能在对个人生命、自由、财产等基本权利保护方面的诉求,再到赫伯特·斯宾塞“社会有机体”的构建,无不体现着人们对社会发展的思考与对政府的期寄;在东方中国,“从屈原‘长太息以掩泣兮,哀民生之多艰’的感慨,到杜甫‘安得广厦千万间,大庇天下寒士俱欢颜’的憧憬,再到孙中山‘家给人足,四海之内无一夫不获其所’的夙愿,都反映了中华民族对摆脱贫困、丰衣足食的深深渴望”②。千百年来,中国人民在中华大地上通过艰苦奋斗、勤俭持家的形式不断追求着“衣食无忧”,试图实现小康社会的目标。但真正将小康社会目标的希冀转化为现实只是近代以来的事情,而将“不全面”的小康转化为“全面”的小康,再到最终全面建成小康社会则是党的十八大以来的使命。党的十八大以来以精准扶贫、脱贫攻坚战略补全面建成小康社会之短板,提出“两不愁三保障”的小康治理目标。“两不愁三保障”既是消除绝对贫困的硬性考核指标,也是全面建成小康社会的底线任务。

(一)小康社会:提出与发展

小康社会早在春秋战国时代就已经提出,但限于生产力发展水平的相对滞后、朝代的更迭等,一直未能实现,而真正作为一种国家发展目标的提出,则始于我国改革开放之初。改革开放以来经济社会的快速发展,为小康社会的建设与目标的实现,奠定了坚实的物质基础。进入新时代以来,中国共产党坚持以人民为中心,坚定不移地走共同富裕的道路,以精准扶贫为抓手,推动了小康社会全面与协调的发展。

一方面,古代“小康”的基本内涵。“小康”一词的出现是历史演变与发展过程的统一,是经济社会发展在意识形态领域的集中反映。“小康”一词最早出现于《诗经》中:“民亦劳止,汔可小康”。而将“小康”由之前的文学术语正式转为政治术语并作为一种社会理想的提出与目标追求则发生在孔孟时期。据《礼记·礼运》记载,孔子认为尧舜时代属于大同社会,而到了春秋战国时

① 徐大同:《西方政治思想史》,天津教育出版社2005年版,第53页。

② 习近平:《在全国脱贫攻坚总结表彰大会上的讲话》,《人民日报》2021年2月26日。

期,礼乐崩坏,诸侯混战,“天下为公”转变成了“天下为家”。正是基于这样的时代和认知,孔子在《礼记·礼运》中对这个过程和结果作了这样的精彩描述:“今大道既隐,天下为家,各亲其亲,各子其子,货力为己,大人世及以为礼,城郭沟池以为固,礼义以为纪,以正君臣,以笃父子,以睦兄弟,以和夫妇,以设制度,以立田里,以贤勇知,以功为己。故谋用是作,而兵由此起。禹、汤、文、武、成王、周公,由此其选也。此六君子者,未有不谨于礼者也,以著其义,以考其信,著有过,刑仁,讲让,示民有常。如有不由此者,在势者去,众以为殃。是谓小康。”对此,康有为对孔子所认同与追求的“小康”给予了这样的点评:“孔子生据乱世,而志则常在太平世,必进化至大同,乃孚素志,至不得已,亦为小康。”①诚然,这些对小康社会的论述并非严格意义上的定义界定,而是对小康社会的一种构想且散见于《论语》等作品之中。

继孔子之后,孟子在政治上主张仁政,其对小康社会的设想在《孟子·梁惠王上》体现最为明显:“五亩之宅,树之以桑,五十者可以衣帛矣。鸡豚狗彘之畜,无失其时,七十者可以食肉矣。百亩之田,勿夺其时,数口之家,可以无饥矣。”何休在基于戴圣《礼记·礼运》关于大同和小康融合的探讨的基础上,提出社会发展一般会经历“乱世、升平、太平”三个阶段,其中“升平世”相当于小康社会,“太平世”相当于大同社会。这些均是归于对小康社会的设想。真正提出渴望摆脱贫困继而建立小康社会则载于《夷坚志·甲·五郎君》中“然久困于穷,冀以小康”这一论述。朱熹在《朱文公文集·答陈同甫》中感叹“千五百年之间……不无小康”,其将“文景之治”“开元盛世”等视作小康社会。东晋诗人陶渊明的“采菊东篱下,悠然见南山”、南宋康与之的《昨梦录》的“吾此间凡衣服、饮食、牛畜、丝纩、麻枲之属,皆不私藏,与众共之,故可同处。子果来,勿携金珠锦绣珍异等物,所享者惟薪米鱼肉,此殊不缺也”等描写中国传统农耕时代田园牧歌式的小康图景,但又如唐代诗人白居易《观刈麦》中“复有贫妇人,抱子在其旁,右手秉遗穗,左臂悬弊筐……家田输税尽,拾此充饥肠”等事情时有发生。

实际上,孔孟所勾勒的“小康社会”在春秋以及随后的整个传统封建社会

① 康有为:《孟子微》,中华书局1987年版,第239页。

并没有实现,即便像“文景之治”“开元盛世”“康乾盛世”等朝代发展的鼎盛时期也未能实现,即使将之称为“小康社会”,但在整个中国封建社会的长河中,这也不过是“寥若晨星”。若是“开元盛世”勉强算作小康,那之后的更加谈不上小康了,因为即便在“康乾盛世”仍然存在饥饿难题。据可靠记载,英国马戛尔尼(George Macartney)勋爵率领使团来华时(1792年,即清乾隆五十七年)目睹了中国贫困问题的严重性与解决贫困问题的迫切性,以至于后来的文史学者张宏杰得出了乾隆盛世是一个饥饿的盛世的结论。

另一方面,古代对贫困问题的解决。自秦以来的中国传统社会是一种“超稳定社会”,富有生命力的传统社会的内生性乡村治理体系和历史悠久的中国农业文明体系构成并维持着乡村社会的“超稳定结构”。在相对稳定且封闭的村庄内部对贫困者的救济和保障主要是依靠中国家族(宗族)社会、熟人社会的凝聚力和一整套的诸如义庄、义田、社仓、义学等机制来实现。① 传统乡村社会以宗法制度为乡村治理与救济的基本制度、以文化伦理教化为治理基础、以乡土社会内部激励与约束作为治理工具、以儒家乡土精英和底层人士的结合作为维系的手段、以乡规民约为法治基础,正是基于这样的基本理念抑或制度,一方面维护了传统乡村社会的相对稳定,另一方面一定程度上对贫困者实施了一定的保护、救济与保障。

相对于乡村社会内部的“德业相劝、过世相规、礼俗相交、患难相恤”的传统,国家在对贫困者的救济与保障中大多数是不充分的。从过程管理的角度看,主要体现为三个方面:一是先事之政疏于建设管理,比如在医疗救助方面,“在宋以前公共医疗机构几乎处于空白;仓储制度在唐以前运行不稳定,管理纰漏,监管失灵在各朝普遍存在;中央集权,效率低下;保障资源不足,极大地制约了保障功能的发挥”。二是临事之政多为应急补救,官方所采取的保障救助举措,如赈贷、开仓放粮等,主要是为了防止事态的扩大,影响政权的稳固。三是后事之政难有持续发展,官方对贫困者的救济与保障,大多是在出现自然灾害、社会动荡时,对问题的解决并未形成长效机制。

① 王曙光:《中国扶贫——制度创新与理论演变(1949—2020)》,商务印书馆2020年版,第144页。

事实上,纵观古代的民生保障政策包括反贫困政策就会发现,民生保障的动机在于“以君为本”,为君主统治服务,而非“以民为本”,为民生着想;操作行为上体现为对产生问题的应急补救,而非长远的谋划和长效制度保障机制的建立;保障力度上体现为维持贫困者的生存状态,而非对贫困者福利的全面提升和加强,当然,这样的民生保障理念和举措,最终的效果可想而知——并非切实有效地改进与提升民生福祉,而在于使帝制这一上层建筑得到巩固。

(二)全面建成小康社会:从经济小康到全面小康

一方面,“小康”再提与所要达到的目标:经济小康。改革开放后,小康社会建设再次以新的面貌展现出来。1979 年,邓小平会见日本首相大平正芳时提出:“我们要实现的四个现代化,是中国式的四个现代化。我们的四个现代化的概念,不是像你们那样的现代化的概念,而是‘小康之家’”①。其后,他又将小康与具体的国内生产总值这一经济指标联系在一起,指出“所谓小康,从国民生产总值来说,就是年人均达到八百美元”②。邓小平还将“小康”与“中国式的现代化”结合在一起并将“小康”作为社会建设的行动方案,而这种结合是中国历史上的第一次。总之,邓小平当时所提出的小康目标主要针对“文革”动荡之后整个社会所呈现出来的普遍性的贫困状态,这种小康社会的建设仍然体现为物质性的小康、经济性的小康。

基于国内外形势以及前“两步走”所取得的成效,到 2000 年,党的十五届五中全会首提“全面建设小康社会的奋斗目标”。而党的十六大则将该目标纳入大会的主题“全面建设小康社会　开创中国特色社会主义事业新局面”之中,并指出“我们要在本世纪头二十年,集中力量,全面建设惠及十几亿人口的更高水平的小康社会,使经济更加发展、民主更加健全、科技更加进步、文化更加繁荣、社会更加和谐、人民生活更加殷实”。这实际上突破了片面对经济发展的强调,注意社会主义经济、社会、文化、民主、科技等各个方面的统筹兼顾与持续向好,据此,我们可以看作这是对“小康社会”所作的明确界定。

---

① 《邓小平文选》第二卷,人民出版社 1994 年版,第 237 页。

② 《邓小平文选》第三卷,人民出版社 1993 年版,第 164 页。

2012年,党的十八大提出实现全面建设小康社会的奋斗目标并将2020年确定为目标实现之年。

另一方面,党的十八大以来小康建设所要达到的目标:全面建成小康。党的十八大提出“全面建成小康社会”,明确了建设的范围、时间节点以及建设的预期成效,将“全面建成小康社会”视为“四个全面”战略布局中的首要目标,并将“脱贫攻坚”作为实现首要目标所要竭力完成的底线任务。既体现了“全面建成小康社会”的硬性考核要求,也体现了中国共产党的初心、使命与担当。

全面建成小康社会,强调的不仅仅是“小康”,更为重要的是“全面”,这种“全面”体现为发展的平衡性、协调性和可持续性。全面小康是惠及民生的小康和全体人民的小康,实现农村贫困人口的全部脱贫,就是要解决小康社会建设过程中的不平衡、不协调和不可持续的问题。精准扶贫、精准脱贫,将提高脱贫质量放在首要位置,做到“六个精准”、实施“五个一批”,着力解决贫困地区和贫困人口的“两不愁三保障”问题,使绝对贫困人口和贫困地区包括边远民族地区同全国人民一道迈入全面小康社会。

全面建成小康社会是新世纪、新时代以来以人为本、以人民为中心的发展思想在中国社会建设领域最直观、最深刻的反映,体现了经济社会发展的整体要求、动力来源及达到的目标。自2012年开展脱贫攻坚以来,连续7年每年减贫在1000万人以上,于2020年彻底消除绝对贫困,这是以人民为中心发展理念的鲜明体现。全面建成小康社会,总的目的就是要满足人民日益增长的美好生活需要,具体就是要实现“幼有所学、学有所教、劳有所得、病有所医、老有所养、住有所居、弱有所扶”,使人民的获得感、幸福感不断增强。

(三)“两不愁三保障”:全面小康的底线任务

新时代精准扶贫、脱贫攻坚任务艰巨而又复杂,需要增强举措的针对性。这种艰巨性主要表现:扶贫对象规模大①、贫困人口存在区域“宏观分散,微观

---

① 依据新标准测算,截至2010年年底,全国贫困人口由人均纯收入1274元贫困标准下的2688万扩大到1.28亿,占农村总人口的13.4%。详见中研网:《中国贫困人口有多少 中国贫困人口数量统计 中国贫困人口标准(最新)》,见 https://www.chinairn.com/scfx/20180423/110719433.shtml。

集中”。致贫原因“从区域经济发展不平衡、自然条件恶劣等结构性因素为主转向贫困人口生计不稳定、脆弱性强等个体性因素,由因经济发展不足引致的贫困转向相对资产和福利剥夺为主要特点的贫困,由原来的长期性贫困为主向暂时性贫困为主的转变,由原来的资源型贫困转向能力型贫困”①。这些致贫因素的存在使得脱贫攻坚已经呈现出新的阶段性特征,要解决这样的贫困问题:一方面需要“较真碰硬”,采取超常规的举措,下大力气解决;另一方面,需要进一步的聚焦到对具体问题的解决,而不能“大水漫灌”“撒胡椒面”,更不能使用“手榴弹炸跳蚤”的办法来解决,需要针对特殊人群所面临的实际困难采取具体办法。正是面临这样的减贫压力与复杂挑战,中共中央、国务院出台了《中国农村扶贫开发纲要(2011—2020 年)》,重新确定了扶贫对象和目标任务:“到 2020 年,稳定实现扶贫对象不愁吃、不愁穿,保障其义务教育、基本医疗和住房。”至此,可视为“两不愁三保障”目标的正式提出,标志着中国扶贫形式、政策、目标与要求的巨大调整,从过去以解决温饱问题为核心转向给予贫困人口更有尊严的生活转变。该政策的提出具有重要的政策意义、理论意义与现实意义:

首先,在政策意义上,从过去相对单一的减贫目标转向更加多元的治贫目标。“两不愁三保障”与致贫原因的复杂性、多元化相契合,这种目标的多元化,既超越以往扶贫过程中偏重从“重点县、重点村”层次来解决一些整体性特殊困难,解决区域性发展差距日益扩大问题,也更注重从贫困户具体的致贫原因入手,力求具体问题具体分析。巩固和提高贫困个体的生存保障和发展能力,实现贫困地区与贫困人口的全面小康是迫切需要解决的问题。要解决贫困人群的生存保障和发展能力问题,就需要进一步地聚焦,以增强解决问题的针对性、科学性和实效性。

其次,在理论意义上,“两不愁三保障”体现了对贫困人口基本权利的尊重与保障。马克思主义认为,生存权与发展权是人的两项基本权利,社会发展的最终目标在于实现人的自由而全面的发展,而基本权利的解决与保障是实现人的自由而全面发展的基本前提。贫困人口同样拥有生存权和发展权这两

① 汪三贵:《当代中国扶贫》,中国人民大学出版社 2019 年版,第 49 页。

项基本的权利,贫困人口基本权利的实现需要建立在坚实的物质保障与对人的主体全面发展的切实关怀上,而“两不愁三保障”的提出正是要着力解决并保障贫困人口的生存与发展的基本权利。生存权是基本权利中更为基础性的权利,这种基础性权利具体涉及人的生命存在与人身安全,而“两不愁”即不愁吃、不愁穿就是要稳定解决农村贫困人口的温饱问题,保障人的基本性权利——生存权的实现。只有生存权得到保障,人的发展权才有可能实现,而这种保障首先是物质性的。正如恩格斯所指出:“正像达尔文发现有机界的发展规律一样,马克思发现了人类历史的发展规律,即历来为繁芜丛杂的意识形态所掩盖着的一个简单事实:人们首先必须吃、喝、住、穿,然后才能从事政治、科学、艺术、宗教等等。”①发展权即基于人的发展需要而由法律所赋予的权利,它是个人、民族和国家积极地参与政治、经济、社会与文化的发展并公平享有发展机遇、发展成果等所带来的权利。发展权具体包括享受政治民主、经济改革、社会进步、文化繁荣等的机遇与成果。“三保障”即义务教育有保障、基本医疗有保障、住房安全有保障,这是脱贫攻坚的具体要求与考核的核心指标,目的是提高农村贫困人口的发展和抗风险能力,体现了对贫困地区、贫困人口发展权的基本尊重与保障。“两不愁”与“三保障”两者及其关系并非人为拼凑、凭空臆想,而是辩证统一的逻辑关系,对“两不愁”的解决就是要保障贫困人口基本的生存权利,对“三保障”的解决就是要保障贫困人口有发展的权利,而只有生存权得到了保障,发展权才可能得到保障。两者虽侧重点有所不同,但都是对贫困人口基本人权的尊重与保障,任何一方权利保障的缺失,都会影响另一方权利的实现,将“两不愁三保障”放在一起解决,实质上就是对生存权与发展权这两项基本权利的切实尊重、现实回应与强力保障。

最后,在现实意义上,“两不愁三保障”体现了新时代以来党中央对贫困人口及所面临问题认识的深入与所要解决问题的具体瞄准。全面建成小康社会意味着不仅仅要解决贫困人口的生存问题,也要保障贫困人口的发展权。

---

① 徐勇、陈军亚:《国家善治能力:消除贫困的社会工程何以成功》,《中国社会科学》2022年第6期。

党的十八大以来,将脱贫攻坚上升到全面建成小康社会的高度,将“小康不小康,关键看老乡”视为衡量的重要依据,将“两不愁三保障”作为具体的要求和所要达到的目标。不仅要解决贫困地区人口吃不饱、穿不暖的问题,使生存权得到基本保障,同时,要系统解决发展能力不足、抗风险能力弱容易返贫的问题,使得发展权得到切实有效保障。

全面建成小康社会,最大的困难在于解决贫困地区和贫困人口“两不愁三保障”的问题,因为这是消除绝对贫困和整体性贫困的任务要求,更是全面建成小康的底线任务。如何凸显全面建成小康社会的成色,如何让人民群众满意以及国际社会增进对中国全面建成小康社会的认可,说到底,就是要切实保障贫困地区和贫困人口的生存与发展的权利,具体讲,就是要着力解决好贫困地区和贫困人口基本的生产与生活问题,满足贫困群众对美好生活的向往,提升幸福感,增强获得感。

二、“五个一批”的政策指导与成功实践

如果说精准识别解决的是“帮扶谁”的对象问题,这是精准帮扶的首要前提;驻村工作干部及其工作人员是精准扶贫的主体,解决了“谁来扶”的问题,这是精准扶贫政策在基层的实施主体;“五个一批”解决的就是“怎么扶”的对策问题,这是能否脱贫的关键。长期以来,帮扶谁、谁来帮、具体怎么帮、帮的效果如何、目标达成又如何退出等一系列问题制约着中国扶贫开发工作的深入开展,影响着扶贫开发工作的成色,究其原因,主要在于扶贫对象识别的精准性、因贫施策的科学性不够。如果说“两不愁三保障”是精准扶贫的政策目标,那么“五个一批”正是推动精准扶贫政策落地的创新举措,是实现精准扶贫政策目标的基本途径。

(一)“五个一批”政策的提出与意义

1.“五个一批”的政策提出与定位

中国共产党是马克思主义政党,坚持实事求是,注重矛盾的普遍性与特殊性的结合,能够运用科学的方法对贫困对象所存在的区域环境、家庭与个人情

况进行精确分析,做到"因人因地施策,因贫困原因施策,因贫困类型施策"①。根据致贫发生的一般规律提出"五个一批"即"发展生产脱贫一批、易地搬迁脱贫一批、生态补偿脱贫一批、发展教育脱贫一批、社会保障兜底一批",以期达到真扶贫、扶真贫、脱真贫、真脱贫的目标。实施"五个一批"是精准扶贫的基本途径,主要解决"怎么帮扶"的问题。

"五个一批"这一新的政策的出台是强制性政策变迁与诱致性政策变迁双重作用的结果,经历了一个从探索、模糊到成熟、清晰的过程。2015 年,习近平总书记在减贫与发展高层论坛上首次明确提出"五个一批",为解决"两不愁三保障"开出了简约而又有效的药方。随后"五个一批"被写入《中共中央国务院关于打赢脱贫攻坚战三年行动的指导意见》,至此,成为解决区域性整体贫困和消除现行标准下农村绝对贫困的核心举措。

2."五个一批"政策的实践价值与理论意义

一是"五个一批"精准扶贫思想归因于现实贫困的多维性。脱贫攻坚作为一项公共政策是对现实贫困这一公共性问题的深刻反映,"五个一批"精准扶贫思想体现着党和国家对现阶段贫困问题的深入思考。"精准"是一个与"粗略"相对的概念,释义为"非常精确"。从理论角度看,精准扶贫不同于以往的开发式、救济式、片区式扶贫,而是更加注重对矛盾普遍性之中矛盾特殊性的分析即具体问题具体分析;从政策指向看,该政策举措主要针对真正的贫困家庭和人口,采取有针对性的帮扶举措,力图从根本上破解制约脱贫的各种因素,摆脱贫困,实现可持续发展。② 要实现具体问题具体分析,就需要对致贫的原因进行细致剖析,而致贫诱致因素的多样性则成为多维贫困治理举措叠加使用的现实背景。事实上,传统的从生存需求维度、经济维度、权利维度等对贫困原因的分析则具有单一性,对现实贫困尤其是进入新时代以来的贫困致贫原因的解释则缺乏说服力。进入新时代,社会主要矛盾发生深刻转变,人们对贫困的感知和认识也发生了巨大变化,认为扶贫不仅仅要满足生理的需要,还有精神、心理等多层次的需要;不仅仅要解决生计,还要解决发展;不

① 习近平:《携手消除贫困　促进共同发展》,《人民日报》2015 年 10 月 17 日。

② 汪三贵、郭子豪:《论中国的精准扶贫》,《贵州社会科学》2015 年第 5 期。

仅仅要保障生存权,还要保障发展权。很显然,这些都凸显了致贫原因的复杂性、多样性,需求的多元性,以及满足需求摆脱贫困的多样性。而“五个一批”正是对这种复杂性、多维性贫困的回应,如“发展生产脱贫一批”这一举措,在“五个一批”中居于首位,凸显重要价值即从乡村产业的发展、就业的推动着力解决贫困家庭和人口经济基础的问题,而实际上因为经济基础的缺乏而致贫是基础性原因,这一解决思路和马克思主义的“经济基础决定上层建筑”的理念高度契合,事实上大量的脱贫案例也证明了大力发展生产的极端重要性;“发展教育脱贫一批”政策不仅考虑眼前,还考虑到了贫困的代际传递的问题,将教育扶贫视为是阻断贫困代际传递的根本途径;“社会保障兜底脱贫一批”则主要解决如残疾、年迈等群体缺乏劳动能力的情况,使得这部分弱势群体获得最低限度的保障;“生态补偿脱贫一批”则主要考虑到了中国大部分贫困地区生态脆弱的现实性,通过生态修复、生态补偿等途径减缓脆弱生态对个体发展的影响;“易地搬迁”着力解决“一方水土养不了一方人”的难题。这种多维举措既考虑到了脱贫的复杂性、现实性、艰难性,也增强了举措的针对性、有效性。

二是“五个一批”精准扶贫思想与脱贫攻坚政策网络主体的契合性。政策网络理论作为一套规范的政策过程理论分析范式,突破了“国家与社会”“政治与行政”以及“精英主义与多元主义”等这类传统二分法思想在公共政策领域的主导地位,提高了对公共政策的解释力。现代国家机关推行公共政策时,单纯的通过道德、政策感召很难实现对各部门的有效整合,需要政策相关者的合作、结合与动员原本分散的政策资源,以期能够在集体行动过程中解决政策分散问题,而政策网络强调政策过程中各政策主体因资源相互依赖而结成的动态利益关系联合体。引致贫困原因的复杂性、多维性,攻克的艰难性,使得对贫困问题的解决既不能采取单一的政策来处理,也不能由单一的主体来推动,需要对相关政策主体的力量进行聚合进而形成强力的攻势。精准扶贫过程中涉及政府、企业、非政府组织、个人等不同利益的主体,而政府的内部也形成农业、国土、电信、交通等分工齐全的职能部门,而职能部门之间因为“部门本位主义”思想的存在使得部门利益分割化格外突出进而陷入“各自为政”的尴尬局面,这种部门的分割强调部门本位而弱化了各部门之间的联系与互动,部门本位主义及其形成的分割与“五个一批”精准扶贫举措所要求拧成“一股绳”之间存在着内在的张力,而这种张力的消除就需要一种权威性的力量来打入使各个相对分散并保持相对独立的部门整合在一起。“党政军民学,东西南北中,党是领导一切的”①,中国共产党是执政党,组织十分严密和广泛,有科学理论作指导,具备很强的领导能力、社会动员力和号召力,共产党执政的长期性、亲民性,使得中国共产党能够将各阶层、各领域群众的要求和愿望经常地、畅通地反映出来,源源不断地输入决策中心,进而把社会方方面面的政治资源有效地整合起来,共同致力于国家建设。中国共产党在经济社会中的核心地位,意味着在决胜脱贫攻坚的过程中能够发挥核心性领导作用,将政府、企业、非政府组织以及政府内部的各职能部门进行有机、高效的吸纳与整合,进而形成政策的“组合拳”并通过政策的“叠加效应”作用于多维贫困的实际。“五个一批”涉及“发展生产、易地搬迁、生态补偿、发展教育、社会保障”五个方面,这其中任何一个方面都需要多主体形成政策网络进行推动,五个方面的集中发力自然需要中国共产党的坚强领导,有效地整合其他社会力量并能够将各种社会力量自身的优势、利益与脱贫攻坚的公共利益进行调合,推动着公共利益最大化的目标实现。因此,“五个一批”的精准扶贫思想与政策网络理论存在高度契合。

三是精细化管理理论强调脱贫攻坚举措的精准性。“精细化管理”较早运用于企业内部管理,体现为一种管理的理念、原则与方法,其本身旨在“通过规则的系统化和细化,运用程序化、标准化、数据化和信息化的手段,使组织管理各单元精确、高效、协同和持续运行”②。它以服务者为导向,突出强调专业化、数据化、信息化以及技术化,以期在“效率、效益、竞争力”方面更有优势。具体到精准扶贫,核心在于“精准”,只有精准才能够对问题形成清晰的诊断,这是精准扶贫的首要环节;关键在于“细”,这种细不仅在于对问题细分,更在于解决问题举措的针对性以及为解决这一问题主体责任划分的清晰性、过程与结果考核的可量化性等。进入新时代,扶贫减贫进入攻坚期,面临

① 习近平:《决胜全面建成小康社会　夺取新时代中国特色社会主义伟大胜利——在中国共产党第十九次全国代表大会上的报告》,《人民日报》2017 年 10 月 28 日。

② 刘宏:《谈精细化管理》,《商业经济》2009 年第 24 期。

新情况,需要精细管理,精准发力:从区域看,革命老区、民族地区、边疆地区依然是脱贫攻坚的难点,“截至2015年底,中国还有5630万农村建档立卡贫困人口,主要分布在832个国家扶贫开发工作重点县、集中连片特困地区县(以下统称贫困县)和12.8万个建档立卡贫困村,多数西部省份的贫困发生率在10%以上,民族8省区贫困发生率达12.1%”①。事实上,革命老区、民族地区以及边疆地区脱贫的资源禀赋是不同的,需要因地制宜,采取精细化的举措,体现分类指导。从帮扶举措看,要求对识别出来的贫困户或贫困村的致贫原因进行深入细致的分析,将帮扶责任落实到位,针对贫困村、贫困户的帮扶方案要具有针对性和可操作性,做到“一村一方案”“一户一对策”。② 精准扶贫“贵在精准,重在精准,成败之举在于精准”③,要求开展“六个精准”、实施“五个一批”,而这与精细化治理的理念与要求不谋而合。反过来讲,“五个一批”之中包含着精细化的理念,要求根据贫困矛盾的特殊性采取具体的破解举措,同时,又关注贫困矛盾的普遍性,将贫困矛盾的普遍性与特殊性的有机结合,集中力量进行帮扶。

四是“五个一批”政策目标在于激发贫困人口的内生活力。马克思主义坚持历史唯物主义的世界观和方法论,注重从人的基本生活需求与发展实际出发思考社会问题。其在《德意志意识形态》中强调:“一切人类生存的第一个前提也就是一切历史的第一个前提,这个前提就是:人们为了能够‘创造历史’,必须能够生活。但是为了生活,首先就需要衣、食、住以及其他东西。”④这段话鲜活地表明了马克思立足于人类的基本生存需求,注重物质基础对人的需求的满足,当然,除了关注与解决人的生存权问题,还思考人的发展权问题,将生存权和发展权视为现代公民的两项基本权利。事实上,新时代的精准扶贫在解决贫困人口所提出的“两不愁三保障”,不仅要求解决生存权的保障

① 国家发展和改革委员会:《〈十三五扶贫攻坚规划〉辅导读本》,人民出版社2017年版,第2页。

② 国家乡村振兴局:《关于印发〈建立精准扶贫工作机制实施方案〉的通知》,见 http://www.cpad.gov.cn/art/2014/5/26/art_50_23765.html。

③ 澎湃新闻:《脱贫攻坚,贵在精准、重在精准,成败之举在于精准》,见 https://www.thepaper.cn/newsDetail_forward_11395770。

④ 陈丽华:《中国民生思想的发展脉络》,《人民论坛》2017年第7期。

问题,也重视发展权问题的解决。“五个一批”的帮扶举措实际上就是在努力激发贫困人口的内生活力,比如,产业扶贫中利益联结机制的建立,使得具备劳动能力的人口在参与产业扶贫的过程中学习技术、管理,适应市场经济的需求;生态补偿的目的在于调整“人与自然的紧张关系”进而获得可持续发展的可能;社会保障兜底在于为发展解决后顾之忧;等等。“五个一批”最终的目标就在于使农村及其贫困人口能够摆脱贫困的魔咒,获得生存与发展的机会,获得内生性发展力量,以期实现永久性脱贫。

(二)“五个一批”的政策内涵与实践案例

公共政策是党和国家针对某一特定阶段所呈现的核心性的公共议题而采取的政治行动。① 精准扶贫作为国家为全面建成小康社会所实施的一项重要政策议程,其目标就在于消除贫困村、贫困人口的绝对贫困,使贫困地区与贫困人口能够在 2020 年一道迈入全面小康社会。良策落地,体现为主体与客体的良性互动。政策系统的动态性与过程性,突出表现为政策主体、政策客体在与政策环境的适应性中产生交互作用与影响。“五个一批”政策实施的过程即是将这一政治过程转化为实践并凸显政策效能的过程。政策过程一般由一系列的功能环节或阶段所构成,詹姆斯・E.安德森(James E.Anderson)在其著作《公共决策》中将政策过程涉及的范畴分为问题的形成、政策方案的制定、政策方案的通过、政策的实施、政策的评价②五个阶段。现结合脱贫攻坚这一公共政策过程来重点审视“五个一批”政策内涵及其成功实践。

1.“发展生产脱贫一批”政策内涵与实践案例

(1)“发展生产脱贫一批”政策内涵。劳动创造价值,生产创造财富。“发展生产脱贫一批”从本质上讲,就是要建立和巩固贫困地区和贫困人口发展的物质基础,因为没有生产的发展,贫困地区和贫困人口就难以脱贫,其他的脱贫举措因为缺乏坚实的物质基础而难以落地。发展生产脱贫一批主要作用于两个方面:解决个体性贫困问题和解决区域性、整体性贫困问题。两者辩证

① 陈振明:《政策科学——公共政策分析导论》(第二版),中国人民大学出版社 2005 年版,第 248 页。

② [美]詹姆斯・E.安德森:《公共决策》,唐亮译,华夏出版社 1990 年版,第 31 页。

统一,个体嵌入在整体之中,整体离不开个体,两者相互依存又相互竞争。针对贫困人口中有劳动能力并有劳动意愿、有资产或其他资源,但是缺少产业支撑、缺乏专业技术或资金来源等,立足当地的资源禀赋和结合劳动力实际,采取就地就业或异地转移就业的形式,解决贫困人口就业增收难题。针对贫困地区山高路远、交通不便、基础设施缺乏等情况,主要通过通路、通水、通网、通电、通邮等公共基础设施的建设以及建立与完善学校、医院或卫生服务站等公共服务的供给,力求入村入户,改善贫困地区生产生活面貌,为贫困地区的贫困人口创造适宜的生产生活条件。

贫困人口能否稳定增收和农业能否稳定发展,直接关乎着农村能否如期脱贫。贫困人口要增收,需要着力解决工资性、经营性、财产性收入的来源问题,需要克服等靠要的依赖思想,需要激发贫困人口的内在活力,实现从“输血”到“造血”的转变。农业生产要稳定发展,就需要着力解决农业供给侧、需求侧结构性改革的问题,避免或降低农业“过密化的陷阱”。农民增收了,农业得到了发展,农村的贫困问题才有望得到解决,而这种问题的解决都需要解决生产的难题。发展生产脱贫一批的关键在于建立一种互惠共赢的利益联结机制。

发展生产的初衷在于因地制宜地促进贫困地区产业的发展与实现贫困人口的增收。发展生产具有普遍性,但是产业发展具有地域性,这种地域性源于人才、资本、技术、土地、劳动力等资源禀赋的差异性。产业的发展需要根据各个地区的产业基础、资源优势以及区位条件选择具有比较优势的特色产业。产业的发展除了考虑盈利之外,还需要考虑产业发展的普惠性、外溢性即把产业的发展与村庄、乡镇的发展以及贫困人口的增收有机衔接起来,统筹考虑眼前脱贫与长远发展,将项目的“输血式”救济与“造血式”扶贫结合起来,提升项目对当地资源开发、片区发展、农户增收、生态环境改善等引领带动作用。基于此,在特色产业发展上,要因地制宜的做好产业规划,一方面要发挥优势与特色,从长计议,坚持宜农则农、宜商则商、宜游则游,避免扶贫产业出现同质化、短期化的现象;另一方面增强扶贫产业对贫困农户的带动引领作用,发展“普惠式”扶贫产业。

产业扶贫需要调和多主体之间的价值冲突。从本质上讲,产业发展是一种市场行为,而政府产业扶贫则具有政治性,扶贫产业的发展则需要考虑市场性和政治性双重因素,否则产业扶贫过程中必然会产生多元逻辑不一与价值目标的偏离所导致扶贫实践变形、主体关系状态失衡与贫困户被资本排斥、社会排斥导致脱贫效果弱化等问题,需要调和这种多元价值目标的冲突。因此,在政策推动中,除了建立一种多主体的利益衔接机制,将具有劳动能力的贫困农户吸纳进产业链条,通过产业链条的合理分工,获得可靠的收益,还需要更多的政策激励农户主动发展产业,比如扶贫贷款、粮食补贴、养殖奖补、税费减免等,使得具备劳动能力或种养意愿的贫困农户在政府政策的激励下,将产业发展的想法转化为广袤大地上的生动实践。此外,鼓励家庭农场、农民专业合作社、专业养殖大户等的发展,通过产业的发展增强对贫困农户的辐射带动作用。

(2)"发展生产脱贫一批"成功实践与典型模式。成功的产业扶贫实践需要解决贫困地区或贫困人口的就业、增收问题。产业成功扶贫的关键在于依托资源禀赋的基础上,进行科学合理的定位,在引入市场机制的同时以保障"农民的道义经济"伦理为底线原则,通过产业的发展与贫困人口帮扶机制的建立,将贫困人口的生存权、发展权这两项基本的权利统筹在内,一方面,促进贫困地区的经济发展,将资源优势转化为经济优势,夯实脱贫攻坚的物质基础;另一方面,通过本地特色产业的发展,将农村富余劳动力包括具备劳动能力的贫困人口吸纳进产业链,实现在地就业、观念转变、技能提升、稳定增收的目标。

在涉农产业发展生产的过程中,各个地方进行了大胆的尝试与创新,为协调区域经济发展、推动产业升级、培育新型经营主体、联结贫困人口增收等方面发挥了巨大作用,同时,在实践探索的过程中也形成了诸多典型模式:

就业创收模式。这是一种常见也是主要的模式,即通过扶贫产业的发展,将具备劳动能力的贫困人口吸纳进产业链条,使得具备劳动能力的贫困人口在产业链中找到自己的定位,发挥自身所具有的价值。纳入产业的发展,解决就业与增收一体两面的问题。如湖南省通过建立农特产品基地、产业扶贫规划和特色产业项目等一系列举措,"引导 427 家省级以上龙头企业建立产业扶贫基地 617 万亩,联结贫困村 6000 多个,覆盖 83 万贫困户;实施省级重点产业项目150余个，直接帮扶20余万贫困人口稳定增收"①。

直接带动模式。这种模式的突出特点就是形成了"公司+基地+合作社+贫困户"的组织方式。比如陕西省商南县采取"一产加还"模式，针对有劳动力、有发展意愿但缺乏技术和资金的群众，采取"政府担保贴息、企业保本让利、群众赊借发展、收益免息还本"的办法，由龙头企业批量生产初级产品，先行赊借给贫困户，由贫困户培育管理，待产品成熟时由企业负责保底收购。据悉，该模式成效显著，截至2019年7月，累计整合资金13.52亿元，建成产业基地189个，培育农民专业合作社430个、家庭农场46家，全县茶叶面积达到25万亩，香菇等食用菌种植突破1亿袋，发展猕猴桃基地2.4万亩。其中，茶产业增收明显，种茶户户均年增收3000元。②

资产收益模式。基于资源禀赋，将自然资源、公共资产、农户自有资源转化为权益资本或股本，以企业为代表的经营主体通过市场化的方式来盘活这些资源、资产，产生经济效益后，贫困农户按照股份或特定的比例获得收益。一般主要有固定收益模式、浮动收益模式和间接收益模式。在资源禀赋较好的地方但自有资金相对缺乏的地方采用该模式的较多，比如部分民族地区，因为资源矿藏的开发难度大、资金短缺、人力缺乏、技术不足、管理不善、自主开发能力相对不足，同时，承担着生态保护、水源涵养等职责，使得如何合理开发成为题中之义，而一部分市场主体如企业则具有较强的人才、技术、管理、信息等方面的系统优势。因此，在资源转化为资产收益的过程中，往往会引入企业，通过资源项目的开发和贫困人口的就业吸纳而解决了贫困地区"富饶的贫困"。再比如重庆市石柱县在发展乡村旅游的过程中将重庆市给予36户贫困户的户均3万元乡村旅游发展补贴，进行集中打包投在该县梦里荷塘乡村旅游专业合作社，由合作社与乡村旅游企业石龙山庄进行对接，依据投资协议，该石龙山庄每年向合作社支付10%的占用费，即10.8万元。③

---

① 华生在线：《"五个一批"脱贫攻坚综述：产业扶贫斩断穷根》，见 http://www.yyx.gov.cn/37583/38130/content_1260928.html。

② 商南县人民政府：《商南"三产联动"释放强劲脱贫效能》，见 http://www.shangnan.gov.cn/info/1032/76161.htm。

③ 汪三贵：《当代中国扶贫》，中国人民大学出版社2019年版，第145页。

混合带动模式。这种模式兼有前三种模式的某些特质但又具有典型混合特性,混合带动模式的机制设计考虑到了多种不同主体在产业扶贫中所处的不同地位及其优势,能够较好地将贫困农户的就业与资产收益模式结合起来。从整体上看,是一种较为理想的产业扶贫模式。比如,贵州六盘水的“三变”模式。① 除了以上典型模式外,还有旅游扶贫、电商扶贫、保险扶贫、消费扶贫等模式。

扶贫产业吸纳有劳动能力的贫困人口并建立一种共赢的利益联结机制是脱贫攻坚的政策要求。“建档立卡以来,享受过产业扶贫帮扶政策的建档立卡户1465.8万户,占全部建档立卡户的98.9%。”②实际上,通过利益联结机制而建立的企业、贫困户、合作社、村“两委”共建共治共享的利益共同体,使得贫困户在产业扶贫的过程中直接或间接享受到了产业发展带来的红利,当然,扶贫政策在基层实施的过程中存在资本排斥、“精英俘获”的情况,影响着产业扶贫对贫困农户的溢出效应,但瑕不掩瑜,产业扶贫带来的外部效益远超过其负面效应。

2.“易地搬迁脱贫一批”政策内涵与实践案例

(1)“易地搬迁脱贫一批”政策内涵。俗话讲“一方水土养育一方人”,显然,这对“一方水土”提出了很高的要求,实际上,相当一部分地方仍然存在生态环境恶劣、自然灾害频发、山高路远、水电气不通等情况,生产生活成本高昂,使得“一方水土”难以“养育一方人”。对于这样的地方,就需要在尊重群众意愿的前提下,对其实施易地搬迁。一是合理规划和科学选址,解决“往哪里搬”的问题。搬迁后生产生活条件有改善,这是基本要求,不能出现“挪穷窝”掉进“新穷窝”的现象;按照轻重缓急,分批、分期、分年、分片区推动,保证易地搬迁有序、平稳推进。二是切实解决易地搬迁“钱从哪里来”的问题。一方面通过多渠道拓宽易地搬迁资金来源,如项目资金整合、发放贴息贷款、合理使用土地增减政策、提高补助额度等方式;另一方面通过技术培训、转移就

① “三变”即资源变资产、资金变股金、农民变股东。详见中国新闻网:《贵州“三变”改革经验连续三年写入中央一号文件》,见 https://www.chinanews.com/gn/2019/02-20/8759787.shtml。

② 《国家脱贫攻坚普查公报(第三号)——国家贫困县建档立卡户享受帮扶政策情况》,《中国统计》2021年第2期。

业,增加公益岗位等形式,解决贫困农户“钱从哪里来”的问题。三是解决易地搬迁后“能发展”的问题。个人嵌入在社会中,农户嵌入在社区(村落)中,要使易地搬迁后能够获得发展,一方面需要建立和完善迁入所在地的公共基础设施,提高公共产品或公共服务的配套性,比如学校、医院、公园等;另一方面尽可能地靠近资源禀赋较好的县城附近、乡镇党政机构所在地或经济发展较好的行政村,为在地就业或外出就业增收创造机会。通过这一系列的举措,确保易地搬迁“搬得出、稳得住、能致富”。

(2)“易地搬迁安置一批”成功实践与典型模式。易地搬迁初衷在于针对“一方水土养育不了一方人”的资源禀赋低、生态环境脆弱、交通不便以及产业发展程度低地区的贫困人口所实施的整体性搬迁。易地搬迁扶贫政策的落地有赖于在“搬得出,稳得住,能发展”这三个关键点上下真功夫,其中“搬得出”是前提,“稳得住”是核心,“能发展”是关键。实际上,成功的“易地搬迁安置”的实践,在立足这三个关键点的基础上,要结合基层社会实际,有针对性地解决这四个方面的问题:瞄准建档立卡,确定“搬哪些人”;围绕搬迁安置点,确定“如何安置”;多渠道筹措资金,解决“钱从哪里来”;政策精准细化,解决“搬后如何持续脱贫”。易地搬迁后要着力解决后续的一系列问题,要避免“一搬了之”的情况发生,原先以建房为先,现在要“加强安置区社区管理和服务,切实做好搬迁群众户口迁移、上学就医、社会保障、心理疏导等接续服务工作,引导搬迁群众培养良好生活习惯,尽快融入新环境新社区”①。

为了对标对表高质量完成易地搬迁安置的工作,各个地方进行了大胆的尝试、积极的探索,积累了丰富的经验,形成了不少地方典型。如全国搬迁规模最大、任务最重的贵州省,打造了“贵州样板”,易地扶贫搬迁“六个坚持”即坚持省级统贷统还,解决易地搬迁资金筹措难题;“坚持以自然村寨整体搬迁为主,着力解决‘一方水土养不起一方人’”②难题;坚持城镇化集中安置,发挥集聚效应;坚持以县为单位集中建设,推动政策的落地生根;坚持让贫困户

---

① 《中共中央国务院关于打赢脱贫攻坚战三年行动的指导意见》,《人民日报》2018 年 8 月 20 日。

② 新浪网:《六个坚持:贵州易地扶贫搬迁走出新路》,见 http://gz.sina.com.cn/zt/2018-04-06/ztify-suuyc1320024.shtml。

不因搬迁而负债,大幅度地降低贫困户的经济负担;坚持以产定搬、以岗定搬,助力解决搬迁后的可持续发展难题。“十三五”时期贵州规划搬迁 187 万人,其中建档立卡贫困人口 149.3 万人,约占全国搬迁规模的 1/7。在国家 2016 年全国易地扶贫搬迁考核评价中,贵州省综合评价考核名列第一。① 再比如,四川省屏山县采取“严密设立工作机制,推动工作高效落地;多管齐下,解决易地搬迁后的增收问题;综合施策,确保易地搬迁工程成为民生放心工程”等举措,实现了易地搬迁的“易地生春”,据悉,该县“十三五”期间,完成易地扶贫搬迁任务 3820 户 15952 人,占该县贫困人口总数近 40%。屏山县结合“五个一批”脱贫工作要求,大力实施易地扶贫搬迁工程,于 2020 年 2 月成功实现全县脱贫摘帽。该县的“易地搬迁安置”的成功实践被作为全国“十三五”时期易地扶贫搬迁典型案例纳入国家发展改革委《关于全国“十三五”时期易地扶贫搬迁典型案例的通报》。②

3.“生态补偿脱贫一批”政策内涵与实践案例

(1)“生态补偿脱贫一批”政策内涵。贫困地区所处的环境大多具有生态脆弱性特征,面临生存发展与生态保护的双重挑战,而如何实现生态保护又促进生产发展,是需要统筹考虑的现实问题。基于此,需要建立生态补偿脱贫机制,将贫困人口脱贫与地区生态保护有机结合起来。一是加大生态保护修复的力度,扩大生态脆弱区、重点生态功能区等政策覆盖的范围,加大生态保护转移支付的力度。二是统筹考虑退耕还林还草还湖的范围,兼顾生态保护与农牧业发展。三是适度推进生态保护管理体制改革,加大对生态脆弱地区的保护力度和人员供养的力度,鼓励有条件的地区将有劳动能力和工作意愿的贫困人口转到护林、护路公益岗位,以劳代补、以劳奖补,通过护林、护路公益岗位获得生存保障。四是理解并用好“两山”理念。在保护好生态环境的同时,也要科学、合理地利用好生态资源,将生态资源优势转化为经济优势、社会效益。

---

① 新浪网:《六个坚持:贵州易地扶贫搬迁走出新路》,见 http://gz.sina.com.cn/zt/2018-04-06/ztify-suuyc1320024.shtml。

② 屏山县人民政府:《我县入选全国“十三五”时期易地扶贫搬迁典型案例》,见 http://www.ybps.gov.cn/zwhd/jrgz/http://www.ybps.gov.cn/zwhd/jrgz/。

(2)“生态扶贫脱贫一批”的成功实践与典型模式。新的发展理念要求在脱贫攻坚的过程中“坚持扶贫开发与生态保护并重”为指导思想,实施精准扶贫方略,加快贫困人口精准脱贫,最终实现“坚持保护生态,实现绿色发展”的目标。基于此,在生态扶贫的过程中除了加大生态保护修复力度,改善生态环境的脆弱性,还建立健全了生态保护补偿机制,增加了转移支付资金的额度,改进了转移支付资金支付的方式,此外,用于保护生态环境和改善民生的投入也明显增多。具体表现为通过参与工程建设获取劳务报酬、生态公益性岗位得到稳定的工资性收入、生态产业发展增加经营性收入和财产性收入、生态保护补偿等政策增加转移性收入等途径,使得贫困人口收入明显提升,生产生活得到改善。

坚持创新、协调、绿色、开放、共享的新发展理念,是科学发展的必然要求,坚持绿色发展是解决人与自然和谐共生问题的有效途径。脱贫致富与可持续发展相促进、推动贫困地区扶贫开发与生态保护相协调是生态扶贫的重要指导思想,目的在于实现人与自然的和谐共生。贫困地区大多处于民族地区、水源涵养区、生态保护区等,生态环境的脆弱性是其一大特征,这种生态的脆弱性使得必须坚持走开发与保护并重的道路,同时,又得让贫困人口实现脱贫,基于此,主要采取以下方式:一方面,国家加大对生态脆弱地区的财政转移支付的力度,对退耕还林、还草、还湖、还湿地等地区进行生态补偿,增加贫困人口的转移支付收入;另一方面,在生态脆弱地区,增加护林员、草场修复人员等公益岗位,确保有劳动能力的贫困人口获得工资性收入,比如,四川省把筑牢长江黄河上游生态屏障、维护国家生态安全摆在重要位置,抓好“四个扶贫”即“抓好精准扶贫,彰显生态环保特色;抓好项目扶贫,强化环保资金支持;抓好智力扶贫,培育乡土致富人才;抓好党建扶贫,建强基层组织堡垒”的方式,打赢生态环境扶贫攻坚战。① 又如,东西扶贫协作中的福州与定西,打造万亩“福州林”,打造陇中“生态扶贫样本”。主要举措:书记“一把手”抓生态扶贫;注重“生态扶贫与产业扶贫、生态治理和百姓致富、先进技术与自然环境”

---

① 新华社:《问渠哪得清如许——四川筑牢长江黄河上游生态安全屏障纪实》,见https://baijiahao.baidu.com/s? id=1679052428143040373&wfr=spider&for=pc。

三者的结合,探索出了一套具有可操作性、可复制性的“福州—定西”生态扶贫模式。① 再如,西藏阿里地区坚持“生态保护第一、尊重群众意愿”的原则,严格执行和落实西藏自治区环境保护“一票否决制”和矿产资源开发西藏自治区政府“一支笔”审批制,严把“产业政策关、生态环境关、资源消耗关”②,为了杜绝外来企业形成新的污染,地方政府严禁“三高”企业进入该地区。同时,建立资源总量管理和全面节约制度,严格落实草原保护制度、耕地保护制度、土地节约制度和水资源管理制度,使得生态环境得到了全面改善。

4.“发展教育脱贫一批”政策内涵与实践案例

(1)“发展教育脱贫一批”政策内涵。教育扶贫是阻断贫困代际传递的有效途径。治理贫困人口,首先要克服思想观念上的贫困,而这种贫困的消除重在治理愚昧,要治愚则需要启智,即“治贫先治愚,扶贫先扶智”。让贫困、落后地区的孩子接受良好的教育,承担着“授鱼”与“授渔”的双重责任,面临着“扶智”与“扶志”的双重压力。一是要办好义务教育,改善义务教育的教育教学环境。义务教育是公民教育最为基础性的部分,推动并落实好义务教育就是落实基本国策。据此,根据乡村空间与人口分布的情况,合理规划中小学教学点的布局;推动并改善农村中小学学校、寄宿制学校办学的硬件与软件条件;建立省级统筹乡村教师补充机制,通过定向培养与非定向招聘等形式为乡村中小学提供可靠师资。建立健全片区内师资的定期与不定期流动、轮岗机制,平衡城乡之间的师资资源。提高贫困地区义务教育阶段师资的工资福利待遇。二是积极开展职业技术教育培训,为贫困家庭的子女提供多渠道的教

① 主要成效:四年对口帮扶,福州与定西共实施协作项目 700 多个,帮扶定西市贫困人口 56 万多人。据统计,“福州林”项目区涉及退耕还林 5032 亩,其中贫困户退耕还林 1144 亩,惠及 118 户贫困户,获得现金补助 137.28 万元,户均增收 11633 元;优先采购贫困户培育的苗木,受益贫困户 35 户,户均年增收 22200 元;项目建设过程中,吸纳贫困户 890 多人参加造林,发放劳务工资 274 万元,户均年增收 3078 元;将工程区域中的 6 名建档立卡贫困人员选聘为生态护林员,人均年增收 8000 元。依托它发展林花、林果、林蜂、林菌、林药、林旅等产业,将为当地百姓带来更多可预期的后续收入。详见国家乡村振兴局:《福州·定西东西部扶贫协作入选“联合国全球减贫案例”——万亩“福州林”,打造陇中“生态扶贫样本”》,见 http://www.cpad.gov.cn/art/2020/10/21/art_42_184602.html。

② 国务院扶贫开发领导小组办公室综合司、国务院研究室农村经济研究司:《脱贫攻坚基层实践》,中国言实出版社 2020 年版,第 130—131 页。

育、就业培训,让其掌握谋生技能,增强就业的竞争力。三是建立健全对贫困家庭子女教育的奖助政策。如建档立卡家庭子女在义务教育阶段享受学杂费、住宿费减免等。完善中职教育、大中专教育中对贫困家庭子女的资助力度,使其不因贫困而辍学。四是千方百计做好就业推进工作。就业是民生之本,既要实现学生学得好、老师教得好的目标,也要实现学生就业好的目标。鼓励创业、自谋职业的同时,也要实施“就业帮扶”,最大限度地解决贫困家庭子女难就业、就业难的问题。五是针对农村留守儿童、残疾智障等特殊的人群给予特殊的教育关爱,使其公平享受教育的光芒;探索建立学前儿童教育体系,让更多贫困地区的学前儿童享受到国家教育政策变革的红利,同时,在民族地区开展普及国家通用语言文字教育,推动少数民族群体更好地融入市场、社会。

(2)“发展教育脱贫一批”的成功实践与典型模式。教育扶贫是阻断贫困代际传递的根本途径。教育扶贫的目标就在于让适龄儿童、青少年等在受教育的阶段享受到应有的教育,不因贫困而辍学,不因贫困而读不起书。通过政策的实施,使得各教育阶段建档立卡学生获得了从入学到毕业的全程全部资助,最大限度地保障了“不让一个学生因家庭经济困难而失学”①。“三区三州”是脱贫攻坚的难点区域,是“发展教育脱贫一批”政策的重点实施区域。自脱贫攻坚实施以来,先后通过建立建档立卡贫困教育人口底数台账、教育扶贫基本情况台账、教育扶贫工作推进台账等教育扶贫台账,使得脱贫攻坚重点地区“三区三州”的教育得到了基本保障。通过保障义务教育、发展学前教育、普及高中阶段教育、加快发展职业教育、加强乡村教师队伍建设、实施现有免费教育政策、建档立卡贫困学生资助全覆盖、加大少数民族优秀人才培养力度等举措稳步提升了“三区三州”教育基本公共服务水平。此外,还组织开展了基层干部和青壮年农牧民普通话培训、职业技能培训与普通话推广等活动,使得基层干部和青壮年农牧民适应社会发展、市场需求。

2020 年,新冠肺炎疫情暴发,使得脱贫攻坚任务更加艰巨,为了使“发展教育

① 《教育部 国务院扶贫办关于印发〈深度贫困地区教育脱贫攻坚实施方案(2018—2020年)〉的通知》,《中华人民共和国教育部公报》2018 年第 Z1 期。

脱贫一批”政策不打折,脱贫目标如期实现,教育部等十部门出台《关于进一步加强控辍保学工作健全义务教育有保障长效机制的若干意见》,通过挂牌督战重点地区、继续加大劝返力度、防止因疫辍学等多项举措,在一定程度上解决了因学习困难而辍学问题、因外出打工而辍学问题、因早婚早育而辍学问题、因信教而辍学问题。

依据政策,各个地方根据教育扶贫的目标,结合当地实际,科学诊断,分类指导,积极开展教育扶贫保障,切实发挥了教育扶贫在阻断贫困代际传递中的作用,如作为全国第二大藏区的四川藏区,其中的阿坝藏族羌族自治州通过完善体系建设、深化改革创新、狠抓教育难点和薄弱点,把“发展藏区教育、全面提高人口素质”作为实现全省跨越发展和藏区治愚治穷的根本之策,启动实施了“9+3”免费教育计划,提升职业技能和创新创业能力,拓宽了就业渠道,帮助了农牧民群众脱贫致富。① 再比如,作为全国最大的彝族自治区——四川省凉山彝族自治州,打造了“乡乡有标准化学校,村村有学前教育点”的实践模式。遵循“治贫先治愚、扶贫先扶智”的理念,将阻断贫困代际传递视为主要目标,聚焦学前教育基础设施完善、农村义务教育提质、乡村标准化学校建设、寄宿制学校建设等具体任务,落实各项教育扶贫政策,补齐教育贫困的短板。“截至 2015 年年底,全州开办村级幼教点 3096 个,设立教学班 3963 个,招收幼儿 12. 54 万人”;“十五年免费教育惠及 113 万名中小学生;27 万名建档立卡贫困家庭学生享受资助;各贫困县均设立不低于 300 万元的教育扶贫救助基金,用于帮助解决贫困家庭子女上学困难”。②

5.“社会保障兜底一批”政策内涵与实践案例

(1)“社会保障兜底一批”政策内涵。贫困人口中除了一部分具有劳动能力外,仍然有相当一部分因为缺乏劳动力或完全丧失劳动能力,需要发挥社会保障的兜底作用。全面建成小康社会的道路上“一个也不能少”,需要加快建立健全社会保障网络,对这部分缺乏或完全丧失劳动能力的贫困群体实施兜底保障,强化社会保障在扶贫中的重要作用。针对农村扶贫标准与农村低保

---

① 涂文涛:《四川藏区“9+3”免费教育的实践与启示》,《光明日报》2012 年 10 月 3 日。

② 中国网:《教育扶贫托起凉山希望》,见 http://edu.china.com.cn/2018-08/15/content_58798685.htm。

标准不一致的情况,需要重新按照国家的扶贫标准来确定农村低保的最低标准,并逐步提高低保的标准至国家的扶贫标准,切实实现农村扶贫标准与农村低保标准的“两线合一”。统筹推进城市和农村居民养老保险、五保供养等社会救助制度的衔接。加强和完善医疗保险和医疗救助制度,统筹推进城乡、省内易地、省外易地便民结算服务体系,加快实现“让技术、服务多跑路,让群众少跑路”的目标。现实中,因病致贫、因病返贫的比例较高,加大大病保险政策、新型农村合作医疗、门诊统筹和财政补贴等政策对贫困人口的覆盖力度。完善慈善救助、临时救助、重特大病救助等及时化解贫困人口棘手难题的帮扶力度。此外,落实健康中国行动,加大对老少边穷地区慢性病、流行病、地方病、传染病等的预警与防治力度,关口前移,以村组为单位,定期与不定期开展巡回诊疗,切实保障贫困弱势群体的身体健康。加快基层公共卫生医疗服务体系改革与建设,提高应对突发疫情、病情的防治能力,切实保障人民享有平等的健康权。

(2)“社会保障兜底一批”的成功实践与典型模式。社会保障脱贫一批涉及农村诸多贫困人口和帮扶政策,特别是残疾人,这是脱贫攻坚中的重点和难点,关系着社会的安全、和谐与稳定。由于身体残疾,影响到了对教育的接受、工作的机会的获得、谋生技能的掌握以及扶贫资金使用效率等,这部分人在整个的贫困人口中占比大、脱贫难度高、极易返贫,“目前我国农村仍有 2000 万以上的贫困残疾人”①。脱贫攻坚中的“社会保障一批”政策之所以能够落地并取得良好的社会效应,笔者认为主要得益于这三个方面:第一,注重了社会保障体系和服务体系的建设。政策将生产生活能力、提高农村残疾人综合素质和推进基本公共服务均等化作为扶助农村贫困残疾人改善状况的根本目标,能够较好地将兜底保障与就业增收相结合,注重政府扶持、社会帮扶与残疾人自强自立三者各自优势的发挥,坚持了统筹兼顾和分类指导相结合的原则,将发展生产作为残疾人增加收入的根本手段。② 第二,将“两不愁三保

---

① 《国务院办公厅关于印发农村残疾人扶贫开发纲要(2011—2020 年)的通知》,《中华人民共和国国务院公报》2012 年第 4 期。

② 《国务院办公厅关于印发农村残疾人扶贫开发纲要(2011—2020 年)的通知》,《中华人民共和国国务院公报》2012 年第 4 期。

障”确立为残疾人也要实现的目标。采取了加大残疾人社会救助力度、促进残疾人及其家庭就业增收等途径对残疾人实施帮扶。具体包括,采取康复扶贫贷款、开展农村实用技术培训、扶持农村残疾人就业创业、实施“阳光助残扶贫”项目、实施“阳光安居工程”、动员社会各界参与残疾人扶贫等,此外,还制定了农村残疾人扶贫工作指标体系及评估标准,实施动态监测,纳入期中、期末进行全面考核。第三,多举措叠加共振,实施精准帮扶。通过全面落实农村低保等社会救助政策和困难残疾人生活补贴、重度残疾人护理补贴等保障制度兜底脱贫一批、通过加快实施易地扶贫搬迁工程和农村危房改造,推动了贫困残疾人家庭住房安全解困一批、通过减少贫困残疾人医疗康复费用刚性支出并改善其身心功能状况缓解一批,此外,还通过加大职业教育、实用技术培训、产业带动、资产收益折股量化、结对帮扶等多种方式帮带、帮助了一批。① 通过实施应保尽保和分类施策、千方百计稳定残疾人就业、加大对农村贫困残疾人帮扶力度等措施切实保障了残疾人基本民生。②

在实施社会保障兜底脱贫的过程中,各地已涌现出了诸多典型,如安徽省实施社保兜底脱贫,做到应保尽保不丢下一个贫困户。具体举措如下:低保标准看齐扶贫标准,对农村低保和扶贫标准实行“两线合一”;提高重特大疾病保障水平,扩大救助对象,将救助对象从特困供养人员(重点救助对象)、低保对象扩大至低收入家庭重度残疾人、重特大疾病患者、老年人、未成年人以及因病致特贫疾病患者等人群。特困供养人员(重点救助对象)由政府全额代交农村合作医疗费用并给予住院看病费用100%报销。针对孤寡老人、身体患病人员大多属于特困供养人员,实施特困人员供养制度。四川省凉山彝族自治州紧紧围绕“两不愁三保障”政策要求与目标,实施“应兜尽兜、应养尽养、应救尽救、应扶尽扶、应帮尽帮”举措,认真落实,取得实效。“截至2019年12月,已为全州37743名困难残疾人发放生活补贴3777.45万元,为56236

---

① 国家乡村振兴局:《贫困残疾人脱贫攻坚行动计划(2016—2020年)》,见 http://www.cpad.gov.cn/art/2017/3/1/art_46_59943.html。

② 中华人民共和国民政部:《关于扎实做好疫情防控常态化背景下残疾人基本民生保障工作的指导意见》,见 http://www.mca.gov.cn/article/xw/tzgg/202005/20200500027913.shtml。

名重度残疾人发放护理补贴 4753.54 万元。”①全州 7507 名孤儿已纳入基本生活保障范畴,“1.68 万名特殊困难儿童纳入‘200 元+低保全额档’救助保障机制,困境儿童的生存、发展、安全权益有效保障”②。截至 2020 年 5 月末,全州共纳入农村低保 61.89 万人,实现了应兜尽兜。

“五个一批”工程是中国共产党在长期的“三农”工作中不断探索并反思以往扶贫政策成效的过程中得出的解决贫困问题的新方法论与新技术路径,对于贫困地区、贫困户因地制宜、因人制宜进行精准施策,对于实现贫困区域与人口精准脱贫具有重要指导意义。

(三)“五个一批”政策的政治效应分析:以产业扶贫为例

良好的公共政策不仅对于所要解决的核心议题会产生直接性的影响,而且还会产生较大的外溢效应,这种外溢效应往往超出了政策本身所能控制的范围。当然,精准扶贫政策也不例外,其直接效应体现为:自党的十八大以来,经过八年接续奋斗,截至 2020 年年底,脱贫攻坚目标任务如期完成。脱贫攻坚战对于中国广袤的农村贫困地区来讲,这种改变既是历史性的、全方位的,也是中国农村发展与改革进程中的一次伟大革命。主要体现为:贫困人口生活水平显著提升;贫困地区落后面貌根本改变;脱贫群众精神风貌焕然一新;特殊困难群体生存发展权利有效保障;贫困地区基层治理能力显著提升。③

经济基础决定上层建筑,脱贫攻坚战略的实施在夯实乡村经济社会发展的物质基础的同时,也推动着乡村社会治理的变革与创新。“生产发展脱贫一批”是“五个一批”中的核心政策,因其涉及面广、引领作用强、参与主体众多,对其他政策的实施与推进具有一定的牵引作用。诚如习近平总书记所

---

① 澎湃新闻·政务:《凉山:社会保障兜底　为群众编织温暖“幸福网”》,见 https://www.thepaper.cn/newsDetail_forward_9514729。

② 澎湃新闻·政务:《凉山:社会保障兜底　为群众编织温暖“幸福网”》,见 https://www.thepaper.cn/newsDetail_forward_9514729。

③ 中华人民共和国国务院新闻办公室:《人类减贫的中国实践》白皮书,《人民日报》2021 年 4 月 7 日。

说:"产业兴旺,是解决农村一切问题的前提。"①但目前,学界对产业扶贫对村庄治理的政治效应的系统性分析仍然相对薄弱,对微观层面的"具象"观察与描述仍然相对不足,事实上,这种政治效应的生发逻辑恰恰值得深入思考和研究,将脱贫攻坚中乡村治理的典型经验进行总结、凝练与提升,以更好地推进乡村振兴战略的落地。有鉴于此,现以"发展生产脱贫一批"为例,从村庄社会组织和个体两个维度透视产业扶贫过程中政策网络主体行为发生的逻辑、多主体互动的社会效应以及村庄治理结构动能转换的发生机理。

1. 产业扶贫对农村社会组织治理的影响

(1)村庄治理主体:由二元管制向多元治理转变。自农业税费改革后,国家通过税费向农民汲取财政收入的方式不复存在,一方面,减少了国家的财政收入,减轻了村组织的征税负担,缓解了以村"两委"为核心的村民自治组织与村民之间的矛盾;另一方面,农业税的取消也减少了村"两委"的财政收入,村民对村民自治组织的依赖性降低,村庄治理呈现出二元治理的格局。而村庄产业的发展,实现了村庄治理主体的多元化,改变了传统的"村'两委'—村民"单向度的治理模式。驻村工作队、产业合作社、产业开发公司、经销商等进驻村庄,形成了以村"两委"为核心多主体并存的治理贫困局面。为了提高农户参与产业扶贫的积极性,提升贫困农户的"造血"能力,专业合作社、产业开发公司等也将贫困农户吸纳了进来。产业的发展,涉及土地整合、农户聘用与工资发放、股金分红等方方面面,与农户的利益高度相关,而合作组织、经营公司拥有相对独立的决策机制,具备较强的组织动员能力,在实际的运作过程中经济组织产生的影响力有时超过了村"两委"。另外,大的农场、产业园的形成,对附近的农户的吸纳作用更强,企业的果树栽培、养护、采摘、包装、销售等涉及民众广,对农户的整合作用大,出现了农户有事找企业的情况。产业的迅猛发展,新型经济组织的出现,也对原来的以村"两委"为中心的传统的政治组织的权威结构形成了威胁和挑战,"倒逼"村"两委"转变管理、服务方式。

(2)村组织决策:由封闭、垄断决策逐渐走向开放、民主决策。诺思(North,1990)认为,"制度是一个社会的博弈规则,或者更规范一点说,它们是

① 汪三贵:《脱贫攻坚与精准扶贫:理论与实践》,经济科学出版社2020年版,第132页。

一些人为设计的、形塑人们互动关系的约束"①。任何组织的有序运转及科学决策都需要良性制度、民主程序作为支撑。按照村民自治的原则和产业扶贫的政策要求,各地进行了不断的探索,呈现出百花齐放的态势,比较著名的有G镇L村的"六部工作法"即征求意见、议事决策、项目分解、公开承诺、组织实施、考评奖惩。产业扶贫政策的具体要求以及在此过程中形成的沟通与协调、决策与执行、实施与反馈等"倒逼"村"两委"决策方式的转变,同时,依据《关于加强贫困村驻村工作队选派管理工作的指导意见》,驻村工作队有宣传国家的脱贫攻坚决策部署、参与脱贫攻坚规划制定、参与实施各项精准扶贫工作等任务,驻村工作队对村庄脱贫攻坚公共事务的决策参与积极推动,减少了领导人决策"拍脑袋"、花钱"一支笔"、开会"一言堂"等情况的出现,提升了村民自治组织决策的质量,减少了政策在执行过程中所遇到的阻力,体现了民主集中制的组织原则。精准扶贫程序性的要求,对村干部的决策方式提出了更高要求,要求实事求是、以人为本,充分尊重民意。这种决策方式的转变,不仅"倒逼"村干部进行自我教育、自我管理、自我监督,同时,开展村民说事、民情恳谈、妇女议事、坝坝会等各类协商活动,丰富了村民议事协商形式,融洽了干群关系,推动了干群关系的和谐发展。

(3)集体经济收入:由沉睡走向复活。农业税费改革后,以村"两委"为代表的村级自治组织一度陷入瘫痪,村级自治组织由于可以调动的经济资源的缺乏使得自身组织运转困难,对村庄的整合作用较弱,村民对村"两委"的认可度一直较低。产业不仅是村民自己的产业,也是村"两委"的产业,通过发展产业,尤其是新集体经济增加村财收入。新的林权制度改革以村庄为改革单位,村庄的自主性明显增强,通过林地流转使得林地转变为市场价值成为一种可能。但受"村财乡管"体制的影响,村庄的财政收入极其有限,投资集体经济比较困难。现在精准扶贫政策要求"村五有"之一必须有村集体经济,贫困户也要享受村集体经济的分红,加之,产业政策的倾斜,使得村"两委"不得不开始重视集体经济的发展。产业的发展为集体收入的增加找到了突破口,

---

① [美]道格拉斯·C.诺思:《经济史中的结构与变迁》,陈郁等译,上海三联书店1991年版,第55页。

通过山地、坡地、平坝的林权转让、承包经营分成、流转拍卖等形式,不仅使村庄集体经济得以发展壮大,同时,还推动村"两委"积极组建专业合作社、搭建"线上线下"销售平台,带动更多农户从事产业及其相关的种植、采摘、加工、销售等。集体经济的发展壮大,不仅仅实现了贫困劳动力的在地就业与收入的增长,同时,也使得村"两委"的经济基础得到夯实,有利于以经济杠杆推动村庄其他公共事务如公共基础设施的建设、对弱势群体的帮扶等问题的解决,对组织的涣散起到一定的抑制作用。如Q镇S村,2018年3月成立村股份合作社,通过流转平地、山地等1720亩种植苹果、猕猴桃、牡丹、天南星等,将189户贫困户捆绑在产业链上,2018年年底村集体经济累计收益16万元,并将100万入股S集团的股份分红的60%分给贫困户,户均380元,共计分红71820元。通过"政府+银行+企业+贫困户"产业发展模式,实现了贫困户有分红,村财有保障的目标(见图2-1)。

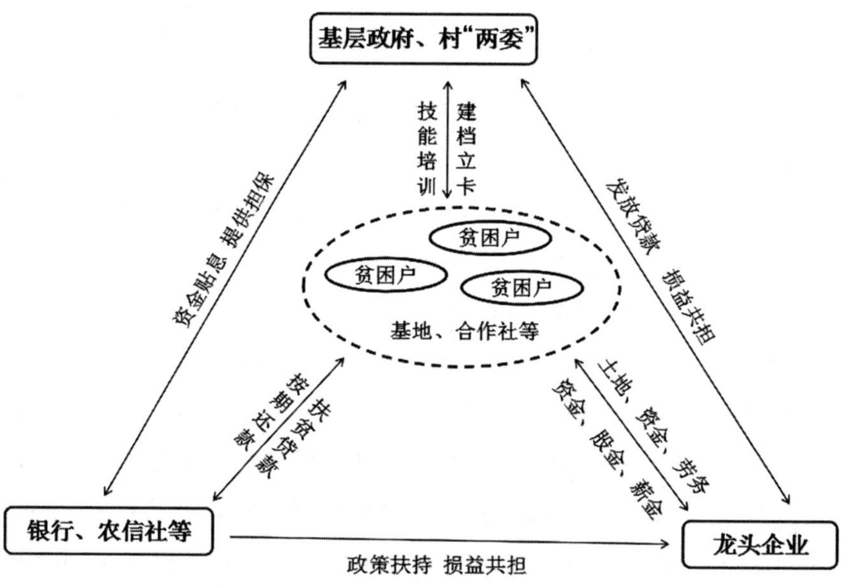

图2-1　产业发展中"政府(村'两委')+银行+龙头企业+贫困户"的联动模式

2. 产业扶贫对村庄个体的影响

(1)参与公共事务的意愿:由政治冷漠走向积极参与。利益主体占有利益的大小是通过对生产资料的占有情况得以反映,而经济制度从根本上制约利益的实现。在人民公社时期,实行政社合一的政治体制,生产队对生产资料、生活资料拥有最终的分配权。在家庭联产承包责任制确定后,农民从群体性劳动转化为个体性劳动,从集体劳作的土地上转到自己的土地上①,活力得以激发。随着“四化”不断推进,城市发展所焕发出来的巨大魅力吸引着农村的生产要素包括人才、资本、资金、技术等的流入,这些要素在城市聚集获得了“极化效应”,而与此相反,城市则产生的“虹吸效应”也越发突出,形成了“城市繁华—农村凋敝”的反差景象。久而久之,来自农村的劳动力也并不想回到农村,即便回家也是发生在“候鸟式”迁移的春节前后。新的产业发展以及土地重新整合的过程也是不同利益主体博弈的过程,“土地改革不仅仅意味着农村福利的增加,它还涉及一场根本性权力和地位的再分配,以及原先存在于地主和农民之间的基本社会关系的重新安排”②。由于产业规模化、集约化种植必然涉及地界勘察、确权颁证、纠纷化解、政策落实、聘请劳工、加工与销售等事项,事关贫困农户的切身利益。由此,利益的诱导性激发了贫困农户参与村庄公共事务治理的积极性。原本以为很纯粹的经济利益关系的再调整逐渐演变为政府协调、村“两委”组织、企业实施、农民参与的多主体共同参与的政治性产业实践活动。

在新的产业发展的过程中,农户参与的积极性得以激发:一是部分农户积极的打听、宣传产业扶贫政策。原本自己种自己销售的贫困农户估计做梦也没有想到,新产业的发展政府会提供高额的补贴、低息贷款、产业发展基金等,为了维护自己的利益不受侵害:一方面,积极地四处打听产业发展的补贴政策,怕自己在政策的落实中吃亏;另一方面,也向自己的邻居、朋友积极地宣传产业发展的补贴、免息政策。二是农户积极地参与产业发展的决策。发展产业及其相关产业是全村的一种重大决策,按照产业扶贫的政策要求,产业实施方案的通过要得到三分之二以上村民代表会议的同意。村民们一起探讨产业规划、土地修整、果树修剪、良种改造、地界勘察等,部分村民与村干部一道上

① 王敏:《资本下乡农户、公司与基层政府关系的再构建》,《商业经济研究》2015 年第 7 期。

② ［美］塞缪尔·亨廷顿:《变革社会中的政治秩序》,李盛平、杨玉生译,华夏出版社 1988 年版,第 291 页。

山、进田、入林等核实地界,防止出现损害自己利益的情况发生。通过一系列的实践,不管是村内原住村民抑或迁往县城、外出务工的村民大多卷入了这场声势浩大的产业发展浪潮中。在产业落地的过程中得到了农户广泛的参与,为了维护自己的利益不受侵害,部分农户还积极主动地去翻阅、学习《关于打赢脱贫攻坚战三年行动的指导意见》《土地承包法》等精准扶贫、土地流转政策,生怕自己的利益受到半点损害。由于农户的积极参与,部分村干部明显地感觉到自己的权威性、合法性受到了威胁,同时,也对部分村干部武断决策、违规操作等可能侵害群众利益的事情起到了一定的监督作用。当然,村民参与产业发展的动因限于经济性目标,但实际中涉及共同利益时其目标追求呈现出多元化,与自己无关的事情参与积极性明显不足,“村民的公共参与意识最突出的特征是参与目标非经济化和自愿性不足”①。

(2)经营主体变迁:由小农分散经营向以经济精英为主导的多元化转变。市场经济是商品经济社会发展到一定阶段的产物,是一种以市场为中心来组织社会经济、以市场为基础来配置社会资源的经济运行方式②。市场经济的自主性、竞争性、开放性等的存在,使得分散的小农试图通过市场交换取得竞争优势、长期立足市场似乎注定是有难度的。产业发展的过程也是村庄不同治理主体经济利益关系调整与变革的过程,利益关系的变动必然会诱发对村庄治理结构的调整,政治主体的结构性变迁是以生产资料所有制为基础所形成的经济利益关系及经济制度的映射。产业的发展,推动了以土地为基础的生产资料的调整,产业结构调整后,村庄的涉农经济主体也分化为两种类型:一部分为不愿意作出产业调整的农户,保守性地守着“一亩三分地”;另一部分经济能人或愿意流转的农户通过推动承包土地经营权的流转、土地的集中整治,成立了专业合作社或大的农场,不仅专门从事产业的经营活动,而且还从事涉农的开发。这些经济能人有些是原先的村干部、外地的商人或专门从事农林业经营的人,也有现在的政治精英村干部。社会化小农、经济精英及政治精英共存局面的出现,深刻改变着村庄的经济结构:一方面,通过组建合作

① 于建嵘:《岳村政治:转型期中国乡村政治结构的变迁》,商务印书馆2001年版,第414页。

② 郭小聪:《政府经济学》(第四版),中国人民大学出版社2015年版,第16页。

组织,增强了农户的黏合力和抗风险的能力,缓解了部分农户的就业难问题;另一方面,经济精英或经济精英兼具政治精英的这部分能人,为了获得更多的涉农政策支持,开始积极地参与村庄公共经济、政治、社会事务的决策与管理,试图取得参与公共决策的话语权。同时,也看到这种情况的存在也使得村庄贫困治理将承受更大的风险,引发村庄治理出现困境。

三、巩固和发展乡村治理现代化的物质基础

乡村是国家治理的最末端,也是服务群众的最前沿。乡村社会的稳定与发展在很大程度上制约着整个中国社会的发展,制约着中国现代化的进程,①“由于中国社会特性的决定,中国社会的稳定与否受乡村的稳定与否制约。乡村社会的动荡或结构动荡,均会波及整个社会”②。精准扶贫是乡村振兴的前提和基础,乡村振兴巩固并提升了脱贫攻坚取得的丰硕成果,两者共同指向中华民族的伟大复兴。乡村振兴是农业农村现代化在新时代“三农”工作的总抓手,目标在于实现农业农村现代化。三者相互区别,各有侧重,又相互联系,密不可分。正因如此,习近平总书记在2021年中央农村工作会议上明确提出:“脱贫攻坚目标任务完成后,对摆脱贫困的县,从脱贫之日起设立5年过渡期。”又如《乡村振兴战略规划(2018—2022年)》提出:“到2035年,乡村振兴取得决定性进展,农业农村现代化基本实现。”③“十四五”规划明确提出“坚持农业农村优先发展,全面推进乡村振兴”④。正因此,要坚持农业农村优先发展,以乡村振兴为契机,在推动乡村振兴战略实施过程中进一步巩固、拓展脱贫攻坚所取得的重要成果,进一步提高乡村治理体系与治理能力现代化水平。

---

① 王沪宁:《当代中国村落家族文化——对中国社会现代化的一项探索》,上海人民出版社1991年版,第2页。

② 王沪宁:《当代中国村落家族文化——对中国社会现代化的一项探索》,上海人民出版社1991年版,第263页。

③ 《中共中央国务院印发〈乡村振兴战略规划(2018—2022年)〉》,《人民日报》2018年9月27日。

④ 《中共中央关于制定国民经济和社会发展第十四个五年规划和二〇三五年远景目标的建议》,《人民日报》2020年11月4日。

(一)精准扶贫、乡村振兴与农业农村现代化的逻辑关系

脱贫攻坚、乡村振兴、农业农村现代化是习近平新时代中国特色社会主义思想的重要组成部分,是马克思主义中国化在消除贫困、改善乡村发展面貌以及推进农业农村现代化方面的重要理论成果之一。2021 年中央一号文件明确要求"举全党全社会之力加快农业农村现代化",为"三农"工作指明了方向。脱贫攻坚是乡村振兴的底线要求,乡村振兴是新时代"三农"工作的总抓手,为脱贫攻坚成果的巩固和返贫风险的化解提供可靠支撑,农业农村现代化是乡村振兴的总目标,三者本质上共同指向乡村共同富裕的目标。

1. 脱贫攻坚是乡村振兴、农业农村现代化的底线任务

习近平总书记指出,要"确保到 2020 年贫困地区和贫困群众同全国一道进入全面小康社会,为实施乡村振兴战略打好基础"①。这一科学论断说明乡村振兴和脱贫攻坚存在严密的逻辑关系,对于推进乡村振兴提供了认识论和方法论。事实上,脱贫攻坚的管理机制、政策体系、实践经验以及取得的成效对乡村振兴的持续推进具有重要意义。

(1)消除贫困,为乡村振兴创造前提条件

马克思主义唯物史观认为:"人们首先必须吃、喝、住、穿,然后才能从事政治、科学、宗教等等。所以,直接的物质的生活资料的生产体现一个民族或一个时代的一定的经济发展阶段,便构成经济基础,人们的国家制度、法的观点、艺术以至宗教观念,就是从这个基础上发展起来的。"②贫困的存在使得人的生存权和发展权的实现受到极大的威胁和挑战,而脱贫攻坚以贫困地区和贫困人口为攻坚对象,实施精准扶贫,通过"五个一批"来实现"两不愁三保障"的目标,进而保障贫困人口基本的权利的实现。这种绝对贫困的消除和基本权利保障的实现,使得乡村振兴可以在一个更高的起点上进行整体谋划、全面统筹,否则,乡村振兴就要不断地回应精准扶贫本应该解决的问题,不免

---

① 孙馨月:《论脱贫攻坚对推动乡村振兴的多重作用》,《安徽行政学院学报》2021 年第 2 期。

② 《马克思恩格斯选集》第 2 卷,人民出版社 1995 年版,第 776 页。

会陷入政策的混同与纠葛之中,对于乡村振兴中长期目标的实现必然会造成巨大困难。乡村治理现代化第一步必须是经济现代化即物质现代化,这也就意味着在乡村振兴阶段,一方面要巩固脱贫攻坚中所形成的丰硕成果;另一方面仍然得在产业兴旺、生活富裕和生态宜居方面着力,通过三方面的发力,夯实乡村治理的物质基础。因此,从这个角度讲,消除贫困,为乡村振兴创造了谋求全面推进的现实基础条件,但乡村治理的现代化需要进一步巩固、提升、拓展精准扶贫的成果。

(2)重塑组织,为乡村振兴提供组织保障

为推动精准扶贫政策实施,明确职责分工与责任落实,创造性地提出了“中央统筹、省负总责、市县抓落实”的工作机制,形成了“五级书记”负责制,而这种管理体制被写入 2019 年中央一号文件。在基层治理中,逐渐形成了“党建+”的治理模式,基层党组织在脱贫攻坚中发挥了领导核心的作用,以基层党组织为核心,团结、带领了其他社会力量一起攻坚克难,消除贫困。脱贫攻坚促进了基层群众自治的发展,精准扶贫工作机制中明确提出了“六个精准”,其中贫困人口识别、建档立卡是精准帮扶的首要环节,在涉及“帮扶谁”的过程中,需要“熟人社会”中村民小组及其成员的参与,以减少信息的不对称,确保识别的对象客观、公正。此外,“谁来帮”“怎么帮”“怎么退”等具体政策要推动落地也需要发挥村民“民主决策、民主管理、民主监督”的能动作用,在此过程中逐渐实现了村民自我管理、自我教育与自我服务的目标。提高了基层干部能力素质,通过选派驻村第一书记、驻村工作队等,使得青年才俊在广袤的基层舞台得到了锻炼与成长,同时,基层事务的现实性、群众性以及复杂性等的存在,使得基层干部的工作能力在与老百姓打交道的过程中得到了极大提升。

(3)弥补短板,为乡村振兴搭建基础平台

脱贫攻坚除了保障贫困人口能够实现“两不愁三保障”的目标,还着力解决基层发展所存在的短板,比如集体经济孱弱或虚无、基础设施供给相对缺乏、技术支撑不足、人力资本缺乏等短板,这些短板的存在极大影响着脱贫攻坚政策的落地。比如在脱贫攻坚中,四川省要求贫困村退出要必须达到“一低五有”即“贫困发生率低于 3%,有集体经济收入、有硬化路、有卫生室、有文化室、有通信网络”[①]。贫困县退出要满足“一低三有”即“贫困发生率低于3%,乡乡有标准中心校、有达标卫生院、有便民服务中心”[②]。这些正好是对发展短板的弥补——若是没有网,就难以完成“数字下乡”;若是没有卫生室,群众看病难的问题就解决不充分;等等。在脱贫攻坚之前,公共服务的供给与需求存在结构性失衡,影响着农牧民的生产生活。实际上,脱贫攻坚政策在落地的过程中正是解决或弥补这些公共服务短板的过程,通过大力发展公共基础设施、村集体经济以及引智引资下乡,极大地弥补了贫困地区发展的短板,同时,这些公共服务(设施)的供给、集体经济的发展也为乡村振兴的后续开展奠定了较好的物质、文化基础。

(4)精准务实,为乡村振兴提供科学方法

精准扶贫、精准脱贫,核心要义在于精准,精准既是一种工作态度、方法,也是一种重要的思维方式。帮扶贫困人口的过程无不体现精细、准确,采用精准识别的方式,解决“帮扶谁”的问题;派驻驻村工作队和第一书记解决“谁来帮扶”的问题;实施“五个一批”解决“怎么帮扶”的问题;通过考核评估、监督检查解决“如何退”的问题。在具体的帮扶过程中因村因人施策、因贫困原因和类型施策,通过“绣花”的功夫,力求精准有效。正是这样的精准务实的思维方式、工作方法,使得全面建成小康社会过程中贫困的短板得以及时弥补。在推进乡村振兴、农业农村现代化的过程中,面对千差万别的地域、乡村、群体、个体,既需要用矛盾普遍性的思维来审视,更需要有具体问题具体分析的方法来解决即采取精准务实的科学方法、工作作风,通过政策上出实招、推进中下真功夫、政策落地上见实效,使得乡村振兴、农业农村现代化规划的宏伟蓝图从“政策文本”变为“社会实践”。

2. 乡村振兴、农业农村现代化对脱贫攻坚成果的巩固和拓展

精准扶贫和脱贫攻坚与乡村振兴和农业农村现代化虽侧重点有所不同,要解决的问题各异,但是在政策安排上具有互补性、时间安排上具有交叉性、

---

① 四川省人民政府:《四川贫困户脱贫标准为“1超6有”贫困村为“1低5有”》,见http://www.sc.gov.cn/10462/10464/10797/2016/10/10/10398408.shtml。

② 四川省人民政府:《四川贫困户脱贫标准为“1超6有”贫困村为“1低5有”》,见http://www.sc.gov.cn/10462/10464/10797/2016/10/10/10398408.shtml。

内容安排上具有递进性、组织安排上具有重合性、本质目标上具有一致性，使得后者对前者成果巩固发挥极为重要作用。

(1)乡村振兴持续巩固拓展脱贫攻坚成果

在乡村振兴初级阶段，减贫面临两个方面的矛盾：一是全面脱贫成果巩固与脱贫人口返贫威胁之间的矛盾。二是全面小康成果巩固与贫困转型之间的矛盾。现行扶贫标准主要适应于绝对贫困的测量、消除，旨在解决贫困人口的生存权和发展权的基本保障的问题，这种问题的解决并不意味着对贫困问题的彻底根除，仍然面临新的贫困威胁，具体表现为“返贫风险威胁、相对贫困威胁、突发贫困威胁和隐性贫困威胁”等。[①] 因此，如何巩固脱贫攻坚成果，既需要落实好过渡期的政策要求，保持帮扶政策的相对稳定。同时，也需要发挥乡村振兴的战略作用，通过“产业兴旺”，支持贫困地区特色产业的发展，延长和优化产业链条，补齐脱贫攻坚中产业发展可能存在的技术、营销、信息、资金等短板，巩固和提升产业发展对农户的溢出效应；通过对易地搬迁后就业培训、技能提升、产业发展的持续帮扶，以及公共服务设施的供给、社区融入的引导，使得“搬得出、稳得住、能致富”政策要求不因脱贫攻坚的结束而终止；通过建立健全农村低收入人口常态化帮扶机制，分层分类施救施策，使得贫困人口持续得到有效的帮扶。乡村振兴将继续加大对中西部地区脱贫县的重点帮扶。这些乡村振兴举措的叠加使用，都意在巩固脱贫攻坚成果。

(2)乡村振兴解决精准扶贫中存在的遗留问题和产生的新问题

精准扶贫、脱贫攻坚的核心目标在于消除绝对贫困、整体性贫困，使贫困人口与全国人民一道迈入小康社会。脱贫攻坚力度之大、历时之久、参与人数众多，取得的成就有目共睹，但不可否认，由于采取的是一种权威性的政治动员机制来推动，使得内生动力的激发、贫困乡村的“造血”能力相对不足，仍然存在一些还没有完全得到解决的问题，比如，乡村扶贫产业发展的可持续性仍然需要加强、相对贫困长期存在以及乡村发展区域不平衡仍然未得到根本扭转等问题。[②]

---

① 王志刚、封启帆:《巩固贫困治理策略:从精准扶贫到乡村振兴》,《财经问题研究》2021年第5期。

② 兰剑、慈勤英:《后脱贫攻坚时代农村社会救助反贫困的困境及政策调适》,《西北农林科技大学学报(社会科学版)》2019年第3期。

这些问题的存在需要乡村振兴来衔接并接续着力解决，当然，也再次说明了在脱贫后设置五年过渡期的必要性，正是基于此，需要有效衔接脱贫攻坚与乡村振兴。

(3)乡村振兴在巩固脱贫攻坚成果的基础上又超越了脱贫攻坚

脱贫攻坚的目标完成后，“三农”工作的重心转向乡村振兴，但其任务艰巨，正如习近平总书记所指出，“全面推进乡村振兴的深度、广度、难度都不亚于脱贫攻坚”①。在深度上，脱贫攻坚着力解决的是“两不愁三保障”问题，而乡村振兴的目标在于解决城乡发展过程中突出的不平衡不充分的问题，具体就是要实现“产业兴旺、生态宜居、乡风文明、治理有效、生活富裕”。在广度上，脱贫攻坚着力解决的是贫困地区、贫困人口的绝对贫困问题，而乡村振兴战略则要求在全国范围内全面展开乡村振兴的同时突出对脱贫县的重点扶持，意在推动乡村产业、人才、文化、生态、组织等的全面振兴，让包括之前已经脱贫的贫困人口共同分享农业农村现代化的成果。在难度上，脱贫攻坚聚焦全面奔康这一目标实施攻坚战、歼灭战，对象相对更为具体，而乡村振兴聚焦于乡村社会全面深入的发展，以及分阶段、分层梯度推进，实现农业农村的现代化是最终的目标。因此，从这个角度讲，乡村振兴在巩固脱贫攻坚成果的同时又超越了脱贫攻坚的底线任务及其要求。

3. 乡村治理现代化需要建立在产业兴旺、生活富裕和生态宜居的基础上

乡村治理现代化是全面的现代化，而这种现代化的出发点和落脚点是农民的现代化。而如何推动农民的现代化呢？学界论述颇丰，但都有不容回避的一面就是首先要实现经济的现代化即物质基础的现代化，而这种物质基础的现代化是其他现代化的基本前提或基础保障，一旦离开了乡村经济的现代化，农民其他方面的现代化就会受到影响。正如英格尔斯所说：“那些先进的现代制度要获得成功，取得预期的效果，必须依赖运用它们的人的现代人格、现代品质。无论哪个国家，只有它的人民从心理、态度和行为上，都能与各种现代形式的经济发展同步前进，相互配合，这个国家的现代化才真正能够得以实现。”②乡村治

① 《中共中央国务院关于全面推进乡村振兴加快农业农村现代化的意见》，《人民日报》2021年2月22日。

② [美]阿历克斯·英格尔斯：《人的现代化》，殷陆军编译，四川人民出版社1985年版，第5—6页。

理现代化的基础是物质的、经济的，具体而言，这种现代化必须建立在产业兴旺、生活富裕和生态宜居的基础上。

（1）产业兴旺是乡村治理现代化的基础

民族要复兴，乡村必振兴，产业是关键。产业的发展不仅仅带动农户就业，实现增收，还能够进一步地释放农村巨量的消费、投资潜能，若是缺乏产业的强力支撑，农民就业、消费就欠缺，影响农民在扩大内需中的作用的发挥，而投资需求的乏力又会进一步地影响着"三农"在构建新发展格局中的巨大作用的发挥。正是基于此，需要在稳定、巩固、拓展产业扶贫的基础上推动产业的融合、提档、升级。乡村治理的现代化离不开农民的现代化，而产业发展不仅仅具有增加就业、实现收入增长的功效，还能够进一步地推动农民从传统走向现代。事实也证明，以工厂为代表的现代产业组织在形成人的现代性的具体方面有着重要的贡献，比如个人与社会效能感；准备革新和发明创造，乐于接受改变；计划性和时间感；尊重下级属员；效能感等。① 从这个意义上讲，产业组织的振兴在一定程度上能够推动就业劳动力朝向现代性的方向发展。因此，产业兴旺不仅仅涉及涉农就业与增收的问题，更涉及农民的现代化发展，其意义不可小视。

（2）生态宜居是乡村治理现代化的特色

实现人与自然的和谐共生是人们的普遍追求和向往。良好的生态环境是农村最大的优势和宝贵财富，但良好的自然生态环境和自然资本并不必然转化为乡村振兴的优势，这种优势的发挥需要妥善处理好人与自然的关系，实现人与自然的和谐共生。若是这种目标未能实现，不仅仅影响自然资本转化为经济优势，更可能因为自然生态的破坏而使得原本居住在此的民众生产、生活条件恶化，进而影响到乡村的振兴，而实际上，乡村振兴战略"一个重要任务就是推行绿色发展方式和生活方式，让生态美起来、环境靓起来，再现山清水秀、天蓝地绿、村美人和的美丽画卷"②。只有乡村生态好了，才有可能为广大民众创造一个宜居的生存环境，否则，人们就有可能逃离农村，农村一旦失去

---

① ［美］阿历克斯·英格尔斯：《人的现代化》，殷陆军编译，四川人民出版社 1985 年版，第110—127 页。

② 习近平：《论"三农"工作》，中央文献出版社 2022 年版，第 250 页。

了建设的主体，农村的振兴和治理现代化都将成为无稽之谈。当然，乡村治理的现代化也必然包括生态宜居、人与自然的和谐共生。从今后相当长的时期看，加强生态宜居建设仍然是乡村治理现代化的着力点。

(3)生活富裕是乡村治理现代化的根本

乡村振兴和乡村治理现代化作为党和国家的重大战略，具有鲜明的价值和目标导向，而这种导向所具有的共性目标之一就是促进农牧民的共同富裕。没有生活富裕，就没有提升文化教育的物质文化保障，就没有积极主动的政治参与，就没有坚定而稳固的政治认同。农村基本经营制度是乡村振兴的制度基础，而“大国小农”是中国的基本国情，小规模家庭经营将长期存在，作为农业的本源性制度，也涉及如何创新的问题即如何实现小农户与现代农业发展的有机衔接。这就需要在稳定土地承包关系、完善农村产权制度的基础上，优化农村要素市场的配置机制。同时，还需要在壮大农村集体经济、改革农村宅基地制度等方面着力，让农村集体经济成为引领广大农民实现共同富裕的重要途径，让宅基地在“三权分置”中盘活的同时为“农民进可攻退可守”留有余地。乡村是现代化发展的“蓄水池”，农村土地是农民的“稳定剂”，在乡村治理现代化的过程中仍然需要妥善处理好农民与土地之间的关系，超越西方资本驱动的“圈地运动”，引领农民走共同富裕的道路。中国乡村治理现代化的道路不能也不可能像西方国家那样走以牺牲农民为代价的“单线性”的现代化，而是走的“复合性”的现代化即在推进工业化、城镇化、信息化的过程中同时推进农业农村农民的现代化，通过统筹兼顾、多举措叠加共振的现代化来弥补城乡发展的差距，将城乡之间的差距缩小、实现农民的共同富裕视为是同步推进的，尽管东中西可能在推进的过程中具体的举措有所不同，但是“一盘棋”的思维是始终存在的。在全面建成小康社会后，乡村的现代化建设仍然是任重道远的，推动农民走向共同富裕仍然是需要踔厉奋斗的伟大而又艰难的事业。

(二)后脱贫攻坚时代乡村治理的困境

脱贫攻坚取得的政治、经济、社会、文化及生态效应有目共睹，不容置疑，也无可争辩，但若是从一种更具综合性、系统性、体系化和科学性的乡村治理现代化的结构图景来审视,仍然与乡村治理现代化的目标与要求存在较大的距离。而对于什么是乡村治理现代化,又包括哪些内容,从哪些方面来审视后脱贫攻坚时代的乡村治理呢?不同的学者,亦有不同探讨,前文已有论述,结合国内已有研究,笔者认为,具有中国特色的“乡村治理体系”,应该具有五大内容:一是治理结构体系,即治理主体是谁以及主体之间存在什么样的关系。在中国应该主要体现为“党、政、企、社、民、媒”六位一体。二是治理功能体系,即治理体系发挥什么样的作用,体现为动员、组织、监督、服务、配置五大功能。三是治理制度体系,即如何保障治理结构的有效运转,主要体现为法治、激励、协作三大基本制度。四是治理方法体系,即依靠什么手段实施治理,主要体现为法律、行政、经济、道德、教育、协商六大方法。五是治理运行体系,即治理体系依据何种方式、什么路径运转,体现为自上而下、自下而上、横向互动等方式。① 从乡村治理现代化的视域看,后脱贫攻坚时代仍然在这五个方面存在较大的短板,而这些短板影响着乡村有效治理目标的实现。

1. 从乡村治理体系与治理能力现代化整体看,全局性、系统性、结构性观念相对缺乏

治理体系与治理能力的现代化必然要求以一种系统性的思维来思考治理的有效性、科学性,从目前来看,尽管部分乡村地区出现了协同治理的局面,但是从全国看,仍然存在一种碎片化、分割化、散点式的局面,影响着乡村治理现代化的推进,主要体现为:

(1)乡村治理发展不平衡,“散点式”较为突出,长效机制相对缺乏

近些年,乡村治理有一些创新,可圈可点,如成都城乡统筹发展、成都市的党建引领社区治理、崇州的协商民主、温州的“民主恳谈”、浙江的“枫桥经验”、清远的“云浮实验”等,但是从全国看,乡村治理的创新仍然有待激发,同时,还应该对打造的创新点、地方经验进行提炼、总结与推广,然而,遗憾的是,乡村治理的创新突出表现为部门化、个人化,存在“人走政息”的情况。

---

① 赵秀玲:《农村治理体系和治理能力现代化评估与瞻望》,《西南交通大学学报(社会科学版)》2021 年第 1 期。

(2)乡村基层组织的权力配置存在不均衡,甚至失衡的现象

村民自治中,村“两委”是核心性的自治组织,但因为权力边界的模糊,使得村支书与村委会主任之间的权力关系的博弈一直存在,在党的十九大以前,村委会主任相对于村支书更为强势,因为村主任认为自己由村民选举产生,而村支书由党员选举和上级报备审核通过产生,使得村支书的认可度一度较低;党的十九大明确提出“党政军民学,东西南北中,党是领导一切的”①。党的领导地位进一步得到强调,村支书的合法性地位得到进一步的巩固。在《乡村振兴战略规划》中,明确提出村支书和村主任“一肩挑”,各个地方出现了村支书和村主任“一肩挑”的热潮。实际上,能否顺利实现“一肩挑”,需要考虑诸多的因素,比如村支书与村主任职能的协调、村支书的个人品德与工作能力、村庄治理的实际需求、过渡期等因素,盲目推动“一肩挑”,最终可能并未达到政策所期望的结果。

乡镇政府在实际的治理过程中存在“权小事多责任大”“对上不对下”的情况,影响着乡镇政府治理效能的发挥。村“两委”权力的平衡、乡镇政府的赋权赋能都应得到重视,尽快捋清权力、义务、责任、职责的边界,科学合理的赋权赋能,进而激活乡村社会治理核心主体的积极性。

2. 从脱贫攻坚政策实践看,“两不愁”的目标基本实现,“三保障”仍然存在不少薄弱环节

(1)产业发展短期成效显著,但是长期发展动力不足

“发展生产脱贫一批”居于“五个一批”之首,其中意味不言而喻,产业发展是发展生产的重要举措,因其具有巨大的利益统合性、参与人员的广泛性、就业增收的显著性等突出优势,成为脱贫攻坚中贫困村争相发展的重点工程,所以通过产业发展脱贫是最基本的途径。精准扶贫中的产业不同于完全市场经济中的产业,兼具经济性、政治性与社会性。在产业发展方面,贫困地区的脱贫攻坚面临生存发展与生态保护的双重压力,此外,更为重要的是脱贫攻坚的政策刚性要求,如四川省要求乡“三有”、村“一低五有”,其中要求村有集体

---

① 习近平:《决胜全面建成小康社会 夺取新时代中国特色社会主义伟大胜利——在中国共产党第十九次全国代表大会上的报告》,《人民日报》2017 年 10 月 28 日。

经济,而为了发展集体经济,各地多有创举创新,也取得了巨大成效,但仍然存在一些问题,典型的情况是:项目大快赶,产业发展并非做到了“因地制宜”;注重脱贫的眼前作用,对长期发展的经济效应、社会效应缺乏规划,使得部分乡村产业发展面临“人走政息”的巨大风险;存在同质化的现象较为突出,市场稳定的销路未能完全建立;产业发展中存在政府主导,多元“精英俘获”的情况,使得部分乡村产业的发展处于“悬空”的状态。这些问题的存在,都会影响到脱贫攻坚完成后扶贫成效的巩固。

(2)“三保障”整体达到脱贫攻坚要求,但仍存在短板需要加强

从教育保障方面看,乡村教育相对于城市教育,仍然是需要关注和思考的短板,脱贫攻坚所在的区域大多位于老少边穷地区,交通相对不便,经济基础薄弱,财政、师资的投入比较有限,父母教育观念虽然有所转变,但是仍然相对滞后,这些因素的存在,使得乡村教育的发展比较孱弱。

在基本医疗保障方面,贫困人口因为劳动力缺乏、经济困难,并非能够顺利缴纳基本医疗保险,使得遇见大病仍然捉襟见肘,同时,因为贫困地区的医疗硬件相对薄弱、财政投入有限,使得对乡村医生的吸引力在下降,进而影响到医疗公共服务的供给。

在住房安全保障方面,“危房改造的 4 类重点对象大约 160 万户,其中建档立卡贫困户约 80 万户”①。改造基数大、成本高,另外,精准扶贫政策中规定的人均居住面积二十五平方米,虽解决了当前的居住需要,但是并未考虑家庭人口的增长。要求贫困户所建房屋的贷款不超过 1 万元,看似减轻了贫困户的经济负担,但实际上仍然存在一定的经济负担。

3. 从乡村治理的组织形式看,乡村空心化、个体原子化、封闭性仍然较为突出

乡村社会是以血缘关系、业缘关系相互缠绕并依托地缘而形成的地域性共同体,自然、经济与社会特征鲜明,兼具组织农业生产与农民文化生活、传播乡村文化与传承乡风文明、承担生态保护与水土修复进而实现可持续发展等多种功能,与城镇共生互补,成为人们生产、生活与工作的主要活动空间。改

① 习近平:《在解决“两不愁三保障”突出问题座谈会上的讲话》,《求是》2019 年第 16 期。

革开放后,市场经济扑面而来,加速了乡村资金、劳动力、土地等要素的流动,这些要素在城市的聚集获得了极化效应,而乡村则相反,并未获得城市发展所带来的扩散效应,反而因为生产要素的流失而加剧了乡村的衰败。

(1)劳动力外流,"老年农业"突出,社会不稳定性加剧

在精准扶贫中,通过"一人务工,全家脱贫"的政策动员,一部分具有劳动能力的青壮年劳动力外出务工。青壮年劳动力进城务工,在城市里获得了发展机会,然而大多数仅能维持自己的生存,仅有少部分通过努力,跻身城市,在城市落地生根,而对于大部分青壮年则无力在城市落地生根,父母、妻子、儿女只能留在原有的农村,久而久之,便形成了所谓的"386061"部队即妇女、老人、小孩。以这样的群众状况,要实际上推动农村农业产业的发展是比较困难的。尽管现实中存在一种"老年农业",但这种农业仍然主要是以自给自足为主,少有市场供应,对国家粮食的增量供应自然较为有限,粮食安全风险增加。此外,因为主要劳动力、人才精英的村庄外流,使得村庄中原有的"地痞流氓""灰黑势力"等有冒头之势,一定程度上影响着村庄的社会稳定。

(2)农村快速市场化的过程中,农村的信息、数字鸿沟仍然存在

脱贫攻坚将贫困落后的乡村通过精准扶贫政策的强有力的整合进而纳入国家治理的统一轨道上来,在推动脱贫攻坚政策落地的过程中,也推动了农村市场经济的快速发展,催使一部分劳动力流向收入更高的地区就业。而另一部分因为年龄、体力、教育文化等因素的影响,不能正常向外谋生,只能遗留在村落中,活动半径也较为有限,处于相对封闭的状态。在封闭的村庄内部,缺乏与外界长时间的及时的信息交换和互动,由于这种空间上的区隔,由单纯的空间区隔变得更为复杂,由于长期与外界缺乏互动,使得对信息、数字等也缺乏相应的敏感性,久而久之,出现了数字鸿沟,产生了"信息"贫困。缺乏与外界的及时沟通与互动,对传统的守护便容易形成惯性,而这种传统性、保守性、封闭性则恰恰与乡村治理现代化所要求的现代性、开放性相背离,不利于市场经济的发展以及基于市场经济原则所倡导的合作、共赢关系的建立。

(3)产业发展中存在的"多元利益冲突"使得产业扶贫效应减弱

产业的发展在推动土地增值、实现农民就业与增收的过程中发挥着重要的作用,但是因为资本趋利性这一本质的存在,使得"资本下乡"之后,土地的

腾出,使得部分农民失去了土地的使用权。尽管在产业发展的过程中,可以吸纳一部分劳动力转移就业,但这毕竟只是很小一部分,还有相当一部分仍然需要另谋就业。因此,产业的发展是一把双刃剑,积极意义不言自明,消极意义仍然存在,比如产业本身的经营风险、项目落地与运营过程中产生的“精英俘获”、加速村庄原子化与空心化的风险、多元主体存在的价值冲突等,这些风险不得不引起必要的重视。

4. 从乡村社会治理方法体系看,传统性的治理方式式微,新型治理技术与方法尚未系统建立

乡村社会治理方法体系即依靠什么手段实施乡村治理,主要体现为法律、行政、经济、道德、教育、协商、技术七大方法。党的十九大提出“健全自治、法治、德治相结合的乡村治理体系”①,显然,这既是乡村治理的目标,也是治理的方法。若从治理的方法体系看,目前的乡村治理已经超过了自治、法治、德治三大方法所能控制的范围,还涉及经济、教育、协商、技术等方法。现代科学技术突飞猛进,推动社会急剧变革,需要以一种动态发展的眼光来审视科技的变革对乡村社会治理的倒逼以及乡村社会治理所要进行的调适。就目前来说,中国乡村治理仍然存在一些值得注意并改进的地方:

(1)村庄干部年龄普遍偏大,年青优秀人才流失严重,影响着组织效能的发挥

脱贫攻坚是一项政治任务,为推动路线、方针、政策的落地生根,国家选拔了驻村第一书记、驻村工作队,这些人员的到来,为村庄自治组织的运行和治理效能的提升注入了活力,在一定程度上起到了“鲇鱼效应”的作用,这点不可否认,但是这并非一种常规性、稳定固化的工作机制,这就意味着驻村第一书记、驻村工作队在脱贫攻坚之后五年过渡期完成后的撤离,村庄自治组织村“两委”能否保持自身良好的运转,值得商榷。从目前看,除了第一书记、驻村工作队以及部分村干部属于年青干部外,在中西部的较为偏远的村庄,村干部年龄普遍偏大,存在“青黄不接”的情形,这样的人员组织结构势必会影响着治理的成效。

---

① 习近平:《决胜全面建成小康社会　夺取新时代中国特色社会主义伟大胜利——在中国共产党第十九次全国代表大会上的报告》,《人民日报》2017 年 10 月 28 日。

（2）对现代科学技术的掌握较为有限，难以适应信息技术的变革对工作的要求

乡村年青人才的流失，对村级自治组织的治理冲击也是比较大的，市场经济带来观念的变革、信息技术带来组织结构与组织活动方式的变革。新的工作要求总是伴随着新的技术要求，比如在脱贫攻坚时期，有大量的信息需要录入电脑、大量的文档需要以电子化的形式生成、保存与传输，这样无疑对传统型文化程度低的村干部构成了一种挑战；再比如，在疫情防控期间，因为疫情的突发性、复杂性、易传播性，使得村干部需要及时掌握疫情传播的途径、方式，阻止疫情传播的途径，报告村庄疫情状况等，这些工作基本都是需要懂得一定的电脑（手机）操作技术，然而传统型村干部这方面能力的不足、技术的缺乏，影响着村庄治理的绩效。

（3）农村、农业科技支撑与赋能还相对不足，影响治理体系和治理能力现代化水平提升

乡村科技人才本身的匮乏及流失严重，使得本土科技对农业的支撑力度比较有限，农村的技防在增加，但是农业的发展却长期缺乏现代科技的运用，一方面与土地的细碎化、碎片化存在很大的关系，使得现代化的科技推广、使用存在一定难度；另一方面，主要是思想开放程度比较低，部分农民认为自己种一点地，还要用科技，成本太大。然而，农业产业化的推进，对科技支撑提出了很高的要求，既需要对乡村本土科技人才、匠人的挖掘、培养与激励，也需要引入现代科技，通过科技赋能、支撑与引领，提升农业产业的经营效率。

（三）以乡村振兴拓展基层治理现代化的物质基础

自党的十八大以来，“三农”领域一系列重大举措和开创性工作推动了农业农村快速发展，如“农业供给侧结构性改革取得新进展，农村改革取得新突破，脱贫攻坚开创新局面、农村公共服务和社会事业达到新水平”①。这些成就的取得大大增加了农民的获得感，但是，乡村社会治理与人民对美好生活的期望仍然存在较大距离、城乡居民收入差距仍然较大等一些状况尚未根本改

① 《中共中央国务院印发〈乡村振兴战略规划（2018—2022年）〉》，《人民日报》2018年9月27日。

变,正因如此,《乡村振兴战略规划(2018—2022年)》提出中国社会主义现代化伟业“最艰巨最繁重的任务在农村,最广泛最深厚的基础在农村,最大的潜力和后劲也在农村”①。

乡村振兴“四步走”战略②渐次递进而不断迈向更高发展阶段,与实现乡村治理现代化的主要内容与时间节点存在高度的一致性,而乡村振兴对乡村治理现代化具有决定性的作用:一方面以乡村振兴的发展为乡村治理现代化提供物质基础、智力支持与文化滋养;另一方面乡村振兴的持续推进也在丰富乡村治理现代化的内涵,使其从“想象”的理论概念变为“具象”的生动实践。反过来讲,以乡村治理现代化为目标,推进乡村振兴战略的实施,亦有利于为乡村振兴战略指明方向,提供价值旨归。

在消除绝对贫困实现“两不愁三保障”目标体系的过程中,无论是通过收入的增加实现“两不愁”还是依靠公共服务的供给推进“三保障”都遭遇到了体制性的障碍。这种体制性的障碍须要从政策的顶层设计入手,从宏观体制的改革上跟进,而乡村振兴“产业兴旺、生态宜居、乡风文明、治理有效、生活富裕”既是目标纲领,也是实施举措,作为新时代“三农”工作的总抓手,不仅可以有效地解决这些问题,而且有利于将乡村治理现代化这一目标落在实处。因此,乡村治理现代化的推进,需要在总结脱贫攻坚经验教训的基础上,大力实施乡村振兴战略,厚植乡村治理现代化的物质基础。

1. 产业基础:构建农村现代产业体系和农业经营体系

马克思主义认为经济基础决定上层建筑,物质基础的发展与巩固,能够为精神文明和政治文明的发展提供最为基本的保障。脱贫攻坚以一种强政治力量的动员、政治资源的高效整合以及人力的巨大投入使得消除绝对贫困的目标得以实现,但从长期看,仍然需要建立一种长效治理机制、多元共建互促机制。“农为邦本,本固邦宁”,农业是国民经济的基础和压舱石,现阶段需要在守牢国家粮食安全底线的基础上,推动农业供给侧与需求侧结构性改革,引导农业提质增效,加快实现农业现代化。而在诸多的治理举措中,产业发展具有

① 《中共中央国务院印发〈乡村振兴战略规划(2018—2022年)〉》,《人民日报》2018年9月27日。

② 《中共中央国务院印发〈乡村振兴战略规划(2018—2022年)〉》,《人民日报》2018年9月27日。

产业链条长、带动能力强、辐射面宽、吸纳主体多等优势,所以,将“产业兴旺”放在乡村振兴总要求的第一位,将产业兴旺视为乡村振兴的根本。产业兴旺不仅是乡村振兴的关键,也是脱贫攻坚的关键,没有兴旺产业和富足的物质基础,乡村社会就不能乐业和致富,青壮年农民就不会留在农村,农村除了老妇幼弱将无人可治,即使有人也没有治理愿望和治理能力。产业的发展不仅仅为贫困人口提供就业就会,而且通过产业的发展盘活了农村闲置的资源,变资源为资产、变资产为财产,更为重要的是产业发展所形成的合作经济、集体经济也为以村“两委”为代表的村级自治组织提供了经济基础,进而为村级公共服务的供给提供了现实可能,事实也证明,农村产业较为发达的村及其组织,更有实力为村民提供所需的公共产品或公共服务。但是,产业如何兴旺,究竟走什么样的道路,是继续单干还是再集体化,抑或走第三条道路,以及怎样解决相关的其他问题,仍然需要进一步的探讨。

(1)保障粮食和重要农副产品安全,助力乡村社会稳定

精准扶贫“两不愁”的目标已经实现,但并不意味着我们未来可以放任不管,恰恰相反,需要我们继续巩固和拓展“两不愁”,因为只有粮食的丰产丰收,才能为实现“两不愁”提供现实的可能。农为邦本,粮为农本,保障国家粮食和重要农副产品供给是“三农”工作之首要,事关国内供求市场的平衡和乡村社会的稳定,具有重要的政治经济意义,正因如此,习近平总书记反复强调“确保中国人的饭碗任何时候都要牢牢端在自己手上,饭碗应该主要装中国粮;要保中华民族的‘铁饭碗’”。近年来,中国粮食生产实现了连续增长,保障了基本的粮食安全,但是仍然存在国外转基因入侵的风险、国内农产品供给存在结构性不平衡、农产品质量整体不高等等现实问题。

要继续实施“藏粮于地,藏粮于技”战略,落实粮食安全、“菜篮子”安全的政府首长负责制,合理引导各类涉农资源优先向保障粮食安全与市场供给的方向倾斜,进而保障粮、肉、糖、棉等基本农副产品的供应。加大农业水利设施、田坎道路的建设力度,使村庄、道路、城镇的科学合理的布局,优化乡村空间布局结构,实施标准化农田建设。鼓励和支持高校、科研院所在参与高效农业、有机农业、特色农业的发展,强化农业科技和装备支撑向生产力的转化,确保粮食安全的同时增强市场的竞争力。稳定农产品市场价格,健全粮食、农副

产品生产的价格保护制度,多举措降低农民生产粮食、农副产品的成本,同时,完善农业保险制度,发挥农业保险在农业生产中的兜底保障作用,最大限度地化解农民种粮的风险顾虑。坚决守住18亿亩耕地红线,启动“长牙齿”举措,对绿化造林、挖湖造景、占地建房以及非农建设占用耕地采取“程序审查”与“内容审查”双严格制度,对违反国家法律、违背自然规律的占地、用地行为实施严格管制与严厉打击,杜绝农业用地“非农化”“非粮化”情况的发生。依托绿色、有机、生态优势,加快乡村电商、物流服务设施建设,建立乡村农副产品检测、监管机制,增强农副产品的市场转化能力,将农副产品的资源优势转化为经济效益。

(2)构建现代乡村产业体系,提升乡村产业发展质量

乡村传统农业的存在具有一定的保护性,土地为农民进城失败进而退回农村提供了一条退路,农业是中国应对老龄化的一个重要方法,农村老年人只要与土地结合起来,不仅可以通过土地获得收入,而且可以获得劳动的意义。① 乡村要振兴,农业必发展,农民对美好生活的期望在增加,需要因地制宜地对乡村产业进行积极的改造,构建现代乡村产业体系。依托乡村资源禀赋,通过税收优惠、财政补贴、土地转让等方式吸引产业链主体留在县域,延长农业产业发展链条,通过涉农产业发展的一体化将分散的原子化小农吸纳进产业链条,进而实现在地就业、增收。

顺应合乡并镇、合村并组的趋势,实施特色产业强镇,发挥涉农业产业聚集的优势,建立现代涉农业产业园区,立足县域产业特色与优势建立农特产品加工基地。依托乡村资源禀赋优势,利用市场、区位优势,顺势开发乡村旅游、休闲养生、森林康养、电子商务等适应农村发展的新型经济业态,完善配套服务设施,拓宽农民增收渠道,实现乡村发展的动能转换与效益提升。推进县乡公益性农产品市场建设和农产品流通骨干网络建设,降低农副产品的市场交易费用。扎实有效地推进绿色循环农业、生态有机农业的发展,减少农业源头污染,同时,继续加大对其他农业类型的面源污染的防治力度,引导和鼓励实施绿色生产,促进农业发展的转型升级。

---

① 贺雪峰:《大国之基——中国乡村振兴诸问题》,东方出版社2019年版,第16页。

(3)推进现代农业经营体系建设,服务农民持续增收

目前中国大部分地区的农业生产仍然以分散的小农经营为主,这种分散的小规模的经营难以凸显规模效应,另外,随着农村人口的大量外流,农村土地抛荒相对比较严重,为发展适度规模的经营提供了机会,结合目前的农村实际,应推进现代农业经营体系建设。鼓励农业经营主体开展多种形式的适度规模的经营,减少土地细碎化、碎片化以及农地抛荒存在持续扩大的可能趋势,鼓励以村或组为单位且在尊重农民土地流转意愿的基础上开展适度规模经营,重视或鼓励对家庭农场和农民合作社等为代表的新型农业经营主体的组织与培育。在符合条件的地区,积极探索家庭农场经营模式,鼓励农村在地大户在地发展种植养殖业,推动做大做强。引导农民合作社积极健康发展,鼓励开展多种形式的合作模式的探索,优化内部治理结构,构建共建共治共享的合作机制。

引导和发展壮大农业专业化、社会化服务组织,引导开展多种多层经营,构建区域性涉农产业综合性服务网络,将先进的技术、装备、品种、投入品导入小农户。“引导龙头企业重点发展农产品精深加工、技术创新、品牌培育和市场拓展,健全与农户的利益联结机制,使之成为生产高附加值产品、引领现代农业的骨干力量”①。深化供销合作社综合改革,增强市场的适应性和对接农户的衔接性,在具备条件的地区逐步将供销合作社打造为农村、农民生产生活的综合性服务平台,逐步推进生产、供销、信用“三位一体”综合式发展。以顺应农村农业产业转型升级的需要,加快高素质、懂技术、会经营的新型农民的培育。引导高校毕业生、返乡农民工等人才回农村创新创业,参与乡村振兴实践。

2. 组织基础:发展集体经济,建立健全村集体经济组织运行机制

(1)发展壮大农村集体经济,建立健全责任共担利益共享机制

发展集体经济是盘活乡村集体土地,激活生产要素,实现农民就地就业与增收的重要渠道。将贫困人口中具有劳动能力且有劳动意愿的在遵从志愿的基础上纳入村集体经济组织,建立责任共担与利益共享的利益联动机制。这

① 张天佐:《加快构建现代农业产业组织体系的思考》,《农村工作通讯》2021 年第 1 期。

是夯实村民自治组织有效运转的经济基础的主要途径,为村“两委”的运行提供保障经费,推动组织工作的开展。在脱贫攻坚、乡村振兴中,集体经济组织形式多样、种类繁多,发挥了盘活资源、农民增收的巨大作用,但仍然存在一些突出问题:一是整体比较弱小,发展质量普遍不高;二是村民参与比较有限,利益联结机制有待加强。因此,需要注重集体经济组织专业经营管理人才的培养,提升集体经济组织的经营管理活力和治理效能。鼓励多种市场要素参与集体经济的发展,在遵循按劳分配的同时,注重科技、管理、信息、技术、营销等要素参与分配的比例,激发各种主体参与集体经济积极性。在突出集体经济组织经济属性的同时,要兼顾社会性、政治性,在保障合理的盈利空间的情况下,要积极吸纳农民加入,鼓励农民以多种形式参与集体经济的运营管理,切实发挥集体经济组织在推进农民就业、实现增收中的作用。

(2)改革农村集体经济组织内部的利益关系,激发组织运营的活力

探索宅基地“三权分置”改革,盘活宅基地,提高宅基地的利用效率;加快集体资源资产“三权分置”改革,盘活集体资产,将集体资产优势转化为经济优势;培育和引导新型农业经营主体在村经营,规范经营行为,同时,加快解决村集体所有权和成员收益权之间的纷争,为壮大集体经济减少阻力。如四川省提出“积极探索新型农村集体经济有效实现形式,在清产核资、界定成员的基础上,有序推进经营性资产股份合作制改革,规范建立村民集体所有的村合作经济组织,承担管理集体资产、开发集体资源、发展集体经济、服务集体成员等功能”①。

3. 治理体制:加强对乡村基层组织的系统性整合

乡村社会治理和公共服务供给是乡村治理的核心内容,基层组织的有效保障与科学运行是实现有效治理的关键。中国乡村地域辽阔,村庄类型繁多,既需要根据村庄实际因地制宜、分类施策、积极探索,同时,也需要破除一些乡村治理过程中的僵化体制机制,激发农民主体活力,推动组织向有效治理的方向发展。

① 《中共四川省委关于深入贯彻党的十九届四中全会精神推进城乡基层治理制度创新和能力建设的决定》,《四川日报》2019 年 12 月 12 日。

（1）完善农村基层村党组织领导村级治理体制机制

农村基层党组织是农村经济社会发展的组织者和领导者，联结着党心和民心，但农村基层党组织曾一度涣散，党建引领作用有待进一步强化。针对存在的主要问题，需要从以下几个方面改进：落实村党支部、村委会、村务监督委员会、集体经济组织和农民专业合作社等各类组织职能定位：首先，巩固和提升党在农村社会治理中的领导地位和核心作用，建立健全农村基层党组织在农村经济社会发展中的核心性的领导机制；其次，创新村民自治模式，完善村务监督机制，探索并发挥村民自治组织和村务监督组织在村民自治中的基础性作用；再次，发挥集体经济组织和农民合作组织在组织农民就地就业、技术培训、土地流转等活动中的纽带作用，做大做强村集体经济组织，以集体经济组织的高质量发展为村民自治及其活动的开展打牢经济基础；最后，建立以乡贤理事会、红白理事会、矛盾纠纷调解委员会等经济社会组织。此外，顺应趋势，适度吸纳青年大学生、退休干部、退役军人、下岗职工等人员加入农村基层党组织，优化内部人员的年龄、学历、专业结构，更好地发挥农村基层党组织在乡村经济社会发展中的战斗堡垒作用。

（2）健全村党组织全面领导村级各类组织的体制机制

依据法定程序和实际情况，逐步全面推行村党组织书记兼任村民委员会主任制度，实现“一肩挑”①，强化党组织的领导力，同时，实施村“两委”班子成员交叉任职，增强整体的战斗力。进一步提升并强化村务监督委员会与村“两委”的相对独立性，村务监督委员会除了主任应为党员外，应提倡正常离任村干部、群团组织负责人担任村务监督委员会成员②，吸纳非村民委员会成员、退役军人、离退休教师（干部）、有纪检监察工作经验的人员等兼任成员。严格依照法定程序审慎渐进推行村党组织书记担任村级集体经济组织负责人，对不具备条件的地区不可盲目推行，避免发生大的冲突，对于已经完成交接的地区，要进一步明确、细化集体经济组织负责人的权、责、利、事之间的关

① 《中共四川省委关于深入贯彻党的十九届四中全会精神推进城乡基层治理制度创新和能力建设的决定》，《四川日报》2019年12月12日。

② 《中共四川省委关于深入贯彻党的十九届四中全会精神推进城乡基层治理制度创新和能力建设的决定》，《四川日报》2019年12月12日。

系,防止权力一家独大。村党组织应遵循党管干部与民主集中制的原则,提名推荐“德才兼备,注重实绩,群众认可”的人员来担任集体经济组织管理层负责人。村级重大议决事项的决策要遵循民主集中制的组织原则,健全村党组织研究决定机制,规范村级组织工作事务,明确分工与职责,突出分工与效率,确保“四议两公开”制度得到落实。

(3)通过发挥社会组织作用,增强对“原子化”农民的吸纳力

农村青壮年劳动力外流后,留在村里的老人、妇女、儿童增多,“原子化”较为突出,需要增强凝合力,加快构建村庄内人员之间互帮互助的社会格局。老年人是当前农村主要留守人群,老年人中不乏有老干部、老教师、老军人、老党员,大多数身体健康,经济负担一般不重,有钱有闲,大多数热爱村庄公益,也乐意组织起来服务大家。通过自治组织的建立,使得老年人一起休闲娱乐、互帮互助,提升老年人的幸福感、获得感,同时也可以组织老年人形成互助养老,村集体经济适当给予补贴。另外组建乡贤理事会,整合村庄在外的经济能人、文化能人、政治能人、技术能人,为村庄的发展捐资、献策。

4. 惠民服务:推行普惠性公共服务,健全和优化乡村服务惠民机制

(1)结合乡镇合并、合村并居的变革趋势,转变公共服务理念

脱贫攻坚完成后,乡村振兴战略正在稳步推进,部分地方出于乡村振兴规划的考虑,采取了合乡并镇、合村并组的举措,空间区划得到调整,治理空间得到扩大,倒逼传统的公共服务理念进行革新。基于此,需要积极总结浙江“放管服”改革中“最多跑一次”的典型经验,平安建设中的新时代“枫桥经验”,推动惠民服务向基层下移。向基层放权赋能,规范服务程序与标准,将乡镇能有效承接的审批、执法、服务等相关权限依法赋予乡镇政府或站所,使乡镇政府或相关站所拥有相关事项的决定权、监督权、执法权等。加快推进乡镇政务服务中心(或便民服务中心)建设,让“数据多跑路,群众少跑路”,努力实现“最多跑一次”。把村级党群服务中心建成基层党建和服务群众的基站,突出便利、温馨。

(2)完善乡村公共服务多元供给机制,提升公共服务供给质量

建立基层公共服务多元供给机制,拓宽供给渠道,鼓励企业、社会组织等提供有偿、无偿服务。结合实际配备并完善村级育幼、康养、娱乐、休闲等公共

服务设施,根据条件评聘儿童督导员、残疾人康复协调员、孕产妇健康管理员、慢性病保健联络人等,因为根据诺贝尔经济学奖得主阿比吉特·班纳吉既有的研究发现:健康预防是低成本的投资并且是预防疾病的有效举措①。建立健全覆盖农村空巢老人、留守儿童、残疾人等特殊困难群体的多方关爱、协同共建、责任共担与利益分享的治理机制。统筹推进乡村公共服务的均等化,通过普惠性公共服务,如教育培训、医疗保健、老年照料、水利灌溉、畜牧防疫等公共服务的梯度、分层供给,切实提升乡村公共服务的水平,满足农民群众对高质量、普惠性公共服务的多元化需求。

① [印]阿比吉特·班纳吉、埃斯特·迪弗洛:《贫穷的本质——我们为什么摆脱不了贫穷》,景芳译,中信出版社2013年版,第40—44页。

第三章　绿色治理:坚持生态扶贫的理论与实践

绿色治理是指以政府为主导的多元治理主体"秉持尊重自然、顺应自然、保护自然的生态文明理念,将生态环境保护、生态文明建设等思想作为原则贯穿于政治、经济、社会、文化治理的各个领域"①,形成政府绿色行政、企业绿色生产、社会绿色消费的绿色发展格局,最终实现人与自然和谐共处、绿色可持续发展的治理过程。绿色治理是当前中国乡村治理的特色和优势所在。在脱贫攻坚的实践中,"将绿色发展理念与扶贫开发有机结合,是践行生态文明建设、促进可持续发展的必然选择,同时也是构建中国特色贫困治理体系、实现全面建成小康社会奋斗目标的根本途径。"②

在中国决战决胜脱贫攻坚、全面建成小康社会的进程中,精准扶贫的提出,以及从中央到各级地方政府扶贫文件中提出的"生态扶贫""绿色脱贫"等要求,都鲜明地贯穿了绿色发展和绿色治理的思想理念。而"五个一批"脱贫工程中的"发展生产脱贫一批、易地搬迁脱贫一批、生态补偿脱贫一批"等具体的扶贫措施,更是直接体现了绿色发展和绿色治理的思想和原则,是生态文明理念的具体实践。可以说,坚持和践行绿色发展、绿色治理的思想理念和原则,是中国农村基层开展精准扶贫和脱贫攻坚工作的基本遵循。随着全国精准扶贫和脱贫攻坚战完美收官以及全面建成小康社会顺利完成,以精准扶贫

① 习近平:《决胜全面建成小康社会　夺取新时代中国特色社会主义伟大胜利——在中国共产党第十九次全国代表大会上的报告》,《人民日报》2017年10月28日。

② 李春根、王雯:《基于五大发展理念的新时期扶贫工作探讨》,《财贸经济》2016年第10期。

的具体实践为契机,深入分析和系统总结精准扶贫实践工作中的绿色发展和绿色治理经验,不仅有利于进一步完善农村基层社会治理的体制机制,而且对新时期新阶段乡村振兴的背景下农村基层各项事业的全面振兴、全面发展都具有重要的指导意义。

一、绿色治理与生态扶贫

从历史背景来看,绿色治理理念的萌芽、产生、演进与发展,是生态环境保护实践和生态文明建设理论以及社会治理理论和实践发展到特定阶段的产物。将绿色治理理念贯穿于决战脱贫攻坚和全面建成小康社会的整个过程,是脱贫工作发展逻辑的内在需要,也是在新时代背景下加强自然生态和社会生态文明建设的必然要求。

(一)绿色治理的概念及其特征

绿色治理是人类文明发展到特定阶段以及中国改革开放以来生态环境问题日益突出的背景下提出的治理模式,是人类社会从工业文明向生态文明过渡的必然产物。

1. 生态文明及绿色治理理念的提出

从人类文明的演进历史来看,绿色治理的本质是一种生态文明。众所周知,20 世纪以来,随着科学技术的进步和生产力水平的提高,人类社会在创造大量物质财富的同时,也对人类赖以生存和繁衍的自然生态环境造成了前所未有的破坏。在全世界范围内,由于资源的过度开发和无节制使用,大气或海洋污染、温室气体排放、厄尔尼诺、土壤污染、生物多样性锐减、水土流失和土地荒漠化等一系列环境问题层出不穷,并对人类社会的生存和发展构成了严重威胁。环境问题严峻迫切,如何正确处理人口膨胀、经济增长和资源短缺、环境污染之间的关系成为一个人类社会维持存续所不得不解决的世界性难题,而生态文明正是基于上述背景产生的。

生态文明又称“绿色文明”,是对“黄色文明”“蓝色文明”和“黑色文明”等人类历史上存在过的其他文明形式的继承和超越。所谓“黄色文明”,主要是指以传统农业生产为核心、以自给自足的自然经济为典型特征的农耕文明,其中的黄色取自耕地的颜色,寓意以耕种为核心的生产生活方式。“黄色文明”作为一种相对封闭的文明形式,占据了人类历史的绝大多数时期,是人类社会进入现代文明之前普遍存在的文明形式。在资源的关系方面,“黄色文明”着眼于内部资源(主要是耕地资源)的发掘。所谓“蓝色文明”,是指以贸易和商品交换为核心内容的商业文明。蓝色取自海洋的颜色,寓意以外向型的海洋贸易为主要生产生活方式。商业文明作为一种相对开放的系统,将整个世界置于商业贸易体系当中。而“黑色文明”则是指以劳动组织集中化、生产规模化等为主要方式,以煤炭的运用和钢铁的制造为显著标志的工业文明。与“黄色文明”注重内部资源不同,“黑色文明”在为人类社会创造大量物质财富的同时,也造成了严重的自然资源损耗和环境破坏。而“绿色文明”正是在人类社会深度反思“黑色文明”造成资源的无序使用和严重环境问题的基础上形成的现代文明形态,是对上述各种文明形态的否定之否定。与之前的生态环境保护相比,绿色治理理念既是对过去环境治理的继承,同时又是对这一思想的超越。“绿色文明”既反对以人类为中心的传统发展思想,又反对以自然为中心的矫枉过正的错误认识,而是在人类现存各类文明的基础上倡导人类社会与自然界之间的相互作用关系,以坚持尊重、顺应和保护自然的基本原则为前提,强调人与自然的整体性,通过人类社会与自然界互动关系的不断调试使两者之间保持动态平衡,构建资源节约型和环境友好型社会,进而逐步实现人与自然的和谐相处以及人类社会的可持续发展。

近代以来,中国经历了工业文明和生态文明同步推进的历史进程,工业文明和生态文明的双重诉求推动社会发展问题与生态保护之间的矛盾趋于尖锐。中国作为世界上人口最多的国家,在现代化进程中同样面临着严重的资源短缺和环境污染问题。特别是改革开放以来,随着人口的快速增长和工业化、城镇化进程的加快,因乱砍滥伐滥牧、过度开发等造成的大气污染、水资源污染、土地荒漠化、生产生活垃圾乱排乱放等环境问题日益凸显。在一些地区由于对当地自然资源的过度开发,严重忽视自然生态环境的保护,甚至造成了极为恶劣的环境污染事故,如 2005 年松花江重大水污染事件、2006 年河北白洋淀死鱼事件、2007 年太湖水污染事件、2008 年云南阳宗海砷污染事件、2010

年大连新港原油泄漏事件等。此外,各种环境污染事件频繁发生且触目惊心,从局部地区向全国范围、从城镇向农村地区、从人口密集区向人口密度较低的地区蔓延,给人民群众的生产生活乃至生命财产安全造成了极为严重的危害。在中国特色社会主义现代化事业和改革开放向纵深推进的征程中,经济的高速增长与自然生态环境的严重破坏形成了鲜明的反差,这也成为中国式现代化进程中亟待解决的现实问题。

"生态兴则文明兴,生态衰则文明衰"。中国各历史阶段社会经济的发展实践证明,自然生态环境和生态文明建设直接关系到社会主义现代化事业的兴衰成败。一直以来,党和国家在高度重视生态环境问题。2012 年,随着社会主义建设进入新时代,以习近平同志为核心的党中央面对中国环境污染严重、生态系统退化的严峻形势,将生态文明建设和生态环境保护的重要性提升到了前所未有的新高度。党的十八大以来,党中央将生态文明纳入"五位一体"总体布局,明确提出了"建设美丽中国,深化生态文明体制改革"的目标。2015 年,党的十八届五中全会审议通过的《"十三五"规划建议》中,将绿色发展与创新、协调、开放、共享等发展理念一并列为新发展理念。

2017 年,党的十九大报告中再次强调,要"坚持人与自然和谐共生。……必须树立和践行绿水青山就是金山银山的理念",要"尊重自然、顺应自然、保护自然"等。2018 年,习近平总书记出席全国生态环境保护大会并发表重要讲话,提出"到本世纪中叶……绿色发展方式和生活方式全面形成,人与自然和谐共生,生态环境领域国家治理体系和治理能力现代化全面实现,建成美丽中国"①。可见,将"可持续发展""绿色发展"等生态文明建设的理念贯穿于中国社会主义各项事业建设的整个过程,业已成为推进中国社会主义现代化事业的内在要求。与此同时,在国家大力倡导生态文明建设的背景下,各地区、各部门从实际出发,努力将绿色治理的理念运用到国家治理的方方面面。

2.“绿水青山就是金山银山”——绿色治理理念的基本意涵

"绿水青山就是金山银山"是以习近平同志为核心的党中央在新时代提

① 中国政府网:《习近平出席全国生态环境保护大会并发表重要讲话》,见 http://www.gov.cn/xinwen/2018-05/19/content_5292116.htm。

出的重要论断,也是指导中国推进生态文明建设和精准扶贫的重要思想。2005 年 8 月,习近平同志在担任浙江省委书记时,在湖州市安吉村考察期间首次提出了"绿水青山就是金山银山"的理念。这一论断高度凝练地概括了绿色发展、绿色治理的基本内涵。此后,"绿水青山就是金山银山"的发展观、治理观被不断丰富和拓展,并被概括为"既要绿水青山,也要金山银山。宁要绿水青山,不要金山银山,而且绿水青山就是金山银山"多个层面。这也成为绿色治理理念的基本主张和核心内容。2017 年 10 月,习近平总书记在党的十九大报告中指出,坚持人与自然和谐共生,必须树立和践行绿水青山就是金山银山的理念,坚持节约资源和保护环境的基本国策,并把"绿水青山就是金山银山"写入党章,进一步肯定了绿色治理的重要地位。

什么是绿色治理?绿色治理作为一种国家治理的价值取向,是治理理念与生态文明理念有机结合的产物。具体而言,绿色治理就是将治理理论中主体的多中心结构、手段的多元化、运行模式的复合化等要求与生态文明建设中的绿色发展、可持续发展、人与自然和谐共处等理念相结合而形成的新型治理模式。基于此,一些学者将绿色治理看作是"多元治理主体基于互信互赖和资源共享等绿色价值引导,通过合作共治公共事务以实现'经济—政治—文化—社会—生态'持续和谐发展的美好生活活动及过程"①。从治理的对象来看,绿色治理并不拘泥于生态环境保护,而是将绿色的发展理念扩展到政治、经济、文化、社会等多个领域。在治理的视域下,绿色治理是"由治理主体参与、治理手段实施和治理机制协同的'公共事务性活动'"②。在具体的治理活动中,绿色治理表现为治理主体"可开源"、治理过程"可持续"、治理手段"可多元"、治理客体"可共生"、治理结果"可分享"等一系列特征。③

"绿水青山就是金山银山"的理念全面反映了经济与生态在演进过程中的相互关系,深刻揭示了经济社会发展的基本规律。绿色治理既是一种推进

① 史云贵、刘晓燕:《实现人民美好生活与绿色治理路径找寻》,《改革》2018 年第 2 期。

② 李维安:《绿色治理准则:实现人与自然的包容性发展》,《南开管理评论》2017 年第 5 期。

③ 杨达、康宁:《大扶贫、大数据、大生态:"一带一路"绿色治理的中国经验》,《江西社会科学》2020 年第 9 期。

经济社会永续发展的原则性要求,又是一种具体的协调人与自然、经济发展与生态环境保护、人口膨胀和资源短缺等各种关系的有效治理手段。针对人类社会的发展,人们首先亟须解决的问题是人口膨胀、经济发展和自然资源、生态环境之间的关系。作为一种社会经济发展的原则性要求,绿色治理要求人们在推动各项事业发展过程中,牢固树立生态底线思维,把生态环境保护放在优先位置,严守生态底线。换言之,社会经济发展必须在生态环境所容纳及其资源承载能力范围之内,任何形式的经济发展都不能以牺牲自然生态环境为代价。正所谓"宁要绿水青山,不要金山银山"。作为一种现代治理手段,绿色治理倡导将绿色发展、生态环境保护、人与自然和谐共处的思想落实到治理的各个领域。在促进经济社会发展的视角下,绿色治理试图将生态文明的理念融贯到经济系统的各方面和全过程,如经济活动的主体以及主体的经济行为、经济产业链条、空间实践等,进而实现经济发展方式的根本转变。① 具体而言,在社会经济发展领域,绿色治理着眼于在现有的资源环境下,倡导通过经济发展模式的调整,依靠现代科学技术和管理模式,加快推进高污染、高消耗、低产出、低收益的产业向以低资源消耗、低耗能的创新型、低碳型产业转型升级,进而达到人与自然和谐共处、共同发展的目的。正所谓"既要绿水青山,也要金山银山"。此外,绿色治理理念还引导人们转变过去将自然环境看作是经济发展的制约性因素这一落后的思维方式。一直以来,传统的经济发展观和环境保护观念总是把经济发展和环境保护割裂开来看待,认为一个地区的经济发展和环境保护是非此即彼的关系,经济发展总是以牺牲环境为代价,而生态环境的保护也必须以限制经济活动为前提。这一错误的认识导致两种极端的做法。在其中一端,个别地方政府将经济发展排在生态环境保护之前,宁愿冒着牺牲环境的代价来发展地方经济;另一个极端则是以生态环境保护的名义限制人民群众的生产生活,严重影响了人民群众从事各种经济活动的积极性。在一些地区,甚至出现政府采取强制性手段严禁农民烧柴做饭取暖的现象,造成了极为恶劣的社会影响。基于绿色治理的理念,自然环境不

---

① 翟坤周:《经济绿色治理:框架、载体及实施路径》,《福建论坛(人文社会科学版)》2016年第9期。

再是制约基础设施建设、经济开放的不利条件，而是发展生态农业、生态产业的优势条件，其自身具有丰富的生态经济开发价值。正因如此，绿色治理倡导“绿水青山就是金山银山”的理念。

3. 绿色治理是乡村治理的特色和优势

从绿色治理与乡村治理的关系来看，以生态环境保护和人与自然和谐共处为核心的绿色治理是乡村治理的显著特色和优势。这是由农业农村自身的特性所决定的，也就是由中国农村地区的自然条件、产业结构、生产方式和生活方式所决定的。

乡村治理是对农业、农村、农民的治理，同样也包括对乡村生态环境的治理。绿色治理与乡村治理之间存在着天然的联系。这种天然联系是由农业和农村产生和发展的先天属性决定的。一方面，乡村治理内在的包含了绿色治理和生态文明的若干意蕴。基于农业农村产生的历史脉络，我们可以发现农业特别是传统农业作为一种人类社会早期的、原始的生产生活方式根植于自然界，是从自然界中自发生长出来的人类生产活动。正因如此，农业特别是传统农业作为自然生态环境中的一个部分，不仅深深地嵌入到与其存续密切关联的生态环境当中，而且也同样遵循着自然界的演进逻辑和基本规律。例如，农业生产的对象是自然界中被人类驯化的动物和植物，其产品是动植物本身。人类从事农业活动的行为，就是利用自然条件（如水源、土壤、气候等）和自然规律（如节气、时令等）对被驯化的动植物等生命体进行悉心照料，进而获得食物的过程。鉴于农业与自然界之间的密切关系，发展农业、从事农业生产首先需要尊重自然规律的认识也体现在人类社会早期的乡村治理或农业管理活动中，早在春秋战国时期，中国古代先民就产生了朴素的生态环境保护理念。例如思想家管仲曾提出，“山林虽大，草木虽美，禁发必有时。斧斤以时入山林，材木不可胜用也。竭泽而渔，岂不获得”。《孟子·告子上》中，孟子也曾提出，“苟得其养，无物不长，苟失其养，无物不消”。另一方面，农村是在人类从事农业生产的基础上形成的原始聚落，作为一种直接脱胎于自然界的人类社会的活动场域，农村与自然界也天然地紧密联系在一起。可见，鉴于农业农村的本质属性，在乡村聚落与自然生态之间自然而然地形成了资源交换的相对平衡。这一平衡也意味着从古至今的乡村治理必然要以尊重自然、顺从自然为前提,而一旦人类的活动打破了乡村聚落与自然界之间的相对平衡关系,就必然会造成自然生态系统的解体和乡村聚落文明的毁灭。在人类社会发展的历史上,因破坏人类赖以存在的生态环境而导致毁灭的现象也不胜枚举。例如,恩格斯在《自然辩证法》一书中写道,“美索不达米亚、希腊、小亚细亚以及其他各地的居民,为了得到耕地,毁灭了森林,但是他们做梦也想不到,这些地方今天竟因此而成为不毛之地”。

自从人类社会进入工业文明以来,以化学药剂、化学肥料的大量使用为标志,现代农业的产生彻底改变了人类在从事农业生产劳动中的被动地位,打破了传统农业生产与自然界之间持续数千年的相对均衡的资源交换系统。伴随着人类的乱砍滥伐、过度垦荒,在工业化推动下的现代农业在带来了农作物产量极大提高的同时,也造成了自然界水资源污染、土壤污染、空气污染、土地荒漠化等乃至生物多样性减少和大量物种的灭绝等一系列环境问题。农村社会逐渐远离自然界,农业生产的发展也越来越背离自然规律,人与自然的和谐共处被彻底打破。1962 年,美国著名的生物学家、环境保护运动的先驱蕾切尔·卡逊出版了享誉世界的《寂静的春天》一书,书中详细揭示了 DDT 等杀虫剂对生态环境的破坏和对人类的危害,首次敲响了人类因为破坏环境而受到大自然惩罚的警钟,也引起了人类社会对文明兴衰和生态环境关系的深刻反思。

当前,乡村治理理念呼吁传统的人与自然和谐共处关系的复归,要求重建人与自然之间的均衡发展关系,这就需要在推动农业农村发展的过程中,继承并扬弃传统农业中的“天人合一”理念。而绿色治理、绿色发展理念的提出,正是对新时代背景下乡村治理的积极回应。就乡村治理对象——农业农村的上述特性来看,农业农村与自然界之间的天然联系决定了乡村治理与城市治理在理念、政策、体制等各个方面必然存着显著的差异或不同。换言之,乡村治理与城市治理不存在尊贵卑贱之分。鉴于资源环境的承载能力和发展定位的不同,乡村治理不能完全按照城市治理的模式来推进。乡村治理应当寻求自身的发展逻辑,而绿色治理则是其不可或缺的重要组成部分。迄今为止,从农村社会经济的发展方向和发展定位来看,工业化、城镇化固然是经济社会发展的普遍趋势,但许多地区摒弃农业而一味地追求工业化、城镇化的做法,既不符合世界农业发展的一般规律，更不符合中国人多地少、资源紧缺的现实国情和实际需要。毋庸置疑的是，农业仍是当前中国的第一产业，是整个国民经济体系的基础，“农业、农村、农民”问题是关系到中国国计民生的根本性问题，并且直接关系到国民经济的持续增长乃至国家的长治久安。以绿色治理为基本原则，农村发展和农业现代化不能照抄照搬工业化、城市化的发展经验，以避免“城市病”和“城市热岛效应”；要坚持农村的环境优美、物产丰富、空气清新、居处舒适、生态绿色等优势，不搞非农化、“去农化”。在国家大力实施乡村振兴战略的背景下，乡村治理必须始终坚持生态文明的方针，走绿色发展和绿色治理的道路，逐步实现农村地区的“产业兴旺、生态宜居、乡风文明、治理有效、生活富裕”。

（二）精准扶贫必须坚持绿色治理原则

绿色治理是精准扶贫工作须坚持的原则，这就要求我们将绿色发展、绿色治理的思想和理念作为精准扶贫和脱贫攻坚行动中的一个重要维度，提高生态扶贫过程中的“绿色”含量，突出绿色、生态、环保的扶贫理念，在扶贫目标、原则、任务和措施上注重体现绿色发展、绿色治理要求。① 在具体的精准扶贫工作中，绿色治理的理念主要体现在两个方面：一方面，从贫困地区自身的经济发展来看，绿色治理、绿色脱贫为一些资源禀赋差、生态脆弱的贫困地区划定了发展红线，精准扶贫工作推动下的乡村建设必须坚守生态底线，实现贫困县乡的绿色发展、永续发展；另一方面，绿色治理对于推进当前的扶贫工作，充分发掘生态资源，通过大力发展绿色生态产业，变贫困地区的自然环境资源劣势为生态优势，推进贫困地区生态产业化、绿色产业化、农业绿色化，进而实现脱贫奔康的目的。

1. 绿色治理是推动贫困县乡永续发展的现实需要

在精准扶贫伟大工程中践行绿色治理的理念，就是要把脱贫事业和生态环境保护有机地结合起来，利用绿色发展的思路实现贫困县乡的永续发展。

---

① 王宾、于法稳：《基于绿色发展理念的山区精准扶贫路径选择——来自重庆市的调查》，《农村经济》2017 年第 10 期。

以往的扶贫经验证明,扶贫开发往往与环境保护之间存在着天然的联系。从地理空间的分布来看,中国多数生活贫困的地区与生态脆弱地区在地理空间分布上存在着惊人的吻合。例如,“青藏高原和西南山地农牧交错带主要包括了西藏自治区和周边四省的藏区等贫困地区,而西南的石漠化生态脆弱区与滇桂黔石漠化扶贫片区更是高度重合。”①1993 年,国家制定的《国家八七扶贫攻坚计划》中确定了 592 个国家级贫困县,其中就有 425 个分布在中国的生态脆弱带上。超过 70%的国定贫困县和超过 70%的贫困人口均分布在生态脆弱区。此外,2014 年的一项调查数据显示,中国 86. 4%的农村贫困人口分布在生产生活条件较为恶劣、自然灾害频发的中西部地区。经济发展落后、扶贫任务艰巨的农村地区,也往往是生态环境较为脆弱的地区。究其原因,自然环境本身的劣势增加了经济开发的成本,抑制了当地的经济发展速度。②

就贫困问题和生态环境问题产生的原因而言,在人口与资源关系日趋紧张的状况下,生态环境破坏与贫困之间易于形成负强化和恶性循环。一方面,贫困地区的生产力水平和生产方式普遍比较落后,伴随着当地人口大规模的增加,通过扩大耕地面积就被作为增加粮食产量从而维持生存的主要手段。然而,贫困地区扩大耕地面积的方式,大多是依靠高强度开发原有的湿地、损毁森林、垦殖草地等简单粗放的生产方式进行,科学合理规划、环境友好型技术的应用则相对较少,这种粗放型的生产方式破坏了自然界原有的生态循环系统,最终导致了一系列严重的环境问题。另一方面,从生态环境脆弱导致贫困的情况来看,生态环境脆弱地区往往面临着水土流失严重、自然灾害频繁、气候干旱、水资源短缺等问题,会进一步加剧生态系统破坏,导致当地农民产出减少,地方经济难以发展,贫困户收入无从提高,加剧贫困的发生。③

上述现象和发展经验表明,一些生态环境脆弱地区一般不适宜搞大规模

---

① 曹康康:《“绿色扶贫”的理论意蕴、建构困境及其消解路径》,《理论导刊》2017 年第 6 期。

② 李春根、王雯:《基于五大发展理念的新时期扶贫工作探讨》,《财贸经济》2016 年第 10 期。

③ 张毓卿、周才云:《精准扶贫视域下赣南生态扶贫困境与优化路径》,《江西社会科学》2016 年第 12 期。

的经济开发。一旦扶贫开发过程中的基础设施建设违背自然规律,对区域内的植被、生态环境造成的冲击超过了该区域生态系统的承载能力,就容易造成水土流失、土地荒漠化、"三废"污染等严重的环境问题。然而,纵观过去的扶贫开发历程,中国一直存在着扶贫工程与生态环境保护工程各自分离、相互脱节的状况。尽管国家将生态环境保护确立为基本国策,并提出了一系列的"坚持保护生态,实现绿色发展"等原则,但扶贫工作并没有很好落实绿色发展、绿色治理的理念。一些地区由于生态环境保护意识不强、缺乏事先规划等原因,存在着以脱贫攻坚的名义,在贫困地区大搞经济开发的现象,由于忽略对当地生态环境的重视和保护,一些扶贫开发项目非但没有实现贫困群体脱贫的目的,反而造成了严重的生态环境破坏。

诚然,按照国家的脱贫攻坚战略部署,"产业扶贫"是实现农村贫困地区脱贫的优选方案。通过发挥各地的显著优势,发展本地优势产业带动农户实现脱贫,既是贫困户脱贫奔康、共同致富、开辟地方政府税源的治本之策,同时也是扶贫模式从"输血"向"造血"转变的重要方式。但另一方面,鉴于不同地区资源禀赋的差异性,并非所有贫困地区都适合通过"产业扶贫"实现脱贫的目标。基于绿色治理的视角,"产业扶贫"还应当以绿色发展、绿色治理、环境保护、生态文明等理念作为基本遵循,在产业扶贫的过程中保障贫困县乡的永续发展。过去扶贫工作中"致贫率高、脱贫率低、返贫率高"的"两高一低"脱贫困境和农村落后的生产方式以及恶劣的农业生产环境没有得到根本改善有着密切的联系。在具体扶贫项目的实施过程中,一旦没有充分考虑贫困地区脆弱的生态环境,没有很好地坚持绿色发展和生态保护的理念,就容易导致贫困地区的生态环境遭到严重破坏。换言之,如果贫困地区的生产条件没有根本改善,扶贫结果一遇旱涝、冰雹、沙暴等自然灾害,就会出现反复,出现大量脱贫人口返贫的现象。① 这种不可持续的发展路径非但没有实现贫困群体的脱贫,反而使大量的贫困人口陷入了"贫困—脱贫—返贫"的恶性循环中。例如,在中国江苏、浙江、福建等东南沿海地区,一些县依托当地的气候环境和自

① 葛宏、吴宝晶、欧阳放:《绿色扶贫是环境与经济的双赢选择》,《经济问题探索》2001 年第 10 期。

然生态禀赋,自古就有发展茶叶产业的传统。某县也因所产的茶叶名扬海内外,成为享誉全国的种植茶叶的大县。近年来,随着国民经济的发展和人民群众生活水平的提高,茶叶的价格总体不断上涨,销路通畅,茶农看到收益颇丰,种植茶树、生产和销售茶叶的主动性、积极性得到了空前的提高。当地越来越多的农民加入到茶叶种植大军中来,茶叶种植的规模逐步扩大,茶叶的年产量逐年提高,该贫困县也一跃成为全国百强县。然而好景不长,由于当地农民过度开发土地,将许多不适宜种茶树的土地改为茶园,严重忽视了对当地自然生态环境特别是土地植被的保护。水土流失问题日益突出,特别是全民开发茶园、种植茶树、销售茶叶的热潮所引发大规模超坡度开垦,造成了许多原始的森林植被被毁,生态环境受到严重破坏,茶树种植也越来越难以为继。①

绿色治理是实现贫困县乡永续发展的必然选择。将绿色治理、绿色扶贫作为推动贫困县乡永续发展的基本准则,要求转变过去的扶贫思路,秉承"绿水青山就是金山银山"的治理理念,推动扶贫工程向生态化、绿色化、低碳化转变。首先,对于不适宜搞大规模经济开发的贫困县乡,要树立生态底线思维,把生态环境保护放在优先位置,任何扶贫项目都不能以损害自然生态环境为代价,确保贫困县乡的扶贫开发控制在其生态资源环境的承载能力范围之内。所有的扶贫行动都要以绿色发展为基础。应当进一步加强生态环境保护的立法工作,对破坏生态环境、造成严重污染的行为应当予以法律的制裁。其次,加大财政支出力度,严格执行退耕还林、还湖、还草,大力推进生态修复工程,努力使受到污染和损害的生态环境恢复到自然状态,提高国土绿化面积,守护贫困地区的绿水青山。例如,在道路修建完成之后,应当对开垦的山地边坡进行及时的生态修复,防止因为强降雨导致严重的水土流失现象的发生。② 最后,对于自然环境较差,不具备扶贫开发潜质的地区,应当建立和健全贫困地区的生态补偿机制,对因环境保护丧失发展机会的贫困农户进行生态补偿。

---

① 温焜:《产业扶贫要走生态绿色之路》,《中国环境报》2019 年 3 月 6 日。

② 王宾、于法稳:《基于绿色发展理念的山区精准扶贫路径选择——来自重庆市的调查》,《农村经济》2017 年第 10 期。

2. 绿色减贫是实现贫困群众精准脱贫的重要途径

绿色治理、绿色发展的理念不局限于其对经济开发的规制和限定,更为重要的是,这一理念从生态资源的视角为贫困地区的经济开发、经济发展提供了另一种思路。一种传统的发展观认为,在一些地区,丰富的自然资源可能是当地经济发展的诅咒而不是祝福,过度依赖资源开发造成的生态环境恶化,反过来制约了经济的发展。这一现象也被经济学家称为"资源诅咒",即资源丰富的地区比资源贫瘠的地区发展反而更慢。"资源诅咒"在中国的贫困地区特别是资源丰富的贫困地区也普遍存在。相关调查数据显示,"我国资源丰富的地区经济增长速度普遍要慢于资源较为贫瘠、匮乏的地区"①。例如,位于中国四川西部的川西藏区森林面积 286 万公顷,是全国三大林区中川西林区的主体部分;矿藏种类丰富,储量大,已探明的矿藏多达 40 多种,此外,该地区因河流众多,还拥有丰富的水资源,水资源总量约 1900 亿立方米,占四川水资源总量的三分之一以上,水能蕴藏量约 6158 万千瓦,占四川全省总量的 41.05%。然而,该地区尽管具有极为丰富的自然资源,但受以矿产资源开采、森林砍伐为主的经济结构的制约,当地经济的增长并没有给当地农牧民带来财富的增长,这也导致川西藏区存在着较多的贫困县乡,成为中国脱贫攻坚战中重点扶持的对象。②

而绿色发展、绿色治理、绿色减贫等理念,则要求执政者改变过去的固有观念,不是把恶劣的自然环境看作是影响贫困地区脱贫解困的制约性因素,而是要善于从贫困县乡的生态环境中发现其生态价值,充分发掘其潜在的生态资源,利用丰富的生态资源实现贫困县乡脱贫奔康的目标。一方面,贫困地区往往生存条件恶劣,资源禀赋差,基础设施建设成本高,不具备大规模经济开发的潜质,这也是造成当地经济发展落后、贫困人口大量存在的主要原因。而另一方面,根据相关调查数据显示,在全国范围内,多数贫困区域也往往是生态环境、生态资源的富集区,蕴藏着丰富优美的生态资源。而所谓"绿水青山

---

① 徐康宁、韩剑:《中国区域经济的"资源诅咒"效应:地区差距的另一种解释》,《经济学家》2005 年第 6 期。

② 杜明义、罗成:《资源诅咒与反贫之策——以四川藏区为例》,《牡丹江大学学报》2012 年第 11 期。

就是金山银山”,就是引导人们从山川河流等自然生态中发现其蕴含的丰富经济价值。具体而言,就是将生态环境看作是可以增值的绿色资本。生态系统是生态产品或服务得以产生的“工厂”,保护和建设生态环境本身则是一种生态产品或服务,而人们对生态产品的使用则需要为之支付一定的费用。根据这一思路,生态资源富集的贫困地区能够通过生态涵养,积累绿色资本、发展绿色产业实现生态环境保护和脱贫致富的双赢。正因如此,精准扶贫精准脱贫工程的实施应当谨防生态系统服务功能的下降甚至丧失,应当通过政策引导,将资金、技术从富余的城镇地区引向贫困地区的生态建设领域,让更多的投资者成为生态产品的“投资人”,进而开发出多种多样的、满足人们各种需要的生态产品。而贫困地区的贫困群体作为生态产品或服务的所有者或供给者,向生态产品或服务的消费者提供各种各样生态产品或服务,并在这一交易活动中获得经济报酬,通过上述方式实现生态资源富集的贫困地区和贫困人口的集体脱贫。

在具体的扶贫实践中,绿色减贫、绿色脱贫的首要工作是按照市场经济的规律,做好贫困地区生态资产的评估工作,“对贫困地区的生态资产和价值进行定价和评估,使其全部走向市场化,实现生态资产价值交换。将来还可以探索依靠科技手段对生态资产进行资本化、资产化和市场化核算,将其纳入各级政府政绩考核和日常工作评价、绿色发展规划制定和实施、经济社会生态发展成本收益的综合评估等。”①其次,就农业本身而言,减少化学农药和化学肥料的使用总量,加快推进传统农业向现代生态农业的转变。大力发展有机农业,生态农业、生物资源产业等,发展“林下经济”,开发有机农产品。再次,除了农业之外,在推动贫困地区第二、三产业的发展中树立绿色发展的理念,摆脱资源诅咒,使生态资源资本化。应用绿色治理的理念改造贫困县乡的产业结构、投资结构、能源结构等,通过技术革新和管理创新,从单纯地追求经济数量的增长逐步转向追求贫困县乡整体地与生态结合的现代化发展。全面打造绿色产业链,对经济运行的生产、加工、运输、销售等各环节进行调整,将绿色治

① 王秋蓉:《从脱贫攻坚到乡村振兴,做好绿色减贫大文章》,《可持续发展经济导刊》2020年第6期。

理理念贯彻落实到扶贫开发工程的各个环节。最后，围绕生态农业的理念，发展特色农牧渔业、发展旅游休闲产业，观赏性农业、旅游性农业、景观性农业、休闲农业等，培育绿色经济的增长点。例如，对当地的特色自然景观、民族民俗文化等资源进行开发，发展乡村旅游，生产绿色、无污染、原汁原味的“土特”产品，进而形成绿色产业集群。

二、生态扶贫的政策观念与举措

在全面建成小康社会的进程中，党和国家作出脱贫攻坚的重要战略部署，其重点之一就是通过一系列顶层设计，将绿色治理的理念贯彻落实到精准扶贫和脱贫攻坚工作的各个方面。各级地方政府围绕绿色治理理念，结合当地具体实际，形成了一系列政策方案和措施。而农村基层以绿色治理理念为指导，在积极落实各项政策和措施的过程中，创造了一系列的治理实践。

（一）党和国家的顶层设计

以绿色发展理念为导向，做好精准扶贫顶层设计，是在精准扶贫工作中贯彻落实绿色治理理念的前提。回顾中国全面建成小康社会和脱贫攻坚的历史进程，党和国家围绕着精准扶贫精准脱贫和绿色发展、生态文明建设作出了一系列重大决策和战略部署，为生态扶贫明确了方向，制定了行动纲领。

在扶贫开发工程中，践行生态环境保护的理念向来是党和国家关注的重点。早在1994年国务院印发的《国家八七扶贫攻坚计划》中曾指出，要“加快植被建设、防风治沙，降低森林消耗，改善生态环境。”2000年国务院印发的《中国农村扶贫开发纲要（2001—2010年）》中强调应正确处理资源开发、人口膨胀和生态环境保护之间的关系，提出“坚持可持续发展。扶贫开发必须与资源保护、生态建设相结合……控制贫困地区人口的过快增长，实现资源、人口和环境的良性循环，提高贫困地区可持续发展的能力”等一系列发展要求。①

① 中国政府网：《国务院关于印发中国农村扶贫开发纲要（2001—2010年）的通知》，见 http://www.gov.cn/zhengce/content/2016-09/23/content_5111138.htm。

2015年10月,党的十八届五中全会审议通过的《中共中央关于制定国民经济和社会发展第十三个五年规划的建议》,高度关注扶贫脱贫工程中贫困地区的生态环境保护问题,明确提出:"在项目和资金安排上进一步向贫困地区倾斜。加大贫困地区生态保护修复力度,增加重点生态功能区转移支付。开展贫困地区生态综合补偿试点,健全公益林补偿标准动态调整机制,完善草原生态保护补助奖励政策,推动地区间建立横向生态补偿制度。"①

同年11月,中共中央政治局审议通过的《关于打赢脱贫攻坚战的决议》明确提出了"坚持生态保护,实现绿色发展"的脱贫原则,即"牢固树立绿水青山就是金山银山的理念,把生态保护放在优先位置,扶贫开发不能以牺牲生态为代价,探索生态脱贫新路子,让贫困人口从生态建设与修复中得到更多实惠"。其中提出的"五个一批"脱贫工程,即"发展生产脱贫一批、易地搬迁脱贫一批、生态补偿脱贫一批、发展教育脱贫一批、社会保障兜底一批"蕴含了深刻的绿色治理的理念和原则。在"发展生产脱贫一批"中,该《决议》强调:"依托贫困地区特有的自然人文资源,深入实施乡村旅游扶贫工程。科学合理有序开发贫困地区水电、煤炭、油气等资源,调整完善资源开发收益分配政策。探索水电利益共享机制,将从发电中提取的资金优先用于水库移民和库区后续发展。"而通过易地搬迁脱贫则是在生态环境保护优先理念指导下提出的扶贫方案,如《决议》中指出:"对居住在生存条件恶劣、生态环境脆弱、自然灾害频发等地区的农村贫困人口,加快实施易地扶贫搬迁工程。"此外,围绕着通过改善生态环境脱贫,该《决议》还明确提出了"结合生态保护脱贫"的任务和要求。具体而言,"国家实施的退耕还林还草、天然林保护、防护林建设、石漠化治理、防沙治沙、湿地保护与恢复、坡耕地综合整治、退牧还草、水生态治理等重大生态工程,在项目和资金安排上进一步向贫困地区倾斜,提高贫困人口参与度和受益水平。加大贫困地区生态保护修复力度,增加重点生态功能区转移支付。结合建立国家公园体制,创新生态资金使用方式,利用生态补偿和生态保护工程资金使当地有劳动能力的部分贫困人口转为护林员等生

① 习近平:《关于〈中共中央关于制定国民经济和社会发展第十三个五年规划的建议〉的说明》,《人民日报》2015年11月4日。

态保护人员。合理调整贫困地区基本农田保有指标,加大贫困地区新一轮退耕还林还草力度。开展贫困地区生态综合补偿试点,健全公益林补偿标准动态调整机制,完善草原生态保护补助奖励政策,推动地区间建立横向生态补偿制度。”①

2016 年国务院印发的《“十三五”脱贫攻坚规划》提出,要“坚持绿色协调可持续发展”②。同年 5 月,国务院办公厅针对生态补偿问题,专门出台了《关于健全生态保护补偿机制的意见》,指出要“不断完善转移支付制度,探索建立多元化生态保护补偿机制,逐步扩大补偿范围,合理提高补偿标准,有效调动全社会参与生态环境保护的积极性,促进生态文明建设迈上新台阶”③。

2018 年年初,国家发展改革委员会印发《生态扶贫工作方案》,提出“推动贫困地区扶贫开发与生态保护相协调、脱贫致富与可持续发展相促进,使贫困人口从生态保护与修复中得到更多实惠”④。为此,《方案》中还详细提出了京津风沙源治理工程、天然林资源保护工程、“三北”等防护林体系建设工程等 11 项生态工程。2018 年 6 月中共中央、国务院颁发的《关于打赢脱贫攻坚战三年行动的指导意见》中提出了“加大贫困地区生态保护修复力度,实现生态改善和脱贫双赢”⑤的目标要求。同年 12 月,国务院生态环境部下达了《关于生态环境保护助力打赢精准脱贫攻坚战的指导意见》,就通过落实生态环境保护的各项方针政策推动精准扶贫精准脱贫作出了全面部署。《意见》指出,要“坚持绿水青山就是金山银山的理念,支持贫困地区打好打赢污染防治和精准脱贫两个攻坚战,以生态环境保护助力脱贫攻坚,聚焦深度贫困地区,突出问题导向,细化实化政策措施,着力提高脱贫攻坚质量,着力增强贫困人

① 习近平:《关于〈中共中央关于制定国民经济和社会发展第十三个五年规划的建议〉的说明》,《人民日报》2015 年 11 月 4 日。

② 《国务院关于印发“十三五”脱贫攻坚规划的通知》,《中华人民共和国国务院公报》2016 年第 35 期。

③ 《国务院办公厅关于健全生态保护补偿机制的意见》,《中华人民共和国国务院公报》2016 年第 15 期。

④ 中国区域发展网:《发展改革委关于印发〈生态扶贫工作方案〉的通知》,见 http://www.cre.org.cn/zt/fupin/12171.html。

⑤ 《中共中央国务院关于打赢脱贫攻坚战三年行动的指导意见》,《人民日报》2018 年 8 月 20 日。

口获得感,着力提高生态环保扶贫能力,着力加强扶贫领域作风建设,把脱贫攻坚责任落到实处,推动生态环保扶贫取得新的更大成效,为决胜全面建成小康社会筑牢基础”①。

(二)地方政府的政策跟进

在中央各项决策的统揽和指引下,各级地方政府敢于负责与担当,及时进行政策跟进,将绿色治理理念落实到具体的精准扶贫脱贫工作中。例如,2016年,青海省人民政府办公厅印发了《青海省生态保护与服务脱贫攻坚行动计划》,提出设置生态公益管护岗位 4.31 万个,安排建档立卡贫困人口 4.31 万人从事生态公益管护工作的目标,保证三江源等重点生态功能区贫困农牧户每户有劳动能力、具备条件的 1 人从事生态公益管护工作。2018 年,河南省发展和改革委员会印发《河南省生态扶贫工作要点(2018—2020 年)》的通知。《工作要点》提出:“要通过实施退耕还林建设扶贫、森林生态效益补偿扶贫、森林资源利用扶贫等工程,充分发挥生态保护在精准扶贫中的作用,切实做好河南生态扶贫工作。”此外,河北省为做好生态扶贫工作,先后印发《关于扶持发展扶贫攻坚造林专业合作社的指导意见》《贫困地区贫困村村庄绿化三年行动实施方案(2018—2020 年)》《林业生态扶贫三年行动实施方案(2018—2020 年)》等系列文件,重点对生态扶贫工作进行全面部署。

四川是全国扶贫任务最重省份之一,是全国脱贫攻坚主战场。全国著名的深度贫困地区——“三区三州”就包括四川省的甘阿凉地区。② 而上述地区同时也是中国生态环境相对脆弱的地区。2018 年,中共四川省委办公厅、四川省人民政府办公厅围绕扶贫和生态环境保护两大主题,印发了《四川省创新体制机制推进农业绿色发展实施方案》的通知,《方案》提出了“建立贫困地区农业绿色开发机制”的要求。提出,要推进生态产业精准扶贫。坚持以扶贫成效为导向,建立健全产业带贫减贫机制,统筹谋划粮油、畜牧、经济作物、

① 《生态环境部关于生态环境保护助力打赢精准脱贫攻坚战的指导意见》,《中华人民共和国国务院公报》2019 年第 10 期。

② 新浪新闻:《四川脱贫攻坚任务基本完成　贫困地区面貌发生翻天覆地变化》,见 http://news.sina.com.cn/c/2020-09-09/doc-iivhvpwy5738997.shtml。

林竹、水产、农产品初加工及精深加工、休闲农业、乡村旅游等特色优势产业发展,推进秦巴山区、乌蒙山区、大小凉山彝区、高原藏区重点发展产业建设,推动形成"一村一品""一户一业"的发展格局。把贫困地区生态环境优势转化为经济优势,大力培育发展绿色、有机和地理标志优质特色农林产品,总结"川藏高原""大凉山""圣洁甘孜""广元七绝""巴食巴适"等区域品牌创建经验,打造"四川扶贫"集体商标品牌。以休闲采摘、农事体验、农耕文化、科普教育、森林游憩、森林康养等为重点,培育休闲农庄、森林小镇、生态康养社区、森林人家,举办四川美丽田园欢乐游、生态旅游节会、森林生态康养等系列活动。①

甘肃省全省以干旱半干旱地区居多,年降雨量少,森林覆盖率低。较之其他省份,属于典型的生态环境总体较为脆弱、环境保护任务相对繁重的地区。在全国十四个集中连片特困地区中,甘肃省省内的四十个贫困县位于深度贫困片区——六盘山区,属于国家重点扶贫的省份。有鉴于此,2018 年 3 月,甘肃省印发《甘肃省深度贫困地区脱贫攻坚实施方案》的通知,提出"以省内深度贫困地区林业建设需求和脱贫攻坚为出发点,牢固树立和践行'绿水青山就是金山银山'的发展理念,充分发挥林业推进深度贫困地区脱贫攻坚的作用,加大项目资金向深度贫困地区倾斜力度,以重点工程项目为载体,因地制宜、精准施策、讲求实效,以更加清晰的思路、更加有效的举措、更加扎实的工作,加快推动深度贫困地区生态改善、经济发展和百姓增收,全力助推我省打赢深度贫困地区脱贫攻坚战"。加快贯彻落实退耕还林工程、天然林保护工程、"三北"防护林建设工程等,通过完善生态护林员制度,实施森林生态效益补偿补助等一系列措施实现生态扶贫。

贵州省地处中国西南腹地,其省内属于典型喀斯特地貌,造成了山水阻隔,交通闭塞、土地贫瘠,不适宜人类生存。因而自古以来贵州就有"八山一水一分田"的说法。"天无三日晴,地无三尺平,人无三分银"也成为贵州省自然环境恶劣、贫困普遍存在的真实写照。在扶贫开发工作中,广泛分布于贵州

① 四川新闻:《四川省创新体制机制推进农业绿色发展实施方案》,见 http://scnews.newssc.org/system/20181003/000912116.html。

省内的喀斯特地貌稍有开发不当,就极易造成地震、滑坡、泥石流等地质灾害,给人民群众的生命和财产造成严重损害。2018 年 1 月,贵州省人民政府办公厅为切实发挥生态扶贫的重要作用,助力脱贫攻坚、决胜同步小康,印发了《贵州省生态扶贫实施方案(2017—2020 年)》,该《方案》提出,要“大力实施大生态战略行动,坚持生态优先、绿色发展,坚持绿水青山就是金山银山……进一步加大生态建设保护和修复力度,促进贫困人口在生态建设保护修复中增收脱贫、稳定致富”。为此,贵州省提出了退耕还林建设扶贫工程、森林生态效益补偿扶贫工程等生态扶贫工程。通过一系列措施,将绿色治理的理念落到实处。

(三)农村基层的实践创新

在中央及各级地方政府的积极推动下,基层政府带领基层群众结合本地的现实情况,努力将绿色治理、生态扶贫的理念贯彻落实到农村基层社会的治理中,形成了一系列实践创新。

“易地搬迁”是指“将生活在缺乏生存条件的贫困人口搬迁安置到其他地区,并通过改善安置区的生产生活条件、调整经济结构和拓展增收渠道,帮助搬迁人口逐步脱贫致富的扶贫模式”。2015 年颁布的《关于打赢脱贫攻坚战的决定》中曾明确提出:“实施易地搬迁脱贫。对居住在生存条件恶劣、生态环境脆弱、自然灾害频发等地区的农村贫困人口,加快实施易地扶贫搬迁工程。”易地搬迁工程对生态脆弱的贫困地区的扶贫脱贫工作具有重要意义。

九寨沟县地处阿坝藏族羌族自治州东北部,属典型民族地区、边远山区、革命老区,是集中连片贫困地区、“三区三州”深度贫困地区,具有贫困面积大、贫困程度深的特点,大多数贫困村位于高半山、高寒山区和偏远地区,交通不便,自然资源匮乏、基础条件差、地质灾害隐患大,住房安全问题突出。① 几年来,阿坝州九寨沟县在连续遭受“8·8”地震、“6·25”和“7·10”特大洪涝灾害严重破坏的情况下,坚持把易地扶贫搬迁作为脱贫攻坚的重中之重,大力实施“五大行动”,全面推进易地搬迁。

---

① 参见《深度贫困地区如何打好脱贫攻坚战》,《光明日报》2019 年 6 月 27 日。

一是实施组织强化行动,确保目标责任全面落实。高度重视易地扶贫搬迁工作,将易地扶贫搬迁与灾后重建、脱贫攻坚等重点工作同研究、同部署、同考核,专门成立以县人大常委会主任为组长的易地扶贫搬迁工作领导小组统筹推进。确定一名分管副县长全面负责规划设计、土地协调、建材保障、施工组织、质量监管等各个环节,形成"一把手"总负责,分管领导具体抓的工作格局。二是实施四级联动行动,确保项目建设高效推进。创新"县人民政府、县级部门、各乡镇、行政村"易地扶贫搬迁四级联动责任制,探索建立"一个项目、一个领导、一套班子、一个方案、一抓到底"的"五个一"工作模式。大力开展易地扶贫搬迁"百日大会战",采取"一周一调度、一月一督查、半年一考核"的方式,切实为易地扶贫搬迁高效有序推进提供强劲动力和组织保障。三是实施三线标准行动,确保惠民政策落到实处。坚决严守易地扶贫搬迁"三个底线、三条红线",即严守建房面积红线,严守搬迁户举债红线,严守建新必须拆旧红线,确保惠民政策落到实处。同时,对易地扶贫搬迁资金使用、住房面积、风险防治、项目推进等进行全面指导和督导检查,确保项目质量安全、资金使用安全、重建选址安全三个底线。四是实施信心提振行动,确保发挥群众主体作用。牢固树立"以群众自主性调动搬迁自觉性"的工作思路,通过召开村民代表大会,公开推选有威望、懂技术的人员组建联建委员会,成立以乡(镇)、村工程技术员、搬迁户代表为成员的监督委员会,通过不定期召开搬迁户代表大会,让群众充分行使权力。同时,充分发挥群众在易地扶贫搬迁中的主体作用,保障群众知情权、参与权、监督权。五是实施产业培育行动,确保带动群众脱贫奔康。认真落实习近平总书记关于易地扶贫"搬迁安置要同发展产业、安排就业紧密结合,让搬迁群众能住下、可就业、可发展"的重要指示精神,在抓好搬迁建房的同时,坚持"以产带迁,以业促迁",针对不同搬迁对象,精准施策,积极探索农旅、文旅融合发展模式,厚植产业发展基础。积极盘活山林、土地等资源促进财产性增收。

通过上述五大行动,九寨沟县全面完成3个乡(镇)5个村建档立卡贫困户48户167人易地扶贫搬迁和277户898人随迁户搬迁工作。自实施易地扶贫搬迁工程以来,有效改善了安置地基础设施条件,培育和发展了后续产业,贫困群众增产增收,解决了老百姓出行上学就医等困难,加快了脱贫致富步伐,为全社会同步实现小康创造了有利条件。①

贵州省毕节市地处贵州西北部,与川、滇两省接壤。20 世纪 80 年代,矿产资源丰富的毕节,却长期处于贫困恶性循环怪圈之中。由于道路运输不便,煤矿开采困难,老百姓生火取暖做饭,家家户户只能上山砍树打柴,对生态环境造成严重破坏。1987 年,毕节全区人均工农业总产值仅为 288.9 元,农民年人均粮食不足 200 公斤,人均纯收入只有 184 元;全区 8 个县有 5 个是国家级贫困县,1 个省级贫困县,没有解决温饱的贫困人口达 315 万,占总人口 56%。此外,毕节市属于典型的喀斯特岩溶山区,石漠化程度惊人,全区森林覆盖率由 20 世纪 50 年代末的 12.8%降到 8.53%,草山草地减少了 33.94%,全区水土流失面积占总面积的 60%以上;人口自然增长率高达 21.29‰,文盲、半文盲占到了全区总人口的 50%以上。② 水土流失和生态环境恶化使毕节市陷入了“越生越垦、越垦越穷、越穷越生”恶性循环怪圈,并长期面临着经济贫困、生态恶化、人口膨胀三大难题。人民生活极端贫困,人居环境极其艰苦,经济发展极为落后,社会发展严重滞后,成为毕节市的真实写照。毕节的贫困现状引起了中央和地方领导的高度关注。1988 年 6 月,国务院批复成立毕节开发扶贫、生态建设试验区。③ 试验区成立以来,毕节大力转变发展观念,探索经济发展和生态环境保护的同步推进。特别是党的十八大以来,党中央高度重视毕节试验区建设。在党中央的关怀下,毕节市牢固树立“既要金山银山,也要绿水青山”的发展理念,坚守发展和生态“两条底线”,从战略和全局高度统筹经济社会和人口、资源、环境发展,通过开发扶贫探索经济建设、生态改善、社会发展的有效整合。生态的恢复,让毕节大地生机勃勃。随着脱贫攻坚任务的完成,如今的毕节山川秀美,满目青翠,城市和乡村到处洋溢着发展的活力,初步实现了人口、经济与环境的协调发展。④

---

① 《九寨沟县实施“五大行动”助推易地扶贫搬迁显成效》,《脱贫攻坚简报》2019 年第 19 期。

② 谢一:《科学发展的创新探索——学习胡锦涛〈建立毕节开发扶贫生态建设试验区〉一文》,《理论与当代》2016 年第 11 期。

③ 赵虎、程垚:《毕节试验区开发扶贫与生态建设的辩证分析》,《贵州社会主义学院学报》2016 年第 1 期。

④ 包俊洪:《对毕节“开发扶贫,生态建设”试验区的调查与思考》,《红旗文稿》2015 年第 20 期。

(四)中国生态扶贫实践经验

在党和国家的大力推动下,中国生态扶贫取得了显著的成效。中国国家林业和草原局公布的数据显示,截至 2020 年 8 月,生态扶贫累计带动超过 2000 万人脱贫增收。在生态补偿扶贫方面,“2016 年以来,中西部 22 个省利用中央及地方资金,共选聘 110.2 万建档立卡贫困人口担任生态护林员,精准带动 300 多万贫困人口脱贫增收,比《生态扶贫工作方案》确定的目标高 122%”。新增林草资源管护面积近 9 亿亩。在国土绿化扶贫方面,“通过集中在贫困地区实施生态保护修复工程,大力推广以贫困人口为主体的造林专业合作社模式,扩大退耕还林规模,增加生态总量、提高生态质量,增加贫困户劳务收入。中央每年投入 1000 多亿元,吸引带动社会资金,深入实施天然林资源保护、新一轮退耕还林、重点防护林、防沙治沙、石漠化治理、湿地保护恢复等重大工程,年均完成营造林 1 亿亩、森林抚育 1.2 亿亩。目前,全国脱贫攻坚造林(种草)专业合作社达到 2.3 万个,吸纳 160 万贫困人口参与生态建设,比《生态扶贫工作方案》确定的目标分别高 43%、355%”。在生态产业扶贫方面,“在保护生态的基础上,大力支持发展国家储备林、森林湿地等自然生态旅游、木本油料、林下经济、竹藤、花卉种苗等产业,带动近 1600 多万贫困人口脱贫增收,比《生态扶贫工作方案》确定的目标高 7%,贫困人口人均年增收 4288 元。其中,依托森林旅游实现增收的建档立卡贫困人口达 110 万人,实现户均增收 3500 元”。形成了经济林、木竹材加工、生态旅游三个年产值超过万亿元的支柱产业,林下经济作物面积近 6 亿亩。① 在生态脆弱区、深度贫困区等发展困难地区,生态扶贫实现了生态保护和脱贫攻坚的双赢。②

上述党和国家的各项路线方针决策、地方政府的政策持续跟进以及农村基层人民群众生态扶贫的实践经验共同表明,推进农村贫困地区全面脱贫,要

---

① 新华社:《放下猎枪斧头,种下绿色希望——我国推进生态扶贫成效综述》,见 https://baijiahao.baidu.com/s? id=1690114100603960825&wfr=spider&for=pc。

② 中国新闻网:《带动逾 2000 万人脱贫增收 生态扶贫成效显著》,见 https://baijiahao.baidu.com/s? id=1676273866711324890&wfr=spider&for=pc。

求全国全体扶贫工作者秉持和践行绿色治理、生态治理的原则,将绿色扶贫、生态扶贫贯彻落实到脱贫攻坚工作的各个方面。

首先,脱贫攻坚应当树立“绿水青山就是金山银山”的科学发展观、生态文明观。绿色扶贫、生态扶贫,意味着应当按照绿色治理的理念改造中国的经济结构。加强环境保护和推进生态文明建设,要坚持按自然规律、社会规律和法律法规办事,转变经济发展方式,提高经济发展质量,按照绿色发展的理念对当前的产业结构进行调整,建设资源节约型和环境友好型社会。在扶贫工作中,坚持具体问题具体分析,有针对性的采取生态扶贫措施。具体而言,对于自然资源禀赋较好、具有生态资源开发潜质的贫困地区,在生态环境保护优先的前提下,可以通过生态环境整治,发掘当地生态资源,大力发展绿色农业、绿色工厂、绿色旅游等生态产业,孵化龙头生态企业,开发休闲农牧业和有机绿色农林产品;对于“生存条件恶劣,资源禀赋差,基础设施建设成本高,不具备大规模经济开发潜质的地区,应当做好生态保护和修复工作,采取易地搬迁、生态补偿等措施实现脱贫”①。此外,贫困地区的生态脱贫在一定程度上也给非贫困地区改变粗放型生产模式构成了倒逼机制,成功的生态扶贫经验推动非贫困地区按照可持续发展、永续发展的要求,通过加强生态环境立法和相关的制度建设,调整能源消费结构,逐步淘汰当前中国农村地区产业结构中高污染、高消耗、高耗能、低产出的产业,发展清洁能源和循环经济,提高劳动生产率,推动产业链绿色转型升级。

其次,可持续发展、永续发展并不意味着停止发展或没有发展。要逐步改变过去将生态环境看作是经济发展负担的固有观念,依托绿色资源推动经济发展。在上述脱贫攻坚工作中,当地通过开放本地生态资源,从过去的卖矿石到当前的卖风景,从靠山吃山到养山富山,把美丽风光变成美丽经济,生动诠释了“绿水青山就是金山银山”的绿色发展理念。践行绿色治理的发展理念,就是将生态环境本身看作是推动经济发展的重要因素和资源,从生态环境资源中发掘其所蕴含的巨大经济价值。有学者基于经济学的视角,将生态环境

① 《国务院关于印发“十三五”脱贫攻坚规划的通知》,《中华人民共和国国务院公报》2016年第35期。

本身看作是“生态资产”,即一切生态资源的价值形式,或一个国家拥有的、能以货币计量的,并能带来直接、间接或潜在经济利益的生态经济资源。与经济生产中的“GDP”相对应,一个地区的“生态资产”也被生态学家形象地称为“GEP(生态系统生产总值)”,包括生态用地、生态服务、生态产品等具体方面。一些学者则在此基础上提出了“自然价值论”。在这些观念的指引下,各地区也逐步探索对当地的自然生态资源资产,如森林、湿地、河流、湖泊、海洋、矿产等资源的实物价值和间接价值进行系统核算,摸清各地区的“生态家底”。这些尝试对中国进一步推进农村地区生态文明建设和乡村振兴都具有重要的启发借鉴意义。

最后,要进一步完善中国生态治理的体制机制。一是构建基层政府和基层党政领导干部分工明确、各司其职的生态扶贫联动机制,生态扶贫工程的决策和执行、生态扶贫项目的落实都需要县级政府、乡镇政府以及行政村等行政组织多层级、多部门的积极配合。这就需要在扶贫工作建立起“一把手”总负责、分管领导抓具体工作、各部门互联互通、协同推进的生态扶贫格局。二是完善基层群众生态扶贫参与机制。“易地搬迁扶贫”“生态产业扶贫”“生态修复工程”等扶贫措施往往关切人民群众的切身利益。推进生态扶贫工作,应当通过召开党政联席会议、组织监督委员会等形式,拓展人民群众的参与渠道,保证人民群众当家作主的权利,发挥基层群众的主人翁地位,在易地搬迁选址、生态产业项目的选取、自然资源开发和生态补偿资金的使用等方面保障群众的知情权、参与权、监督权。三是充分利用市场机制推动生态扶贫和生态治理。例如,2017 年,中国为减少碳排放全面启动了全国碳排放交易市场。一般而言,中国人口众多经济发达省份多属于碳排放大省,而经济发展滞后地区碳排放量相对较少。全国统一碳排放交易市场的建立,为贫困地区利用市场机制转移碳排放权实现脱贫提供了契机。贫困农户可以通过使用了清洁能源,自觉减少碳排放,获得国内外其他地区支付的碳交易费用。作为一种中国生态扶贫的全新路径,碳汇交易市场使碳排放和农业生产相结合,从碳汇市场中争取的资金,实现了农村能源建设效益货币化。

三、生态文明建设的困境与超越

近年来,中国向环境污染宣战,推进生态文明建设的决心之大、力度之大、成效之大前所未有。2017 年,党的十九大报告中规划了生态文明建设的宏伟蓝图,提出"到本世纪中叶把我国建成富强、民主、文明、和谐、美丽的社会主义现代化强国""实现美丽中国"等发展目标和要求。在新时代国家号召全面推进乡村振兴战略的背景下,生态文明建设作为乡村振兴的一个方面其重要地位将日益凸显。应当立足于当前农村生态文明建设中的现实问题,充分借鉴精准扶贫和脱贫攻坚实践中在生态脱贫、绿色脱贫等生态文明建设方面积累的成功经验,将中国农村生态文明事业继续向前推进。

(一)生态文明建设面临的困境及其原因

就上述目标而言,目前中国农村地区生态文明建设水平仍滞后于经济社会发展,资源约束趋紧,环境污染严重,生态系统退化的现象尚未得到根本改善,经济发展与人口资源环境之间的矛盾仍旧尖锐,生态环境保护仍旧面临诸多困境,生态文明建设的任务依旧任重道远。具体来讲,造成当前中国农村生态文明建设面临上述发展困境的原因包括以下几点。

1. 生态文明观念落后,环境保护意识淡薄

思想观念是行动的先导。生态文明建设离不开党政领导干部和全体人民群众树立科学、正确的生态文明观。建设美丽乡村,离不开基层人民群众树立人人保护生态环境、人人参与生态文明建设的主人翁意识。长期以来,中国农村地区基层人民群众由于受制于传统发展观念的影响以及缺乏完整系统的生态文明教育,生态文明知识匮乏,生态环境保护观念不强,尚未形成绿色生态的生产方式和生活习惯。许多村民并没有认识到当前过度资源开发与生态环境保护之间的必然联系,对破坏生态环境的现象视而不见,甚至本身不自觉地成为农村自然生态环境的破坏者。例如,为保证土地增产,多数农民会选择化学肥料和化学药剂大量使用,导致农田土壤环境恶化和农村生物多样性锐减,开荒垦田、乱砍滥伐、焚烧秸秆等行为对原生自然环境造成了严重破坏。村民

并没有意识到自身的这些行为对生态环境的影响,例如,一项调查数据显示,有三分之一的村民认为生态环境保护与自身的生产生活之间没有直接关系。在生态文明的宣传教育方面,中国农村地区生态意识的培育、生态文化的宣传还处于起步阶段。在环境保护的内容方面,简单地教导村民不乱丢生活垃圾、不乱排乱放、不焚烧秸秆、节约用水用电等,对垃圾分类、绿色出行、低碳生活、绿色消费等生态环境保护理念和措施的认识较为肤浅和不足。例如,有调查显示,尽管中国多数农村地区已经实现了垃圾的集体回收和处理,但对这些生产生活垃圾的处理多以焚烧和填埋为主,有一半以上的村民认为垃圾回收仅是简单的将生产生活垃圾收集在一起,对垃圾分类处理没有概念。此外,部分村民的生态观念不足也受到了自身利益的制约。例如,即便一些村民认识到了农药化肥的大量使用会对土壤、水源乃至人的身体健康造成的破坏性影响,但出于自身利益的考虑也不会放弃这种粗放型的生产方式。再如,即便知晓传统灌溉方式会导致水资源的过量使用和使用效率低下,但出于经济的考量,多数村民为图便利仍然还会采取此种灌溉方式。

农村基层社会生态文明建设和生态环境保护,离不开基层政府和党政领导干部的积极作为。在当前基层政府主导下的农村生态环境治理格局中,基层政府和基层党政领导干部的生态观念和生态意识对农村基层的生态建设具有关键性作用。然而,在一些农村基层政府的日常工作中,由于对生态环境保护认识不深,与生态环境相关的议题在基层政府的议事日程中往往被边缘化。部分基层干部在思想观念上仍将生态环境保护和社会经济发展对立起来,并没有认识到自然资源所蕴含的巨大生态价值,对“绿水青山就是金山银山”的绿色发展理念认识不够。对当地生态文明建设和生态环境保护的重视程度不足,仍采用“粗放型”“高污染”的发展模式推动当地经济发展,片面追求经济效益,造成当地自然生态环境的恶化。对于上级政府下达的生态环境保护任务,一些地方和基层政府采取下达文件、张贴巨幅标语、刷写墙体口号等方式应付了事,并未作出实质性的生态环境保护工作。部分地区形式主义、官僚主义严重,缺乏推进生态文明建设的积极性和主动性。在生态文明建设的宣传教育方面,在宣传的途径上仍旧采取思想灌输、简单说教等较为滞后的手段,没有充分利用移动互联网、个人移动终端、各种平台公众号等新型宣传方式,与广大农民群众针对环境问题缺乏有效的沟通。此外,由于生态文明建设中的“地方保护主义”仍未根除,一些基层党政领导干部非但未能发挥其在农村生态文明建设中的引领作用,其自利动机反而促使其成为农村生态环境治理中的障碍性因素。

2. 农村基层生态文明建设的主体关系不顺

生态文明建设考验着农村基层既有的治理体系和治理能力。尽管党的十八大以来,党和国家逐步建立起了生态文明决策制度、管理制度、考核制度、评价制度等完整的生态文明制度体系。为落实各治理主体在生态文明建设和生态环境保护中的具体职责,先后在全国范围内全面推行河长制、湖长制、林长制等生态保护制度,并取得了良好的成效。但另一方面,中国农村地区仍存在着制度建设不完善,制度执行不到位的问题,成为制约农村生态文明建设的重要因素。当前中国生态文明制度建设不完善具体表现为:

一是农村基层各治理主体之间的生态权责关系仍处于形成之中,农业、国土、林业等相关部门仍存在职能交叉重叠,生态环境保护的责任主体不明确、责任落实不到位,在生态环境保护工作中相互推卸责任的现状尚未得到根本扭转。生态环境建设种类繁多,涉及领域广泛,需要环境保护、发改委、农林、国土资源等多部门的跨领域、跨部门协同推进。当前,由于各个部门之间沟通不畅、职责分工不明确、权责不清等问题的存在,农村环境治理中“看得见的管不着,管得着的看不见”的治理困境仍未得到根本解决。基层政府切实履行生态环境保护职责与当前农村基层现行的政府权责结构、财政税收结构密切相关。例如,在分税制背景下,地方和基层政府在生态环境保护的资金投入受到严重掣肘。对于一些主要依靠自然资源开发和高污染企业缴税获得财政税收的地区而言,地方政府在推进当地生态文明建设任务与财政支出之间就产生了巨大的张力。因此,解决当前政府行政体制中固有的职能交叉、权责不匹配、财权和事权不对等等诸多问题,是加强农村基层绿色治理和推进生态文明建设的关键。

二是政府主导、群众参与不足。人民群众是农村基层社会经济活动的核心主体。生态文明建设的根本宗旨是维护和实现农村基层人民群众的生态利益,满足人民群众对美好生态环境的需要。因此,人民群众参与生态治理是推进农村基层生态环境建设、建设美丽乡村的题中应有之义。但从当前各地的具体实践来看,中国农村基层生态文明建设和环境治理仍未摆脱“政府热,群众冷;政府干,群众看”的困境。生态环境治理离不开基层人民群众的广泛参与和大力支持,而当前中国农村以政府行政为主导的生态环境治理格局仍未产生根本性转变,基层群众生态治理的参与渠道不通畅,参与形式有限,参与热情不高,参与的制度化途径有限,尚未从基层治理制度的层面建立起群众参与生态环境保护的长效机制。基层群众参与不足,严重削弱了生态治理的效果。

三是与生态文明相关的农村基层社会治理绩效评价体系尚未形成。改革开放以来,在国家坚持以经济建设为中心的战略背景下,经济发展逐渐取代了“以阶级斗争为纲”的错误口号,成为从中央到地方各层级的政府最核心的绩效评价指标。受这一国家宏观战略的影响,基层政府和党政领导干部执政绩效的考核、人员选拔、责任监督等都围绕着经济建设方面的成就展开(如引入的外资情况、国民生产总值、税收财政的增长率等),经济工作的优劣成为评价基层发展的核心指标,而在诸如社会民生、生态环境等非经济领域在基层治理评价体系中则处于相对次要地位。随着生态环境问题日益突出和环境保护任务日益艰巨,这种经济建设主导下的社会治理评价体系已不能满足当前社会发展的需要。当前,中国农村基层社会治理亟待构建起以生态文明建设为重要内容的社会治理绩效评价体系。较之经济发展指标,生态环境保护的内涵更为丰富多样,与之相关的评价奖惩体系更为复杂。这也是中国当前推进生态文明建设在体制机制层面的短板所在。

3. 生态文明法治建设相对滞后,生态立法、执法和司法不到位

加强法治建设是推进农村生态治理、绿色治理的重要途径。树立法治意识、法治观念,运用法治思维建立生态文明建设的法治规范、法制体系、法律制度,是推进绿色治理的制度屏障。改革开放以来,中国高度重视生态环境保护立法,并在环境保护领域颁布了一系列法律法规,目前,经过多年努力,中国生态环境法律法规框架体系已基本形成。但总体而言,中国农村基层生态环境法治建设仍存在较大差距。

首先,在立法层面,中国一方面存在着各项法律法规严重重复的现象,且

法律条文之间发生冲突较多,环境保护法律条令"碎片化"问题突出,亟待进一步整合。例如,在大气保护领域,中国现行的《大气污染防治法》是一部专门针对大气污染的法律。而针对农村焚烧秸秆造成的大气污染,中国又出台了《关于加强农作物秸秆综合利用和禁烧工作的通知》。尽管两部法律法规都涉及大气污染的防治,但并没有从农村产业结构、生产方式等层面针对大气进行统一考虑,使其立法效果不及预期。① 这种"碎片化"的环境保护立法容易沦为现实中的"头痛医头,脚痛医脚"的治理困境;而另一方面在农村耕地保护、家禽养殖、生产生活垃圾分类和回收以及"应对气候变化、排污许可、生态环境监测、有毒有害物质环境管理、电磁辐射防护等部分领域"仍然存在大量的立法空白。② 此外,中国环境保护领域的立法"注重关注缺乏防范和救治,政府管制特点鲜明,过多地强调公民保护环境的义务,而忽视了公民的环境权利"③,多数法律法规宣示性、原则性条例较多,缺乏具体可行的法律措施,可操作性不强,总体上还处于起步阶段,对环境污染制造者和责任人的硬性约束不强。

其次,在司法层面,与生态环境保护有关的司法存在举证成本高、举证困难,受地方保护主义干扰、受害公民维权难等问题。在环境污染和生态破坏领域的举证是司法的短板和薄弱环节。例如,一些高污染企业利用夜间空气污染或水源污染检测不宜察觉的漏洞排放废水废气,造成举证困难,影响司法公正。农村地区与生态环境保护相关的司法裁决公信力有待进一步提高。例如,2014 年,河南省辉县市一大学生闫某因掏十六只国家二级保护动物燕隼被判十年半有期徒刑,引发了社会各界的广泛争议。一些地方或基层政府受传统发展观念的误导,担心对一些高污染企业的处罚会影响当地的财政税收,进而干涉基层司法裁决。此外,当前中国部分农村地区司法机关和司法队伍建设不完善、生态环境诉讼标准不统一、司法程序不透明等,都会影响生态环境司法的公平公正。可见,保证生态环境领域的司法独立、司法公开,仍需要

① 何水:《农村生态文明法治建设的困境与出路》,《中州学刊》2018 年第 8 期。

② 环球网:《中国生态环境法律法规框架体系已基本形成》,见 https://baijiahao.baidu.com/s? id=1682564693321523608&wfr=spider&for=pc。

③ 高健、丁炫凯:《困境与突围:生态公民身份养成路径》,《社会科学家》2019 年第 11 期。

相关法律制度建设的持续跟进。

最后,在执法层面,基层环保执法力量薄弱,且存在着环境执法人员法治观念淡薄的问题。法律的生命力和权威在于贯彻实施。然而,农村地区生态环境保护执法向来是基层治理的薄弱环节。具体而言,一是部分农村基层环境保护执法队伍建设不完善,执法部门人员配备不足,部分执法者本身的生态环境保护意识、法律意识不强。一些基层政府部门之间沟通不畅、权责不清且相互推卸责任,严重制约了生态环境执法工作的正常开展。二是生态环境保护立法没有针对性对执法进行细则或规范的约束,赋予了执法层面过大的自由裁量权,这本身就限制了执法的公平公正。例如,《中华人民共和国环境保护法》《中华人民共和国大气污染防治法》《中华人民共和国水污染防治法》等多项与生态环境保护相关的立法都提出,国家机关依法限定责任人对污染源进行"限期治理",并在中国的生态环境保护领域形成了"限期治理"的具体制度,但在实际操作中,相关法律对"限期治理"的具体实施程序和步骤并没有作进一步规定。三是个别地方或基层政府出于自身利益的考量,会阻挠生态环境判决处罚的执行。与环境相关的行政处罚、司法处罚常被束之高阁,法律监督乏力,在执法过程中常受到地方政府干部的干预,有法不依、执法不严的现象大量存在。

(二)新时代背景下加强农村生态文明建设的思路

2021年2月25日,习近平总书记向全国人民庄严宣告,中国脱贫攻坚战取得了全面胜利。全面建成小康社会的伟大事业已经实现,中国开启了全面建设社会主义现代化国家的新征程。在这一新的伟大征程中,各地区、各部门群策群力,积极主动地响应党中央的号召,将生态文明建设与中国新的扶贫减贫实践相结合,把绿色发展、绿色治理的理念贯彻落实到反对贫困斗争的各个方面和各个环节,奋力推进中国生态文明建设、生态扶贫事业走向新的历史阶段。

1. 在绿色治理中坚持以人民为中心

以人民为中心的发展思想是习近平总书记提出的重要的治国方针,所谓"以人民为中心",就是在推进社会主义事业和建设中,始终坚定人民立场,坚信人民力量,坚持人民本位、人民宗旨,把增进人民福祉、促进人的全面发展作为国家一切工作的出发点和落脚点。在脱贫攻坚战中,一些地区通过易地搬迁、生态补偿、发展绿色产业等措施实现绿色扶贫、绿色脱贫,充分尊重人民群众的意愿,深刻彰显了人民群众当家作主、以人民为中心的发展理念。鉴于此,在进一步开展生态文明建设中坚持以人民为中心的理念,就是要充分发挥广大人民群众在生态文明建设中的主体地位,满足人民群众对美好生态环境的需要,以实现人与自然、人与人、人与社会和谐相处之目的。

第一,明确生态文明建设的终极目的是为了满足人民群众对美好生活的需要。生态文明建设关系人民福祉。习近平总书记在党的十九大报告中明确指出:"中国特色社会主义进入新时代,中国社会主要矛盾已经转化为人民日益增长的美好生活需要和不平衡不充分的发展之间的矛盾。"质言之,随着中国经济的发展和社会各项事业的进步,人民对美好生活的向往业已成为党和国家共同奋斗的目标。而推进生态文明建设,提高生态环境质量,不断满足人民群众对美丽生态环境的需要,同样是这一目标的题中应有之义。当前,人民群众对美好生态环境的需求愈益迫切。人民群众的生活在总体上达到小康水平之后,需要更为优质的水源,更为清新的空气,更为净洁优美的工作场所以及更为舒适宜居的生活环境。而现阶段中国生态环境质量总体上与人民的优美生态环境需要相比还存在较大差距。这就要求在中国特色社会主义新时代进一步推进生态文明建设,必须坚持"以人为本"、坚持"全心全意为人民服务"的根本宗旨,坚持以人民为中心的根本导向,把人民群众的生态利益、生态安全放在首要位置,不断增进人民群众在生态环境保护和生态文明建设领域的获得感、幸福感、安全感,确保对生态环境的有效治理为了人民,并服务于人民。

第二,充分发挥广大人民群众在生态文明建设中的主体地位。① 人民是历史的创造者,是关系党和国家前途命运的决定性力量。生态环境保护和生态文明建设作为中国特色社会主义现代化建设——政治、经济、社会、文化、生

① 肖承贵、华启和:《坚持以人民为中心推进生态文明建设》,《经济日报》2020 年 12 月 23 日。

态文明“五位一体”总体布局的一个重要维度,同样离不开在中国共产党领导下广大人民群众积极主动的广泛参与。绿色治理源于草根,与广大人民群众的切身利益密切相关。推进环境保护和生态文明建设,需要构建“党委领导,政府负责,企业、社会组织以及广大人民群众等多元主体协同参与、共同治理”的格局,充分发挥广大人民群众在绿色治理中的主体地位。坚持以人民为中心,在环境治理过程中充分尊重广大人民群众的意愿。运用群众路线的工作方法,群策群力,广泛听取广大人民群众关于生态环境保护和建设的意见或建议;运用协商民主的工作方法,让广大人民群众广泛参与到与生态环境保护相关的决策当中;确保相关决策的民主性、公开性、公正性;完善生态文明建设评估体系,将广大人民群众的对周边生态环境质量(如空气质量、水源质量等)的总体评价作为衡量中国不同阶段不同地区生态文明建设成效的最核心指标,将人民群众满不满意作为生态环境保护工作成败得失的最高标准。总之,通过各种途径激发基层人民群众广泛参与的积极性、主动性,进而形成基层人民群众自我管理、自我监督、自我教育、自我服务的绿色治理格局。

第三,加强生态文明的宣传教育,不断增强全体人民的生态环境保护意识。推进生态文明建设不是政府、企业或个别社会组织的一己之责,而是需要全体人民的共同努力。守护美丽的生态环境,是国家、社会和个人不可推卸、义不容辞的责任。每一个公民个人不应当是环境负担的制造者,而应成为生态环境的守护人。坚持以人民为中心的发展理念,要求积极动员人民群众以身作则,每一个公民从个人做起,自觉维护生态环境。如前述,在精准扶贫和脱贫攻坚工作中,开发生态旅游区、退耕还林还草,发展生态产业等生态扶贫、绿色脱贫工程的顺利实施,离不开基层人民群众的主动参与、积极配合。现阶段,中国仍存在着人民群众生态环境保护意识不强,缺乏生态环境可持续发展的观念、对公民生态环境保护的宣传教育力度不够等问题。进一步推进生态文明建设,需要通过宣传教育,让基层人民充分认识到生态环境的破坏给社会发展所造成的危害,使广大人民群众树立环境保护的意识和生态文明的理念,使“绿色青山就是金山银山”的理念深入人心。

2. 将系统观念融入生态文明建设

坚持系统观念是推进党和国家治理体系和治理能力现代化的重要原则和

方法。所谓系统观念,是指将系统看作是“由相互作用、相互依赖的若干组成部分结合而成的、具有特定功能的有机体;要从事物的总体与全局上、从要素的联系与结合上研究事物的运动与发展,找出规律、建立秩序,实现整个系统的优化;用开放的复杂系统的观点、用从定性到定量的综合集成方法研究经济社会问题”①。系统思维、系统观念具有“整体性、结构性、动态性、开放性和协同性等特点”②。党的十九届五中全会指出,“系统观念是具有基础性的思想和工作方法”,要“坚持系统观念,加强前瞻性思考、全局性谋划、战略性布局、整体性推进”。一直以来,由于系统观念的缺失,中国生态文明建设存在着总体性布局不足的问题。这种目标价值冲突、部门各行其是的治理模式必然会使得此前的生态环境保护措施落入头痛医头、脚痛医脚的尴尬境地。

在精准扶贫、精准脱贫中践行绿色治理的理念以及相关实践经验,启发我们用系统的观念重新审视过去以及当前的生态文明建设路径。具体而言,在生态文明建设中坚持系统观念,应当从以下几个方面着手。

首先,就治理的主体而言,系统思维要求多元主体在生态环境建设中发挥各自的优势,共同参与和协同共治。以往的生态环境治理往往面临着“政府热,群众冷;政府干,群众看”的现象。一方面,政府投入大量的人力物力财力推进生态环境保护工程;另一方面,广大群众作为环境保护的受益人只是被动接受。如前述,生态环境保护和治理不是政府或企业等某一个主体的单一责任,在生态环境治理中践行系统观念,就是要通过治理主体之间的协同的方式,逐步改变过去各部门之间相互扯皮、推诿职责的现象,进而形成生态环境治理的合力。具体而言,在党和国家的层面,通过顶层设计,进一步完善相关生态环境保护的制度体系和法律法规;在政府层面,应当逐步探索绿色行政,将绿色行政的理念贯彻落实到政府行政活动的方方面面,在行政决策领域,应当充分考虑各项因素对生态环境的影响,在行政审批环节,应当严格把关,严禁上马对环境造成严重污染的项目。此外,在个人层面,绿色治理还表现为加强生态环境保护理念的普及和教育,动员全体人民,形成人人负责、人人环保

① 詹成付:《深入理解“坚持系统观念”》,《全球商业经典》2020 年第 22 期。

② 易小明:《论系统思维方法的一般原则》,《齐鲁学刊》2015 年第 4 期。

的良好社会氛围。

其次,就治理的对象而言,应当把生态环境看作是一个相互关联、相互影响、共生共存的生态系统,着眼于生态整体,坚持山水林田湖草沙系统治理,而不是将整个生态系统人为地割裂开来。在环境保护和生态文明建设中践行系统观念,将山水林田湖草沙看作一个整体,统筹考虑自然生态各要素保护需要,推动生态环境系统修复、综合治理。

再次,就治理的空间而言,系统观念要求将全国看作是一个生态大系统,推动区域和城乡绿色治理的一体化发展。在推进环境治理进程中,以往的做法总是把城镇和乡村割裂开来区别对待。大量的城市生产生活垃圾被运送到附近的乡村,进行焚烧掩埋,造成"城市包围农村"的环境治理困境,给农村地区的生态环境保护带来极大的负担。另外,随着农村地区的快速发展,农村生产生活垃圾的处理问题也越来越突出。2016 年的统计数据显示,中国农村地区垃圾年产生量达 1.5 亿吨而只有一半被处理。在环境保护和生态文明建设中践行系统观念,要求统筹城乡规划,对环境保护问题进行城乡一体化考量,在城乡融合发展中推进绿色治理。具体而言,包括城乡绿色基础设施的一体化,城乡空气、水源质量监管的一体化,城乡生态环境规划的一体化等。

最后,就治理的领域而言,将绿色治理的理念贯彻落实到党和国家政治、经济、文化、社会工作的方方面面。以往的绿色发展思路更为注重生态环境保护与经济发展之间的关系。固然,较之于其他领域,生态环境保护与经济发展之间的关系更为突出和显著,是处理其他各项关系的前提和基础。但与此同时,生态文明建设和绿色治理格局的形成,同样离不开正确处理生态环境保护与政治发展、文化发展、社会发展等其他领域之间的关系。系统思维、系统观念的提出,要求将生态文明建设融入社会主义现代化事业的各个方面。在政治领域,加强顶层设计,统筹全局长远谋划,对与生态环境建设关系重大的决策实行一票否决制,构建绿色的政治生态;在经济领域,贯彻落实绿色发展的理念,大力发展清洁能源和绿色产业;在文化领域,通过加强宣传引导,使全体国民树立生态文明的观念,形成绿色文化;在社会领域,倡导绿色的生活方式和生活习惯,建设绿色社会。

3. 营造风清气正的绿色政治生态

在农村基层贯彻落实绿色治理的理念,除了其在保护农村地区的自然生态环境、发掘其生态资源价值之外,还要求着眼于农村基层的政治生活,不断净化政治环境,营造绿色的政治生态,用绿色政治生态来保障和促进中国的生态文明建设。所谓“政治生态”是“一个国家或地方政治生活现状和政治发展环境的集中反映”①。在政治生活中,政治生态主要表现为“政治主体在一定的政治环境下的生存方式,以及在此政治环境下养成的政治习性”②。中国的政治生态是特定时期国家党风、政风、社会风气的综合体现。其中,党风,即党内政治生态是广大党员干部理想信念、精神面貌、工作作风、职业操守的综合体现,具有引领和示范的作用,在政治生态建设中居于核心地位。

在精准扶贫过程中,通过不断优化基层政治生态,严查重处精准扶贫过程中出现的腐败问题,用绿色的政治生态来保障精准扶贫和乡村治理,是打赢脱贫攻坚战的重要举措,也为营造绿色的政治生态提供了丰富的经验。实践证明,绿色的、风清气正的政治生态环境,是保障人民合法权益得以实现的基础和前提,同时也是杜绝基层吃拿卡要、以权谋私等微腐败现象,维护党在人民群众中良好形象的重要途径。而健康洁净的党内政治生态是保持党的先进性纯洁性、提高党的创造力凝聚力战斗力的重要条件。正因如此,党的十八大以来,习近平总书记多次强调,“做好各方面工作,必须有一个良好政治生态”;“政治生态好,党内就会正气充盈;政治生态不好,党内就会邪气横生”。“解决党内存在的种种难题,必须营造一个良好从政环境,也就是要有一个好的政治生态”。

绿色治理的理念要求不仅要能守得住农村自然环境的“绿水青山”,而且还要能守得住基层政治生态的“绿水青山”。绿色治理的政治意涵,就是要实现国家的政治清明、政府清廉、干部清正。绿色的政治生态,离不开“良好的政治制度、规范的政治行为和健康的政治意识”③。因此,针对农村政治生活

---

① 牛君、季正聚:《试析政治生态治理与重构的路径》,《中共中央党校学报》2015 年第 4 期。

② 郝宇青:《“政治生态”的内涵解读》,《探索与争鸣》2015 年第 11 期。

③ 熊光清:《如何塑造良好的政治生态》,《探索与争鸣》2015 年第 8 期。

随意化、形式化、平淡化、庸俗化的问题,要求着眼于群众身边的“微腐败”现象,从基层政治生活的制度建设、思想建设、作风建设等方面,做到防微杜渐,营造出绿色健康的基层政治生态。

在政治建设方面,要旗帜鲜明讲政治。要加强基层党员领导干部和广大人民群众的政治建设,“牢固树立‘四个意识’,坚定‘四个自信’,做到‘两个维护’”,坚定政治立场,明确政治方向,努力弘扬人民至上、立党为公、执政为民的根本宗旨;在作风建设方面,党员领导干部要以身作则,发挥先锋领导模范作用,严格遵守党的政治纪律和政治规矩,坚决反对形式主义、官僚主义、享乐主义和奢靡之风,引领积极健康向上的社会风气;在思想建设方面,要注重加强农村基层党内政治文化建设,倡导实事求是、艰苦奋斗、清正廉洁的价值观,自觉抵制庸俗腐朽的政治文化,抵制自由主义、神秘主义、历史虚无主义等西方思潮的侵蚀,努力培育基层人民群众的民主意识、法律意识、规则意识,形成全民监督的态势;在制度建设领域,进一步完善乡镇政府机构改革,构建更加合理的职能配置、机构设置和人员配备。加强组织建设,提高基层党组织的组织力,完善基层群众自治制度,进一步贯彻落实村务监督委员会制度,通过将权力关进制度的笼子,逐步构建起不敢腐、不能腐、不想腐的体制机制。总之,通过上述一系列措施,逐渐营造起政治清明、政府清廉、干部清正的基层政治生态,进而实现整个国家和社会政治环境的“山清水秀”,以建设和保障自然环境的“绿水青山”面貌。

第四章　有效治理:实施“六个精准”的扶贫政策

乡村治理既是手段又是目的。作为目的的乡村治理就是要达到有效治理的价值取向,其标准包括实现社会和谐有序和发展充满活力两大基本内容。作为手段的乡村治理是为目的服务的,其形式诸如统治与分治、政治与自治、官治与民治、法治与德治,以及治人治家、治产治业、治山治水、治民治官等。正确的目的和手段、内容和形式的有机结合,就是公平正义、科学规范的治理实践过程。中华人民共和国成立七十余年来,农村治理主要经历了领导管理、村民自治、共同治理三个阶段。不同阶段有着不同的特征。早期领导管理是在国家集体化时代,通过自上而下的管理模式加速社会主义工业化的发展。改革开放后,随着国家权力对村落管控权力的式微,村民自治逐渐登上舞台,村民自治意指农民群众直接行使民主权利,依法处理自身事情,通过实行自我管理、自我教育、自我服务达到村落善治的目标。随着农村社会的深度变革,作为新的一种治理模式,共同治理是对农村碎片化治理的有效回应。共同治理既非传统的依靠行政层级的垂直治理,也不限于村民的自我管理,而是通过包容性的方式构建起民众、政府和第三部门多方协作的治理平台。在精准扶贫脱贫攻坚战中,为了成功地有效地治理贫困现象,我国提出并实施了“六个精准”的扶贫政策,即扶贫对象精准、措施到户精准、项目安排精准、资金使用精准、因村派人精准、脱贫成效精准。“六个精准”在共同治理的基础上,强调精细准确的治理要求和科学规范的技术规程。实践证明,通过对我国贫困乡村的这种精准治理,实现投入少成本低和产出高增值大,达到消除绝对贫困、整体性贫困的目的,为乡村治理现代化探索了新的道路。因此,研究贫困治理的“六个精准”政策，具有重要的理论和实践意义。

一、前精准扶贫时期的中国贫困治理

以 2013 年到 2020 年的精准扶贫阶段作为中国贫困治理的分水岭，中国贫困治理的实践历程可划分为两大时期，即前精准扶贫时期和精准扶贫时期，其中前精准扶贫时期又可细分为四个阶段：新中国救济式扶贫阶段（1949—1977 年）、体制改革推动扶贫阶段（1978—1985 年）、大规模开发式扶贫阶段（1986—1993 年）以及扶贫攻坚阶段（1994—2012 年）。

（一）新中国救济式扶贫阶段：1949—1977 年

新中国成立初期，以毛泽东同志为核心的党的第一代中央领导集体基于对中国“一穷二白”基本国情的研判，从满足人民群众根本利益的角度出发，实施了一系列的反贫困措施，特别是通过建立和实行社会主义经济政治制度，为中国贫困治理实践奠定了重要的基础，1949—1977 年可称为救济式扶贫阶段。

救济式扶贫主要是以实物为主的包括生活救济、自然灾害救济与优抚安置等“输血”式扶贫。国家在社会救济、医疗卫生健康、基础教育和技能培训等方面采取了一系列措施：第一，初步建立城乡社会救济保障制度，以国家和单位、国家和农村集体相结合的方式对群众提供最基本的社会福利保障。如农村贫困人口的五保政策。1956 年《高级农业生产合作社示范章程》和 1960 年《全国农业发展纲要》提出，农村合作社应对无依无靠的孤老病残社员实行“保吃、保穿、保烧、保教、保葬”，后来又扩大到保住和保医的五保供养制度①。中国共产党第八届中央委员会第十次全体会议通过的《农村人民公社工作条例修正草案》明确了救济贫弱社员应是人民公社的一项基本职责。第二，创立农村合作医疗制度，在很大程度上提高了农村的医疗卫生水平，广大农民由此获得了基本的医疗卫生保健服务。第三，开展全国大规模扫盲运动，明确规

---

① 陆月娟：《建国以来中国农村社会保障制度的建构与改革》，《经济研究导刊》2013 年第 5 期。

定“每人必须认识1500到2000个字”,还提出在全国农村建立农业技术学校,成立农业科学技术站等,以使农民在接受农业技能培训后能掌握科学的种植技术和机械技术。

救济式扶贫治理的特点体现在三个层面:第一,扶贫的阶段性和目标性。尽管以毛泽东同志为核心的第一代中央领导集体早就提出了“共同富裕”的目标,但受限于当时生产力落后和物质资源匮乏的困境,将优先保障人民群众的基本生存需求作为当时的扶贫治理目标,使得扶贫治理策略更具合理性和可行性。第二,扶贫对象的笼统性。该阶段将城市和乡村中生活有困难的人作为扶贫对象,未制定明确的贫困线标准和贫困治理瞄准机制。不过,基于当时城市居民消费水平普遍较低,城市与乡村之间的贫富差距小,这种“广覆盖、低水平”的社会救济政策未造成严重的资源浪费和治理低效的问题。第三,扶贫治理主体的单一性。在“总体性”社会中,农村贫困社员的救助由政府和村集体提供,城市贫困职工的救助则由所属单位提供。

任何扶贫政策和社会行动总是要以特定的历史阶段为基础,中华人民共和国成立初期的中国农村贫困治理存在以下几个局限:第一,计划经济体制下国家对农村贫困问题缺乏全局性和科学性研究,党的指导思想受到“左”的干扰,无法有效地援助农村贫困地区。这一时期,开展的“反右”运动、人民公社化、“文化大革命”等席卷全国的运动将人民卷入政治斗争中,人民被动参与到这些运动当中,农村贫困治理遭受到重创和停滞。第二,计划经济体制下实行的农村贫困治理只能满足农村贫困地区和人民的生存需求,无法调动农村贫困地区人民的生产积极性。第三,计划经济体制下赶超式的国家工业化政策导致工农业出现较大的“剪刀差”。20世纪50年代实施的户籍制度和统购统销政策,加深了对农村和农村人口的社会排斥,农民失去了择业和流动的自由,城乡两极分化和隔离严重。

总体而言,这一时期国家扶贫工作的重点是解决大多数贫困人口的生存问题,通过采取“输血”救济式的扶贫措施,初步建立起了以农村集体经济和单位体制为基础的城乡社会保障体系,中国城市和乡村人口生存状况得到初步改善。受制于物质基础和各种条件限制,该阶段国家对贫困治理的系统性认识不足,缺乏针对性的解决贫困问题的纲领文件,因此在贫困治理目标定位和贫困治理对象瞄准等方面有待提升。随着扶贫工作不断推向深入，这种以自上而下的运动式扶贫模式和救济式扶贫的问题逐渐凸显。在 1978 年之前，农村反贫困事业总体进展缓慢。

（二）体制改革推动扶贫阶段：1978—1985 年

1978 年后，中国开始实施以制度变革为先导、以相关配套措施为辅助的减贫举措。制度变革阶段的扶贫措施逐步将国家整体拆解为不同的单元，相对于救济式的单向扶贫而言，制度变革则通过释放制度红利、解绑制度桎梏，进而为激发社会主体的能动性创造条件。

首先是农村经济体制改革的探索。1977 年年底，安徽省凤阳县小岗村村民实行“大包干”实验，催生出了家庭联产承包责任制和统分结合的双层经营体制。家庭联产承包责任制考虑到了农民生产的自主性、灵活性和分散性，采用“交足国家的，留足集体的，剩下全是自己的”分配制度，激发了农民投入生产的积极性①，提高了生产效率，增加了农民收入。同时，促成了农产品价格和流通体制的改革，以市场为基准，大幅提高农产品收购价格，促进农民增收。

其次是加强区域政策倾斜，加大项目扶持力度。政府实施了具有明确指向的政策倾斜措施，如实施“三西”农业建设区域性扶贫计划和“以工代赈”扶贫计划。“三西扶贫”是指 1982 年 12 月国务院启动实施的甘肃河西地区、定西地区和宁夏西海固地区的农业建设扶贫工程，其扶贫思路是：利用河西、河套产粮的条件，解决定西、西海固粮食短缺，培育草场，逐步转变生态环境的恶性循环为良性循环；对定西和西海固实行以工代赈，加强生产建设；组织定西和西海固极端困难地区的人民，采取先由青壮年劳动力自愿到外地开荒种田、逐步安家的办法，有计划、分批次搬迁到新灌区和河西、河套地区。② 而以工代赈是指国家以现金或实物折款的形式投入受赈济地区实施基础设施建设，

---

① 吴华、韩海军：《精准扶贫是减贫治理方式的深刻变革》，《国家行政学院学报》2018 年第 5 期。

② 摘自《扶贫开发常用词汇释义》，国务院扶贫办信息中心提供，见 http://f.china.com.cn/2017-06/20/content_41061481.htm。

动员受赈济地区困难群众参加劳动并获得报酬的一种扶持方式。1984—1987年，国务院对全国18个集中连片的贫困地区实行了粮棉布以工代赈，动用库存粮食50亿公斤，棉花1亿公斤和棉布5亿米，帮助贫困地区修公路、航道和小型水利工程。

在体制改革推动扶贫阶段，扶贫治理的规范性和开放性逐渐加强：第一，贫困内涵的定位层次有所提升，表现在从收入贫困向兼顾能力贫困拓展，逐渐强调保障贫困人口的基本生存和发展权利，贫困治理对象逐步细化、瞄准机制逐步强化。① 第二，扶贫治理单元区域化。国家针对最贫困区域展开了大规模、大范围、连片式的区域扶贫工作，为下一阶段转向以贫困村为基本治理单位做了准备。第三，以生态建设和扶贫开发作为扶贫工作的指导方向，意味着扶贫策略发生重大变革，开始由单一的救济式扶贫转变为片区开发式扶贫、易地搬迁扶贫、生态扶贫相结合的多元式扶贫策略。第四，扶贫治理主体多元化，扶贫治理主体开始由单一主体转向多元化主体参与，政府积极动员和组织贫困片区的贫困青壮年群众和乡镇企业参与。20世纪80年代末，乡镇企业的蓬勃发展使得农民实现了“离乡不离土”的灵活多样的就业方式，成为提高农民家庭收入和降低贫困水平的重要推动力。

体制改革带来了巨大的减贫效应，此阶段也成为中国脱贫、减贫最为显著的时期。“据统计，从1978年到1985年，农村人均粮食产量增长14%，棉花增长73.9%，油料增长176.4%，肉类增长87.8%；农民人均纯收入增长了2.6倍；没有解决温饱的贫困人口从2.5亿人减少到1.25亿人，占农村人口的比例下降到14.8%；贫困人口平均每年减少1786万人”②。

制度变革的扶贫治理策略内嵌于中国整体的改革开放制度体系之中，这一时期扶贫的问题表现为：第一，区域发展不平衡问题日益凸显。扶贫工作在地域资源优势明显、交通较为便利的地区成效显著，但那些自然资源贫乏、基础设施落后的边远山区，经济发展仍十分缓慢，扶贫成效不足。第二，农村贫困治理缺乏专业性和组织性，农村贫困治理力度有限。缺乏顶层设计，没有一

---

① 张力、逄强、张琦：《中国贫困治理的实践历程和主要经验》，《社会治理》2021年第1期。

② 刘清荣、程文燕、康亮：《试论我国扶贫开发的历程、模式及创新》，《老区建设》2013年第8期。

个专门性的机构来统一指导和规划全国的农村贫困治理工作。国家和政府对农村贫困群众的自身“造血”的能力建设重视不足,农村贫困治理规模较为有限。第三,救济式扶贫依旧没有完全退场。国家尚未制定全国性专项农村贫困治理政策,农村贫困治理工作主要依赖于农村经济体制改革。

(三)大规模开发式扶贫阶段:1986—1993 年

改革开放推动了中国国民经济的快速增长,但是,东西部社会经济发展不平衡却越发明显,尤为突出的是东西部农村之间的差距。在一些老少边穷地区,经济发展滞后,部分贫困人口甚至还在温饱线上下挣扎,中国农村发展不平衡的问题日益严重。1986 年,党和国家启动大规模开发式扶贫计划。这一时期的扶贫工作主要从以下三个方面展开:

第一,推动扶贫工作的组织化和专业化。1986 年 5 月 16 日,成立了国务院贫困地区经济开发领导小组,该机构专门负责起草、规划、统筹全国农村扶贫工作,领导、监督、检查贫困地区经济开发工作,中国农村扶贫工作进入了一个全新的历史阶段。① 同年,国家第一次明确了贫困标准,并确定了贫困人口、贫困县和贫困村。

第二,确立了以县为单元的扶贫机制。1986 年,开展了对重点贫困区域的识别工作,将扶贫单位定位到县一级,确立了国家级贫困县和省级贫困县。先后确定了 331 个县和 379 个县分别为国定贫困县、省级贫困县。同时,在这一时期也制定了更多的扶贫惠农政策,如信贷扶贫、教育扶贫、科技扶贫等。②

第三,创新扶贫模式,确立了开发式扶贫方针。国家开始对社会扶贫更加重视,鼓励社会各界积极参与到扶贫事业中来。1986 年,提出了“定点扶贫”,极大促进了贫困地区的经济发展。

以上措施实现了由农村扶贫工作向农村扶贫开发的历史转变,贫困地区得到了较大的改善。到 1993 年年底,贫困地区农民人均纯收入从 206 元增加

---

① 武沁宇:《中国共产党扶贫理论与实践研究》,吉林大学博士学位论文,2017 年。

② 武沁宇:《中国共产党扶贫理论与实践研究》,吉林大学博士学位论文,2017 年。

到483元,农村贫困人口从1.25亿人减少到8000万人,贫困发生率从14.8%下降到8.7%。①

这一时期扶贫工作存在的问题:第一,扶贫理念精细化不足。20世纪80年代中期以来,中国乡村贫困治理是一种以区域瞄准为主,没有识别到户的农村贫困治理模式。以贫困县为扶贫单位的治理工作带来了两方面的问题:一是地方政府用扶贫资金发展当地工商业和乡镇企业,而需要救助的农村贫困群众没有得到及时救助。② 二是"大水漫灌"的农村贫困治理模式不适应不同贫困结构特点的农村贫困地区以及不具备脱贫能力和素质的困难群体,或者是脱贫后又返贫的农村贫困群众,治理成效低。第二,贫困村民参与动力不足。农村贫困治理项目的选择未有机结合贫困地区的自然地理条件和群众的迫切需求,缺乏民众的回应,政府主导农村贫困治理的特征仍十分明显。第三,连片贫困地区的贫困治理工作不仅引发了资源的过度开发,而且因忽视了贫困农民的个体差异,使得贫困地区的贫困治理可持续性缺乏,返贫现象时有发生。

(四)扶贫攻坚阶段:1994—2012年

伴随着国家经济的飞速发展,国家扶贫开发的力度也在不断加大。但是,贫困人口分布的地域性差异明显,主要集中在自然条件较差、基础设施较为薄弱的地区,如西南大石山区、西北黄土高原区以及青藏高原区等。

为加大扶贫开发的力度,《国家八七扶贫攻坚计划》明确提出,坚持开发的扶贫方针,集中人力、物力、财力,力争用七年时间,积极改善广大农村地区基础设施,科教文卫的落后状况,调动社会各方力量帮助全国农村8000万贫困人口解决温饱问题。这是1949年新中国成立以来的第一个目标明确、措施具体、对象清晰和期限明确的扶贫开发行动纲领。围绕《计划》,国家采取了以下措施进行更大力度的开发式扶贫。

---

① 国务院扶贫开发领导小组办公室:《中国农村扶贫概要》,中国财政经济出版社2003年版,第137页。

② 张磊:《中国扶贫开发政策演变(1949—2005)》,中国财政经济出版社2007年版,第143页。

第一是目标细化，分阶段制定纲领性文件。国务院出台了在21世纪的第一个十年的指导扶贫工作的纲领性文件，即《中国农村扶贫开发纲要（2001—2010年）》。《纲要》要求更进一步改善农村贫困地区的生产生活条件，巩固好扶贫成果，详细规划了2000年到2010年扶贫开发的奋斗目标、基本方针、对象和重点、组织机构和领导力量、实施内容和措施途径、主要政策和相关保障等内容。① 2011年，国务院制定了新时期的《中国农村扶贫开发纲要（2011—2020年）》，总体目标是到2020年稳定实现扶贫对象不愁吃、不愁穿，义务教育、基本医疗和住房有保障，即“两不愁三保障”。

第二是逐步调整扶贫治理单位，初步形成脱贫攻坚责任体系。在上一阶段的快速减贫后，按照“进四退七”的原则对贫困县进行了调整，1994年，调整过后的国定贫困县确定为592个。之后，国家把国定贫困县作为主要对象，大幅度增加扶贫资金投入，进一步明确了“四个到省”扶贫开发工作责任制。随后，扶贫治理单位逐渐从贫困县再转到贫困村，治理单位和治理对象逐渐迈向精细化。《中国农村扶贫开发纲要（2001—2010年）》，确定了14.8万个贫困村，并强调把扶贫开发作为脱贫致富的主要途径，把社会保障作为解决温饱问题的基本手段。②

第三是实施西部大开发战略，将国家区域发展战略与对口扶贫相结合。2000年10月，党的十五届五中全会通过的《中共中央关于制定国民经济和社会发展第十个五年计划的建议》强调：“实施西部大开发战略、加快中西部地区发展，关系经济发展、民族团结、社会稳定，最终实现共同富裕，是实现第三步战略目标的重大举措。”2001年3月，九届全国人大四次会议通过的《中华人民共和国国民经济和社会发展第十个五年计划纲要》对西部大开发战略进行具体部署。2006年12月，国务院常务会议通过的《西部大开发“十一五”规划》的战略目标是实现西部地区经济又好又快发展，帮助中西部贫困地区和贫困人口早日摆脱贫困，人民生活水平持续稳步提高，逐步实现共同富裕。

第四是调整了扶贫财政专项投入，继续完善扶贫资金监管。《计划》实施

① 武沁宇：《中国共产党扶贫理论与实践研究》，吉林大学博士学位论文，2017年。

② 张力、逄强、张琦：《中国贫困治理的实践历程和主要经验》，《社会治理》2021年第1期。

以来,为完善扶贫资金监管制度,国家出台了《国家扶贫资金管理办法》(1997)、《财政扶贫资金管理办法》(2000)和《财政扶贫项目管理费管理办法》等相关规则制度。

第五是初步建立农村最低生活保障制度。“2007 年,国务院印发《关于在全国建立农村最低生活保障制度的通知》,要求建立健全农村最低生活保障制度,逐步提高五保供养水平,建立新型农村合作医疗制度,开展新型农村社会养老保险制度试点”①。

第六是实施“义教工程”,拓展教育扶贫。扶贫先扶智,国家投入了大量资金修建学校去提高贫困地区人口的素质,基本实现了要在世纪之交在全国范围内实现实施九年义务教育和基本扫除青壮年文盲的目标。

扶贫攻坚阶段的扶贫治理方式仍以政府为主导,但提出的“动员社会力量参与扶贫、党政机关对口扶贫、东西部协作扶贫等中国特色的扶贫方式,在实践中取得了明显成效并一直沿用至今”②。到 2000 年年底,八七扶贫攻坚计划的顺利实现,标志着每年有约 800 万贫困人口的温饱问题得到了基本的解决。到 2010 年年底,农村贫困人口减少到 2688 万人,贫困发生率下降到 2. 8%,较 2000 年下降了 7. 4%。③

这时期的农村贫困治理成效显著,但仍存在以下问题,一是扶贫是一个双向行动,但由于历史惯性等原因,农村贫困治理依旧存在政府主导、群众参与不足的问题;二是农村贫困治理不平衡的问题依旧突出,虽然绝对贫困人口逐年下降,但贫富差距问题、社会公平正义问题却越发显现;三是从时间上看,农村贫困治理可持续问题初现,农村贫困地区、贫困群众,以及脱贫地区和群众,其抵御风险的能力还较薄弱;四是扶贫脱贫精准度不足,连片特困地区的脱贫难度大。④

在探索贫困治理的历史进程中,受限于中国不同发展时期所处的经济社

① 张力、逄强、张琦:《中国贫困治理的实践历程和主要经验》,《社会治理》2021 年第 1 期。

② 王亚华、舒全峰:《中国精准扶贫的政策过程与实践经验》,《清华大学学报(哲学社会科学版)》2021 年第 1 期。

③ 周芸帆:《十八大以来中国农村贫困治理研究》,电子科技大学博士学位论文,2020 年。

④ 周芸帆:《十八大以来中国农村贫困治理研究》,电子科技大学博士学位论文,2020 年。

会条件的不同,国家和社会对贫困和扶贫的认知和理念不同,因此,各个扶贫阶段的手段和方式也呈现出不同的特征。总体来看,前精准扶贫阶段虽然取得了巨大的成就,但就治理成效而言,仍显示出低效治理的特征。

二、精准扶贫的政策内容与实践成效

随着世界经济环境的变化和中国经济发展的态势,中国扶贫开发形势也变得更加复杂。尽管过去的扶贫取得了一定的成绩,但依旧存在着巨大的提升空间。过去的“粗放扶贫”导致的农村贫困人口底数不清、情况不明、瞄准度不够、扶贫资源渗漏等问题凸显。特别是,“粗放扶贫”存在“关系扶贫”“人情扶贫”等情况,使得有的真正贫困的农户未能得到及时有效的帮扶,甚至一些地区扶贫发生了权力寻租。这种宽泛粗放型扶贫政策或“大水漫灌”式扶贫政策的效能不高,导致资源浪费、事倍功半。党的十八大以来,为适应决胜全面建成小康社会的需要,精准扶贫、精准脱贫政策应运而生。

(一)“六个精准”的政策内容

精准扶贫,贵在精准,重在精准,成败之举在于精准。精准是效能的基础,因为“精准”意味着精细、准确,要求将扶贫的政策和力量、资金和项目用在真正贫困的村民身上;强调扶贫的精准性就是为了提高扶贫效能,也就是实现扶贫工程的效用、效率、效果,实践证明没有精准就会事倍功半、资源浪费,民众生活也没有获得感。精准扶贫政策集中表现在六个方面,简称“六个精准”。

1. 扶持对象精准

扶贫对象精准是精准扶贫的基础和前提。精准扶贫实践中对于贫困户的识别,主要是从以下三方面入手:(1)标准合理。前精准扶贫阶段扶贫工作大多采用“大水漫灌”,常造成有的“真贫人”被排挤在扶贫线外,主要原因之一就在于贫困标准模糊不清,因此,要精准扶贫,对贫困标准的科学设定和正确应用就极为重要。贫困基准线是以 2013 年的人均年纯收入 2300 元为标准,虽然以后在此基线的基础上不断适时调整,但是仅以收入论贫困,贫困标准就显单一化,有失公平、公正。此外,不同地区贫困户贫困原因各不相同,不同地区对贫困的标准作出多样化调整,既要严格遵循"两不愁三保障"的原则,又要因地制宜实事求是地制定符合本地区脱贫的贫困标准。因此,贫困户的识别既要考察农户收入,还要考虑家庭资产、支出以及教育、健康等方面。(2)方法创新。许多地区采取了"一进二看三算四比五议六定"的六步识别法,一进,必须真正走进贫困家庭,真实考察贫困状况;二看,全面观察贫困家庭情况;三算,根据年收入以及财产状况计算出家庭人均年收入情况;四比,人均年收入首先与国家划定的贫困基线相比,其次还要和当地居民人均年收入相比;五议,采取层层递进的方式进行评议,评议方式公开透明;六定,最终确定贫困人口。这种创新的方法确保了扶贫对象的精准性。(3)民主评议。精准找出贫困对象,必须发扬民主,让广大村民参与贫困户评议。初选对象依据农户自愿申报,行政村召开村民代表大会评议,将其初选名单公示并报乡(镇)人民政府审核,乡(镇)人民政府对初选名单审核后再确定全乡(镇)贫困户名单,经各行政村第二次公示,无异议后报县扶贫办审核,复审结束在各行政村公告。① 民主评议机制的设定,使得贫困户的识别更具规范性、程序性和科学性,从而避免了规模控制和自上而下分解的弊端,因为中国各省(区、市)的贫困人口规模以国家统计局发布的2013年年底全国农村贫困人口为基数,省市县的贫困人口规模都来源于国家统计局的权威数据,而到乡、村的贫困人口规模,具有较大的随意性。

2. 项目安排精准

扶贫项目的选择与安排是扶贫能否达到预期效果的基础。按照贫困地区和贫困人员的具体状况,遵循"因人因地因原因施策"的原则,切实做到因地制宜、对症下药,使扶贫项目切合贫困地区的实际状况。习近平总书记曾就解决"怎么扶"的问题,提出实行"五个一批"项目工程,例如实施"易地搬迁脱贫一批",凉山昭觉县悬崖村地势险峻,交通困难,一方水土实在难以养活一方人,决定实施易地搬迁安置项目工程,悬崖村村民集体迁移到新建的集中安置房,从而彻底改变了村民居住生活条件,给贫困户的劳动就业和增收带来了新的机遇,也给地区发展注入了新的希望。又如凉山喜德县实施"扶持生产与

① 李萍、李飞:《精准扶贫实践中的重点难点与有效治理》,《理论学习》2017年第4期。

就业脱贫项目”和“教育脱贫项目”两项工程助力贫困地区脱贫，在产业上，喜德县以原有的经济条件为基础，大力扶持“喜德阉鸡”和非物质文化遗产“喜德漆器”两个项目，致力于打造喜德县地标物产，探索出一条由政府负责、企业参与的“政企合作”的精准扶贫模式。在教育上，基于喜德县基础教育师资队伍极为短缺的状况，积极利用“高校对口帮扶”的师资，对口高校西华师范大学每年输入的大批师范专业本科生深入贫困乡镇支教，以解决师资严重不足的问题。产业扶贫和教育扶贫两大项目都收到预期效果，使喜德县加快走向脱贫致富道路。

3. 资金使用精准

扶贫项目确定后要依靠扶贫资金来启动，扶贫资金的使用必须落实精准性，资金使用是否精准、是否到位直接关系到扶贫工作的成败得失。我国中央、省市级每年拨付的财政专项扶贫资金金额巨大，扶贫项目种类繁多，如果对专项扶贫资金不加以规范与管理，就极容易出现资金投入高但成效低或者分配不合理的情况。从 1997 年《国家扶贫资金管理办法》的出台到 2017 年《中央财政专项扶贫资金管理办法》的颁布，标志着中国扶贫资金的管理越来越精细化、科学化。首先，扶贫资金投入的项目尽量要围绕贫困地区特色产业、改善地区基本生活条件与基础设施和加强贫困人口技能培训以及促就业等民生项目上来。其次，健全资金使用监管制度。资金使用要精准到贫困户上来，必须建立健全报账制度、公示公开制度、审计稽查制度以确保资金使用透明精准。最后，健全资金使用的多元化绩效评价体系。针对过去绩效评价体系忽视了贫困户在资金使用、资金监管和资金使用成效评价这一过程中的参与性，精准扶贫在坚持和完善现有的考核评价机制基础上，探索建立贫困户参与的脱贫绩效考核评估机制，以确保资金使用的精准性和有效性。

4. 措施到户精准

就社会学意义而言，贫困绝不只是因为贫困群体主观因素所导致的，而是社会结构和资源禀赋等一系列先天基础和后天制度安排的后果，这就决定了致贫因素具有复杂性、多样性和动态性，因此，针对贫困人口的扶持措施和脱贫的手段也应该保持差异化、个性化和动态化，要根据贫困状况、贫困人口数量、分布以及致贫原因等精准施策。对于贫困状况严重，贫困人口多且比较聚集的地方,致贫原因也大致相同,因此帮扶措施出台就可以集中连片落实到村到户,实现集体脱贫。例如跨越云、贵、川三省的乌蒙山深度贫困片区,人称"地无三里平"地带,农民农业收入微薄,挣扎在贫困线上,于是政府集中整改土地和道路,土地集中整改完毕后按照农民原有面积再分配到各家各户。土地规整,交通改善,使得片区农民生活生产水平得到明显提高。对于贫困状况较轻,贫困人口零散分布的地方,贫困原因各不相同,帮扶措施必须体现针对性和差异性,精准到每一个村甚至每一个户头上,严格落实"一村一政策""一户一措施"的政策。

5. 因村派人精准

大政方针决定之后,干部是政策执行的关键因素。为了克服基层乡村领导力量的软弱涣散现象,决定向贫困乡村派驻第一书记和工作组,"第一书记和驻村工作组作为精准扶贫的'滴灌管道',实现对贫困户的精准帮扶、精准滴灌"①。"第一书记"扶贫政策于 2015 年在全国推行,这是对中国传统上"皇权不下县"的乡村治理理念的重大转变,也是"将制度优势转化为治理效能"原则在扶贫领域理论与实践的呼应。② 有效的扶贫治理主体政策在精准扶贫中发挥了重大作用,显著提高了政策工具的边际收益。

根据因村派人精准的政策要求,各地区选派第一书记坚持思想品德端正、作风优良、有担当、勇于奉献等标准;要求选派干部充分发挥干部自身的特点和优势,解决贫困村脱贫发展问题,同时对扶贫干部主要从监督和考核两方面入手加强管理:第一,加强对扶贫干部的监督。既加强对干部监督网络体系的建设,又严格落实好干部监督联席会议制度。第二,建立实事求是、科学规范的扶贫工作考核制度。采取短期考核与长期考核、定期与不定期抽查与汇报等多种办法相结合的方式对扶贫工作进行考核。

6. 脱贫成效精准

有效性标准不是一种类似于抽象的民主法治,或是领导人主观臆断,而是

---

① 卢冲、庄天慧:《精准匹配视角下驻村干部胜任力与贫困村脱贫成效研究》,《南京农业大学学报(社会科学版)》2016 年第 5 期。

② 王亚华、舒全峰:《中国精准扶贫的政策过程与实践经验》,《清华大学学报(哲学社会科学版)》2021 年第 1 期。

以现实为支撑的实践结果导向。脱贫成效精准就是要在落实“扶贫对象退出机制”方面下苦功、花功夫,确保实现“脱真贫”与“真脱贫”。脱贫成效要“真”,既不能搞形式主义“被脱贫”,又要坚持“脱贫不脱政策”,防止“返贫”现象的发生。

为更加精准地全面考核地方政府精准扶贫工作的预期目标以及更好地总结提炼扶贫经验、发现问题和“以评促建”,在各地党政机关层层对上立“军令状”和层层对下检查评估的基础上,扶贫成效考核又引入了“第三方评估”机制。2016 年 2 月,中共中央办公厅、国务院办公厅联合印发的《省级党委和政府扶贫开发工作成效考核办法》规定:“国务院扶贫开发领导小组委托有关科研机构和社会组织,采取专项调查、抽样调查和实地核查等方式,对相关考核指标进行评估。”①“第三方评估”由此被广泛引入到地方政府精准扶贫绩效考核中。扶贫成效考核引入“第三方评估”这种机制属于体制外的,对推进脱贫攻坚实践具有倒逼作用,能有效杜绝脱贫攻坚实践中的各种虚假行为,进一步提高扶贫工作成效。② 精准扶贫绩效“第三方评估”始终坚持党委和政府的组织领导和动员部署。“第三方评估”突出参与主体的广泛性、专业性和独立性,其中高等院校、科研机构和社会组织成为“第三方”的主要参评方。“安徽省、山西省等以高等院校为‘第三方’的省区,就教师比例提出了具体要求;四川省明确以西南减贫与发展研究中心为牵头单位,评估组抽调人员所涉单位予以积极配合;西藏自治区则由西藏社会科学院研究员和西藏大学教师为评估主体。”③“第三方评估”依照规范的评估流程,根据委托方赋予的职能权限,采取调阅扶贫资料、脱贫实地观察、走访扶贫对象和入户问卷调查等评估方法,评估内容坚持现行扶贫标准,由精准识别、精准帮扶“两个方面、三项内容”的评估,转向侧重贫困人口“两不愁三保障”稳定实现情况的评估。脱贫攻坚成效指标设定注重定量指标和定性指标相结合,脱贫成效评估坚持过程

① 《省级党委和政府扶贫开发工作成效考核办法》,2017 年 7 月 3 日,见 http://news.cnr.cn/native/gd/20160217/t20160217_521401013.shtml。

② 鲁先瑾、唐建兵:《论精准扶贫绩效　“第三方评估”的经验与启示》,《河南理工大学学报(社会科学版)》2020 年第 11 期。

③ 鲁先瑾、唐建兵:《论精准扶贫绩效　“第三方评估”的经验与启示》,《河南理工大学学报(社会科学版)》2020 年第 11 期。

评估和结果评估双导向,但总体而言,结果评估相对于过程评估而言更强调综合性,因此,在“第三方评估”的实践中更加突出结果导向的评估。

(二)“六个精准”的相互关系

精准扶贫的核心要素是“六个精准”,它们各有内涵和特点,同时又是相互关联的,共同构成了新时代脱贫攻坚的系统工程和完整过程,实现了对贫困乡村的有效治理、成功治理。

作为系统工程的精准扶贫脱贫攻坚,是由不同要素、关联、结构整合在一起的整体,这其中,扶贫对象精准是精准扶贫的前提。精准识别定位对象是“第一粒纽扣”,如果第一粒纽扣都扣不好,之后的扶贫措施就会愈来愈偏离靶向,扶贫对象精准是成效精准的前提条件,所以,要精准识别扶贫对象,一户一户解决问题,一家一家脱贫,根据各家的特点来进行具体分析对待,根据自身不同的特点来确定发展方向,建立贫困户档案,对每一阶段的任务和结果分别进行规划及评估,使扶贫过程有迹可循。2014 年,国务院扶贫办印发了《扶贫开发建档立卡工作方案》,对扶贫建档立卡工作目标、贫困户和贫困村建档立卡方法和步骤、贫困县和连片特困地区建档立卡方法作了具体和清晰的政策性规定,可操作性强,对地方的精准识别具有重要的指导意义。由此,各地方也结合本地实际,制定了各具地方特色的建档立卡办法。

项目帮扶是精准扶贫的重要抓手,是建立起扶贫资源的关联链条。在精准识别扶贫对象并建立档案后,要针对各乡各村、各家各户的特点和需求进行项目帮扶,遵循矛盾的特殊性原理,具体问题具体分析,因地制宜、因村制宜、因户制宜,寻求对贫困村户最适宜的项目形式,并做好评估和反馈,如有问题就及时调整、及时解决。在项目帮扶上,决不能搞同质化,“大水漫灌”,千篇一律,而要“精准滴溉”,而且滴水的方式和速度都不能模式化。

资金使用精准是精准扶贫的物质基础。针对涉农资金无法整合而导致资金使用效率低、扶贫项目安排不精准等问题,国务院办公厅于 2016 年 4 月出台了《关于支持贫困县开展统筹整合使用财政涉农资金试点的意见》,提出要形成“多个渠道引水、一个龙头放水”的扶贫投入新格局,将资金项目审批权限下放到县。要做到资金的分配和使用的精准,不仅要重视前期相关领域专家的评估和调研,而且资金的使用要有规划和依据,不能简单“均一”,也不能有太大差异。在整个资金使用链中,所有程序都应该有既定的制度可循,并完善项目审计机制,划清资金整合和资金挪用的界限。

措施到户是精准扶贫的核心。仅有扶贫项目和资金支持是不够的,必须要保证扶贫措施精准到户。2014 年,国务院扶贫办等七部门印发《建立精准扶贫工作机制实施方案》,规定对贫困户要逐村逐户制订帮扶计划,实现措施到户精准。要“因村因户因人”施策,挨家挨户走访了解贫困农户的需求,结合本村的地理人文产业发展等要素,确定最恰当适宜的脱贫措施。因为即使在扶贫实践中做到了扶贫对象精准、项目帮扶精准和资金使用精准,但如果在推进到户扶贫措施时,只关注贫困户致贫的共性问题而忽视特殊问题,那么贫困问题也不能真正解决。因此,扶贫措施到户应因地制宜,“一户一策”解决贫困问题。

组织化是国家治理的根本优势,通过组织因村派人是精准扶贫的领导力量和人力资本的保障。扶贫项目和措施最后都会落到村一级的单位,村领导班子是影响扶贫效果的关键因素之一。根据中央、省、市的要求,所有定点帮扶单位都要选派政治素质坚定、综合能力强、身体健康的同志开展驻村帮扶工作,要精选专业对口、有着农村工作生活经验的干部去开展驻村帮扶工作,要根据贫困乡镇和村户的实际需要配置干部资源。如果选派驻村干部不精准,干部配置不精准,就会影响扶贫工作的成效。所以,必须克服选派和安置干部的随意性。

脱贫成效精准是对脱贫攻坚结果的检验,是精准扶贫的根本目标。如果说“五个精准”都是脱贫成效精准的基础和保障,过程与结果之间是一种辩证关系,只有保证过程中每一步的精准,才能实现结果的精准。精准扶贫政策的实施成效包括过程成效精准,也包括结果成效精准。因此,提高过程成效精准,需要关注的重点就是项目帮扶精准、资金到位精准、措施到户精准这些环节是否有效回应和满足了贫困户的问题和需求,是否提升了贫困主体的主观能动性。同时成效的满足更要考虑前期的精准扶贫对 2020 年后相对贫困人口帮扶工作的可持续性问题,因此要巩固扶贫成效,并建立相对贫困治理的长效机制。此外,扶贫成效的精准需要由人民来监督和评判,不断完善精准扶贫绩效的“第三方评估”经验,对于检视精准扶贫政策的实施效果具有重要意义。

“六个精准”打出了一套政策“组合拳”,下足了“绣花”功夫,覆盖了扶贫对象识别、帮扶、开发和管理等各环节,做到了全程精准、全员精准和全面精准,实现了从“大水漫灌”到“精准滴灌”转向,由重 GDP 转向重脱贫成效,提升了脱贫攻坚的整体效能。

(三)“六个精准”的实践成效

精准扶贫政策实施以来,中国贫困治理取得了巨大成就。从 2016 年到 2019 年,超过 5000 万的农村贫困人口摆脱了绝对贫困的状况,贫困的发生率从 2016 年的 4.5%下降到 2019 年的 0.6%①,区域性的整体贫困基本得到解决。到 2020 年,绝对贫困已经在中国现行标准下得以消除,提前实现了联合国 2030 年可持续发展议程减贫目标。

精准扶贫的实践成效是多方面的。在因村派人精准方面,以第一书记和驻村工作小组坚持农业农村发展方向路线,全力投身到精准扶贫工作中,出色完成了脱贫攻坚的硬任务,为推动乡村振兴战略打下了良好基础,也使得基层干部与群众、党组织与群众之间的关系得到了明显的改善,第一书记和驻村工作小组在工作中自身素质、能力也得到了锻炼,党在乡村的执政基础更加稳固。具体而言,第一,第一书记和驻村工作小组在村内开展扶贫政策措施的宣传解读和推动扶贫政策的落实,提升了广大村民对党和国家的认同感。第二,因地制宜、联结内外资源开展扶贫开发,助力乡村经济可持续发展。驻村工作队大多来自企事业单位和政府部门,整体文化素质高、工作能力强、社会支持网络广泛、资源联结有优势,通过驻扎乡村,可以根据乡村的贫困特点、经济结构特点和所掌握的各类型资源精准制定符合村情的经济发展措施,帮助贫困村和贫困户发展经济。第三,驻村工作队积极帮助村级党支部加强基层组织建设,整顿村级软弱涣散党组织,监督村“两委”干部履职尽责情况,加强村级人才队伍建设。第四,积极探索乡村治理体制机制创新,推进乡村治理现代化。驻村工作队认真贯彻落实“四议两公开”和“一事一议”等制度,完善切实

① 《告别绝对贫困　创造伟大奇迹　“十三五”时期脱贫攻坚历程回眸》,见 http://www.xinhuanet.com/mrdx/2020-10/06/c_139421389.htm。

有效的村规民约,努力推动村级组织和村务工作规范运转,增强和提升村干部治理水平和能力。

四川省昭觉县三河村治理是扶贫攻坚工作的实践成效的缩影。2018 年 6 月,西南石油大学“90 后”青年教师李凯,由四川省委组织部选派到四川凉山州昭觉县参加脱贫攻坚工作。2019 年 5 月,担任昭觉县日哈乡综合帮扶队办公室主任,所在工作队荣获“凉山州脱贫攻坚十佳乡镇工作队”。2020 年 2 月,李凯被县委调任三岔河乡三河村第一书记。李凯带领全村党员、驻村工作队和村社干部,落实“五项职责”,签订任务承诺书,实行精准包户制度。他结合村内实际,认真摸排调研,建立相关台账,制定每月重点任务节点清单。对于脱贫攻坚工程类项目这样的贫困村退出和贫困户脱贫的硬指标,他与驻村工作队 6 名同志实行“包片蹲点制”,每人跟踪负责一项(一段)具体工程项目。① 李凯带领干部群众按照“组团式、微田园,大聚居、小杂居”思路,推进建成了 9 个易地搬迁安置点,并向所在工作单位西南石油大学申请了 9 万元资助金,购买分类垃圾桶安装在安置点及乡政府驻地,用于引导村民养成垃圾分类和环境保护的习惯和意识。发展特色产业,推动群众稳定增收。② 李凯带领干部群众大力发展“1+X”生态林业产业,试种冬桃、金银花等经济作物,提高产出效益;规划青花椒种植示范基地,整合养殖人才,扩大养殖规模。③ 到“2020 年底,三河村退出贫困村序列,全村 816 名贫困群众全部脱贫。曾经贫困发生率高达 46.47%的三河村,现在已经是全省 100 个乡村旅游重点村之一、长征干部学院实践教学点、全国首批脱贫攻坚考察点”。2021 年 2 月,李凯在全国脱贫攻坚总结表彰大会主席台上光荣地接过了习近平总书记亲手颁发的三河村“全国脱贫攻坚楷模”奖牌。④

① 《扶贫干部李凯调任昭觉县三河村第一书记》,见 https://www.swpu.edu.cn/tzb/info/1100/1865.htm。

② 四川新闻网:《第一书记李凯:牢记总书记嘱托　把初心和使命扎根基层农村》,见 http://scnews.newssc.org/system/20210422/001168984.html。

③ 《扶贫干部李凯调任昭觉县三河村第一书记》,见 https://www.swpu.edu.cn/tzb/info/1100/1865.htm。

④ 四川新闻网:《第一书记李凯:牢记总书记嘱托　把初心和使命扎根基层农村》,见 http://scnews.newssc.org/system/20210422/001168984.html。

精准扶贫、扶贫精准才能决胜脱贫攻坚,有效地治贫治村。有效治理是乡村治理的需求与目标,为此既要巩固和拓展以精准治理为核心脱贫攻坚成果,又要与时俱进,超越精准扶贫,这因为精准化标准是相对的,还因为精准扶贫只是我国减贫事业发展中的特殊阶段,且在强调工具主义的技术路线的情况下,有些地区还是存在着扶贫对象不精准、项目安排不精准、脱贫成效不精准等问题。① 在扶贫对象的精准识别方面,个别地方存在着缺漏问题,真正的帮扶对象未能建档立卡,甚至还有弄虚作假之嫌。在项目安排精准方面,存在着项目产业化程度不高、同质性严重、可持续性低等问题,这些问题使得产业项目不能真正发挥作用,无法转化为村庄源源不断的内生动力。在因村派人精准方面,虽然大部分第一书记给乡村带来了积极的改变,但少数扶贫干部对扶贫的思想认识不到位,与村干部和群众融入不足,扶贫能力水平有待提高。因此,要巩固和发展脱贫攻坚成果,实现同乡村振兴战略的有效对接就必须重申“六个精准”的要求,还必须把“六个精准”更加精细准确,把它推进到一个新的历史阶段。把力量集中在精准施策上,帮扶一户要有一户的效果,最大限度地保证群众利益的实现。

三、走向精准化:乡村有效治理的新常态

精准扶贫方略是中国有效治理贫困乡村的良方。党中央在乡村振兴战略中对乡村治理的要求是“有效”,用以取代了在社会主义新农村建设中的“民主”,有效治理是实施精准扶贫和乡村振兴战略的政治保障,是新时代乡村治理的新理念、新格局和新常态。治理必须有效,有效治理依靠精细化、准确化,为此必须做好脱贫攻坚与乡村振兴的有机衔接,把精准化贯穿于乡村振兴的全过程和乡村治理的全方位。

(一)精准扶贫促进乡村社会有效治理

有效治理对村治提出了更高的要求,是在乡村振兴背景下以推动农村高

① 章文光:《决胜脱贫攻坚背景下的“六个精准”实践分析》,《人民论坛》2019 年第 21 期。

质量发展为主线,通过制度创新为动力,全面提升农村社会发展的质量和效益,进而实现治理水平的提升。我们说精准扶贫促进乡村社会有效治理,也就是通过精准扶贫实现了对原有乡村治理结构的变革,为乡村有效治理创造了条件。

1. 通过现代信息管理技术系统对贫困户的精准识别

通过严格规范的识别过程,建立涵盖所有贫困农户和贫困村的数据库。建档立卡的作用主要表现为:第一,标识。通过详细调查和建档立卡将贫困人口和贫困村落识别出来,在贫困户家庭门墙钉上标牌并发放相应的手册以表明其贫困户的特殊身份,由此精准锁定了具体的扶贫农户和村庄。第二,为贫困治理提供了基础的数据支持。建档立卡为信息化治理提供了基础性数据,通过数据共享,有助于地方政府部门对基层贫困现状的及时掌握。随着基层政府在数据采集中经验的积累,以及不同政府部门的数据整合,信息化在乡村治理中的作用将发挥越来越重要的作用。精准扶贫“因人因地施策、因贫困原因施策、因贫困类型施策”,实现了从“大水漫灌”到“精准滴灌”的转变,增强了扶贫工作的针对性和实效性。①

2. 实现扶贫资源精准下沉

资源下沉是包含了资金、物资、科学技术与人力资源等要素的下沉。从20世纪80年代开始,农村经济体制改革推动了中国经济社会的飞速发展,在效率优先的目标下,政府将更多的资源投入发展较快的部门。精准扶贫政策促进了地方党委和政府工作目标的转变。为了实现精准扶贫目标,地方政府改变原有的资源配置方式,大量资源投入到对贫困村的建设和对贫困户的帮扶。如何精准有效地使用这些巨大的扶贫资源,原有的村级组织大多力不从心。首先是人力不足,原有贫困村的村级组织人数不多,没有足够的人力操作大量的资源,多肩挑致使村干部工作压力过大;其次,原来的乡村干部年龄偏大且文化程度不高,知识结构更新存在滞后。新的扶贫信息技术和新的扶贫概念、扶贫方式纷至沓来,大大超出了原有村级组织的知识结构。此外,在大量扶贫资源投入村庄后,生活在熟人乡土社会关系中的村干部要保证客观公

① 谭清华:《中国贫困治理七十年——扶贫政策创新视域》,《改革与战略》2019年第8期。

平的扶贫资源分配并不容易。为了弥补村级组织力量的不足,驻村帮扶就成为行政力量下沉的重要手段。从2015年起,乡村地区的大多数贫困村第一书记由驻村帮扶工作队的队长兼任。第一书记的职责除了推动村庄经济发展外,还致力于完善村庄治理结构体系。因此,精准扶贫不仅仅是国家扶贫资源下乡,更是国家权力重新向村庄的嵌入。

3. 增强村民特别是贫困户参与扶贫脱贫的话语权

精准扶贫的出发点是人民,服务对象是人民,目的是改善人民的生活水平。传统的贫困治理以自上而下的行政推动为主导,没能精准对接贫困户和精细化评估贫困户需求,由此造成扶贫成效不显著,群众满意度不高。精准扶贫以参与式扶贫为理念,重视贫困群众脱贫意识和脱贫能力的提升,从正面引导其参与贫困治理的整个过程。这种强调民众参与的贫困治理新理念,将以往处于“被脱贫”地位、在脱贫工作上缺乏积极主动性的贫困群体以及存在“等靠要”观念的贫困群体转变为积极地主动地自愿地参与到扶贫开发工作中来,从而大大提高了整个扶贫工作的效率和效果。此外,精准扶贫实践促进农民理性合作。以往的传统贫困治理模式把贫困农民当作是被动的客体。精准扶贫的推进,扶贫项目的实施,将越来越多的贫困村民纳入到项目体系中来,激活了他们的主体性和能动性,进而能够自愿地主动地参与扶贫项目和脱贫工作中来。同时,以往的贫困治理仅仅针对于经济贫困,对贫困的根源缺乏多维度探究,随着社会转型加剧,贫困原因和贫困表现更具多元化和复杂性。贫困人口的需求已经从单一的家庭收入增长扩展至精神康复、社会融入、医疗救助、养老保障、残疾人服务、子女教育等方面。精准扶贫的扶贫内容和扶贫方式更精准对接和回应贫困户的多元需求,更能提升贫困户对扶贫实践的关注度。最后,村民的满意度是精准扶贫成效评估的重要指标之一。如此,村民参与不再是抽象或笼统的,而是有了精确的范围和参与方式,或者说,为村民参与的空洞化补充了现实的、具体的内容。更重要的是,由于多主体多层级多维度的考核评估,扶贫中的问题可以及时被发现并传递到相关职能部门,通过自上而下的行政压力,促使扶贫问题能得到及时纠错和解决。

总之,精准扶贫中不断完善的贫困治理机制,有效地回应了以往扶贫的低效率问题,也解决了税费制改革后乡村基层组织软弱涣散和治理效能弱化的问题,这一机制又反过来促成了精准扶贫目标的实现。

4. 乡村有效治理是推进精准扶贫政策落地的基本保障

党的十八大以来,以习近平同志为核心的党中央在治国理政方面,始终围绕推进国家治理体系和治理能力现代化这一总目标,出台了一系列重要文件,实施了一系列重大举措,调动一切积极力量参与社会治理和社会建设,实现有效的社会治理,持续不断地提高政府的治理能力和服务能力,这种体制机制积极反作用于精准扶贫,推动其落地落细落实。

(二)坚持和完善精准扶贫的有效治理体制机制

精准扶贫、脱贫攻坚的本质是以贫困治理为切入点,实现乡村的有效治理。在以乡村振兴战略为抓手全面建成社会主义现代化国家过程中,必须顺应精准化治理的发展趋势,进一步完善脱贫攻坚与乡村振兴的衔接机制。

1. 完善产业精准扶贫机制

脱贫的前提是物质基础的丰裕,而物质基础的增量就要依靠产业来推动。资源分布不均是脱贫攻坚路上的阻力。东部地区相较于西部地区,城市相较于乡镇等都存在资金资源的分布不均。政府鼓励兴办产业,用民间资本帮助乡镇治理相对贫困。2014 年 11 月,国务院印发的《关于创新重点领域投融资机制鼓励社会投资的指导意见》中就指出要让民间资本与公共社会治理结合。对于贫困地区兴办产业中遇到的难题,可以用民间资本来带动,缓解资金分布不均等问题。过去几年来,各地已逐步探索出了一些具有典型特征的扶贫产业融合发展模式,包括农业内部产业融合的发展模式,延伸产业链条形成的产业融合发展模式,农业与第二、三产业相融合的发展模式以及区域间产业融合发展模式。① 在扶贫产业融合发展过程中,构建扶贫产业与贫困群体之间的利益联结机制,让有劳动能力的贫困群体能充分参与到扶贫产业中;让特殊无劳动能力的贫困群体因利益联结能享受到扶贫产业发展带来的好处。②

① 万君、张琦:《绿色减贫:贫困治理的路径与模式》,《中国农业大学学报(社会科学版)》2017 年第 5 期。

② 袁金辉、杨艳花:《深度贫困地区精准扶贫实施成效与长效机制构建——基于渝东北地区的调查》,《重庆社会科学》2021 年第 1 期。

2. 建设精神扶贫机制

相对于物质层面的快速变化,思想的滞后性决定了其变革需要更多的时间。2020 年中国实现全面脱贫,但精神贫困在短时间内难以消除,需要更加注重精神扶贫高质量推进。习近平总书记反复强调精神扶贫,提到坚持群众主体性作用,发扬自力更生、艰苦奋斗、勤劳致富等优秀精神,如何在乡村治理过程中推进精神脱贫至关重要。

第一,加强贫困地区思想扶贫。扶贫先扶志,扶志就是扶思想、扶观念和扶信心,从“要我脱贫”到“我要脱贫”。一是建立和完善激励机制。实施物质和精神双向激励机制。根据国家和地方的相关政策,结合当地的实际情况,通过生产奖补、以工代赈,导向性补助等多种方式,引导贫困群众树立多劳多得、多劳多奖的劳动观念。另外,还可以对贫困群众及时进行精神激励,如政府可将精神扶贫评定等级,对精神脱贫进步的贫困群众提升其等级,还可以用颁发和张贴荣誉卡等方式促进其积极性和自信心的提高。二是社会主义核心价值观的倡导和践行,使贫困群众形成正确的人生观、价值观。可以通过张贴和悬挂标语、村内广播、文娱晚会等方式破除思想上的迷信和愚昧,学法、知法、尊法、用法,遵守宪法和法律,树立并增强法治意识,弘扬社会主义核心价值观,并积极践行于日常劳动和生活中。三是树立榜样和典型。通过树立典型,让贫困群众感受到只要努力地学习、积极地配合和认真地劳动就可以脱贫致富。对选出的榜样可通过喜闻乐见的方式适当宣传,分析其脱贫的经验,讲解和传授成功的办法,让贫困群众明确方向,增强主动性。

第二,开展文化教育扶贫。对贫困群众继续教育和文化的熏陶不可忽视,这是一种通过长期的潜移默化的形式转变民众思想的过程。一是落实教育政策。乡村治理和精准脱贫必须推进和落实教育政策。通过实施教育扶贫,贫困群众可以获得系统的科学文化知识和思想道德素质,改变落后的观点和狭隘的思想。加强推进贫困地区的学前教育,落实义务教育,鼓励职业技术教育。继续推进教育政策的宣传和落实,普及教育,控辍保学,让贫困群众有知识有能力有愿望依靠自身力量脱贫。就实践而言,不同的扶贫工作队将以自身的专业特长发挥专门的作用,比如西华师范大学对喜德县教育帮扶主要体现在人才挂职,教师能力提升和义务教育均衡发展等方面的帮扶,签订了《西华师范大学——喜德县人民政府战略合作框架协议》,在教育研究、科研攻关、科技成果转换等方面进行合作;成立社会经济发展专家顾问团,派专家举办农民夜校讲座,开展政策、技术技能和法律健康知识宣传培训;对在西华师范大学就读的贫困学生进行资助全覆盖,加强对他们的培育和教育;安排本科学生到喜德县支教、实习;安排研究生支教、实训;资助喜德县 50 名困难高中生;推进思源学校五间教室多媒体设备的建设和使用等。二是营造积极的文化氛围。弘扬中华民族的优秀传统文化,利用音频、视频多媒体等多种方式积极宣传,弘扬艰苦奋斗、自力更生的民族精神,淳朴上进的家风,推进社会公德、职业道德、家庭美德、个人品德建设,弘扬互帮互助、尊老爱幼的传统美德,深挖乡土文化,激发破解贫困难题的内生动力。三是推进职业技术培训。对贫困群众开展继续教育,授之以渔才可以让贫困群众有持续发展的可能。后新冠肺炎疫情时代,在农村开展产业扶贫、技术指导,利用电商、直播等新途径,将好的农产品推广出去,还可以通过线上线下技术指导培训,让贫困群众了解市场的动态和消费者的需求,指导其及时调整生产。

第三,开展心理健康与心理问题疏导。人作为一个身体与灵魂的有机统一体,其精神世界的健康在从农业社会向工业社会,甚至到当前信息技术时代更值得关注。民众在短短的时间内走过了发达国家几百年走过的路程,在时空压缩的背景下,极有可能陷入精神生活的危机。解决这一问题的途径:一是注重人文关怀。了解和关注贫困群众心理需求和心理动态,既要集中优势资源重点关爱留守儿童、留守妇女、留守老人和残疾人,又要及时帮助疏导青壮年生活和工作中的压力。通过心理测评、心理咨询等方式加强对贫困群众的心理健康宣传教育,利用各种公益活动引导社会对贫困群众的心理健康方面的扶持,帮助其正确的认识和处理自己与国家、社会、集体、他人和自己的关系,对心理健康方面的问题及时疏导。二是关注心理障碍的康复治疗。在精准扶贫过程的最后阶段,“剩余的未脱贫的建档立卡户中大部分是因病致贫的的重度贫困家庭,精神障碍家庭比重很高。”①对于精神障碍家庭,既要通过乡镇卫生院、社区卫生站等提供康复服务恢复患者的自理能力,摆脱疾病,也要重视精神障碍家

① 邢晓志、王科:《脱贫攻坚走向精神扶贫的探索》,《调查分析》2019 年第 2 期。

庭学生的心理健康问题,积极引入社会组织,以政府购买服务的方式,由学校社会工作者对困境家庭的学生提供发展性和治疗性的服务,促进学生健康成长。

3. 健全协同治理机制

第一,推进法治德治与乡风文明的协同机制。农村社会建设是一个整体,需要在新旧层面实现有机的结合,需要一种融合了“法治、德治与自治”的统一机制。依法治国是党领导人民治理国家的基本方略,要围绕农业农村重点领域科学立法,不断推进农业农村法律法规体系的完善,尤其是要加快土地制度改革、乡村建设等领域的制度建设。结合实际情况开展普法宣传教育,要保障法治到达乡村就要让农民群众知法、懂法、遵法、用法,积极组织开展送法下乡等宣传活动,用老百姓喜闻乐见、简单易懂的方式,教育群众人人遵法守法,事事找法用法。德治是对法治的必要补充。德治需要挖掘和激活传统文化资源,与现实结合,树立农村文明新风,制定合理的村规民约,以有效遏制农民农村的陈规陋习。充分利用优秀的传统文化来加强道德文化、农村文化和乡风文明等方面的建设,建立诚实守信,崇德向善,孝亲尊老的农村社会新风尚。

第二,坚持“五位一体”,推动绿色减贫与生态治理的有效协同。习近平总书记说:“绿水青山才是金山银山。”脱贫不能以牺牲环境为代价。在很多地区,依靠牺牲环境非但没有实现经济发展,反而促使了环境恶化,经济陷入危机,这表明,这二者的关系并非二元对立,而是高度统一的。在许多贫困地区,为了大力发展农业而过度使用化肥、农药、塑料薄膜等等,对土壤的污染特别严重。必须构建绿色脱贫体系,从制度上实现绿色脱贫。对于生态脆弱地区以及资源匮乏的地区采取有节制的发展。促进生态旅游产业发展,加大生态文明宣传力度,向人们宣传保护生态的重要性。建立生态保护评价机制,将生态保护纳入脱贫评价体系中。福贡县坚持脱贫与生态保护并举。全县有生态护林员八千多名,负责日常的生态护林工作。有些生态护林员甚至自发种植经济林,在自己的门前种植药材去保护生态环境。当地政府还常态化开展专门的生态讲座,对生态护林员进行生态知识的普及,建立了评价考核机制。因此,在后脱贫时代,脱贫地区应充分发挥自身的生态资源优势,以乡村生态营造为切入点,以多元主体的参与,将巩固脱贫攻坚成果同乡村振兴背景下的生态宜居工作有效衔接,以实现生态环境的精准化治理。

第三,推动脱贫地区社会保障体系建设与乡村有效治理的协同。全面升级完善贫困地区社会保障体系,做好开发式扶贫与保障性扶贫之间的统筹衔接。一是分类完善贫困地区的社会保障制度,重点完善群众最关心的教育和医疗的社会保障体系。大力完善农村义务教育体系建设,提升农村教师的工资福利待遇,提供更加优质的教育资源给学龄儿童,切断贫困的代际传递;健全农村医疗保障体系,提升基本医疗保险保障范畴和保障水平,避免因病致贫、因病返贫。二是重点关注无劳动能力的特殊贫困群体,如空巢老人和独居老人的贫困、重疾病患者和残疾人的贫困、精神障碍患者的贫困等,为其提供更有针对性的帮扶措施,如营养健康干预、提供生活照料服务等。

第四,推动乡村干部治理能力的提升与乡村有效治理的协同。正如毛泽东所指出的,正确路线决定以后,干部就是决定因素,有效治理不是一种抽象的理念,而是一种具体的实践。乡村有效治理的关键在于乡村干部的领导能力和其他治理工作者的治理能力。有研究将村干部人数、党支部书记年龄和受教育程度等纳入巩固拓展基层治理同治理有效衔接这一维度进行评估,结果显示,海南、安徽、广西、湖南、河南五省区的得分排在前五名,说明这些省份的农村地区储备了一批年轻有为的干部队伍,提供了智力支撑以巩固拓展脱贫攻坚成果同乡村振兴有效衔接,而西藏、贵州、青海得分最低,反映出贫困地区乡村治理能力仍然存在薄弱环节。① 总体来看,乡村干部和治理工作者的年龄结构、学历结构、知识结构有待优化,乡村治理者教育培训机制未建立。很多乡村治理者上岗前没有经过专业的乡村治理培训,缺乏乡村治理意识,缺乏治理乡村的能力,难以有效适应乡村振兴治理的专业化、科学化、精准化的需要。此外,农村社会工作者还比较匮乏,社区治理人才流失。尽管有些毗邻城市的农村引入了社会组织和社会工作者为其提供专业化服务,但这些社会组织的专业性仍不足。另外,乡村治理是一个十分繁杂的科学工程,涉及诸多学科,如生态学、地理学、环境工程学科、规划学、社会学、市政学等,而现有的乡村治理者极少具备综合性的学科知识。因此,要持续开展村级组织能力提

① 袁金辉、杨艳花:《深度贫困地区精准扶贫实施成效与长效机制构建——基于渝东北地区的调查》,《重庆社会科学》2021 年第 1 期。

升行动,健全完善农村综合服务平台、加强村“两委”班子履职能力培训,培育发展农村社会工作组织,逐步实现乡镇社会工作站全覆盖,进而把实现乡村治理的精准化和有效性提高到一个新的水平。

4. 严格扶贫资产管理机制

扶贫资产管理是有效治理的主要内容,是实现整体有效治理的重要组成部分。第一,从总量上而言,明确扶贫资产归属,确保扶贫资产不流失。扶贫资金的主要来源有财政、企业、社会和贫困户自筹,其中财政专项扶贫资金是扶贫资金的最主要渠道。截至 2020 年 4 月 19 日,中央财政专项扶贫资金已下达 1396 亿元。而扶贫资金从中央到村,环节多,覆盖面广,存在扶贫政策引导不足,财政扶贫所涉及的部门体制松散不健全,资金使用和管理的滞后性和农村扶贫资金的挪用等问题。为此,习近平总书记要求各级财政部门加强对扶贫的支持,既要增加财政投入,开辟新的资金渠道,也要加强扶贫资金的管理。由于资金投入形式众多,扶贫资产所有权的归属问题具体认定应综合考虑以下两条原则:首先要与资产管理效果相适应,其次要与资产收益权属相匹配。扶贫资产分为经营性扶贫资产、公益性扶贫资产。如广东省韶关市作为广东省扶贫资产管理示范试点,在全省率先出台市一级扶贫资产管理文件《韶关市扶贫项目及资产管理产权制度改革试点实施方案(试行)》,结合物化、股化、财审决算,对扶贫资产的所有权、经营权和收益权的权属问题一一明确。

第二,从资产管理类比而言,优化扶贫资产管理,确保扶贫资产不漏项。严格落实公告公示制度。公示公开中央、省级、市级和县级财政的资金项目和分配结果。公开内容包括财政专项扶贫资金分配结果、精准扶贫贷款安排使用情况、行业扶贫相关财政资金使用情况、年度扶贫资金项目计划安排情况和完成实施情况等。此外,创新公开方式,充分运用线上线下相结合的方式,探索信息平台、政务新媒体、手机短信和宣传手册等方式,采用定向发布,精准推送等方式,提升信息覆盖程度、接受程度。加强动态监督检查,强化扶贫资产公开透明化。对违法违规的行为,坚决惩处,加大问责力度。

第三,从资产运营方式而言,需要创新管理,明确扶贫资产的责任义务,对扶贫资产准确造册登记,防止扶贫资产的浪费、闲置和推卸责任情况的出现。如凉山州喜德县是西华师范大学的对口帮扶县,该县创新项目管理方式,对财政专项扶贫资金拨付,通过大平台以“直接支付”的方式转账结算,严格资金拨付程序,杜绝现金支付。项目启动资金拨付,由项目实施单位根据项目建设需要提出用款申请,经项目主管部门审查,分管领导签字后,财务部门拨付部分启动资金,项目资金 50 万元以下(包括 50 万元的),预拨项目资金的 45%。项目使用资金报账,由项目实施单位根据客观需要,按工程进度提出验收和报账申请,提供项目实施合同、项目验收报告、税务发票;直接补助到户的扶贫项目,则提供资产兑付,贫困户的签字花名册,经县财政部门审核后,扶贫项目主管部门或实施主体将原始资料作财务处理。项目验收,按照“谁主管,谁组织验收”的原则,由实施主体向主管部门提出验收申请,主管部门在收到申请后十个工作日内,组织县级相关职能部门对完工项目进行验收。验收后,项目实施单位提供完整的报账凭证,项目主管部门审核,分管领导签字后,县财政部门予以拨付资金。直接补助到户的资金由乡镇或项目主管部门负责验收核实,资金以“一卡通”形式直接补助到农户。另外,西华师范大学于 2019 年 6 月至 2020 年 1 月开展“以购代捐”活动,购买喜德县雷波县村民的甜瓜、葡萄、脐橙等农副产品作为教职工慰问品、学生食堂生活用品,引导全校教职工积极参与脱贫攻坚事业,这种新型扶贫模式进一步激发了贫困群众自我发展的动力,提升了脱贫攻坚帮扶质量。①

5. 建设扶贫收益分配机制

《财政部、国务院扶贫办关于做好 2020 年财政专项扶贫资金、贫困县涉农资金整合试点及资产收益扶贫等工作的通知》中指出,“坚持因地制宜推进资产收益扶贫工作,坚守发展特色产业,壮大县域经济的初心,坚决纠正简单入股分红、明股实债、扶贫小额信贷户贷企用等各类借资产收益扶贫名义实施的违规行为,进一步规范项目收益分配,完善减贫带贫机制,带动贫困户参与产业发展并获得报酬”②。资产收益分配是精准扶贫和乡村治理工作的有效性

---

① 西华师范大学新闻网:《西华师大“以购代捐”再助喜德脱贫攻坚》,见 https://news.cwnu.edu.cn/info/1003/16765.htm。

② 《财政部、国务院扶贫办关于做好 2020 年财政专项扶贫资金、贫困县涉农资金整合试点及资产收益扶贫等工作的通知》,2020 年 6 月 16 日,见 http://www.mof.gov.cn/gkml/caizhengwengao/202001wg/wg202003/202006/t20200616_3533409.htm。

重要因素之一。一是厘清收益权。在明确所有权的基础上,对资产的分配方案进一步的规范和监管。各类主体共同投入的扶贫资产收益,在同股同权原则分配的基础上,鼓励"保底收益+按股分红"等模式的实践,明确扶贫收益率,科学合理动态地制定和细化扶贫资产收益分配方案。二是对资产收益率的估算,既要考虑直接经济价值,还要考虑精神价值和社会效益。对扶贫资产的经营管理进行考核,对经营者进行适当评比和奖励,提高其积极性和参与度。

6. 发展民主自治机制

精准扶贫并非是单向的资源输入农村的过程,也是以资源嵌入为媒介,进而转化为推动与加速村民民主自治机制建设新的动力的过程。村民自治是指在一定地域范围内,农村民众在基层社会生活中进行自我治理的制度和行为,对乡村事务进行自我管理、自我教育和自我服务。① 村民自治机制科学与否决定着乡村基层治理的效果,这体现在扶贫政策具体实施的过程中,村民自治能力决定了精准扶贫能否配合上级意志将政策顺利落地,村民自治的能力也决定了在对精准扶贫对象识别和效能评估中能否准确的甄选出需要资助的对象,概而言之,精准扶贫是政策过程与民主自治机制建设的辩证统一,这体现在,精准扶贫激活了村民政治参与的主动性,提升了民主自治程序的规范性,巩固了民主治理的有效性。

第一,农民政治参与的主动性。城乡融合过程中,城市的虹吸效应导致了农村空心化,由于缺乏横向纽带的建设,村民自治始终缺乏动力,农户"各扫自家门前雪,不管他人瓦上霜"。政府行政干预加强了部分村民的"等靠要"思想。精准扶贫的政策实施意味着有大量的资源开始向农村下沉,村民能否在政策实施过程中取得实惠,获得新的发展空间,就需要每一个村民积极参与到扶贫的具体事务中来,村民积极参与扶贫行动,反映自己的利益要求和思想愿望,影响扶贫政策的制定和执行。在此过程中,村民的角色实现了作为精准扶贫政策的受益者与民主自治机制的建设者的统一。

---

① 李金龙、柳汨:《论村民自治与乡政管理关系的重构——基于理论、制度与运行相结合的视角》,《江汉论坛》2011 年第 8 期。

第二,民主自治程序的规范性。村民自治程序是一种秩序性的行为规范,但在村落具体事务管理中,经常会流于表面。在精准扶贫政策实施中,具体由五个环节组成,包括申请、入户调查、民主评议等措施,而其中民主评议就需要群众参与,让民众充分参与和了解,通过村民表决的民主方式初步确定贫困对象,按照要求进行公示,并在全体村民监督之下对初选出的贫困人员家庭经济状况进行深度核查和村民代表投票表决,将评定的过程上升到法定程序,严格依法行事,充分实行村民自治,确保广大村民的知情权、参与权、决策权。①

第三,民主治理的有效性。精准扶贫像一根引线激活了民主治理的相关主体,完善了程序规范,最后实现了总体效能的提升。资源下沉夯实了基层民主治理,为基层自治提供了坚实的物质基础,民众直接参与村级事务决策与管理,释放了村民自治的潜能,形成了整体大于部分之和的效应。在政策实施中,村民自治的各种权利,如参与权、监督权不断强化,从形式到内容达到了有机统一,之前由于各种矛盾所积累起来的干群之间的紧张关系也得到缓解。精准扶贫为基层民主自治机制建设提供了契机与抓手,基层民主自治机制的完善则为有效巩固扶贫攻坚的胜利成果夯实了基础。

(三)用现代科技支撑乡村社会精准化治理

在马克思看来,社会进步的过程就是生产力与生产关系、经济基础与上层建筑互构的过程,纵观人类历史的发展,科学技术在促进生产力发展中发挥着主导作用,改造了人类生存、生活与治理的景观。2020 年 1 月,农业农村部、中央网络安全和信息化委员会办公室印发《数字农业农村发展规划(2019—2025 年)》,提出“推动农村生产经营精准化、管理服务智能化、乡村治理数字化,用数字化引领驱动农村现代化,推动乡村全面振兴”②。2020

① 杨秀丽、徐百川:《精准扶贫政策实施中村民自治能力提升研究》,《南京农业大学学报(社会科学版)》2017 年第 4 期。

② 《农业农村部、中央网络安全和信息化委员会办公室关于印发〈数字农业农村发展规划(2019—2025 年)〉的通知》,2020 年 1 月 20 日,见 http://www.moa.gov.cn/gk/ghjh_1/202001/t20200120_6336316.htm。

年,《中共中央国务院关于全面推进乡村振兴加快农业农村现代化的意见》提出“实施数字乡村建设,发展智慧农业,建立农业农村大数据体系,推动新一代信息技术与农业生产经营深度融合,加强乡村公共服务、社会治理等数字化智能化建设”①。乡村治理数字化是利用现代信息技术对乡村政治、经济、文化、社会、生态等领域进行数字化治理。② 乡村治理数字化包括智慧村务和数字政务。智慧村务是指村庄通过基层数字化治理,即基层党建、民主选举、村务公开、农村集体资产管理等方面的数字化应用。数字政务是指政府通过线上提供公共服务,使农村居民“一次都不用跑”就可办理相关业务。此外,政府通过“物联网+”、区块链等技术实现对农村经济、教育、环境保护、公共安全等重点领域的数字化监管。

1. 完善乡村“智治”基础设施,为乡村“智治”提供保障

数字作为信息化时代的基本要素,不但是客观事物的存在形式,也是决策的重要依据,更是推动有效治理的重要资源,如何将数字资源内嵌到乡村社会的发展是当前发展的重要问题。数字乡村战略的实施,标志着中国农业农村信息化发展进入了一个统筹推进的新阶段。这也意味着,顶层设计的政策脉络必然会沿着从注重单一技术提升到注重多元技术综合应用转变、从主要部署单方面数字化转型到重视部署全方位数字化转型转变。2021 年中国互联网络信息中心发布的《中国互联网络发展状况统计报告》显示,截至 2020 年 12 月,中国互联网普及率约为 70.4%。但在西部部分偏远乡村还未实现乡村互联网的村村通、户户通。因此,完善基础配套设施是数字乡村建设的重要措施。首先,建设并完善数字信息基础设施。将“雪亮工程”和“智慧乡村”的数字乡村建设系统结合,加快农村宽带、移动互联网、乡村 5G 基站建设,提升村庄网络共享覆盖率,建设一类视频天网设施等;在村级服务站建设乡村公共服务信息站,提升乡村信息技术设备水平;实现从“脚板+科技”的信息化到立体化社会治安防控体系,通过乡村信息基础设施大面积覆盖,为乡村“智治”提

① 中国小康网:《发展智慧农业,建设数字乡村》,2020 年 3 月 11 日,见 http://news.chinaxiaokang.com/dujiazhuangao/2021/0311/1136559.html。

② 曾亿武、宋逸香、林夏珍等:《中国数字乡村建设若干问题刍议》,《中国农村经济》2021 年第 4 期。

供基础保障。其次,引进“物联网+”先进设备。推动贫困农村科技脱贫与农业产业相结合,实现科学化的农业方式,把科技投入到当地农村农业产业之中,让科技助力扶贫脱贫。比如在贵州,这里地势陡峭,多是高山,人们靠传统方法耕作困难,通过采购物联网机器设备,实现农业智能化种植、收割,从而高效率高质量的将当地特色农作物食用菌、辣椒等运输出家门,实现长效脱贫。此外,通过智能垃圾箱、智能机器人等物联网设备,实时监控村庄卫生环境情况,自动进行路面清扫、安全监测等,精准有效治理农村生态环境和安全问题。

2. 建立智慧村务的云服务平台

创新运用云服务智能平台在乡村社会精准化治理中的作用,打破传统的乡村治理方式,提升农村公共服务水平。村庄连接和整合政府、高校、企业等各大主体的资源,创立各种扶贫治理网络信息平台,实现信息互通互用,减少乡村治理成本,促进乡村产业振兴。就实践层面而言,第一步,建立乡村“智治”的管理内网。建设统一的数据汇聚治理和数据分析平台,将农村及其居民信息、村庄 GDP 等模块实现信息动态同步,实时监测预警、资源共享,为农村发展提供科学保障。通过区块链技术,按照统一标准进行大数据分析等,构建形成跨地区、跨行业农村数据资源“一张图”,有助于及时发现并处理问题。例如,建立村庄基础数据库,并设置检索功能,使全村人口、牲畜数等基础数据透明化;利用互联网、云计算等信息技术进行“云指导”,及时精准排查和处理,提高工作效率和乡村社会精准化治理能力。第二步,建立乡村“智治”的服务外网。外网的重要意义在于将封闭村落通过数字化建设实现最大限度的开放,这就意味着与外界实现了物质与能量的反复交换,进而促使治理效能加速提升。其一,开设村庄门户网站或便民服务信息平台。通过“微发布”板块,向居民发布信息通知,使居民随时了解相关“三农”政策、本村资金收支情况、人才就业、办事流程等公共服务信息,提高办事效率。设置“乡村新闻官”菜单栏,居民可通过网络终端设备在其栏目参与村落选举、监督或为乡村发展建言献策,建立健全农村居民多元参与机制,拓宽农村居民的政治参与渠道,营造良好的村民主动积极参与村落治理的氛围。完善乡村政务信息系统,建立政务信息系统建设标准规范体系、安全保障体系和运营管理体系,为农业农村运行管理和科学决策提供支撑①,提高乡村数字治理和服务水平。其二,实行平台互通。将地方平台与全国通用大平台相结合,如:本地农村电子商务网站入驻淘宝、拼多多等网站,实现平台互通,畅通农产品销售渠道,搭建农产品电商平台互帮互助,增加村民收入来源。其三,实现平台技术互接。加强各大主流平台间的联接合作,通过点击平台内链接,即可跳转至另一平台,如:政策网页面放置农产品链接,宣传农特产信息、乡村好故事、乡村新风貌。

党的十九大报告中指出:“我国信息的碎片化、条块化、人力和运营成本高、快速反应能力不足,应提高社会治理的智能化水平。”②乡村“智治”就是利用现代互联网、大数据和区块链等信息技术集成应用,提升乡村扶贫治理的智能化和精细化。此外,增强乡村内生发展动力、提高农村居民信息素养与技能也有助于乡村“智治”建设。“精准扶贫”是一个精准到人、精准到户的农村贫困靶向瞄准过程,采取“实事求是”“因地制宜”的原则对贫困地区“因贫施策”和“因人施策”。针对贫困地区的扶贫难题,不仅制定了针对性的扶贫政策,如精准扶贫中“一户一策”、“精准滴灌”、靶向治疗等举措对不同贫困地区和贫困主体进行精准扶贫,提升减贫政策效果,同时也极大推动了乡村基层治理实践的创新,如促进了党的领导、政府主导与村民自治的有机统一,民主法治德治与产业兴旺、和谐有序、乡风文明、生态宜居的有机统一;将网格化治理嵌入乡村反贫困治理,提升了扶贫工作的信息化水平;采取清单积分,推动了基层政务公开化与标准化;实行重心下沉微型自治、小组自治以及村庄自治,完善了乡村治理的多层级治理的体系;建立了层级考评结合动态管理的考核奖惩机制等。

整体而言,精准扶贫应被看作是有效治理的一个组成部分,或者说在精准扶贫政策实施的动态过程中,这二者形成了辩证统一的关系。这体现在,精准扶贫的过程将治理目标精准化、治理产出数量化、治理效能指标化和治理内容

---

① 《农业农村部、中央网络安全和信息化委员会办公室关于印发〈数字农业农村发展规划(2019—2025 年)〉的通知》,2020 年 1 月 20 日,见 http://www.moa.gov.cn/gk/ghjh_1/202001/t20200120_6336316.htm。

② 《打造新时代社会治理新维度》,2020 年 4 月 28 日,见 http://www.chinareform.net/index.php? a=show&c=index&catid=40&id=36802&m=content。

详细化，为有效治理提供了坚实的物质基础的同时，提升了农村社会的生活质量，改造了民众的生活景观，确保民众都能共享到改革开放的果实，落实了习近平总书记关于“扶贫路上不能让一个人掉队”的誓言。精准扶贫、脱贫攻坚的经验告诉我们，通过精准治理实现有效治理，必须长期坚持，不断发展，使治理理念不断更新，治理要素不断升级，治理关系持续向好，治理体系不断优化，治理能力不断提高，从整体上推进乡村治理现代化。

第五章　“三共”制度：整合多元多层的扶贫资源

打赢脱贫攻坚战，推进中国贫困地区和贫困人口的全面脱贫脱困，考验着中国共产党以及中央和各级地方政府的社会治理能力。顺利完成扶贫脱困的战略目标，离不开与之相对应的、现代化的乡村社会治理体制机制的保驾护航。推进精准扶贫工程，需要破除传统乡村社会治理模式中的体制机制弊端，并以新的社会治理理念为指引，构建新型的适应新时期新阶段农村社会发展现实需要的基层社会治理制度。

近些年来，为破解社会治理难题，弥补中国在社会建设和社会治理领域的短板，党和国家对社会建设、社会治理作出了一系列政策调整和制度设计。早在 2013 年，党的十八届三中全会通过了改变过去中国在社会建设领域“社会管理”的提法，并提出了“加快形成科学有效的社会治理体制”的要求，标志着中国社会建设的思想观念和认识得到升华。2015 年，党的十八届五中全会提出“加强和创新社会治理，推进社会治理精细化”，并首次提出了“构建全民共建共享的社会治理格局”。2017 年，党的十九大进一步提出了社会治理的新目标、新要求，指出要“打造共建共治共享的社会治理格局。……完善党委领导、政府负责、社会协同、公众参与、法治保障的社会治理体制”。

打造共建、共治、共享的社会治理制度，是提高中国社会治理体系和能力建设提出的重要策略。而将共建、共治、共享的认识论、方法论运用于精准扶贫事业当中，不仅是我国在全面建成小康社会之际顺利完成脱贫攻坚任务，在全国范围内打赢脱贫攻坚战的内在要求，同样也是以精准扶贫为契机，构建和完善我国农村基层社会治理体制和机制，提升治理能力和水平的题中应有之义。

一、“三共”制度的基本内涵及意义

“三共”社会治理制度,是当前推进中国社会治理体系和能力,推进国家治理体系和治理能力现代化的重要内容。正如学者所言,“共建共治共享”“既是一种理念,也是一种实践;既是一种规划,也是一种路径;既是宏观设计,也是微观操作”①。在精准扶贫和脱贫攻坚的伟大征程中,建立和完善共建共治共享的“三共”社会治理制度,为打赢脱贫攻坚提供了坚实的制度保障,进而助力和确保了脱贫攻坚战任务的顺利完成。

(一)“三共”制度是新时代社会治理革新的目标要求

“三共”,即共建、共治、共享。具体而言:在治理主体上强调主体的多元化即“共建”,在治理路径上注重多元手段和治理方式的综合运用即“共治”,在治理的目标上注重治理的成果惠及大众即“共享”。其中,共建是基础,共治是核心、是关键,共享是目标。② “三共”制度,重在共、贵在共,构建共建、共治、共享的农村基层社会治理制度的提出,从制度机制层面为稳步推进精准扶贫事业提供了有效的解决方案,也就是依托现有组织平台,通过充分整合基层治理资源,改进治理方式,以达成既定的目标。

1.“共建”

所谓“共建”,是指由“全体人民共同参与社会建设”。社会建设是推进社会主义现代化的重要内容。其主要包括科教、文化、体育、卫生、医疗、就业、养老等各个方面。本世纪初,中国社会经过改革开放的快速发展,国民经济和人民收入水平极大提高,与此同时,医疗、卫生、教育、养老、社会保障等各种社会民生问题也逐渐凸显,成为中国社会主义现代化建设事业的短板,社会建设也日益引起人们的广泛关注。进入 21 世纪以来,党和国家高度重视民生问题,

① 马海韵:《“共建共治共享社会治理格局”的理论内涵——基于社会治理创新的视角》,《北京交通大学学报(社会科学版)》2018 年第 4 期。

② 夏锦文:《共建共治共享的社会治理格局:理论构建与实践探索》,《江苏社会科学》2018 年第 3 期。

并逐步将民生建设、社会建设提升到国家发展战略的高度。2012 年,党的十八大对推进“五位一体”总体布局作了全面部署,将社会建设纳入其中,共同构成了中国特色社会主义现代化事业协同推进的五个维度。2017 年,党的十九大报告中提出“提高保障和改善民生水平,加强和创新社会治理”这一社会建设的总体目标要求。经过近二十年的社会建设,中国已经建立起了覆盖全国的城乡居民基本养老制度、城乡免费义务教育、医疗保险制度等社会保障体系。

政府主导下的制度供给和财政支持有利于快速推动各项民生事业的快速发展,但这一模式因人民群众的参与不足、民意表达不畅,也易于导致中国社会建设产生供给错位、制度失灵、政策扭曲等不良现象。“共建”的思想将全体人民从过去社会主义建设客体的位置上转向主体的位置上来看待。换言之,全体中国人民不仅是社会主义建设的客体或被动接受政府决策的治理对象,同时也是社会主义建设的主体。“共建”理念要求我们重新审视此前的治理模式。一方面,党政机关仍旧是社会治理的重要主体,在社会治理格局中居于统筹全局的地位。“共建”并不意味着政府把一切社会事业事无巨细地交给社会,做“甩手掌柜”。实际上,“共建”意味着政社关系、政府与市场关系、府际关系等重要关系的调整,其内在地要求政府角色的转变,从过去“全能型政府”向“有限政府转变”。这就需要进一步优化政府的组织结构、明确岗位职责权限、完善其制度和运行机制,改变过去政府“大包大揽”的工作方式和“封建大家长”的工作作风,真正做到“有所为,有所不为”,面向“法治政府”“服务政府”“阳光政府”“责任政府”,切实加强政府自身的社会治理水平,提高各级政府的公共服务能力。

另一方面,社会结构和社会事务的复杂化、多样化,使过去的单纯依靠党委和政府的治理模式已无法满足社会发展的需要。任何单个组织凭借自身的能力都不可能应对社会发展带来的所有挑战。正因如此,“共建”理念的提出就显得尤为必要。从治理的主体来看,所谓“共建”,是指社会治理包括政党组织、政府机构、社会组织、个人等多元主体共同参与的多元化治理。为此,党的十九大提出了要构建和完善“党委领导、政府负责、社会协同、公众参与、法治保障”的社会治理体制。鉴于此,有学者概括出共建共治共享的治理制度是“党、政、社、公、法”五位一体的治理模式。这就要求尊重人民群众的主体地位,秉持以人为本、人民至上的理念,将作为客体和受众存在的全体人民群众纳入到治理主体中来,进而增进治理的效能。特别是应本着政府主导和政社合作原则,打破多元主体参与社会建设的制度壁垒,综合政府治理、市场运作和基层群众自治,创造更多的多元主体参与社会治理的平台和契机。

2.“共治”

所谓“共治”,即共同治理,是指采取多种方式、多元路径推进社会治理,特别强调多元主体通过沟通、协商、合作、对话的方式推进社会治理。一直以来,基层政府过多地依赖行政手段,通过自上而下的下达命令的方式推行各项政令。这种刚性的治理方式导致干群关系、官民关系的紧张,严重削弱了政府的公信力和党的合法性权威。一些地方或基层政府和个别领导干部由于忽视当地的实际情况和基层人民群众的基本利益诉求,违背党的民主集中制组织原则,在工作中搞“家长制”和“一言堂”,甚至直接造成严重的社会群体性事件,严重损害了党和国家的形象。“共治”意味着在整个社会治理活动中,多种治理手段和方式方法的综合运用,如坚持“系统治理、依法治理、综合治理、源头治理”①等。这就需要改变过去政府凭借单一的行政手段,通过自上而下发号施令的方式推动社会治理的模式,追求和探索法治、道德、市场、文化、习俗等治理手段的多元化应用,改变过去刚性的、暴力的执法手段和行政方式,转而采取更具弹性和更为人性化的治理手段解决现实问题,利用现代科学技术手段,提高社会治理“社会化、法治化、智能化、专业化水平”②。

“共治”是对中国农村基层社会治理的方式方法提出的新目标、新要求。从“共建”与“共治”的关系来看,“共治”是对“共建”的进一步拓展,是将人民群众作为治理主体,与党和政府开展协同治理的进一步延伸。与“共建”不同的是,“共治”在“共建”的基础上,更突出强调不同主体各自优势的发挥,突出多元治理手段的应用,进而提高社会治理的现代化水平。

---

① 《中共中央关于全面推进依法治国若干重大问题的决定》,《人民日报》2014 年 10 月 29 日。

② 《中共中央关于全面推进依法治国若干重大问题的决定》,《人民日报》2014 年 10 月 29 日。

3.“共享”

全民共享是中国特色社会主义发展的内在要求。共享理念的提出是党和国家为应对诸多新情况、新问题提出的解决方案。随着改革开放进入深水区,受此前中国城乡二元结构、东中西地域差异等多种因素的持续性影响,在国民经济快速发展并且取得巨大成就的同时,也造成了中国发展不平衡、不充分的现象日益凸显。例如,有关调查数据显示,在本世纪初,中国东部地区与西部地区的一些省份人均收入差距达到四倍之巨,中国在建设具有现代化城市的同时,仍有数以亿计的人口生活在农村,未能享受改革开放和中国快速城市化发展带来的成果。发展的不平衡、不充分一定程度上甚至威胁到中国基层社会稳定与发展的可持续性,正因如此,越来越多的人们对共享发展的呼吁愈益突出。在推动国家治理体系和治理能力现代化以及建设现代社会治理制度的倡导下,“共享”发展的理念正是在这一时代背景下被提出的。

“共享”是当前发展的新目标、新要求,也是目前中国推进实现社会主义现代化和实现伟大中国梦的新理念、新思路。所谓“共享”,是指由全体人民共享改革开放带来的成果。早在改革开放初期,邓小平就曾将“共同富裕”作为社会主义的本质特征。2006 年,党的十六届六中全会提出:“社会主义和谐社会是全体人民共同建设、共同享有的和谐社会。”这一目标明确了社会主义本质特征中关于“消除两极分化”和“共同富裕”的原则性要求。2007 年,党的十七大曾确立了“人人享有基本生活保障”和“人人享有基本医疗卫生服务”的目标,将共享的发展理念进一步具体化。随着社会主义建设进入新时代,鉴于市场经济造成的发展不平衡的问题,“共享改革开放成果”的理念为决策者和社会公众更为重视。2017 年,党的十九大报告中提出,“保证全体人民在共建共享发展中有更多获得感,不断促进人的全面发展、全体人民共同富裕”①。为此党和国家努力推进扶贫脱贫,缩小收入差距,推进区域、城乡基本公共服务均等化。

共享发展的提出就是要守住民生的“底线”。全面建成小康社会是践行

① 习近平:《决胜全面建成小康社会 夺取新时代中国特色社会主义伟大胜利——在中国共产党第十九次全国代表大会上的报告》,《人民日报》2017 年 10 月 28 日。

“全民共享改革发展成果”的关键一步。中国共产党作出改革开放伟大决策之后，就将“小康”作为社会主义现代化征程中一个重要目标。20世纪70年代末80年代初，邓小平曾首次提出“小康社会”的发展目标。此后，“小康社会”在党的历次大会中被不断丰富和完善。21世纪初，党的十六大正式宣布“我国人民生活总体达到小康水平”。与此同时，针对当时中国的小康水平尚不平衡、不充分的问题，提出了要“全面建设惠及十几亿人口的更高水平的小康社会”。到2012年，党的十八大报告首次正式提出了要“全面建成小康社会”的新目标。从改革开放初期的“人民生活达到小康水平”到“建设小康社会”，从21世纪初党的十六大提出的“全面建设小康社会”到党的十八大“全面建成小康社会”，彰显了中国让全体人民共享改革发展成果的决心。全面建成小康社会是全体人民共享的小康。从党和国家对小康发展目标的不断完善可知，共享发展是全面小康的内在要求，而全面小康是共享理念的具体体现。

（二）精准扶贫体现“三共”制度的基本精神

共建共治共享的“三共”制度既是社会治理理念、体制、机制的创新，也是精准扶贫的重要实践经验。二者良性互动，一体发展。一方面，农村各项事业的发展离不开基层社会治理制度的持续革新和完善。精准扶贫和脱贫攻坚工作的不断开展，对改革开放以来中国农村地区形成的乡村治理模式提出了新的挑战。在此过程中，以村民自治为核心的乡村治理结构、制度、格局已经无法适应新时期农村社会发展的新目标、新要求。而“三共”制度的提出为精准扶贫和脱贫攻坚的顺利实施提供了全新的解决方案，有力地回应了新时期农村地区脱贫攻坚工作面临的治理滞后的难题。另一方面，国家大力实施精准扶贫和脱贫攻坚的过程，也是贯彻、落实和践行共建共治共享“三共”制度的过程。精准扶贫和脱贫攻坚工作的具体实践，在解决中国绝对贫困问题和实现全面脱贫奔康的同时，客观上也促进了基层治理体系和治理能力的升级和革新，使“三共”制度在中国农村基层不仅形成全民共识，并生根发芽、茁壮成长，进而从本质上推动了农村基层治理结构和治理模式的转型。因此，精准扶贫和脱贫攻坚作为国家推进全面建成小康社会的重要战略决策，真正体现了共建共治共享“三共”制度的基本精神。

1. 治理理念升级

在过去的扶贫工作中，一些地方干部和基层政府把扶贫看成是“给予”，忽视了群众的自主性和能动性，由于与基层群众联系不足，不了解农村基层社会的贫困成因，未能及时有效地甄别扶贫对象及其面临的困难，对贫困户个体情况不加以区别，以同样标准和统一形式进行“地毯式”覆盖来进行帮扶，在扶贫工作中搞“一刀切”，这种“大水漫灌式”“高射炮打蚊子式”的扶贫不仅未能解决农村地区长期存在的贫困问题，而且对国家的扶贫资源也造成了极大浪费。另外，受国家主导下的单一的给予型扶贫模式的影响，一些贫困村、贫困户自我脱贫意识不强，“等靠要”的思想严重，坐等国家的扶贫救济。这些早期的扶贫实践证明，单独凭借政府自上而下的给予型扶贫由于缺乏政社之间的良性互动往往导致效果不佳，对于改变一些落后地区的贫困面貌也收效甚微。脱贫工作中存在的上述现象，究其原因，均与过度依赖政府而忽视基层农民群众参与扶贫治理的模式不无关系。

随着精准扶贫工作的深入开展，充分发挥执政党、政府、社会等多元主体的作用，调动人民群众参与精准扶贫的积极性，愈益成为做好精准扶贫工作不可或缺的重要组成部分。根据共建共治共享的社会治理思路，越来越多的扶贫工作者认为，精准扶贫工作的进一步推进，需要建立多元主体共同参与、协商共治的扶贫治理格局。实践中，“共同参与、协商共治”的社会治理理念被逐步落实到精准扶贫的工作中来，进而逐步改变了过去政府作为单一主体推进精准扶贫工作的基层治理模式，通过积极鼓励和引导社会组织、企事业单位、基层群众的积极性，转而构建起多元主体广泛参与、共同推进、共同建设的农村基层扶贫治理制度。例如，在扶贫对象识别和扶贫政策的决策环节，通过鼓励人民群众的广泛参与，了解农村贫困人口的现实诉求，积极回应群众呼声，更为精准地甄别扶贫对象，在此基础上，有针对性地制定出更加符合当地实情的扶贫政策。在扶贫项目的具体实施过程中，也要充分发挥企事业单位、社会组织及个人等治理主体的各自优势。在扶贫项目的监督和评估环节，将评价、考核、监督的权力交给与自身利益密切相关的农村贫困人口手中，通过人民群众广泛参与扶贫效果的评估，来增强扶贫监督的效能。总之，通过上述措施,逐步形成了各级党政机关、企事业单位、社会组织和个人等扶贫主体共同参与扶贫的强大合力,让基层人民群众和贫困人口能够广泛参与到脱贫治理工作中,进而真正实现了扶贫工作模式从过去的政府给予型扶贫向发展型扶贫转变,从过度依赖政府救济的“输血”式扶贫,向立足于贫困地区自身的自然资源和禀赋,依托优势条件进行开发、促进经济发展的“造血”式扶贫转变,从注重形式、忽视效果的“大水漫灌式”扶贫向“精准滴灌式”的扶贫转变。

农村基层精准扶贫的这一经验对于新时代背景下进一步改进和完善农村基层社会的治理体制机制、推进农村社会各项事业全面发展具有重要的启发意义。农村精准扶贫工作的顺利开展要求改变过去“一元化”治理模式,呼唤一种以“共同参与、协商共治”为主要特征的社会治理模式,这种社会治理模式与“共治”的治理理念相契合,它既不同于人民公社时期高度一体化的党政管理体制,也不同于改革开放以来农村基层社会广泛确立的村民自治模式,而是一种在新的时期为适应新形势、新特征而产生的混合的新型乡村治理模式。这就要求推进农村基层工作,“既要本着政府、社会合作的原则,通过一系列的政策安排,为市场主体和各种社会力量提供更多的发挥优势的机会;也要增进党委、政府与市场主体和社会各方的互信及沟通,打破简单的管理与被管理的关系,促进各类主体平等协商、合作互动。”①按照这一思路,进一步完善农村基层社会治理体制机制,必须将有事商量和协商办事等作为“共治”的主要内容。具体而言,在农村基层事务的治理中,应当逐步改变过去单独由村主任或村支书说了算的决策机制,凡是与基层广大村民群众切身利益密切相关的大小村务,都应在村党支部领导下,通过“民主恳谈”“四议两公开”等方式,建立起基层群众广泛参与、协商共治的体制机制,促进农村基层公共事务决策的科学化、民主化,努力实现基层群众“自己的事情民主管、自己的事情协商办”。

根据精准扶贫、脱贫攻坚的现实经验,在农村基层工作中落实“共同参

① 光明思想理论网:《以共建共治共享构建社会治理共同体》,见 https://theory.gmw.cn/2020-09/21/content_34206997.htm。

与、协商共治”的“共治”理念,具体而言,就是要正确处理政府、市场和社会三者之间的关系,采取一系列措施打破基层农民群众参与农村基层社会公共事务的制度壁垒,充分激发广大人民群众、社会组织和个人、企事业单位参与社会公共事务的主动性、积极性、创造性。改进工作方式和流程,将人民群众特别是农村利益相关群体参与基层公共事务嵌入整个基层社会治理的各个环节和方方面面。既要重视市场经济的规律,又要重视社会自身的建设;既要重视各级政府和基层干部的引领作用,同时还要充分发挥人民群众在自我管理、自我服务、自我教育、自我监督中的显著优势,确保各项政策措施的顺利实施和落实到位,进而不断增强农村贫困人口的获得感、幸福感。

2. 治理方式革新

推动精准扶贫治理方式革新,就是按照“党委领导、政府负责、社会协同、公众参与、法治保障”五位一体的乡村治理体系,将其融入到精准扶贫和脱贫攻坚工作中去。

第一,要进一步坚持和加强党的领导,落实“五级书记责任制”。具体而言:一是“省党委和政府对扶贫开发工作负总责,抓好目标确定、项目下达、资金投放、组织动员、监督考核等工作”,即省一级党委处于协调全局的位置,对全省的扶贫工作进行总体规划;二是“市党委和政府要做好上下衔接、域内协调、督促检查工作,精力集中做好贫困县如期摘帽”;三是“县级党委和政府承担主体责任,书记和县长是第一责任人,做好进度安排、项目落地、资金使用、人力调配、推进实施等工作”;四是“乡镇党委、政府是实施主体”,即负责各项具体精准扶贫和脱贫攻坚政策的落实落地,保证顺利实施;五是“贫困村的基层党组织,如村一级的党支部及其书记,应负责村一级的扶贫工作”。

第二,在精准扶贫和脱贫攻坚工作中坚持政府负责的理念,要求基层政府特别是乡镇政府从此前的“悬浮”状态不断下沉到农村基层社会事务当中,作为重要的主体之一参与甚至主导农村基层社会治理。围绕着政府负责,中国各地业已建立“中央统筹、省市一级负责、县级和乡镇一级抓落实”的政府责任分工格局。具体而言,就是“通过县级、镇级、村级等各个层级的政府机构的共同努力,将扶贫、脱贫的工作任务和指标进行逐层的细分,制定出科学、合理且行之有效的扶贫、脱贫的工作规划,按照规划的工作时间点进行分批次、分时间段逐步完成扶贫、脱贫工作”①。根据精准扶贫工作中的上述实践经验，在新时期推进中国农村基层社会治理方式的转型，构建“三共”联动的新型社会治理制度机制，要求秉持“政府负责”的原则，各级政府作为落实社会治理各项政策的第一责任主体，在农村社会治理过程中进一步发挥和承担“元治理”的功能和角色，统筹协调各部门、各组织、各群体的优势资源，凝聚各方力量，形成农村基层社会共商共建的强大合力，在精准扶贫的基础上推进农村基层社会治理转型。

第三，在精准扶贫和脱贫攻坚工作中，必须按照“社会协同”的思路，改变过去政府的一元化领导及其在基层社会管理中的绝对地位，加强政社协商合作。依托社会自身的组织资源，不断提高社会自身自我管理能力。为此，2017年11月，国务院印发了《关于广泛引导和动员社会组织参与脱贫攻坚的通知》，强调要通过发挥全国性和省级社会组织示范带头作用，鼓励各类社会组织参与教育扶贫、健康扶贫以及志愿扶贫等多种扶贫模式。为响应中央号召，四川省民政厅从2018年至2020年，连续三年先后印发了《关于2018年全省性社会组织参与脱贫攻坚的通知》《2019年组织社会组织参与脱贫攻坚工作的通知》《关于2020年组织社会组织参与脱贫攻坚工作的通知》，鼓励社会组织积极做好产业扶贫、教育扶贫、健康扶贫、志愿扶贫、易地扶贫搬迁等领域的帮扶工作，努力实现社会资源与帮扶对象的有效对接。强调社会组织要充分发挥各自业务领域专长，在贫困地区发展农畜特色产业、提供科技智力支持、开展教育支助帮扶、提供医疗健康服务；积极开展消费扶贫，利用互联网、移动终端等网络平台，开展“以购代扶”“以购代捐”等活动，解决贫困地区农产品销售难的问题；广泛动员会员企业积极支持贫困劳动力务工就业，鼓励企业更多招用贫困地区特别是建党立卡贫困家庭人员；等等。② 此外，“协同”不仅意味着动员各类社会组织作为重要的治理主体广泛参与到精准扶贫和脱贫攻坚工作中，更为重要的是，通过发挥这些社会组织的优势，与基层党组织、基层政府、基层群众自治组织展开持续性的互动和职能对接，形成稳定可靠的协作关

① 李娜：《深入理解“三位一体”大扶贫格局的内涵》，《现代经济信息》2019年第12期。

② 四川省民政厅：《四川省民政厅关于2020年组织社会组织参与脱贫攻坚工作的通知》，见 https://mzt.sc.gov.cn/scmzt/gsgg/2020/4/2/1c82f127b4a546ab9aa17819340ef184.shtml。

系和长效的政社联动机制,使各类社会组织做到“到位不越位、帮忙不添乱”。总之,在脱贫攻坚中贯彻落实“社会协同”的理念,要求不断激发社会组织的活力,鼓励乡镇企业、事业单位、非营利性组织等各种社会力量在推进脱贫脱困事业中发挥各自的优势,进而实现基层扶贫资源的最优化配置。

第四,落实“群众参与”。精准扶贫的实践经验表明,“社会治理事关广大人民群众的切身利益,必须依靠广大人民群众的积极参与和共同建设。让政府、企业、社会组织、群众等主体在党的领导下都广泛参与社会治理,努力做到治理问需于民、问情于民、问计于民,尊重并落实人民群众的知情权和参与权。”①此外,在精准扶贫工作中秉承“公众参与”的理念,要求人们针对农村社会不同的主体,进一步完善激励措施,积极鼓励优秀年轻干部、农村致富带头人、外出务工经商人员、企业经营管理人员、退伍军人、高校毕业生通过各种途径和渠道参与乡村振兴建设,参与到农村基层社会的治理和各项扶贫工作当中。这是中国农村社会治理实现现代化必须遵循的基本要求。

第五,推进农村基层社会的发展,必须在社会治理中坚定地贯彻加强和落实法治建设,农村基层社会治理过程中的各类主体必须“在遵守法律规定、尊重法治精神、遵循法制逻辑的前提下,坚持以法治精神来引领社会治理,以法治思维来谋划社会治理,以法律规范来实施社会治理,以法治标准来评价社会治理,以法治秩序的实现作为社会治理的目标,最终形成在法制轨道里实现社会良治的法治化过程”②。

3. 治理发展取向

共享发展理念是精准扶贫的根本价值取向,是精准扶贫的精神本质所在。共享发展和精准扶贫相互促进,统一于中国的社会主义现代化事业过程中,共同构成了现阶段推动中国农村社会发展的重要方针政策和措施。

全面建成小康社会是全体人民共享的小康。彻底解决中国贫困地区和贫困人口的绝对贫困问题,是中国充分践行共享发展理念、全面建成小康社会的当务之急,也是中国全面建成小康社会的底线任务。只有全体中国人民共同

① 夏锦文:《共建共治共享的社会治理格局:理论构建与实践探索》,《江苏社会科学》2018年第3期。

② 韩秀桃:《社会治理过程中的法治保障》,《中国青年报》2014年10月27日。

实现脱贫脱困,才能在全国范围内实现真正意义上的全面小康。因此,共享发展的着力点是打赢脱贫攻坚战,使全体人民共享全面小康;打赢脱贫攻坚战,带领贫困人口和贫困地区同全国一道进入全面小康社会,是对共享发展要求的积极回应,是共享发展理念的具体实践。精准扶贫之于全面建成小康社会、践行农村社会治理中共享发展的理念不可或缺。以精准扶贫践行共享发展的理念,帮助农村贫困人口脱贫,“是全面建成小康社会必须补齐的短板,是践行共享发展理念题中应有之义。”

从物质文明建设和改革发展的受益对象来看,以共享理念为指引补齐中国社会主义发展的短板和不足,就是要彻底解决贫困地区和贫困人口的贫困问题。国家大力实施精准扶贫和全面建成小康社会,关键在于“全面”二字。所谓“全面”正是共享理念的真实写照。在21世纪初,中国就已经实现了“人民生活达到小康水平”的目标,但仍有数以千万计的贫困人口未能达到小康,正因如此,在2012年,我国提出了“全面建成小康社会”的目标。这也意味着,没有我国贫困地区和贫困人口的小康,就不能说中国全体人民“共享”小康生活,因而也就没有全面建成小康社会。

共享理念指明了中国社会治理的最终目的,即增进全体人民的福祉,维护好、发展好最广大人民群众的根本利益,努力实现人民安居乐业和国家长治久安。从当前的实践成果来看,脱贫攻坚的胜利以及全面建成小康社会的实现,逐步改变改革开放以来“先让一部分人富起来,先富带动后富”的发展思路,使全体人民共享精准扶贫和脱贫攻坚的成果。与此同时,在这一过程中,原先基层群众自治制度背景下“能人治村”的治理格局也在逐步被打破,通过精准扶贫各项政策措施的顺利实施,基层党组织对农村基层的领导得到加强,农村基层政府如乡镇政权重新回归农村基层的治理体系当中,农村地区的公共服务供给实现最大化。与此同时,市场资本也在农村地区找到了机会和出路,数亿农村居民摆脱了贫困,使绝对贫困在中国成为历史,农村地区全面建成小康社会的目标得以实现。党和政府、企业、社会组织以及村民个人各尽所能、各得其所。基于此,在社会主义新时代,改进农村基层治理模式,推动农村各项事业的发展振兴,要求我们秉持共享发展的理念,充分地认识在家庭之间、城乡之间、地域之间、群体之间存在着发展差异,进一步明确社会治理的根本目的在于增进全体人民的福祉。努力实现全体人民共享社会治理的成果。在具体的社会治理工程中,要不断“创新利益协调机制,完善利益保护机制,建立和完善公共服务体系,不断完善基本公共服务制度、民生保障制度和公共服务监管制度等”①。

(三)当代中国社会治理体系主要内容

随着中国特色社会主义进入新时代,农村地区的社会治理目标,不再仅仅局限于社会的和谐、稳定、有序,而且更为注重政治、经济、文化、社会、生态等各项事业建设和全面发展。从改革开放的农村社会建设经验来看,农村基层社会建设和基本民生工程也不仅是单个农户和家庭的事情,也不仅是村委会的事情,而是重要的社会公共工程,应由党组织、政府、社会和公民多方参与,共同建设。各地区在推进脱贫攻坚、落实精准扶贫的工作中,通过党委领导、政府负责、社会协同、公众参与、法治保障,以及公权、资本和项目进村入户等,有力地促进了贫困村民的自立自强,发挥其在脱贫奔康中主体作用,从而达到有效治贫治村的目的。在后脱贫攻坚时代,应当按照“共建共治共享”的社会治理思路,继续坚持和完善党委领导的五位一体的乡村治理体系。

1. 党委领导

坚持党的全面领导是做好精准扶贫工作的基础和前提。精准扶贫工作中的上述实践经验证明,推进农村基层社会治理方式转型,必须充分发挥党的各级组织的思想领导、政治领导、组织领导作用,确保党的各级组织和各级人民政府坚持正确的路线方针政策。具体而言,党委领导在精准扶贫和脱贫攻坚工作中体现在三个方面:第一,始终坚持和加强党中央的集中统一领导,发挥党统筹规划、统领全局的作用。推进精准扶贫和脱贫攻坚,首先需要保证全国统一步调、统一思想、统一行动,确保脱贫攻坚任务保质保量完成。这是确保农村基层社会保持稳定的政治前提。第二,明确从中央到地方各级党组织的具体扶贫职责。在党中央之下,各地在具体的精准扶贫工作中,普遍建立起了“五级书记责任制”,明确了党的各级组织在精准扶贫工作中的具体职责。第

① 徐汉明、邵登辉:《打造共建共治共享的社会治理格局》,《人民周刊》2018 年第 12 期。

三，进一步加强基层党组织对农村基层社会事务的全面领导。改革开放以来，基层群众自治在促进了农村基层民主发展的同时，也在一定程度上造成了基层党组织领导力、组织力的虚化、弱化，进而造成了治理主体的“缺位”和诸多农村基层社会治理难题。而过去各地的实践证明，过度倚重村民自治的农村基层治理格局越来越无法满足当前农村社会发展的现实需要。作为各项具体精准扶贫工作的落实主体，基层党组织在农村基层社会治理中承担着不可或缺的领导带头作用。在精准扶贫工作中加强党的领导，就是要通过村支部书记、村主任“一肩挑”等制度安排，使基层党组织重新回归农村基层社会的治理体系中，在基层党组织的统一领导下，以“共建共治共享”为指引重塑农村基层治理制度机制和格局。

2. 政府负责

中国的政府机关包括从中央到地方的各级政府。在我国脱贫攻坚的具体实践中，政府是精准扶贫工作最重要的治理主体，特别是乡镇一级政府对于精准扶贫工作的具体落实具有极为重要的作用。21 世纪初，随着农业税的全面取消，一个新的问题在全国范围内逐渐凸显，即乡镇政府、县级政府与农村基层社会逐渐脱节，“悬浮”于农村基层社会之上，基层政府从过去的汲取型政权演变为“悬浮型”政权①。较之改革开放前的人民公社体制，以村民自治为核心的制度安排和治理结构固然体现了村民在农村基层社会治理中的主体地位，在一定程度上激发了村民参与基层公共事务的积极性，并促进了基层民主的发展和农村社会各项事业的进步。但另一方面，县乡基层政府的“离场”也造成了农村基层社会治理资源长期匮乏的困境。在农村基层社会治理格局中，基层政府和村民自治双轨并行，不仅人为地导致农村各项公共事务的割裂，而且也造成基层社会治理存在大量的权力真空地带。正因如此，如何进一步优化乡镇政府的职能，使县乡基层政府回归基层治理体系中，成为推进农村基层社会治理转型的重点和难点。这一问题也引起了理论界和实务界的高度关注和广泛讨论。

① 周飞舟：《从汲取型政权到“悬浮型”政权——税费改革对国家与农民关系之影响》，《社会学研究》2006 年第 3 期。

3. 社会协同

中国农村基层的各类社会组织是广大农村地区打赢脱贫攻坚战,实现全面小康的重要治理主体。改革开放以来,伴随着国民经济的迅猛发展和社会组织结构的持续调整,中国形形色色、种类繁多的社会组织也呈现出蓬勃发展的态势。在当前全国社会各界、各部门参与打赢脱贫攻坚战的背景下,各类社会组织特别是公益类社会组织蕴含着巨量的扶贫资源。这些社会组织包括农村基层自发形成的生产合作社、老年协会、红白理事会等自治性质的组织,以及政府与基层共同举办的养老院、福利院、青年协会、工会、残疾人协会等公益慈善、社会福利、社会服务组织。较之政府组织,各类社会组织是社会资本的载体,在信息的上传下达,民意的聚合和组织化表达,协调利益关系、化解社会矛盾以及人力、物力、财力的优化配置等方面具有独特的优势。社会组织参与扶贫作为一种重要的扶贫模式,能够极大地激发和调动社会各界参与脱贫攻坚的主动性和积极性,自上而下地形成多面向、全方位、立体化的大扶贫格局。随着农村基层社会事务的复杂化,农村社会的民间组织具有的组织性、民间性、非营利性、自治性以及志愿性等特征,使这些自治性组织在农村精准扶贫工作中发挥着重要作用。

4. 公众参与

受农村基层社会自身发展水平的制约,以往的扶贫模式是一种单向的被动式扶贫,各级政府将扶贫资源自上而下地输送至贫困地区,贫困村和贫困农户参与扶贫过程的程度低,在整个扶贫活动中往往处于被动接受的地位。这种单向的扶贫模式也因其扶贫手段落后、效果差被人们广为诟病。中国各地的扶贫实践充分证明,农村地区扶贫脱困工作的有效开展离不开基层人民群众的广泛参与。在扶贫工作中,从农村基层社会来看,这些参与主体包括普通村民,特别是与自身利益密切相关的村民个人;扶贫对象,主要是指农村中处于或濒临贫困状态的弱势群体;由村民通过民主选举代表基层群众利益、表达农民诉求的村民代表;农村精英,如具有一定经济实力、能带领村民共同致富的乡镇企业家,从外地回乡创业的技术能人或创业能手,德高望重、在村民中具有威望的新乡贤,以及民间非物质文化遗产传承人等。除了上述农村社会直接的参与主体之外,处于农村社会之外的相关人群也是重要的参与主体,这些主体包括:密切关注并积极投身于农村精准扶贫和脱贫攻坚事业的公民个人、公益慈善工作者、慈善家、农村各项事业的投资者、献身农村各项社会事业的志愿者、建设者等。此外,参与的主体还包括慈善机构、公司、企业等各类相关组织。随着中国农村地区的发展,公众参与基层治理的积极性愈益高涨。各级政府努力将“共建共治”的治理理念落实到农村基层精准扶贫的工作中,鼓励作为精准扶贫的相关主体主动参与到扶贫治理的进程中来。在农村各地的精准扶贫工作中,基层农民群众普遍参与到贫困主体的界定、脱贫资源的配给、脱贫效果的评估等整个过程当中,取得了很好的效果。

5. 法治保障

依法治国是推进农村基层社会治理的基本遵循。党的十八届四中全会提出:“坚持法治国家、法治政府、法治社会一体建设,实现科学立法、严格执法、公正司法、全民守法,促进国家治理体系和治理能力现代化。”精准扶贫工程的顺利实施,同样离不开各项法律制度的有力保障。以法治为保障,要求运用法律思维、法治观念和法律手段推进精准扶贫,将依法扶贫的理念贯彻落实到扶贫立法、执法、司法以及监督的各个环节,通过完善农村基层法治建设,提高农村基层社会治理的法治化水平,使扶贫工作真正做到“扶贫对象精准、项目安排精准、资金使用精准、措施到户精准、因村派人精准、脱贫成效精准”。在立法层面,中央和地方各级政府不断加强立法建设,为扶贫工作保驾护航。如《黑龙江省农村扶贫开发条例》(2002)、《湖北省农村扶贫条例》(2009)、《重庆市农村扶贫条例》(2010)等。在2010年,国务院颁发的《中国农村扶贫开发纲要(2011—2020年)》中明确规定:要“加强法制建设。加快扶贫立法,使扶贫工作尽快走上法制化轨道”。此后,广东、陕西、甘肃、云南等省份也相继出台了相关法律文件,如《广东省农村扶贫开发条例》(2011)、《陕西省农村扶贫开发条例》(2012)、《甘肃省农村扶贫开发条例》(2012)等。2016年,国务院印发了《脱贫攻坚责任制实施办法》,明确了中央、省、市、县等各级政府在脱贫攻坚中的具体职责。在此期间,除了上述与扶贫直接相关的法律之外,中央还出台了《中国共产党农村基层组织工作条例》《关于建立健全村务监督委员会的指导意见》等文件,进一步提升农村基层社会的治理能力,以保证扶贫工作的顺利实施。此外,各地为保证精准扶贫和脱贫攻坚工作稳步推进,还针对当地情况出台了《脱贫攻坚问责实施细则》《脱贫攻坚责任制实施细则》《脱贫攻坚追责问责实施办法》等文件。自中央作出精准扶贫和脱贫攻坚战决定以来,陕西、河南、贵州、四川、江西等多地基层党政领导干部因脱贫攻坚工作履职不力被问责,体现了通过完善法治建设推进精准扶贫和脱贫攻坚的基本理念。

(四)打造"三共"制度的现实意义

"共建共治共享"这一理念的提出及其具体实践对于推进中国农村基层社会治理现代化、提高人民群众的获得感、幸福感、安全感,落实以人民为中心的发展理念,乃至维护基层社会和谐稳定与繁荣发展等,都具有重要的实践意义。

1. 推进农村基层治理现代化

打造"共建共治共享"的社会治理制度有助于推进中国农村基层治理的现代化。国家治理体系和治理能力现代化是为推进全面深化改革、适应中国特色社会主义发展的需要而设定的总目标,是推动中国制度文明建设的重要举措。作为国家治理体系和治理能力的一个方面,农村基层社会治理体系的完善和治理能力的提高,有助于化解农村地区的社会矛盾,推动农村社会各项事业的有序发展。较之以前过度倚重政府机关"给予型"治理模式,推进农村基层治理体系和治理能力的现代化,关键就在于培育多元社会治理主体,依托农村基层社会自身资源提高自我管理能力。而打造"共建共治共享"社会治理制度是改变过去农村基层公共决策方式滞后、党政机关一元化领导、人民群众参与不足的治本之策。践行"共建共治共享"的社会治理制度,能够有效调动和优化社会资源配置,将以党委和政府为核心的权力主体、以企业为核心的市场主体和以非营利性组织为核心的社会力量有机地整合在一起,通过全面完善社会治理制度体系,提高社会治理现代化水平。

2. 提高农民群体的获得感、幸福感、安全感

如上所述,社会治理的宗旨在于不断增进人民群众的福祉。打造"共建共治共享"基层社会治理制度有助于从多层面、多领域提高人民群众的获

得感、幸福感、安全感。在以往的基层社会治理中,一些基层党委和基层政府对人民群众的切身利益关注不够,对中央和地方各级政府的方针政策认识不足,在各项政策的执行过程中偏离了基层人民群众的现实需要,造成了不良的影响。究其原因,这与一些基层政府和基层领导干部的工作方式、农村基层社会的制度、体制、机制等不无关系。新发展理念要求坚持人民群众的主体地位。一方面,“共建共治共享”就是要摒弃过去政府给予人民群众福利的发展思路,让更多主体参与到社会建设中来,在党和政府充分发挥统筹协调引领作用的前提下,依靠人民群众自身的力量解决各项社会公共事务,要让人民群众切实感受到基层社会发展带来的福利,就必须让人民群众广泛地参与到与自己切身利益密切相关的基层治理中来,而不是一味地追求“给予”带来的对政府执政绩效的认可。只有让人民群众作为治理主体的广泛地参与到社会治理、社会建设中来,才能够真正提高人民群众的获得感。另一方面,“共建共治共享”意味着改革成果由全体人民共享,只有发展的成果惠及全体人民,才能最大限度地减少因收入分配不公和贫富差距过大造成的挫败感,避免不满情绪的滋生,才能真正“让人民群众有更多获得感”。

3. 维护农村基层社会和谐稳定与繁荣发展

农村社会的繁荣发展同样离不开社会治理体制机制的完善。改革开放以来的实践经验证明,运行良好的农村社会基层治理体制机制是推进广大农村地区各项事业持续健康发展的制度保证。中央和地方路线方针政策的贯彻和顺利实施、各类农村基础社会矛盾的化解、各种基层社会问题的解决,都需要坚实的基层治理制度的支撑。一些地区社会治理制度体制机制的不完善,也是造成农村干群关系、党群关系、官民关系、民族关系等紧张的主要原因之一。而打造“共建共治共享”社会治理制度,有助于协调社会关系,使各种潜在的矛盾能够得到及时的解决,为农村各项事业的繁荣发展扫清制度壁垒。正因如此,打造“共建共治共享”社会治理制度是新时代贯彻落实乡村振兴战略的内在要求,对于维护农村基层社会和谐稳定和各项事业的繁荣发展具有不可或缺的重要意义。

二、精准扶贫是整合力量的体制机制

基于当时的社会治理背景,在精准扶贫工作中落实和践行共建共治共享的新型社会治理制度,是推进农村地区扶贫脱困的重要措施。在精准扶贫中构建"三共"社会治理制度的具体实践包括三个方面:一是构建"政府""社会""市场"三者相统一、相结合的扶贫治理格局;二是以"专项扶贫""行业扶贫""社会扶贫"为主要内容的"三位一体"扶贫治理结构;三是"五个一"的扶贫工作组制度。

(一)政府、社会、市场相结合的扶贫治理格局

政府、社会、市场是精准扶贫工作中三个不可或缺的重要主体。充分发挥政府、社会、市场在扶贫脱困工作中各自的功能和作用,是构建"三共联动"新型社会治理制度的重要方面。根据相关调查情况显示,一些地区的扶贫工作中存在着"政府热、社会弱、市场冷"的局面。正因如此,"共建共治共享"要求构建政府、市场和社会三者之间各司其职、协调发展、共同作用的和谐互动模式,形成"政府主导、市场能动、社会参与"的中国特色扶贫格局。

根据政府、社会、市场三者之间的关系,我们制作了一张政府、社会、市场在精准扶贫和脱贫攻坚工作中的关系示意图(见图 5-1),图中较为详细地展示了政府、社会、市场三者在脱贫工作中各自的优势和具体职责。

首先,政府在精准扶贫和脱贫攻坚工作中居于统筹规划、协调全局的核心地位,属于第一责任主体。如上所述,构建政府、社会、市场相结合的扶贫治理格局,要求各级政府特别是基层政府转变职能,通过加强对农村基层的政策供给、财政供给、服务供给等重新回归农村基层社会,主动参与农村基层社会公共事务,主导农村基层社会治理。这种转变和回归既不同于改革开放之后政府向农村农民要钱要粮,也不同于基层群众自治落地和取消农业税之后所产生的"悬浮型"政权,而是为促进农村发展,向农村农民自上而下提供各种服务的"服务型"政府。在扶贫工作中,政府的职责体现在各个层面:在宏观层面,各级政府负责相关政策的制定和立法工作,如具体扶贫职责的划分,各项

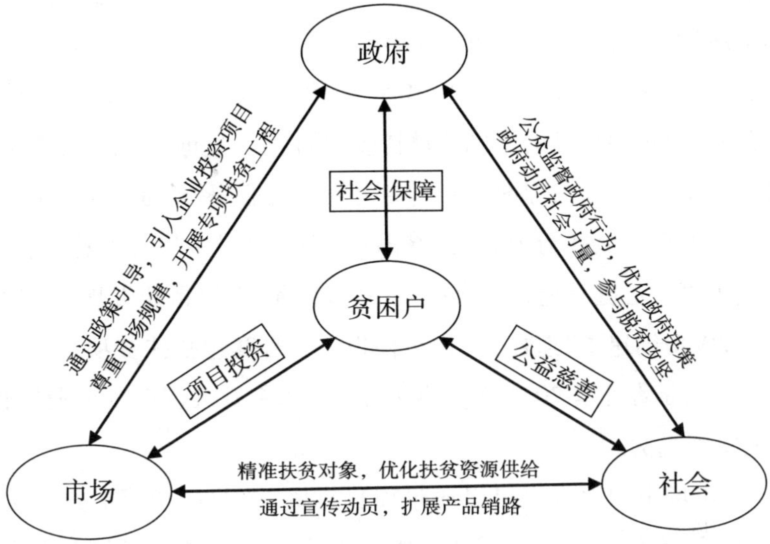

图 5-1 政府、社会、市场相结合的扶贫治理格局示意图

扶贫开发法律条令的创制。在中观层面,协调府际关系、政社关系,鼓励和调动各方扶贫力量积极参与农村扶贫开发工作,促进农户就业和农村产业发展,通过财政转移支付加大对贫困地区的财政支持力度,大力发展农村社会民生事业,构建和完善农村基层社会保障体系。在微观层面,因时因地制宜,有针对性地制定具体的扶贫方案,并予以贯彻落实。做好建档立卡工作,明确扶贫对象和扶贫工作的直接责任人,做到“扶贫对象精准、项目安排精准、资金使用精准、措施到户精准、因村派人精准、脱贫成效精准”。在具体的扶贫方式中,政府加大贫困地区生态保护力度,对贫困农户进行生态补偿,对资源禀赋差的贫困地区实施易地搬迁,通过发展教育事业和社会保障事业对贫困户进行直接补贴和兜底,都属于政府扶贫的方式。

其次,社会力量是精准扶贫和脱贫攻坚中不可或缺的重要参与主体。打造“共建共治共享”的新型社会治理制度,政府、社会、市场相结合的扶贫治理格局,进而实现脱贫攻坚战的顺利推进,离不开社会各界和社会组织的广泛参与。社会力量可以通过社会公益慈善的形式直接参与到扶贫工作中,如对贫困家庭、贫困学生进行结对帮扶。“慈善在扶贫方面具有先天的优势,是加快推进精准扶贫攻坚的一支重要力量,具有不可代替的独特优势和作用。”2014

年年底,国务院出台的《关于促进慈善事业健康发展的指导意见》中曾提出:“广泛调动社会各界参与扶贫开发的积极性。”并对中国慈善事业的发展提出了“突出扶贫济困”的原则。例如,2020 年,浙江省慈善联合总会运用扶贫新模式,帮助贫困户用自己的辛勤劳动持续“造血”。目前,“全省慈善会系统已建立各类“造血”型扶贫基地 156 个,涵盖养殖业、种植业、林果业等多个类型,投入救助资金 7094 万元,扶持贫困户 5619 户。”中华慈善总会名誉会长、万达集团董事长王健林通过总会投入 10 多亿元,对口帮扶贵州省国家级贫困县丹寨县,成功创建了“造血”式扶贫样板——丹寨包县扶贫项目。项目自落地生效以来,带动丹寨 20 多个产业发展,为 2.4 万人创造了就业岗位,帮助 1.6 万人实现脱贫。①

最后,市场中的力量也可以通过项目投资、企业帮扶等形式直接参与到“将市场机制、市场意识与市场化的操作方式引入扶贫攻坚”,尊重市场经济规律,充分发挥市场机制在扶贫资源的配置、分配、使用和利用上的决定性作用。具体而言,一是通过完善贫困地区基础设施建设、畅通电商网络营销渠道、破除市场交易壁垒、培育贫困户市场意识等手段,将贫困地区融入全国大市场中。创造各种市场营销平台,加强贫困地区和贫困户与外部市场的联系,推动全国生产产业链向农村贫困地区延伸,实现贫困对象、扶贫主体的市场化。二是在精准扶贫和脱贫攻坚中,改变过去只注重投入不关注产出的、单一的“输血型”政府救济模式。根据市场需求确定产业扶贫的具体项目,树立成本收益相对等的市场经济观念,通过市场规则优化资源配置,变“输血”为“造血”。三是通过政策引导,净化农村基层市场投资、生产和消费环境,培育个体户、乡镇企业、农贸公司等农村基层的市场主体。

构建政府、社会、市场相结合的扶贫治理格局,不仅要求三个领域的扶贫主体各自发力,而且还需要三者之间形成互联互通互促的联动机制。

首先,就政府与市场的关系而言,一方面,各级政府通过优化农村基层市场环境,规范市场秩序,制定一系列引导性的政策措施(如减免税费)等,为各

① 新华社:《以慈善凝聚全社会之力,打造多维度立体式扶贫体系》,见 https://baijiahao.baidu.com/s? id=1678045660796254233&wfr=spider&for=pc。

类市场组织参与扶贫牵线搭桥,鼓励和引导各类企业通过项目投资的形式参与农村贫困地区的扶贫开发工作中。例如,2020 年国家税务总局发布了新版《支持脱贫攻坚税收优惠政策指引》,“从支持贫困地区基础设施建设、推动涉农产业发展、激发贫困地区创业就业活力、推动普惠金融发展等六个方面,实施了 110 项推动脱贫攻坚的优惠政策。”[①]政府为企业提供扶贫对象、扶贫项目等各类扶贫信息和资源,能够保证企业利用市场机制与政府在脱贫攻坚工作实现无缝连接,这一过程不仅减少了企业的不必要投入(扶贫人员的确定、投资项目的选择和甄别等、市场主体的交易成本等),而且也使各种扶贫资源的使用效率最大化。另一方面,在精准扶贫和脱贫攻坚工作中引入市场机制,反过来要求政府尊重市场规律配置扶贫资源,促进政府形成成本与收益相对称的扶贫观念。

其次,就政府与社会的关系而言,一方面,政府积极动员社会组织和社会力量参与脱贫攻坚,如加大扶持力度,创建农民工返乡创业园,鼓励支持有志向、懂技术、懂管理的农民工、技术能人返乡创业;依托乡村文化,发掘民间文化资源,打造体现本地风土民情的文旅名片等。另一方面,作为精准扶贫工作的重要推动力量,社会组织和社会力量的广泛参与使脱贫攻坚的主体更加多元化,社会力量是连接政府与扶贫对象的纽带,社会组织和社会力量的广泛参与更有利于政府明确界定扶贫对象,监督政府工作,提高扶贫资源的使用效率。

最后,就市场与社会的关系而言,一方面,各种市场主体可以利用社会力量精准扶贫对象,优化扶贫资源供给,假若某一贫困地区的贫困问题引起社会各界的广泛关注,激发一些市场主体到这些贫困地区开展投资,拓展和培育了当地的市场,促进经济建设和发展,进而实现脱贫奔康的目标。另一方面,市场主体可以通过社会力量拓展产品销路,进一步拓展农村基层市场,进而实现贫困地区的脱贫。例如,2019 年,第七届中国公益慈善项目交流展示会以“聚焦脱贫攻坚,共创美好生活”为主题,来自全国的 791 家机构、896 个项目、917 种消费扶贫产品参与了交流展示会,取得了良好的效果。

① 国家税务总局:《支持脱贫攻坚税收优惠政策》,《农村工作通讯》2019 年第 18 期。

综上所述,我们将政府、市场、社会三者各自的功能和职责相结合,使其形成互联互通互促的关系,能够更为直观、全面地观察到当前全方位、立体化、多样态的扶贫模式(见图 5-2)。

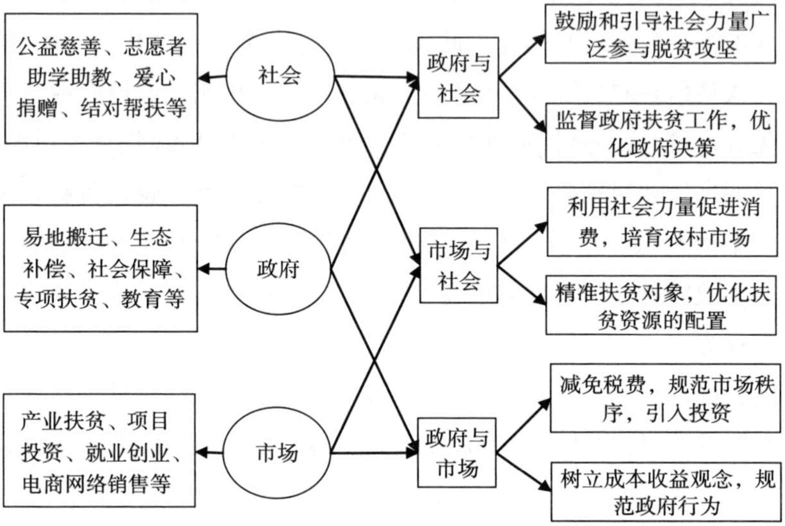

图 5-2　政府、社会、市场相结合的扶贫模式示意图

(二)专项、行业、社会一体化的扶贫治理结构

扶贫工作的顺利推进离不开多方力量、多措并举的有机结合和互为支撑。2011 年,《中国农村扶贫开发纲要(2011—2020 年)》在明确当前扶贫工作指导思想、工作方针、基本原则、总体目标、总体任务等一系列基本问题基础上,进一步提出了要构建专项、行业、社会一体化的扶贫治理结构。

1. 专项扶贫

专项扶贫,主要指的是"通过国家有关财政部门的专项扶贫资金、各级地方政府机构和有关机构组织的扶贫工作等,在省级政府机构的总体领导下,将工作任务和指标层层下放到县级、村级和具体的贫困户,通过促进就业、扶贫产业、振兴工业、搬迁扶贫、试点扶贫、革命老区建设、推行整个村庄的建设等工程项目来实现精准的有针对性的扶贫工作"①。专项扶贫作为一种扶贫方

① 李娜:《深入理解"三位一体"大扶贫格局的内涵》,《现代经济信息》2019 年第 12 期。

式具有多种形式。根据《中国农村扶贫开发纲要(2011—2020年)》的要求,“三位一体”中的专项扶贫包括“易地搬迁扶贫、整村推进、以工代赈、产业扶贫”等内容。

中国地形复杂,山区众多,受历史或自然条件的影响,一些贫困地区的贫困人口是由自然地理环境造成的,西部多数贫困地区均属于此类。在脱贫攻坚战中,对于这些生态环境较为恶劣或自然资源禀赋较差的贫困地区,易地扶贫搬迁是主要的扶贫方式。2020年5月10日,凉山州昭觉县易地扶贫搬迁县城安置点开始搬迁入住,该安置点位于县城附近的城北乡谷都村、城北乡普提村等村,安置来自昭觉28个乡镇92个行政村的3914户18000多贫困群众,是四川规模最大的易地扶贫搬迁安置点。安置点所有的住房通水、通电、通信,能够满足搬迁群众的基本生活要求。而为了让大家在迁入新房时具备基本生活条件,昭觉县还统一为搬迁群众购买了床被、热水器、桌椅家具等物品。按照搬迁入住计划,昭觉县全国闻名的“悬崖村”——阿土列尔村也有84户村民搬迁到安置点。虽然有了新房,但“悬崖村”的青壮年还要留在村里搞旅游开发。预计村里将修建45套民宿,开发大峡谷溶洞、温泉,设计徒步游路线,还在规划修建2条观光缆车,搞“云端游”。此外,搬迁期间及搬迁以后,县级联系领导、社区工作人员将全程为搬迁群众开展管理服务工作,保障他们顺利搬迁入住和后期管理服务有序。①

革命老区建设扶贫是专项扶贫的重要形式之一。革命老区往往地处距离城市较远、交通不便的偏僻山区,其资源禀赋较差,在脱贫攻坚战中是重点扶贫的对象之一。2018年5月,国务院印发实施了《革命老区开发建设与脱贫攻坚2018年工作要点》,进一步推动革命老区开发建设专项扶贫。四川省作为中国土地革命时期全国第二大苏区——川陕革命根据地所在地以及红军长征的重要所经之地,具有极为丰富的红色资源,是通过开展革命老区扶贫建设推进脱贫攻坚工作的主要阵地。2017年,四川省从“破解基础设施瓶颈制约、培育壮大特色优势产业、补齐基本公共服务短板、加强生态建设与环境保护、

① 四川观察:《今天,四川最大易地扶贫搬迁安置点开始搬迁入住》,见 https://baijiahao.baidu.com/s? id=1666274783791456929。

深化改革扩大开放和实施精准扶贫精准脱贫”六个方面明确了革命老区建设扶贫的工作重点。

从上述两个案例可知,易地搬迁和革命老区建设扶贫等专项扶贫的实现,既离不开各级政府的积极作为(如政府对贫困户建档立户,相关易地搬迁实施方案的制定,相关政策的出台、部署和落实等),也离不开贫困户的积极配合。而“悬崖村”、川陕革命老区对当期旅游资源红色资源的开发,更离不开社会公众的广泛关注,以及相关企业的进驻和投资。例如,2018 年,川投集团与天友集团、漫悦酒店管理公司共同成立了四川川投天友悬崖村文化旅游开发有限责任公司,在悬崖村古里大峡谷景区项目中计划总投资 6.3 亿元,推动“悬崖村”村民脱贫致富。四川省在《关于加大脱贫攻坚力度支持革命老区开发建设的实施意见》中特别指出,要坚持“省负总责,市(州)、县(市、区)、乡镇抓落实的工作机制”,“构建党委领导、政府负责、部门协同、社会参与的工作格局,建立省级统筹协调机制。要引导广大群众、港澳台同胞、华侨及海外人士等社会力量通过爱心捐赠、志愿服务、结对帮扶等多种形式参与老区脱贫攻坚,营造全社会共同支持服务老区发展的良好氛围。”①

2. 行业扶贫

产业扶贫是指“以市场为导向,以经济效益为中心,以产业发展为杠杆的扶贫开发过程,是促进贫困地区发展、增加贫困农户收入的有效途径,是扶贫开发的战略重点和主要任务”②。2016 年 11 月,国务院提出了“农林产业扶贫、旅游扶贫、电商扶贫、资产收益扶贫、科技扶贫”五大类产业发展脱贫的重要内容。同时在上述五大类基础上,还提出了“农林种养产业扶贫工程、旅游基础设施提升工程、乡村旅游产品建设工程等‘十三五’期间重点实施的产业扶贫工程”③。

农林产业扶贫、电商扶贫是行业扶贫的重要内容。巴中市巴州区化成镇

---

① 《四川出台实施意见:加大脱贫攻坚力度,支持革命老区开发建设》,《四川日报》2017 年 1 月 18 日。

② 李波:《推进产业振兴　巩固脱贫攻坚成果》,见 https://www.12371.cn/2019/11/27/ARTI1574809189213531.shtml。

③ 《国务院关于印发“十三五”脱贫攻坚规划的通知》,《中华人民共和国国务院公报》2016 年第 35 期。

长滩河村有365户1214人,其中建档立卡贫困户86户262人。该村两山一夹皮沟,土壤贫脊,十年九旱,自然条件极差。在贫困人口中贫困劳动力134人,生产经营能力普遍较低,自我发展能力极度脆弱,内生动力严重不足。2016年,区人社局把该村确定为就业扶贫试点,以实施贫困家庭劳动力技能培训和就业促进计划为着力点,针对产业点对点式培训贫困劳动力就业技能,以贫困劳动力就地就近就业解决产业发展劳动力需求,以发展电商有效解决产销一体问题,积极探索“产业+就业”“产业+电商”“电商+就业”的就业扶贫新模式,变“输血”为“造血”,“造血”为“供血”。两年来,该地区开展各类培训513人次,实现贫困人口就业技能培训全覆盖。截至2017年年底,全区培训贫困人口29513人次,实现贫困人口就业技能培训全覆盖,就业规模达17117人。①

一直以来,位于川西和川南的甘孜、阿坝、凉山等地自然环境恶劣,不宜人类居住,向来是脱贫攻坚战的重镇,如凉山彝族自治州属于全国闻名的重点深度贫困地区,贫困发生率高,扶贫工作难度大,成为川西和川南脱贫攻坚战的一个缩影。但该地区独特的自然地理条件孕育了独特的人文景观和风土民情,蕴藏着极其丰富的旅游资源,因而也为旅游扶贫提供了绝佳的客观条件,例如,近年来,乡村旅游正成为贫困群众脱贫致富的主要途径。位于阿坝藏族羌族自治州的理县坚持“旅游+”产业发展,综合施策、科学推进乡村旅游,助推贫困群众增收、贫困村环境改善。具体措施包括:一是完善提升道路交通、水电、通信、垃圾处理、停车场、标识标牌、厕所等旅游基础设施和公共服务设施。二是依托独特的资源禀赋,着力打造毕棚沟、桃坪—甘堡、米亚罗红叶、古尔沟温泉、孟屯河谷等品牌景区。三是积极鼓励贫困群众因地制宜地依托特色旅游资源兴办农家乐、乡村旅店等经营实体。此外,该县同时还出台多项优惠政策,鼓励社会力量创办涉旅企业,为贫困人口提供更多的就业岗位;围绕生态特色旅游,全方位开发涉旅公益性岗位,优先安排残疾等特困人员上岗就业。目前,理县全县已拥有省级乡村旅游示范乡(镇)5个、特色乡(镇)3个,省级精品旅游村寨2个、州级精品旅游村寨11家,省级乡村旅游示范村8个、

① 樊德才、唐佳玲:《探索“三位一体”就业扶贫模式》,《四川劳动保障》2018年第4期。

乡村民宿达标户 2 家、特色经营点 4 家,乡村酒店、农家乐、民居接待点 1200 余家。通过引入和成立毕棚沟公司、桃坪—甘堡景区管理处、古尔沟温泉小镇、浮云牧场、桃坪莎朗风情酒店、吉祥谷国际大酒店等涉旅企业,共吸纳本地员工 717 名,其中贫困人口 49 人,人均年收益 32650 元。通过开发乡村道路维护员、生态护林员、保洁员、保绿员、设施维护员、交通劝导员等公益性岗位 700 个,累计解决 470 名贫困人员的上岗就业问题,人均年收益 3300 元至 6000 元。"开发一个村寨、带活一方经济、致富一方百姓"的旅游扶贫效应正逐步彰显。①

3. 社会扶贫

以"共建共治共享"推进精准扶贫和脱贫攻坚,离不开社会公众的积极参与。所谓"社会扶贫",就是要充分激发社会各组织或群体参与脱贫攻坚和精准扶贫的积极性,利用社会资源,通过帮扶的形式实现贫困地区贫困人口的脱贫。

共青团四川省委和四川省互联网信息办公室共同策划、省群团中心、省青基会具体执行实施的公益项目"免费车票"引起全国的广泛关注,根据相关调查数据显示,2018 年,四川省有超过 50%以上的困难家庭因没有经济能力提供方便学生上学的交通工具,使这些贫困家庭的学生只能凭借双脚走路上学,由于路途遥远,上学时间超过两个小时。而在这 50%以上的学生当中,还有 10%左右的学生单边上学路程所需时间甚至超过了四个小时,这种状况远远超过国务院办公厅印发《关于全面加强乡村小规模学校和乡镇寄宿制学校建设的指导意见》中"路途时间一般不超过半小时"的规定。为了解决贫困学生上学难的问题,四川省共青团联合多部门提出了"免费车票"的公益项目,该项目通过在腾讯乐捐平台、支付宝爱心捐赠平台发起众筹来募集资金,用众筹所得为四川省贫困地区的贫困学生提供免费的车费补贴,使这些贫困学生能够实现乘车上学,极大地缩短了学生上学的时间,减轻学生家庭负担,保障了学生的安全。通过众筹的形式,不仅让社会大众及爱心企业了解了"免费车

---

① 四川省脱贫攻坚领导小组办公室:《打组合拳 · 念致富经——理县乡村旅游领跑脱贫奔康》,见 http://www.ddxyjj.com/new_xiangxi.asp? i=11532。

票”项目,同时也纷纷参与到脱贫攻坚工作中来,献出了爱心,为项目可持续发展提供了支撑,宣传了人人公益的理念。从运行模式来看,“免费车票”公益项目既发挥了政府在公益扶贫中的引领作用,同时也利用各种线上线下平台,充分调动了整个社会力量参与扶贫的主动性、积极性,优化了公益资源的合理配置,进而形成了政府、社会公益力量和市场机制各司其职、各尽其责。2020 年,“免费车票”项目使 3000 余名贫困学生受益,该项目也被选入 2019 年全国“社会组织扶贫 50 佳案例”。①

企业帮扶作为一种社会扶贫的重要形式,是指企业参与到脱贫攻坚工作中,充分发挥企业自身在融资投资、管理运营、开发建设、吸纳劳动力等方面的显著优势,为贫困地区提供资金、技术、人才、救济等各种支持,进而实现帮扶地区脱贫的扶贫模式。企业帮扶的具体措施包括引导企业设立贫困地区产业投资基金,采取市场化运作,吸引企业到贫困地区从事资源开发、产业园区建设、新型城镇化发展等。2016 年 12 月,为激励和引导农业产业化龙头企业到贫困地区参与脱贫攻坚,促进贫困地区经济社会加快发展,四川省出台相关文件,鼓励和引导龙头企业参与扶贫投资。②

农行四川省分行为响应省政府号召,采取了一系列措施力助四川贫困地区打赢脱贫攻坚战。一是投贷 30.3 亿元服务贫困地区稳产保供,采用贷款展期、降低贷款利率和延长还款期限等多种方式,帮助了 136 个受疫情影响企业走出经营困境,为 10 个贫困地区的 4A 级及以上景区客户提供了纾困措施。二是对贫困地区全额保障信贷规模,开辟信贷事项“绿色通道”,实行贷款利率优惠定价,匹配专项费用 2090 万元。同时,开展金融扶贫领域腐败和作风专项治理,将金融扶贫工作纳入巡察、检查、考核重点。三是支持特色产业扶贫,独家联合农业农村厅、文化和旅游厅出台川猪、川茶、乡村旅游差异化信贷政策,为正邦、铁骑力士等行业龙头在贫困地区生猪项目提供信贷支持 2.5 亿元,产业精准扶贫贷款余额 143 亿元。发放扶贫小额贷款 9582 万元,带动

---

① 《四川实施的公益项目“免费车票”入选全国“社会组织扶贫 50 佳案例”》,《四川日报》2020 年 7 月 30 日。

② 《四川力争 2020 年建档贫困村都有龙头企业结对帮扶》,《四川经济日报》2016 年 12 月 22 日。

2534名建档立卡贫困人口增收。线上帮助销售、线下组织采购贫困地区农产品1972万元。引荐5家东部企业来川捐资助学、产业扶贫、爱心捐赠、采购农产品。四是加大扶贫的资金支持。新增精准扶贫贷款13亿元,向88个贫困县贷款净增85亿元、同比多增29亿元。支持基础设施扶贫,累计投贷5.5亿元支持凉山州1.2万农户住上安全房子,投贷11.1亿元支持30所贫困地区学校和医院,投贷2.9亿元支持昭觉等地土地增减挂钩项目,投贷18.3亿元支持升钟水库、巴拉电站、杨房沟电站等15个交通水利项目,有效助推解决贫困地区住房安全、教育医疗、交通水利短板。据最新数据统计,2020年,农行四川省分行累计选派140名骨干驻村帮扶,累计金融精准扶贫贷款余额801亿元,带动和支持25.2万贫困户拔穷根、摘贫帽。

(三)“五个一”的扶贫工作组制度

构建以“共建共治共享”为核心内容的新型社会治理制度,对于推进精准扶贫工作,确保全国农村地区按时保质保量脱贫解困具有重要意义,这既需要治理理念的革新,也需要中央及地方各级政府的顶层设计,同时更离不开农村基层各参与主体的贯彻落实。在精准扶贫过程中,四川省把干部驻村帮扶作为推进脱贫攻坚重要抓手,创新实施了“五个一”帮扶机制。“五个一”扶贫作为一项基层扶贫工作制度创新,既明确了各基层单位、基层干部在精准扶贫工作中的具体职责,又将“共建共治共享”的治理理念贯穿其中,不仅积极推动各级政府和社会力量协同参与农村基层精准扶贫工作,而且有力地促进了精准扶贫精准脱贫方略在基层落地落实。所谓“五个一”扶贫,是指在具体的扶贫工作中,每个贫困村有一名县级领导联系、一个帮扶单位、一名第一书记、一个驻村工作组以及一名驻村农技员。

1. 总体统筹

为落实“五个一”帮扶的基层扶贫工作制度,四川省由省委副书记牵头,十三个省直部门参与,共同成立了全省“五个一”帮扶力量协调小组,统筹全省干部驻村帮扶工作。在全省“五个一”帮扶力量协调小组的督导下,四川省先后下发了《四川省干部驻村帮扶工作方案》《关于整合干部驻村帮扶力量推进驻村帮扶精准落实的指导意见》《关于进一步做好干部驻村帮扶工作的通知》等文件。2016 年 11 月,四川省脱贫攻坚领导小组出台了《关于统筹协调“五个一”帮扶力量　进一步强化责任落实的工作方案》,该《方案》进一步明确了“五个一”帮扶的具体内涵,即“联系领导为贫困村帮扶脱贫攻坚的第一责任人,帮扶单位为第一责任单位,驻村工作组具体负责制定和实施脱贫攻坚项目规划,第一书记为脱贫攻坚项目实施的直接责任人,农技员为贫困村产业发展的技术顾问”。四川省各级地方政府和相关部门将扶贫职责逐项分解,并落实到每名联系领导、联系单位和驻村帮扶人员。在明确扶贫责任之后,四川省按照“经济部门驻穷村、党群部门驻弱村、业务部门驻产业村”的原则,先后选派 1125 名优秀干部、后备干部、新提拔干部到贫困地挂职扶贫,有效解决基层组织和脱贫工作人才不足、力量薄弱的问题。

2. 日常管理

全省建立第一书记管理台账、签订目标责任书、驻村工作日记“三个一”制度等日常管理制度。按照相关的制度规定,党组(党委)每半年听取相关驻村干部的工作情况。此外,全省还建立任务清单、责任清单、问题清单三项清单制度,定期发送脱贫攻坚任务通知书,实现年度脱贫目标、任务、责任和成效检验到人。以“万名干部直接联系服务群众双向互动网络平台”等为依托,积极推进干部驻村帮扶工作信息平台建设,对驻村干部进行编号管理,绑定帮扶贫困村的相关信息及工作动态。通过既紧又实的日常管理,确保了干部驻村“到得了位”。此外,在日常管理中,四川省多管齐下,多措施、多途径提高“五个一”扶贫机制的实施效率。其中包括加强省市县纵向联动,省市县三个层级分别建立“五个一”牵头单位、责任单位联系会议制度,省级逢双月开会,市县逢单月开会,定期研究工作、解决问题;为加强片区横向业务交流,形成整体合力,加强政策业务咨询,“由牵头单位定期不定期组织政策咨询和业务对接,推动政策制定者和脱贫攻坚一线操作者面对面开展交流”①。自实施以来,省直各部门(单位)主要领导及干部驻村帮扶工作分管领导深入贫困村实地调研 9000 余次,取得了良好的效果。

---

① 国家乡村振兴局:《四川:创新“五个一”帮扶机制,有力促进干部驻村工作落地落实》,见 http://www.cpad.gov.cn/art/2016/10/10/art_38_54007.html。

3. 督查考核

作为配套措施,四川省印发了《关于进一步加强干部驻村帮扶管理工作的通知》,加强对各级党员领导干部和驻村干部的监督。自“五个一”帮扶基层扶贫制度确立以来,省委书记、省脱贫攻坚领导小组、省委组织部、省委农工委、省直工委等成立专项督查组,多次赴凉山彝区和高原藏区的数十个贫困村、贫困户,采取驻村入户、蹲点暗访等方式,重点检查“五个一”帮扶机制运行和中央、省委脱贫攻坚部署要求落实情况。此外,四川省还将各部门帮扶工作情况纳入省委、省政府绩效考核管理、党建责任制、“四好”班子考核。把“五个一”帮扶工作运行情况纳入派员单位领导班子和领导干部、县乡党委政府领导班子和领导干部脱贫攻坚年度考核。一方面,“加大对优秀驻村工作组和驻村干部的奖励力度,对成绩突出的工作组和先进个人给予表彰。”① 2016 年以来,全省提拔重用第一书记 1402 人,表彰优秀驻村干部 1200 多人,其中省委表彰的第一书记 24 人。另一方面,“对工作不落实、推进情况差的地方和部门进行通报;对帮扶不力的限期整改,整改不到位的约谈相关责任人,通过建立督查通报和责任人约谈等制度,确保任务落实到人。”②例如,达州市率先推出巡回督导、召回问责等系列刚性制度,共调整撤换第一书记 241 名,占全市 828 名派驻总数的 29%。截至目前,四川省全省对 2498 名不适合不适应驻村工作的第一书记进行了调整和召回。③

从“五个一”的扶贫工作制度建立以来,四川省全省建档立卡的 11501 个贫困村共确定县级联系领导 11501 名,落实帮扶单位 13150 个,选派驻村干部 45556 名、第一书记 11501 名、驻村农技员 11501 名,实现了 11501 个建档立卡贫困村“五个一”全覆盖。省直部门共协调落实帮扶项目 1454 个,直接投入或引进帮扶资金 71.4 亿元,领办涉农特色产业 4758 家,培育种养大户 11400 户,指导整顿软弱涣散基层党组织 1750 个,帮助 117.36 万贫困人口于 2015

---

① 国家乡村振兴局:《四川:创新“五个一”帮扶机制,有力促进干部驻村工作落地落实》,见 http://www.cpad.gov.cn/art/2016/10/10/art_38_54007.html。

② 国家乡村振兴局:《四川:创新“五个一”帮扶机制,有力促进干部驻村工作落地落实》,见 http://www.cpad.gov.cn/art/2016/10/10/art_38_54007.html。

③ 国家乡村振兴局:《四川:创新“五个一”帮扶机制,有力促进干部驻村工作落地落实》,见 http://www.cpad.gov.cn/art/2016/10/10/art_38_54007.html。

年年底成功脱贫。①

从乡村社会治理的层面来看,“五个一”扶贫工作制度不仅是精准扶贫实践的创新,同时也是政府重新回归农村基层社会治理、参与农村社会各项公共事务的一种尝试性探索。这一制度客观上改变了全国农村普遍存在的基层干部、基层政府脱离农村基层社会的既有状况。通过驻村干部、驻村工作组明确责任领导和帮扶单位等一系列制度性安排,使当前的政府行政力量与现有的以村民自治为核心的基层治理框架进行重新对接。从“五个一”扶贫工作制度的具体实践可以看出,这一对接绝不是传统意义上的乡镇政府“全能型”政府角色的单向回归,而是立足于公共服务供给的视角,省市县乡镇各级政府和领导干部在农村基层治理中职责和功能的精准定位,自上而下的立体化的责任重组,必然促进各级政府在农村社会事务中职能的重塑,进而推动了贫困地区农村社会治理模式和治理制度机制的革新(见图 5-3)。

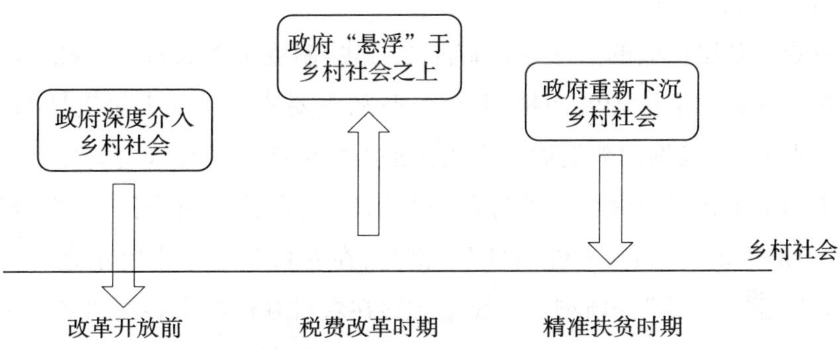

图 5-3 不同时期政府与农村基层社会关系的历史变革②

(四)贯彻“三共”制度精神的成效和经验

在脱贫攻坚和全面推进小康社会建设的过程中,贯彻“三共”制度精神在各个层面都取得了显著的成效。就农村基层社会的治理主体而言,在脱贫攻

① 国家乡村振兴局:《四川:创新“五个一”帮扶机制,有力促进干部驻村工作落地落实》,见 http://www.cpad.gov.cn/art/2016/10/10/art_38_54007.html。

② 郭占锋、李琳、张坤:《从“悬浮型”政权到“下沉型”政权——精准扶贫对基层治理的影响研究》,《中国农村研究》2018 年第 1 期。

坚中,政府、社会、市场相结合的扶贫治理格局的形成,以及“党委领导、政府负责、社会协同、公众参与、法治保障”的社会治理制度的建立和完善,不仅充分体现了“共治”“共建”的社会治理精神,而且也明确了农村基层社会不同治理主体的职责,一定程度上解决了过去农村基层社会治理主体不在场、治理混乱、权责不明确等问题。改革开放之后,中国农村地区公社体制的瓦解和乡镇、村一级治理单位的建立,以及村民自治制度的确立,激活了农村自主发展的积极性、主动性,推动农村社会各项事业的快速发展。但行政权力的退场和基层党组织领导力的弱化,致使农村基层社会在过去的几十年中出现了治理主体“缺位”的现象。在脱贫攻坚工作中,由“三共”制度精神引领的农村基层治理体制、治理格局的重塑,如上文中提到的政府权力的下沉、基层党组织的回归等,以及社会自身营利性组织和非营利性组织的参与、推动农村基层社会形成各治理主体多元化发展,进而形成各治理主体充分发挥各自优势、各司其职、各就其位的治理态势。

就农村基层社会的治理方式而言,“三共”制度引领农村基层社会治理模式从过去的粗放型治理转向精细化治理;从主要依靠外部力量支持的“给予型”治理转向以发掘内部发展潜力为主的“内生型”治理;从主要凭借政府权力自上而下下达行政命令的刚性的“硬治理”转向凭借风土民情、乡规民约、法律、惯例等多元化的“柔性治理”。例如,在农村基层选举民主之外,“四议两公开”“民主恳谈”等新型协商民主实践在农村基层社会各项事务中的广泛应用,有力地解决了各种不易解决的群体性事件,推动了农村治理水平的升级和各项事业的快速发展。通过共建共治共享的制度精神在精准扶贫和脱贫攻坚工作的稳步推进,基层政府的权力得以明确,党的领导得到加强,企业、社会组织乃至个体农户的作用得到充分发挥。

总之,中国脱贫攻坚和全面建成小康社会目标的如期完成,为中国农村基层社会治理提供了宝贵的实践经验和理论启示,这对中国在今后农村地区的社会建设和治理中进一步建立和完善共建共治共享的社会治理制度具有重要的启发意义。将共建共治共享的精神成功运用于精准扶贫和脱贫攻坚事业,以及党领导基层群众在脱贫攻坚工作中探索出的“共建共治共享”的社会治理制度,已然成为脱贫攻坚和全面建成小康社会目标完成之后留给中国农村基层社会治理最重要的宝贵财富，为当前中国推进脱贫攻坚和乡村振兴战略的有效衔接提供良好的契机。

三、以“共享”为目标完善乡村社会治理制度

“共享”，即人人享有改革开放带来的成果，不仅是“三共”制度中最核心的价值追求和目标指向，同时也是中国特色社会主义的本质要求，是中国作为社会主义国家社会主义制度优越性的重要体现。推进精准扶贫和脱贫攻坚，努力实现全面建成小康社会的目标，从本质上讲都是“共享”发展理念的具体表现，都体现了“共享”发展的精神实质。数十年来，通过城市支援农村、工业反哺农业，让贫困农民共享改革发展成果，与其他群众一起奔小康的政策，无一不体现了“共享”的发展理念。脱贫攻坚战和全面建成小康社会取得全面胜利，也是“共享”发展精神的成功实践。然而，不可否认的是，中国农村虽然在全国范围内消除了大面积的绝对贫困，但贫富差距和城乡差距仍然较大。如何进一步完善乡村社会治理制度，推动中国农村实现全民共享、全面共享、共建共享和渐进共享，已然成为贯彻“共享”发展目标的重要议题。

（一）完善乡村社会治理制度的内在要求

随着脱贫攻坚战在中国农村地区取得全面胜利，推进乡村振兴成为当前农村发展的新任务、新目标、新课题。在新的发展契机和时代背景下，进一步完善乡村社会治理制度，必然要以“共享”为目标。这不仅是过去中国开展精准扶贫和脱贫攻坚所取得的重要经验，同时也是中国社会各界各行各业各尽其能、各得其所的内在要求，更是在乡村振兴背景下以“共享”理念破解乡村社会治理难题的必然选择。

1.“共享”是精准扶贫工作取得的重要经验

以“共享”为目标完善当前农村基层社会治理制度，是中国在精准扶贫和脱贫攻坚进程中取得的重要经验。从农村社会治理的“共享”理念和精准扶贫的相互关系来看，精准扶贫是践行“共享”发展理念的内在要求，是“共享”理念在基层落地生根的产物。全面建成小康社会目标的提出，是“全民共享

改革开放发展成果”这一发展要求的深刻体现。而精准扶贫则是在“全民共享”理念指引下全面建成小康社会的关键一步，是对“全体人民共享改革发展成果”的生动阐释。从这个意义上说，做好精准扶贫工作，打赢脱贫攻坚战，彰显了农村基层社会治理中的“共享”价值理念。正因为全面小康是全体人民“共享”的小康，是十四亿人都不掉队的小康，这就需要通过实施精准扶贫和脱贫攻坚等战略，实现贫困人口全面脱贫，使全国各地区、各民族的全体人民都能顺利进入小康社会。“共享”发展是“精准扶贫的目的和归宿，是推进脱贫攻坚战略的重要指南”，而精准扶贫是“共享”发展的途径和手段，是促进共享发展的关键，是为实现以人为本、人人共享、全民共享所采取的具体措施。① 正因如此，“共享”发展的理念必然贯穿于精准扶贫和脱贫攻坚工作以及全面建成小康社会的始终，要求脱贫攻坚中一个贫困户都不能掉队、任何一个地区都不能掉队、任何一个民族都不能掉队。2021 年，习近平总书记向全国人民庄严宣告“脱贫攻坚战取得了全面胜利”，并不是指中国某一地区、某一部分的贫困人口、某一民族实现了脱贫奔康，而是全国农村贫困人口全部脱贫。而另一方面，精准扶贫和脱贫攻坚取得成就和经验也在深层次上重塑着中国农村基层社会的发展模式和治理理念。改革开放以来，针对中国人口多、底子薄、经济发展滞后的国情，党和国家坚持以经济建设为中心，将解放生产力、发展生产力作为开展各项工作的第一要务，在分配制度中注重初次分配对经济发展的激励作用。随着中国改革开放进入深水区，中国城乡之间、地域之间、群体之间、领域之间发展不平衡、不充分的问题愈来愈突出，有鉴于此，推动国家发展的重心和着力点也从过去的注重经济总量的增加逐步转向兼顾收入分配的公平正义，消除两极分化，从“先富带动后富”逐步转向“全面共享、全民共享、共建共享”。而在社会主义新时代，社会主义现代化和共同富裕目标将“共享”发展的理念提升到一个全新的高度，“共享”发展不再仅是精准扶贫和脱贫攻坚工作的指导性原则，而是逐步上升为农村基层社会治理中的基本遵循和全社会全体人民的奋斗目标。

2.“共享”实现了中国社会各界、各行各业各尽其能、各得其所

在精准扶贫和脱贫攻坚过程中，围绕着社会治理和脱贫攻坚这一共同的

① 谢勇：《论新时代共享发展和精准扶贫的辩证关系》，《中国西部》2019 年第 1 期。

目标,执政党、各级政府、社会组织、企业以及个人等多元治理主体各自目标的共同实现,实现了发展目标的共享。实现打赢脱贫攻坚战的全面胜利,是改革开放之后的中国在本世纪头二十年全面建成小康社会所取得的标志性成果,也是21世纪的中国在过去的二十年中最为重要的奋斗目标。为实现这一伟大的目标,中国共产党带领中国人民勠力同心、砥砺奋进,实现了贫困人口的整体脱贫,完成了人类历史上最伟大的摆脱贫困的壮举。与此同时,中国的现代化事业不仅包括经济的现代化,而且还包括政治、文化、社会、生态等其他方面,是经济、政治、文化、社会、生态“五位一体”全面发展、协调推进、统筹联动的现代化。中国特色社会主义的现代化是全面的、全方位的现代化。其中不仅包括经济领域的脱贫奔康,而且还包括一系列其他方面的更为具体、全面和深层次的目标。具体而言,除全面建成小康社会这一总的目标之外,还包括执政党执政能力的不断加强,从中央到地方乃至基层各级社会治理水平的提高,各项民主政治制度的进一步发展,政府组织机构和管理制度的进一步完善,公益性社会组织或营利性经济组织的进一步壮大,国家、市场、社会和个人关系的进一步优化等。这些目标的完成对实现中国特色社会主义现代化同样意义非凡。

打赢脱贫攻坚战和全面建成小康社会促使上述多元主体各自的发展目标都在不同程度上得到了进一步实现。就社会治理本身而言,克服社会收入分配的不平等、不公平现象,实现改革开放和经济发展的成果由全民共享,既是社会主义的本质要求,也是基层社会治理追求的主要目标。这一目标在精准扶贫和脱贫攻坚的实践中被发展,进而进一步丰富了它的内涵和意义。在这种发展目标之下,农村基层的贫困户、贫困县乡、党的各级组织、各级政府、企事业单位、非营利性组织乃至公益人士的诉求都被进一步彰显。就贫困农户而言,精准扶贫和脱贫攻坚确实解决了广大贫困户亟待解决的生计问题,满足了贫困户脱贫奔康的目标和利益诉求,这也是精准扶贫和脱贫奔康的首要目标。对贫困地区而言,随着脱贫工作在全国范围内的完成,全国832个国家级贫困县全部脱贫摘帽,经济建设迈向新的台阶,社会各项事业大步前进,“贫困县”这一称谓永久地成为历史。对执政党而言,中国共产党带领中国人民实现全面脱贫和全面建成小康社会的伟大目标,充分彰显了中国共产党作为执政党全心全意为人民服务的根本宗旨。通过脱贫攻坚,有力地加强了党的基层组织建设,净化了农村基层党内政治生态,维护了党在人民群众中的光辉形象,扩大了党的社会基础,提高了党的执政能力,巩固了党的执政地位。对政府而言,精准扶贫和脱贫攻坚工作的推进,扭转了基层政府脱离基层社会的发展倾向,政府的各项目标被进一步优化,进一步明确和彰显了基层政府在基层社会治理中的职责和地位,提高了基层政府的公共服务供给能力和社会治理能力,为建设服务型政府、法治政府、责任政府、效能政府、廉洁政府提供了实践经验。对农村社会基层群众自治组织而言,以村民委员会为核心的基层群众自治组织进一步完善,村民监督委员会、民主恳谈会等制度形式不断落实,村民自我管理、自我服务、自我教育、自我监督的能力进一步提高。就企事业单位而言,企业依托国家脱贫攻坚的战略方针,通过产业扶贫等形式,推动资本下乡、人才下乡,实现以工促农、以城带乡的目标,在推动自身发展的同时也带动了广大农村地区。而广大企事业单位利用自身优势积极承担社会责任,开展各种公益项目,这不仅为农村贫困人口的脱贫提供了社会力量的支持,而且也极大地推进了中国农村地区慈善事业的发展。此外,社会各界的爱心人士和脱贫工作者积极参与到扶贫济困的工作中,为中国的脱贫事业尽一份绵薄之力,也充分彰显了广大人民群众作为普通中国公民的社会责任感和使命感,其中涌现出的先进事迹是当代中国爱国主义精神和改革创新精神的有力体现。对于中国贫困地区之外的广大农村地区而言,在国家大力推进实施乡村振兴战略的背景下,精准扶贫和脱贫攻坚中对生态扶贫、文化扶贫等脱贫形式的成果探索,为推动非贫困户的稳定和富足,以及非贫困地区可持续性发展,乃至乡村振兴战略在全国范围内的贯彻落实,也具有重要的启发意义。总之,精准扶贫和脱贫攻坚凝聚了全社会、全体人民的"最大公约数",真正实现了中国社会各界、各行各业各尽其能、各得其所,进而有力地促进了乡村社会的和谐稳定、繁荣与发展,是对共享理念最深刻的演绎。

3."共享"理念是破解乡村社会治理难题的必然选择

脱贫攻坚战的胜利收官,标志着中国全面建成小康社会的顺利实现以及在人类减贫事业领域取得了举世瞩目的历史性成就。同时,我们也应当清醒地认识到"共享"发展仍然是中国在推进农村地区各项事业发展、实现乡村振兴进程中所面临的短板所在。全国范围内贫困人口虽然实现了集体脱贫,但并未在全国农村地区(包括非贫困的农村地区)产生全面、持续性的共享效果。也就是说,精准扶贫和脱贫攻坚所产生的红利仅局限于贫困地区,促进了农村贫困地区经济的增长和人民收入水平的提高,而没有在全国范围内形成连带效应。可见,精准扶贫实现了贫困县乡、贫困农村地区的发展,但并没有明显地带动非贫困县乡、非贫困农村地区的发展。2020 年 5 月,针对新冠疫情对国内国际经济发展造成的严重影响,中共中央政治局常委会会议首次提出“深化供给侧结构性改革,充分发挥中国超大规模市场优势和内需潜力,构建国内国际双循环相互促进的新发展格局”。在此后的全国两会期间,习近平总书记再次强调,要“逐步形成以国内大循环为主体、国内国际双循环相互促进的新发展格局”。形成和打造“国内大循环为主体”的新发展格局,就是要挖掘国内市场需求潜力,打破各地区、各领域、各行业的制度壁垒,疏通生产、分配、流通、消费等各个环节,在全国范围内形成一体化的、动态均衡的供需市场。在当前国家大力推进经济发展内循环的背景下,贫困县乡、贫困村与非贫困县乡、贫困村之间在生产和消费市场、人力财力物力、自然或文化资源等领域仍然存在着较为显著的割裂,距离建立以经济发展内循环为主的格局仍存在着较大的差距。“共享”发展,不仅仅意味着发展结果的共享,同样也包括发展模式、发展进程的共享。改革开放以来,中国特色社会主义建设取得的历史性成就,与国内统一的、一体化的经济社会发展格局的建立密切相关。实践证明,越是深度融入国内国际市场经济发展网络的地区,其经济就越发达、越繁荣。尽管中国存在着东中西区域发展显著差异以及城乡发展的二元结构,但这并不意味着中国不同地区各自发展、双轨并行、互不关联,并不意味着“你发展你的,我发展我的”。因此,进一步巩固精准扶贫和脱贫攻坚取得的成果,内在地要求农村贫困地区摆脱过去封闭的、与外界割裂的状态,并在“共享”发展理念的指导下,通过贫困县乡、贫困村与非贫困县乡、非贫困村的互联互通互促,实现农村贫困地区与非贫困地区人力、财力、物力的自由流通,将其融入到国内统一的、一体化的经济社会发展大格局中。在此过程中,贫困地区和非贫困地区以国内一体化发展为契机,发挥各自在生产、分配、流通、消费等各个环节的优势,才能够真正实现共享发展和共同富裕。

(二)完善乡村社会治理制度的具体措施

2017 年 10 月,在新的历史背景和发展契机下,党的十九大针对当前农村基层社会发展面临的新情况、新问题,作出了“实施乡村振兴战略”的重大决策部署,明确指出:“要坚持农业农村优先发展,按照产业兴旺、生态宜居、乡风文明、治理有效、生活富裕的总要求,建立健全城乡融合发展体制机制和政策体系,加快推进农业农村现代化。”在国家大力推进乡村振兴战略的背景下,以“共享”为目标完善乡村社会治理制度,需要逐步构建起由基层党组织领导、基层政府服务行政、基层群众自治等多种力量共同构成的新型乡村社会治理制度,通过多元治理主体共同参与、协商共治,着力提高乡村社会治理的社会化、法治化、智能化、专业化水平。此外,还要不断继承和发扬精准扶贫精神,坚持与时俱进,进而逐步实现农村基层社会治理体系和治理能力的现代化,为乡村振兴和农村地区共同富裕的实现奠定坚实的制度保障。

1. 构建和完善新型的乡村社会治理体系

精准扶贫和脱贫攻坚的成功经验表明,单靠此前的以基层群众自治为核心的治理结构和治理模式已经无法适应农村社会各项事业发展的现实需要,推动乡村社会发展和各项事业全面振兴,也绝不是仅凭借某单一主体的能力所能够完成的和某一种制度结构或治理模式所能胜任的。脱贫攻坚的全面胜利和乡村振兴的开局,表明中国农村地区一个全新发展阶段的到来。这一新发展阶段意味着要解决新时代新阶段所面临的新问题,实现新目标、完成新任务、新要求,需要我们改变过去固有的发展理念,逐步革新当前乡村社会的治理结构和治理制度,在吸取精准扶贫和脱贫攻坚的实践经验的基础上,整合基层党组织、基层政府、基层自治组织、基层社会、基层市场等多元力量,通过加强法治建设、协商民主建设,依托互联网、大数据、云计算等,引入先进治理技术,提高治理的智能化、专业化水平,通过上述措施,逐步构建起共建共治共享的复合型乡村社会治理体系(见图 5-4)。

在这一复合型的新型乡村社会治理体系中,各种治理主体各司其职、各得其所。首先,通过基层党支部书记和村委会主任“一肩挑”(党支部书记竞选村委会主任或符合条件的村委会主任担任党支部书记)、基层党政联席会议

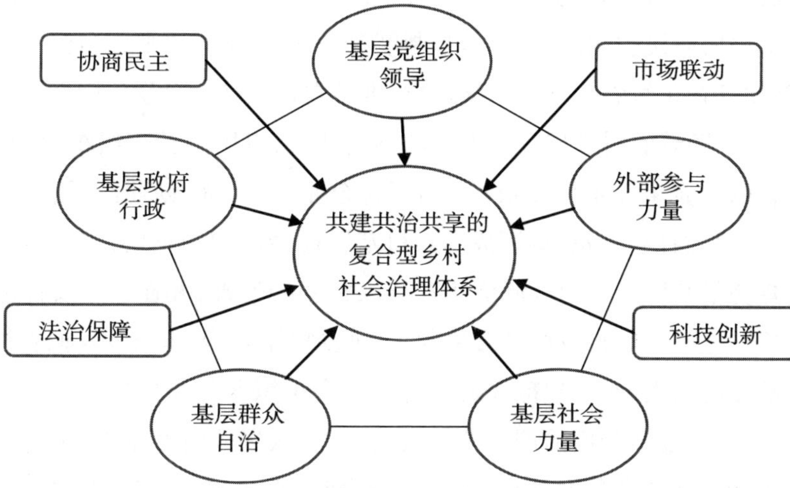

图 5-4　共建共治共享的复合型乡村社会治理体系示意图

等制度设计,加强基层党组织建设,提高基层党组织的组织力、领导力,逐步改变过去农村基层党组织弱化、虚化甚至被边缘化的状况,发挥基层党组织先锋模范和领导核心作用。其次,乡村振兴离不开基层政府的积极作为,改变过去基层政府“悬浮”于农村基层社会之上、政府行政和基层群众自治双轨并行、互不干涉的现象,通过逐步转变基层政府职能,构建服务型基层政府,提高基层政府的公共服务能力和治理能力,使其重新回归、下沉到农村基层社会中,参与公共事务的治理。应当注意的是,基层政府回归乡村治理,绝不是回到过去那种政府居于核心地位、事无巨细的主导农村社会公共事务和建设的一元化治理模式,基层政府的回归必然要与政府的简政放权相结合,做到“不该管的不管,该管的一定要管好”,这一转变的着力点绝不是基层政府在农村社会事务中管得多与少,而是属于政府的职责要做得更好。再次,进一步规范和完善基层群众自治制度。除政府机构之外,基层群众自治,如村民委员会和村民小组委员会等尽管不属于政府序列,但作为贯彻落实各级政府决策的“准政府”机构,在农村基层治理过程中居于关键地位的。《村民委员会组织法》第二条规定:“村民委员会是村民自我管理、自我教育、自我服务的基层群众性自治组织,实行民主选举、民主决策、民主管理、民主监督。”以村民自治为核心的基层群众自治是改革开放以来中国推动农村社会发展进程中形成的重要宝贵经验,有力地推动了农村基层的民主政治建设,在新的发展阶段,需要通过引入基层协商民主制度、村务监督制度等,不断探索基层群众自治的有效实现形式,使其在化解农村基层社会矛盾、推动农村经济社会发展中发挥更大的作用。又次,随着农村基层社会力量的不断壮大,以民间社会组织(包括官方或半官方的)、企事业单位以及村民个人(企业家、乡贤、创业能手、民间艺人等)为主的乡村社会力量,逐渐成为农村基层社会治理的重要参与主体,这些社会力量凭借其所特有的资源优势参与农村社会治理,并在其中发挥愈益重要的作用。进一步完善乡村社会治理,推进乡村振兴,要求充分发掘农村民间社会所蕴藏的巨大能量,规范和疏通各类社会组织参与乡村社会治理的途径和渠道,最大限度地利用治理资源。最后,乡村振兴战略背景下,也不应当忽视农村地区之外的参与力量对农村发展的影响,随着城乡一体化、区域一体化进程的加快,全国性或区域性的社会公益组织、企事业单位以及作为个体的社会公众等外部参与力量对农村基层社会治理的作用将日益凸显,并在推进农村各项事业发展和实现乡村振兴进程中发挥重要作用。

就具体的治理手段而言,构建共建共治共享的乡村社会治理体系,倡导治理方式、方法的多样性。现阶段,推进乡村振兴,需要从协商民主、法治建设、市场机制的完善以及现代治理技术的综合运用等方面,提升农村基层社会的治理效能。首先,基层协商民主是中国农村推进全过程人民民主、加强基层群众自治过程中的重要探索,各地区的实践证明,协商民主不仅有助于农村社会矛盾的化解,而且还极大地提高了治理水平。鉴此,推进农村基层治理体系革新,需要进一步完善农村基层协商民主治理体制机制,不断发展农村基层党内民主协商、政府协商、政社协商、社会组织协商等协商形式,推动协商民主广泛、多层、制度化发展,将协商民主的原则贯穿于农村基层社会治理的各个方面。其次,农村基层社会经济各项事业的稳步推进,离不开法治建设的持续推进。构建新型乡村社会治理体系,需要改变过去以行政命令、行政管控为主的治理模式,“善于运用法治思维和法治方式解决涉及群众切身利益的矛盾和问题”,在党的领导、政府行政、村民自治等各项治理模块中逐步树立法治思维、培养法治观念、贯彻落实法治原则,依法解决农村社会治理矛盾,推进农村各项事业走上法治化轨道。再次,构建共建共治共享的复合型乡村社会治理格局,还要求遵循市场自身的规律,将农村地区作为不可或缺的重要节点嵌入到“国内大循环”的整体性、一体化的市场网络中,利用市场的力量推动农村社会发展和实现乡村振兴。最后,在科学技术突飞猛进的当下,农村社会治安防范、食品安全、生态环境保护、国土资源规划等各项事业都离不开先进技术的使用,农村基层也需要依托现有的治理技术推动治理方式的革新。因此,构建新型乡村社会治理体系,要以互联网为支撑,综合运用大数据、云计算、人工智能等现代数字技术,逐步建立起治理主体之间持续性的网络联系,加强治理过程中的信息沟通、资源流通,提高农村基层社会治理的智能化、专业化水平。

在此,还需指出的是,共建共治共享的复合型乡村社会治理体系绝不是与此前的乡村治理结构和治理模式相割裂,另起炉灶另搞一套,而是对此前不同时期、不同阶段在解决不同现实问题过程中形成的治理经验、治理成效的大融合、大总结、大发展。总之,乡村振兴背景下,需要通过上述各项措施,在农村基层构建起多元主体共同参与、多治理手段共同推进、内外互通、上下联动的大治理体系和治理格局,进而推动农村各项事业共同发展。

2. 继承和弘扬精准扶贫和脱贫攻坚精神

人无精神则不立,国无精神则不强。脱贫攻坚战取得的胜利,既是物质上的胜利,同时也是精神上的胜利。以“共享”为目标完善乡村社会治理制度,不仅需要相关体制机制的完善,同样也需要继承和弘扬精准扶贫和脱贫攻坚战中形成的优良传统和精神财富。2021 年 2 月,习近平总书记在全国脱贫攻坚总结表彰大会上发表重要讲话时,高度评价了扶贫队伍在脱贫攻坚中所作出的努力,并首次概括总结了脱贫攻坚精神及其内涵。习近平总书记指出,“脱贫攻坚伟大斗争,锻造形成了‘上下同心、尽锐出战、精准务实、开拓创新、攻坚克难、不负人民’的脱贫攻坚精神”。脱贫攻坚精神是“消除贫困、共享富裕的人民至上精神,是敢于攻坚、勇于担当的不懈奋斗精神,是因地制宜、精准扶贫的求真务实精神”①,在脱贫攻坚战中,1800 多名扶贫工作者在脱贫攻坚征程中献出了自己宝贵的生命,其中涌现出的先进事迹更是数不胜数。精准扶贫之所以能够取得历史性成就,脱贫攻坚战取得全面胜利,离不开全国上下

① 曾汉君、刘增辉:《伟大脱贫攻坚精神的时代意义》,《南方日报》2021 年 3 月 19 日。

数百万奋战在一线的扶贫干部的无私奉献,离不开数千万贫困群众的积极行动和奋发向上,离不开社会各界全体各族人民对贫困群众、贫困事业的关心和关爱。正是全体党员干部和全国各族人民的上下一心、共同奋斗、锐意进取、开拓创新、攻坚克难,才取得了举世瞩目的成就。正因如此,习近平总书记指出,脱贫攻坚精神“是中国共产党性质宗旨、中国人民意志品质、中华民族精神的生动写照,是爱国主义、集体主义、社会主义思想的集中体现,是中国精神、中国价值、中国力量的充分彰显,赓续传承了伟大民族精神和时代精神”。

“伟大事业需要伟大精神,伟大精神成就伟大事业。”脱贫攻坚精神是中国共产党带领中国人民在打赢脱贫攻坚战的伟大征程中形成的宝贵精神财富,为脱贫攻坚战取得全面胜利提供了源源不断的力量源泉。而乡村振兴战略的实施,乡村社会治理制度的完善,乡村各项事业的全面发展,同样需要伟大精神力量的支撑。当前,在新的奋斗起点上,面对乡村振兴这一实现中华民族伟大复兴的重大战略任务,需要我们继承和弘扬脱贫攻坚精神,巩固脱贫攻坚成果,将“上下同心、尽锐出战、精准务实、开拓创新、攻坚克难、不负人民”的脱贫攻坚精神融入到以“共享”为目标的乡村社会治理当中,发扬在基层治理、产业振兴等农村工作的方方面面,以人民为中心全面推进乡村振兴战略,推动农村社会的全面发展。

3. 坚持与时俱进推进乡村社会治理制度革新

改革开放以来农村社会发展的实践经验表明,乡村社会治理制度从来都不是一成不变的,而是随着时代的发展和不同时期目标要求的变化始终处于不断更新调整中。从 1998 年中国首次将“社会管理”作为政府的一项重要职能,到 2004 年党的十六届四中全会提出了“社会建设”概念,并从构建社会主义和谐社会的角度对“社会管理”作出了重要部署,再到 2013 年党的十八届三中全会提出“社会治理”和改进社会治理方式的要求,体现了党和国家在认识上对“如何治理社会”这一问题的不断深化和与时俱进;从改革开放初期“一大二公”的人民公社体制的解体,到以村民自治为核心的基层群众自治制度在全国范围内的落地生根和广泛普及,从基层政府将更多决策权下放至农村基层,推进农村民主政治建设和自我管理、自我服务、自我监督、自我教育,到在精准扶贫和脱贫攻坚工作中为改进基层治理,进一步加强基层党组织的领导和提高基层政府公共服务能力,体现了社会治理水平的不断提高和与时俱进。此外,从社会主义新农村建设时期党和国家提出的“生产发展、生活富裕、乡风文明、村容整洁、管理民主”的乡村建设目标要求,到当前乡村振兴战略背景下提出的以“产业兴旺、生态宜居、乡风文明、治理有效、生活富裕”为核心的一系列新目标、新要求,同样体现了中国农村基层社会治理理念的不断升级和与时俱进。

一方面,随着中国农村社会的发展,农村基层仍处于深刻的变化之中,社会结构日益多元,利益需求日趋多样,利益关系日益复杂,这些变化客观上对农村社会的治理水平提出了更高的要求。另一方面,在国家大力实施乡村振兴战略的背景下,农村地区共同富裕和社会主义现代化的实践,同样需要乡村社会治理制度的不断革新。坚持与时俱进推进乡村社会治理制度革新,就是要始终坚持以人民为中心的基本立场,“加强和创新社会治理,着力保障和改善民生,不断满足人民群众的需求,使发展成果更多更公平惠及全体人民,带领人民创造美好生活”①;就是要始终秉持在脱贫攻坚中形成的求真务实、精准务实的工作作风,以农村基层社会的现实问题为导向,坚持具体问题具体分析,着力解决人民群众最关心最直接最现实的利益问题;就是要把握农村社会发展和社会治理的内在规律,立足于改革开放以来在推动农村发展中形成的宝贵经验,以“共建共治共享”为目标原则,扬弃当前乡村社会治理制度和治理框架中的优势和不足,博采众长,不断创新和探索乡村社会治理的方式方法;就是要深入研究乡村社会治理面临的新形势、新挑战,不断提高基层社会治理人员的综合素质,以新一轮技术革命为契机,用先进的技术手段、科学的理念加强和创新乡村社会治理,推进乡村社会治理制度的持续革新。

4. 围绕共同富裕目标,改革完善社会主义分配制度

党的十一届三中全会召开前夕,改革开放总设计师邓小平同志就提出“先富带后富”的发展思想,即让一部分地区和个人先富起来,最后带动大家共同富裕。在地区发展不平衡的当下中国,这种思想仍然适用于当下的乡村社会治理。但必须明确几点:乡村治理中的“先富带后富”不是践行平均主

① 洪大用:《与时俱进加强和创新社会治理》,《人民日报》2018 年 10 月 23 日。

义；先富的手段必须是诚实劳动和合法经营；先富的最终目的是实现共同富裕。正如“一个社会采取什么样的分配方式，是由该社会的生产力发展水平和与之相适应的经济制度，特别是生产资料所有制的性质决定的”。在乡村治理的整体规划布局上，必须对分配制度进行改革和完善，厘清乡村治理中的分配逻辑，平衡好一二三次分配关系。具体而言，乡村社会治理需要正确处理好效率与公平的关系，坚决践行按劳分配与按生产要素分配相结合的原则。

一方面，正确处理好乡村治理中的效率与公平关系。效率是劳动耗费与劳动成果之间的比例关系，公平是一定社会人们之间利益和权利分配的合理化，彰显的是社会的整体公平。效率和公平是对立统一的关系。人们在追求生产效率最大化的同时应加强对公平问题的持续关照；在关注利益、权利分配等公平问题的同时也应兼顾生产效率的最大化。只有保持效率和公平之间的动态平衡，才既不会因为过度关注分配公平问题而影响生产效率的持续提升，也不会因为过度关注效率的最大化而造成利益和权利分配的不公。在乡村治理中追求效率与公平的平衡，必须理解其矛盾统一的基本面向，引导其相互促进和相互制约的关系。我们要允许乡村治理过程中，人们取得收入的机会是平等的，设立统一的分配尺度，消除乡村中分配的掠夺侵权行为，同时承认各种差别，合理调控收入差距。另一方面，坚决践行按劳分配与按生产要素分配相结合的原则。乡村社会的分配制度改革完善应该坚决践行按劳分配的基本分配原则，即在作出必要的扣除之后，按照劳动个体为乡村治理所作出的劳动量来分配个人资产和物品，施行等量劳动获取等量报酬。但与此同时，为了兼顾公平和效率，必须多种分配方式并举，即在社会主义条件下，加入劳动、土地、资本、技术、管理、风险承担等生产要素的参与，按其实际的贡献取得相应的份额，这是乡村治理中必须要进行统筹设计的重要分配制度内容。

总之，共建、共治、共享的“三共”社会治理制度，是乡村治理否定之否定规律的产物，这一制度超越了现行农村村民的自建自治自享的状态，使乡镇政权重新回归基层农村，而不再是“悬浮”在农村社会之上。精准扶贫工作在农村地区的推进和脱贫攻坚战的顺利实施，不仅推动共建、共治、共享“三共”联动的社会治理制度在中国农村地区生根发芽，而且也深刻改变了农村基层固有的社会治理模式和治理生态。共建、共治、共享“三共”联动的新型社会治理制度作为一种实践创新,是对改革开放以来所形成的家庭联产承包责任制、“先富带动后富”、村民自治、“一事一议”、能人治村等现有治理制度和固有治理框架的超越,并促使中国农村基层社会的治理更具弹性和适应性,在社会主义建设进入新时代背景下,这些尝试性的创新和突破对进一步实现乡村振兴、实现全体人民的共同富裕具有深远的意义。

第六章 “三治”体系:治理贫困乡村的基本方略

党的十九大报告提出要“加强农村基层基础工作,健全自治、法治、德治相结合的乡村治理体系”①。2019 年 6 月,中共中央办公厅、国务院办公厅印发的《关于加强和改进乡村治理的指导意见》提出要“健全党组织领导的自治、法治、德治相结合的乡村治理体系”②。2019 年 10 月 31 日,中国共产党第十九届中央委员会第四次全体会议通过的《中共中央关于坚持和完善中国特色社会主义制度、推进国家治理体系和治理能力现代化若干重大问题的决定》进一步提出要“健全党组织领导的自治、法治、德治相结合的城乡基层治理体系”③。2020 年 10 月 29 日,中国共产党第十九届中央委员会第五次全体会议通过的《中共中央关于制定国民经济和社会发展第十四个五年规划和二〇三五年远景目标的建议》也强调要“健全党组织领导的自治、法治、德治相结合的城乡基层治理体系”④。可见,党的十九大以来乃至未来十五年,“三治结合”的治理体系都将作为加强社会治理创新的重要内容和体现,而其本身,也是推动社会治理创新的重要工具。在精准扶贫、脱贫攻坚的过程中,不仅体现

---

① 习近平:《决胜全面建成小康社会 夺取新时代中国特色社会主义伟大胜利——在中国共产党第十九次全国代表大会上的报告》,人民出版社 2017 年版,第 32 页。

② 新华社:《中共中央办公厅国务院办公厅印发〈关于加强和改进乡村治理的指导意见〉》,《中华人民共和国国务院公报》2019 年第 19 期。

③ 习近平:《关于〈中共中央关于坚持和完善中国特色社会主义制度、推进国家治理体系和治理能力现代化若干重大问题的决定〉的说明》,《共产党员》2019 年第 23 期。

④ 《中共中央关于制定国民经济和社会发展第十四个五年规划和二〇三五年远景目标的建议》,《人民日报》2020 年 11 月 4 日。

和贯彻了“三治”体系,而且还进一步丰富和发展了这一体系,为乡村治理现代化奠定了基础、开辟了道路。

一、“三治”体系及在精准扶贫中的贯彻

(一)贫困治理中的工具理性及治理方略转变

按照农民人均纯收入2300元(按2010年不变价计算)的国家扶贫标准计算,1978年末中国农村贫困发生率约为97.5%,农村绝对贫困人口规模为7.7亿人①,农村绝对贫困人口规模世界第一。面对这样的贫困状况,以“为人民谋幸福”为使命的中国共产党和中国政府,不仅需要坚持不懈地进行贫困治理,走出一条适合中国国情的贫困治理道路,而且要通过中国的贫困治理为全球贫困治理“提出中国方案”“分享减贫经验”“贡献中国智慧”,即中国的贫困治理不仅具有本国意义,也具有世界价值。然而,在中国这样一个超大规模贫困人口的国家进行贫困治理,实现共同富裕,也只能逐步探索,因时因地因势采取方略。在此过程中,需要综合运用多样化的工具手段,发挥价值理性对工具理性的指引作用,探索旨在实现乡村治理现代化的治理方略。

贫困治理工具理性和治理方略问题的本质,就是回答在我们这样一个贫困人口绝对数量庞大的大国,如何进行贫困治理的世界性难题。中国共产党数十年贫困治理的实践探索,为中国的脱贫事业打下了良好的基础。2020年如期实现脱贫目标,要求全党、全社会作出深刻回应,而作出这一回应的基础就是寻求贫困治理的工具理性与治理方略。

1. 工具理性与治理方略的内涵

贫困治理作为现代社会治理的重要实践领域,无法脱离以独立思考、逻辑判断和明智选择为代表的理性,“一切都必须在理性的法庭面前为自己的存在作辩护或者放弃存在的权利”②。由于现代技术是人类理性认识和改造客观世界必须依托的手段、程序和方法,因而技术便成为理性最直接的体现方式

① 张远新:《中国贫困治理的世界贡献及世界意义》,《红旗文稿》2020年第22期。

② 《马克思恩格斯选集》第3卷,人民出版社1995年版,第355页。

和载体,理性思维和技术的融合最终生成了工具理性。

工具理性的概念最早源于德国社会学家马克斯·韦伯对人类社会行为四种类型的划分,即合乎理性的工具理性行为和价值理性行为,非理性的传统行为和"情绪化"行为。韦伯认为,工具理性是指"通过对外界事物的情况和其他人的举止的期待,并利用这种期待作为'条件'或者作为'手段',以期实现自己合乎理性所争取和考虑的作为成果的目的"①。由此观之,工具理性是通过精确计算的方法,在对各种可能手段及其附带结果权衡的基础上而作出的选择,其思维方式表现为"以可计算性、可预测性、可重复性和可置换性为基本要求的技术逻辑,以效率优先为原则的工具理性思维,以普遍性、非人格性为特征的形式合理性品格"②。但需要指出的是,由于"人的本质并不是单个人所固有的抽象物。在其现实性上,它是一切社会关系的总和"③,处于一定社会关系的人在实现特定目标时秉持的工具理性并不能完全摒弃价值理性的影响,"纯粹"只考虑现实可行性而不考虑价值的理性是不存在的。从工具理性和价值理性的关系来看,价值理性为工具理性提供正确的价值方向和源源不断的动力,工具理性是价值理性得以实现的基本依托,失去价值理性的工具理性便是"无源之水",没有工具理性的价值理性也会成为"无花之果",任何一方的绝对偏离都是对行为理性的"异化"。④

在韦伯划分的四种人类社会行为中,理性行为最为重要,非理性行为则居于边缘和次要地位。一般而言,人类的行为都是经过思考和选择合乎理性的行为,治理作为全世界的流行话语和更高层级的社会管理实践,同样离不开工具理性和价值理性的共同作用。理论上而言,社会治理中的工具理性和价值理性处于相互渗透、相互统一的状态,但实际上随着科学技术的迅猛发展,社会行动主体的工具化理性膨胀发展,理性越来越蜕化为形式化的工具理性。因此,恢复已经"退场"或被现实理性消解了的价值理性势在必行,通过对工具理性进行人文情怀和价值信仰的补救,以防止出现社会行动的工具化和价

① [德]马克斯·韦伯:《经济与社会》(上),林荣远译,商务印书馆 1997 年版,第 56 页。

② 何颖:《政治学视域下工具理性的功能》,《政治学研究》2010 年第 4 期。

③ 《马克思恩格斯选集》第 1 卷,人民出版社 1972 年版,第 18 页。

④ 陈宝胜:《公共管理模式嬗变中的价值理性和工具理性》,《江淮论坛》2009 年第 4 期。

值无涉的尴尬境地。当前,中国政府已经把“创新社会治理、改进社会治理方式”列入了国家治理体系和治理能力现代化建设的重要议程,其实质就是要把公平正义、伦理美学等价值因素纳入社会发展的价值体系,突出社会治理体系对人的服务功能和责任伦理。如何协调具体治理场景中工具理性和价值理性的统一,将会极大考验着各个治理主体的治理智慧和治理方略。

“治理方略”从词义来看,叠加了“治理”和“方略”的双重内涵。根据全球治理委员会的解释,“治理是指各种公共的或私人的个人和机构管理其共同事务的诸多方法的总和,是使相互冲突的或不同利益得以调和,并采取联合行动的持续过程”①。《现代汉语词典》对“方略”的定义是“全盘的计划和策略”②。统而概之,治理方略就是指多元主体在协调合作、共同处理公共事务的过程中,以一定价值规范和价值信仰为导向的,致力于实现既定治理目标的计划和策略。“计划”通过鲜明的价值导向指引社会治理的方向和目标,“策略”通过聚类筛选确立实现治理目标的最优方案集合。综合治理方略两个方面的内在规定来看,一定时期内针对特定领域的治理方略将会以实现工具理性和价值理性的统一为根本遵循,以达成“善治”为理想目标,以此为提升治理效能提供价值选择和政策指引。

2. 贫困治理中的工具理性

中国共产党自成立以来就把消除贫困、实现共同富裕作为自己的历史使命和奋斗目标。特别是党的十八大以来,以习近平同志为核心的党中央提出实施精准扶贫战略,开辟了贫困治理的新境界,并于2021年2月向全世界庄严宣告,“我国脱贫攻坚战取得了全面胜利”,“完成了消除绝对贫困的艰巨任务”。③ 但打赢脱贫攻坚战并不意味着中国的贫困问题将会彻底消失,相对贫困现象将会在一定时期内长期存在,持续巩固脱贫攻坚成果仍然是各级党委和政府的重要责任。贫困作为人类社会的顽疾,内在需要以治理思维充分发挥政府、市场、社会组织等多主体的协同作用,共同推动扶贫政策的落实,合理

---

① 全球治理委员会:《我们的全球伙伴关系》,牛津大学出版社1995年版,第23页。

② 中国社会科学院语言研究所词典编辑室编:《现代汉语词典》(第7版),商务印书馆2016年版,第367页。

③ 习近平:《在全国脱贫攻坚总结表彰大会上的讲话》,《人民日报》2021年2月26日。

配置扶贫资源。在反贫困过程中形成的贫困治理经验,其本质在于通过政策框架的设计,“帮助贫困人口提升自我谋生的能力,建立可持续发展的生计策略”①。因此,巩固脱贫攻坚成果的关键在于扶贫政策的落实,扶贫资源的整合和公平分配,寻根究底最重要的影响因素还是贯穿全过程理性选择行为的类型和性质。贫困治理的目标是要实现减贫效益的最大化,自然离不开以形式合理和效率优先为基础的工具合理性,虽然有学者从政治学视域分析工具理性对“权力运行法制化、政治权威合法化、政治生活制度化和规范化、政治秩序合理化、行政管理现代化等具有促进功能”②,并倡导在中国大力弘扬和发展工具理性,但这主要是在基于中国传统社会过分重视人文精神对理想人格的塑造和推崇,缺乏定量计算、准确预测的技术逻辑基础上所作出的反思,体现的是对规范化、制度化和程序化政治生活的企盼。反观中国贫困治理的现实场景来看:一方面,精准扶贫过程中在价值理性约束下的工具理性对效率、社会影响力和政治秩序合理化的追求带来了正向效应;另一方面,部分地区又存在着因工具理性过分挤压甚至湮没价值理性,过分追求功利化、形式合理性等政策工具化取向而削弱了贫困治理的正向效应。

贫困治理过程中特别值得关注的就是因工具理性对价值理性的僭越而造成的治理困境,主要表现在以下几个方面:

一是行政执行重“目标导向”轻“过程监督”的工具化取向,造成了扶贫领域的“精英俘获”。为在有限时间内完成消除绝对贫困的任务,各方面的扶贫资源汇集到基层,农村成为脱贫攻坚的主战场,工具理性下的基层政府会将脱贫资源和指标捆绑下放至村级组织,通过非正式的方式把村级组织纳入了正式的行政执行过程,村级精英通过信息和话语控制来配置资源。基层治理各项扶贫政策理论上构成贫困治理主体行为选择的约束性条件,实际上不同地区贫困治理方式的多样化却给治理主体出于“自我利益的理性”选择留下了可操作的空间。由于村民参与自治动力不足,治理主体法治意识淡薄,乡村人情文化盛行,权力制约与监督机制不完善,群众监督举报机制不顺畅等多方面

① 何仁伟、李光勤、刘邵权:《可持续生计视角下中国农村贫困治理研究综述》,《中国人口·资源与环境》2017年第11期。

② 何颖:《政治学视域下工具理性的功能》,《政治学研究》2010年第4期。

的原因,造成了贫困领域的“小微权力”腐败,虚报冒领、暗箱操作、优亲厚友、吃拿卡要等行为时有发生。

二是贫困治理中过分瞄准考核指标和政治晋升,造成了扶贫领域的政策变通与恶性竞争。在贫困治理过程中,脱贫攻坚的任务通过层层“行政发包”的方式传导至基层并实行“一票否决”。上级政府通过设定预期目标并采用结果导向的考核方式,强化了下级政府的效率优先逻辑,地方政府在回应群众需求与完成上级考核任务的夹缝中博弈,往往会通过对贫困户的规模控制和数字化脱贫策略予以回应。因此,基层干部在政策和资源上更多向具有相对脱贫能力的贫困户倾斜,会重点聚焦直观可感的物质脱贫,并通过扶贫档案的重复修改实现“数字脱贫”。同时,下级官员为了获得政治升迁会展开同级横向竞争,通过“自我加码”的形式举全域之力超额完成扶贫指标,通过“跟风式”的经验复制和模式嫁接,大上一批同质程度高、后续发展缺乏保障的扶贫项目,甚至有的地方在脱贫指标中掺水、造假。如此种种过于重视工具理性的行为造成了扶贫资源的浪费,增加了行政成本,降低了民众参与脱贫攻坚的积极性。

三是脱贫参与主体对政策的工具化认知,助长了贫困户对政策的“福利依赖”①。地方干部为了在较短时间内完成上级的扶贫任务,更愿意选择见效快的物质帮扶模式,积极创造条件为贫困户争取各类基本保障政策的覆盖,而不太重视对扶贫对象“造血”脱贫能力的提升,对扶贫对象的帮扶未能真正实现从“授之以鱼”向“授之以渔”的转变。帮扶主体对于扶贫政策的工具化认识对贫困户形成了反向激励,部分贫困户从利己性的选择取向出发过度强调自身的利益诉求,形成了对扶贫政策“给钱给物”的误识,助长了贫困户对扶贫政策的外部依赖,甚至出现了“政策懒汉”的现象。“政策懒汉”现象的出现,既有贫困户自身能力素质、思想观念等方面的主观原因,也与脱贫攻坚过程中过分倚重工具理性而对贫困户主观能动性激发不足,基层自治效果不理想,乡村文化建设滞后等客观方面的原因有很大的关系。

---

① 方菲、张恩健:《工具理性:精准扶贫实践困境的一个伦理学解释——基于我国中部地区Z村的调查》,《华中农业大学学报(社会科学版)》2018年第3期。

3. 贫困治理方略的转变

消除贫困是困扰世界各国的共同难题,减贫自身就是"一个具有政策实践与制度安排双重含义的治理概念"①。伴随着扶贫实践的深入,贫困治理主体对贫困本身的认识不断深化,扶贫战略的政策选择和制度安排逐步完善。

自新中国成立以来,党和国家一直在探索贫困治理的有效途径,由于农村是贫困发生的重点区域,中国政府一直高度重视改变农村的贫穷落后状况。从新中国成立到改革开放之前,中国农村贫困治理处于救济式扶贫阶段,这一时期国家尚未设立专门的扶贫机构,也没有出台专门针对扶贫的政策,解决贫困问题的主张和具体办法散落在宏观经济政策之中。主要表现在自然灾害年份的紧急救济,贫困人口的生活救济和边远地区的物资输送等方面,属于典型的"输血"式扶贫。虽然这一时期中国减贫方面的成就并不显著,但这一时期变革了落后的生产关系,消除了由经济制度不平等所导致的阶层贫困,党领导建立的社会主义公有制、党在发展生产力和制定社会政策方面的探索,为中国农村贫困治理的后续发展奠定了制度条件、物质基础和经验保障。②

改革开放以来,中国农村的贫困治理又可以划分为以下几个阶段③:一是以区域瞄准为重点的救济式扶贫(1978—1985 年)。该阶段各级政府逐步把老少边穷地区的贫困问题作为工作重点,中央设立专项资金扶持部分极端贫困地区、连片贫困地带,体现出明显的区域特征,采用的是"外部输血"的救济式扶贫方式。二是以贫困县瞄准为重点的开发式扶贫(1986—2003 年)。这一阶段中国正式确定了开发式扶贫的基本方针,在行政组织层面建立了从中央到县一级的扶贫开发专门机构,并开始实行以县为基本单位分配使用扶贫资源的瞄准机制。在"八七扶贫攻坚计划"期间(1994—2000 年),国家重新调整了贫困县,较大幅度增加了国家的扶贫投入,进一步加强了科技扶贫的力度,动员社会力量进行社会扶贫。三是以贫困村瞄准为重点的综合性扶贫

① 左常升主编:《中国扶贫开发政策演变(2001—2015 年)》,社会科学文献出版社 2016 年版,第 131 页。

② 黄一玲、刘文祥:《中国共产党的领导是消灭贫困的政治保证——我国农村扶贫政策的历史演变及其展望》,《毛泽东邓小平理论研究》2020 年第 6 期。

③ 陆汉文、黄承伟主编:《中国精准扶贫发展报告(2016):精准扶贫战略与政策体系》,社会科学文献出版社 2016 年版,第 11—16 页。

(2001—2010 年)。这一阶段,扶贫的基本瞄准对象从贫困县转向了贫困村,强调以村为单位整体推进扶贫,调动了农民参与的积极性,凸显了“社会参与”的重要地位。强调“全面发展”的扶贫开发理念,突破了单一的以增收为导向的扶贫思路。更加重视对弱势群体的保护,建立了全国农村最低生活保障制度,为保障性扶贫奠定了制度基础。四是以贫困农户和“六个精准”为重点的精准扶贫(2011 年至今)。以习近平总书记提出“精准扶贫”为起点,中国扶贫战略以贫困农户和贫困乡村为基础,并将其与国省贫困县和集中连片特困地区结合起来,着重强调通过“六个精准”的方式“真扶贫、扶真贫”,防止平均数掩盖大多数,实现全民、全面脱贫。

中国贫困治理政策选择和制度安排不断调整的过程,同时也是不断优化贫困治理方略的过程。总体来看,中国农村扶贫的总趋势是沿着生存贫困—生活贫困—发展贫困的路径有序推进,扶贫战略的选择是从救济式扶贫转向强调经济要素的开发式扶贫再转向强调综合多元维度的协同式扶贫。贫困治理作为社会治理的重要组成部分,本身就是将其政策选择和制度安排不断嵌入国家治理宏观制度体系的过程,改革开放以来中国社会治理从“包办社会”到“经营社会”再到“管理社会”最后到“治理社会”的历史演进①,为贫困治理提供了总体的社会治理环境。贫困治理的主体从单一的国家转向政府、公众、市场、社会组织等多元主体,贫困治理的对象从绝对贫困者在衣食住行等方面的问题治理转向为相对贫困者寻求公平互惠发展的需求治理,贫困治理的领域从单一的经济收入转向收入、健康、教育、生态环境等多领域,贫困治理的方式从粗放的“大水漫灌”转向精细的“精准滴灌”,贫困治理的手段从单一的行政手段向法律规范、道德教化、情感激励、舆论引导等复合治理手段转变。党的十八大以来的精准扶贫战略与新时代的乡村治理体系建设紧密相连,在“健全自治、法治、德治相结合的乡村治理体系”成为推进国家治理体系和治理能力现代化重大时代命题的背景下,被誉为政府与社会关系“哥白尼式”革命的“三治合一”治理模式成为贫困治理方略的重要现实依托。贫困治

① 陈鹏:《中国社会治理 40 年:回顾与前瞻》,《北京师范大学学报(社会科学版)》2018 年第 6 期。

理对象对扶贫政策的工具性依赖,凸显了通过村民自治激发多元主体参与贫困治理和乡村振兴建设热情的紧迫性。贫困治理过程行政执行重“目标导向”轻“过程监督”的工具化取向,凸显了以法治建立约束行动规则体系、强化扶贫问责和监督考核的重要性。贫困治理的文化结构中私利价值与公共价值失衡造成的“公德缺乏”,凸显了加强德治以德润心的必要性,加强乡规民约建设,用自力更生、艰苦奋斗、争做脱贫户的乡村文化转变农民“以穷为荣”“争当贫困户”的“等靠要”思想,能够为持续巩固脱贫攻坚成果提供稳定的精神支撑。

因此,以“三治融合”推动精准扶贫顺利进行,以及乡村振兴的有效衔接,是新时代贫困治理方略的必然选择,是实现乡村善治的有效途径。

(二)“三治融合”在精准扶贫中的贯彻

“三治融合”的乡村治理实践最早源于浙江省桐乡市高桥镇的探索,因其在实现基层有效治理方面的显著作用受到党政机关和理论界的广泛关注,其经验被多地学习借鉴。2017 年,“三治融合”被正式写入党的十九大报告,之后党的十九届四中、五中、六中全会重申了“三治融合”的方略并同时强调了“党的领导”。这表明,“三治融合”已经成为新时代基层社会治理的发展方向,乡村治理的“三治”经验已经从地方实践上升为国家乡村治理的新方略。这一方略,在贫困治理中也有着充分的体现和巨大的作用。

1.“三治融合”的理论内涵

“三治”是自治、法治和德治的简称。作为乡村治理的三种主要方式,自治、法治和德治源远流长。传统乡村社会就存在“三治”的雏形,“自治”是由于皇权不下县,县以下作为自治单位实行地方基层自治,“法治”则是地方基层自治中采用民间法或习惯法而治,“德治”则属于地方基层自治中的一种道德教化,主要强调的是乡绅的伦理道德对于乡村社会秩序的控制。在当代,乡村治理体系中的自治、法治、德治被赋予了新的含义。“自治”是指在城乡基层实行群众自治。在城市单位制和农村人民公社解体后,城市和乡村兴起了自治组织,即城市社区居民委员会和农村村民委员会。居民委员会和村民委员会均由居民或村民直接选举产生,实行民主选举、民主管理、民主决策、民主监督,服务于人民群众。“法治”既包含了传统法治的内容,即以村规民约为形式的民间法或习惯法,也包括干部群众对国家法律条文的遵守以及由此形成的法治观念。“德治”是指“强化道德教化作用,引导群众向上向善,结合时代要求对城乡基层社会的道德规范进行创新”。①

“三治融合”是指“自治、法治和德治结构和功能有机协同的治理体系”②。“三治”体系内各部分的排列组合存在着“法治、德治、自治”“德治、法治、自治”“自治、法治、德治”等形式,但从党的十九大报告起,相关研究和表述都以中央文件的表述来规范使用,“三治”按自治、法治、德治的顺序固定下来,“三治”“三治结合”“三治合一”“三治融合”等表述也逐渐走向“三治融合”的认同。“从自治、法治、德治三者之间关系来看,众多研究基本形成了共识,认为在乡村治理中,自治是核心,是乡村治理的基本方式和依托;法治是乡村治理体系的保障,自治只有在法律的框架下进行,才能有法可依,有条不紊;德治则是乡村治理的支撑,有利于提升自治与法治的效能,提高乡村治理的水平和质量。概言之,自治是目标,法治是保障,德治是基础。”③在自治、法治、德治构成的乡村治理体系中,法治、德治都是为了更好促进和实现自治这个核心。自治、法治、德治既相互独立又紧密联系,三者共同构成了乡村治理的有机整体、完整体系。但同时需要注意的是,“三治融合”并非三者的简单相加,而是将三者的功能更好结合在一起,综合发挥作用。“三治”缺一不可,德治缺失会导致治理成本大幅提高,自治或法治缺失,基层社会秩序就难以维持,因而不能把“三治”割裂开来,这是“三治融合”的基本要求。

2.“三治融合”与精准扶贫的内在关系

“三治融合”源于基层治理创新的个案示范,当其上升为乡村治理的国家顶层战略设计后,便从整体意义层面规定了乡村治理的理念、方法与内容。党

① 郁建兴:《“三治”结合提升基层治理水平》,《人民日报》2019 年 11 月 21 日。

② 张明皓:《新时代“三治融合”乡村治理体系的理论逻辑与实践机制》,《西北农林科技大学学报(社会科学版)》2019 年第 5 期。

③ 邓大才:《走向善治之路:自治、法治与德治的选择与组合——以乡村治理体系为研究对象》,《社会科学研究》2018 年第 4 期。

的十八大以来国家实施的精准扶贫战略,“改变和创新了扶贫方式,而且在治理结构、资源的整合、配置和使用、监督和考核等多个方面带来了革命性的变化”①,推动了国家基层治理体系不断完善。总体来看,“三治融合”与精准扶贫形成了事实上的相互促进关系。

一方面,“三治融合”对精准扶贫具有促进作用。其促进作用表现在三个方面:一是作为治理理念的“三治融合”,在精准扶贫工作中具有转变思想、主动寻求多主体协同推进的作用。精准扶贫作为上推动下联动、外驱动内主动的实践过程,自始至终都与乡村治理主体、政策法律法规及乡村文化紧密相连。新中国成立到正式实施精准扶贫以前,中国在扶贫、减贫方面取得了显著成效。但这种扶贫成效是政府作为单一扶贫主体,通过划定贫困线、确定贫困县、设立扶贫开发项目等形式对贫困人口予以扶持,是依靠自身的政治优势和制度优势对扶贫资源进行自上而下的统一配置的结果。② 这种自上而下的扶贫方式有其显著优越性,但也会带来成本过高、资源分配中的权力寻租、社会参与不足等方面的问题。在2020年要全面建成小康社会的背景下,单一的政府扶贫主体远远不能满足7000多万贫困人口的脱贫需求,迫切需要广泛吸纳社会力量成为扶贫主体,让更多的社会资源转化为扶贫资源。为此,党中央着眼全局,将乡村振兴上升为国家战略,提出健全党组织领导的自治、法治、德治相结合的社会治理体系,构建共建共治共享的社会治理格局,走中国特色社会主义乡村善治之路。与之相应,新时代的精准扶贫融入乡村治理的新理念,将扶贫脱贫与乡村治理现代化相结合,更加注重依托法治方式,更加注重吸引广大村民自主参与,更加注重激活乡村治理文化,无论是制度设计还是具体实践都具有鲜明的自治、法治、德治取向。二是作为治理制度的“三治融合”,其治理体系规范性、程序性和稳定性的特点,是精准扶贫工作的有力保障。“三治融合”中“自治”是基层民主的重要内容,也是中国的基本政治制度之一,被写入了《宪法》和《村民委员会组织法》中,自治的内容、形式、与乡镇政权的关系等方面都有明确规定,这些规定运用到精准扶贫中,能够保障精准扶贫过程的

① 刘尚希、傅志华等:《中国改革开放的财政逻辑(1978—2018)》,人民出版社2018年版,第259页。

② 龚毓烨:《新时代下大扶贫格局的构建》,《党政干部学刊》2018年第9期。

民主性,同时自治能使村民稳定发挥出主体作用。“法治”是强调以法治思维为指导,通过一系列法律法规保障扶贫资金和物资的落实,保证扶贫过程的公正性,同时“法治”具有超稳定性,能够保障扶贫工作始终沿着既定的方向前进。“德治”则通过道德感召、榜样示范带动贫困群众参与扶贫,通过稳定的道德感召的力量激发贫困户脱贫的内在动力,引导更多的人支持扶贫,凝心聚力脱贫攻坚。三是作为重要实践形式的“三治融合”,提升了精准扶贫的实效。桐乡市是“三治融合”的发源地,在定向帮扶西部贫困地区的过程中,积极输出自身在社会治理方面的经验,帮助四川省黑水县色尔古镇麻都社区结合当地实际情况,建立起了“三约三会三团”的治理体系,即通过守法良约、村规民约、诚信公约,规范村民的道德行为;通过定期召开群众议事会、乡贤参事会、邻里互助会,搭建起村民参与决策治理的平台,通过成立法律服务团、便民服务团、道德评判团,为村民解决身边最实际最迫切最关心的困难提供帮助和服务,真正将村民紧紧团结在社区党支部周围,全村上下拧成了一股绳,形成强大的合力,为全村脱贫贡献力量。黑水县通过基层治理创新,有效整合了基层各项扶贫资源,调动了群众参与的积极性,并于2019年成功实现提前脱贫摘帽,贫困发生率从18%下降到0.03%,群众满意度列四川省38个摘帽县第一。①

另一方面,精准扶贫提高了“三治融合”的程度。从根本上说,“三治融合”在浙江桐乡的兴起,并不是源于治理危机,而是地方主动采取的治理行为。② “三治融合”在精准扶贫中的运用不仅拓宽了其具体应用范围,同时也进一步提高了“三治融合”的程度。具体作用主要体现在三个方面:一是精准扶贫强化了“三治融合”的理念。党的十八大后实施的精准扶贫战略,从宏观上看,是中国20世纪制定的先富带后富、最终实现共同富裕思想的体现,也是我们党把人民对幸福生活的向往作为奋斗目标的生动展现。为了打赢脱贫攻坚战,国家从顶层设计层面发布了大量政策文件,制定了系列配套措施,这些政策措施作为精准扶贫的约束性条件,强化了群众的规则意识和法治思维。精准扶贫的实施场域最终是在乡村一级,无论是贫困村抑或非贫困村,贫困问

① 《“浙”里乡村治理经验“川”入阿坝高原脱贫路》,见 http://news.sznews.com/content/2019-11/21/content_22647227.htm。

② 郁建兴:《“三治融合”的持续创新》,《治理研究》2020年第6期。

题的解决始终都是村民自治的重要内容之一,贫困户的识别认定、村级发展规划的确定执行,都需以自治为基础充分发挥村干部和村民群众的积极性。同时,在精准扶贫工作中,乡规民约的教育引导,村干部和模范带头人的道德感召和精神鼓舞有利于推进乡村的"德治"。二是精准扶贫凸显了构建"三治融合"治理制度的意义。"三治融合"作为基层社会治理的系统工程,从理念和制度之间相辅相成的关系来看,治理理念是指引,治理制度是保障,两者相辅相成。没有好的理念,制度的成效很难保证;没有好的制度,理念就会驰于空想。因而"三治融合"的理念形成后,还要进一步构建成治理制度。精准扶贫不仅要求具有"三治融合"的理念,而且还要在治理制度上有切实的构建,从而凸显"三治融合"治理制度构建的意义。三是精准扶贫提供了"三治融合"的生动案例。精准扶贫过程中充分发挥了村民自治的优势,例如四川省巴中市恩阳区贫困人口的识别充分发挥了人民群众的主动权,先由村民群众自己申报,再借助村民自治的平台(村民小组评议、村民代表评议,村"两委"审议)进行精准识别,贫困人口的识别的整个过程都将自治贯穿其中,极大地提高了村民自治的水平与能力。① 对四川省四县(区)的调查报告显示,四县(区)在脱贫攻坚过程中非常重视德治,始终把教育引导群众、培育新风正气作为脱贫攻坚制胜的命脉来抓,各村通过制订村规民约、开办"农民夜校"、制作各种宣传标语、打造"和""福""孝"文化墙等形式,强化了对贫困户的思想教育和宣传引导,营造出了积极的、浓厚的乡村和善文化。同时,非常重视精准扶贫中的自治和法治,通过实行"三议"工作法、开展"干群一家亲"活动,把知情权和决策权交给群众,让群众自主脱贫,发挥了贫困群众的主体作用,激发了脱贫群众的内生动力,促进群众自主脱贫奔康。② 同时,在各地的脱贫攻坚实践中,还通过"法律边角图书室""乡贤·法官工作室""法律明白人"等形式,使扶贫政策、法治精神入脑入心。在保障机制方面建章立制、立足长效,用法治为精准扶贫护航。③

---

① 张强明、邓维整理:《四川省巴中市恩阳区调研材料》。

② 《赴四川省考察脱贫摘帽工作报告:以精准扶贫统筹推进乡村振兴》,见 https://www.docin.com/p-2168701781.html。

③ 雷苗苗、肖睿颖、朱庆:《法治护航精准扶贫:理论、实践及路径选择——以安徽省 13 地市为调研对象》,《兰州大学学报(社会科学版)》2019 年第 4 期。

3.“三治融合”对精准扶贫的新要求

从前面的分析可知,“三治融合”无论在理念上、制度上还是实践中,都对精准扶贫政策的实施起到很好的促进作用。“三治融合”的实践动力来源于对社会自治活力的追求,其目标是要实现社会有效治理。健全党组织领导的自治、法治、德治相结合的乡村治理体系,代表着新时代基层社会治理的发展方向,在精准扶贫政策的深入实施及后期巩固脱贫攻坚成果的过程中,“三治融合”的现实要求不断推动贫困治理走向深入,其具体内容主要表现在以下三个方面:

一是规范有序、公平而有活力的“自治”要求精准扶贫更重全程性。“三治融合”乡村治理体制中的自治能够为德治和法治提供有效载体,这些自治载体规定了精准扶贫识别、帮扶、退出的方式选择。精准扶贫在本质上意味着国家资金和政策对贫困地区和贫困人口的倾斜。大量扶贫资源向农村输入的同时,精准识别贫困人口、精准配置帮扶资源和参与式扶贫离不开基层群众的“自治”参与。规范有序、自主有活力的“自治”能够通过民主评议、自我服务、自我治理等自治实践实现精准扶贫的政策目标。首先,“自治”要求精准识别更规范。精准识别是精准帮扶的前提,是提高扶贫效度的第一步。精准识别以个人及家庭的身体、经济、社会特征为基础甄别出扶贫对象,其本质是一种国家福利认证,认证的规范程度直接影响认证能力。① 具体到精准识别实践中,认证规范就意味着要使用精细的识别规则、统一的识别标准。这一标准由国务院扶贫办统一制定,采取贫困人口规模控制和贫困指标逐级分解到行政村的方法,而由村到户这“最后一公里”的识别就必须依靠“自治”来落实,“自治”组织成为精准识别这一国家福利认证的执行者。因而“自治”对精准识别提出了更高的规范性要求,需要其严格执行识别标准,规范执行识别程序。其次,“自治”要求精准帮扶更有序。精准帮扶的实质,是实现国家扶贫资源供给与扶贫对象需求的精准匹配,这一目标的实现不仅需要国家自上而下有序输送扶贫资源,更重要的是保证贫困人口有效表达脱贫资源需求。有效的利

① 张世勇:《国家认证、基层治理与精准识别机制——基于贵州 W 县精准识别实践的考察》,《求索》2018 年第 1 期。

益表达能更好地反映公众利益偏好，提高政策实践的有效性。[①] 贫困群体自下而上通过组织表达资源诉求，政府据此制定帮扶措施能够防止扶贫资源供需错位，既降低了利益表达的成本，也提高了利益表达的有序性和有效性。[②] 帮扶中的贫困群体是扶贫政策的客体和受益对象，更是政策的主体和参与者，需要主动表达发展诉求、参与帮扶项目，在政策实施中培养发展能力。通过赋能于扶贫对象，能够使其参与到扶贫项目的选择、决策、实施过程中，以此提高群众自我脱贫的能力[③]，实现扶贫与扶志、扶智相结合，“输血”与“造血”相结合。最后，“自治”要求贫困户的退出更公平。确保已经脱贫的贫困户按照制度化、规范化的程序精准有序退出，是确保精准扶贫取得实效的重要环节。中共中央办公厅、国务院办公厅印发的《关于建立贫困退出机制的意见》对贫困人口退出的标准、程序和相关要求作出细致规定，要求贫困户的退出要由村“两委”组织民主评议，经村“两委”和驻村工作队核实、拟退出贫困户认可，在村内公示无异。这表明精准扶贫的成效有赖于乡村“自治”资源的优化配置，公平公正、公开透明的自治，运转高效的乡村治理体系为精准扶贫奠定了基础。

二是职责法定、具有强制威慑性的“法治”要求精准扶贫更重长效性。乡村场域中的法治以追求基层社会善治为根本目标，将法治视为基础性的治理策略和治理工具，强调“依法而治”的底线思维和保障功能，是一种“治理型法治”。[④] 在精准扶贫过程中，通过法治建设清晰界定贫困治理主体的法定职责，保障扶贫对象的民生权利，并对损害精准扶贫目标的主观恶性形成威慑作用。首先，法治乡村建设规定了党政机关、干部在精准扶贫中的法定职责。依法治理是现代乡村治理实践中规则之治的必然要求，为解决“谁来帮扶”的问题，中国建立起了“中央统筹、省负总责、市县抓落实”的管理体制，各级政府

① 朱明仕：《社会政策的有效性分析：利益表达与公众参与》，《社会科学战线》2017 年第 5 期。

② 吴新叶：《基层自治扩展：农村治理的困境与出路》，《内蒙古社会科学（汉文版）》2005 年第 2 期。

③ 刘俊生、何炜：《从参与式扶贫到协同式扶贫：中国扶贫的演进逻辑——兼论协同式精准扶贫的实现机制》，《西南民族大学学报（人文社科版）》2017 年第 12 期。

④ 朱政：《“三治融合”视野下法治乡村建设的实践机理与理想图景——基于湖北宜都试点的讨论》，《云南社会科学》2021 年第 2 期。

层层签订脱贫攻坚责任书,各级行政人员内外全面动员,户户有"责任人",村村有"帮扶队",驻村工作队、第一书记、驻村干部和乡镇干部、村干部奋战在扶贫一线,充分发挥了国家主导扶贫方式的优势。"围绕精准扶贫,一大批政策法规出台,最突出的特点是立法机关、行政机关在民生问题的政策和法规中,众多条款均明确规定了政府职责,旨在由国家和政府主导扶贫工作,推动民生事业的发展"①。依法治理贫困,强调脱贫攻坚是党政机关不可推卸的法定责任,这是"三治融合"对精准扶贫影响的最显著特征。其次,法治乡村建设内在要求保障扶贫对象的民生权利。"乡村治理的核心问题是公民权利的构建问题。不管是哪个层面的治理制度设计,最终的根据一定是落实到公民权利——政治权利、经济权利、社会权利等基本权利的制度保障上"②。贫困治理作为乡村治理的重要领域,在通过制度设计完善政策法规、明确党政机关法定责任的同时,迫切要求保障贫困对象在生存发展、劳动、受教育、社会保障、安全、参与等方面的民生权利,通过实实在在的公民权利促进党政部门扶贫责任的落实,最大限度激发扶贫对象的脱贫积极性,实现扶贫资源的最优配置。由此可见,精准扶贫是政府责任义务与公民民生权利的双向奔赴,缺乏对扶贫对象民生权利的保障将会造成国家扶贫义务空泛化,进而会影响扶贫目标的实现。最后,法治乡村建设要求严厉打击一切侵害贫困户合法权益的行为。基层政府治理现代化的重要内容是实现治理的法治化,法治乡村除了重视法律规范、保障公民权利以外,还要惩处侵害公民利益的行为。随着以往"大水漫灌"式的粗放型扶贫模式向"精准滴灌"式的集约型扶贫模式转变,大量的人力、物力、财力等资源汇聚到乡村,取得了显著的扶贫成效,但同时也存在着滥用扶贫权力、扶贫方式短视、法治理念淡薄、"内裹型分利"等问题。这些问题归结到一点,就是乡村治理中存在法治短板,这曾是中国农村精准扶贫过程中亟待解决的主要问题。由此可见,法治乡村建设对职责法定、维护民生权利、打击侵害民生利益行为的要求,分别从主体、客体、内容等层面为贫困治

① 唐梅玲:《从国家义务到公民权利:精准扶贫对象民生权虚置化的成因与出路》,《湖北大学学报(哲学社会科学版)》2018 年第 1 期。

② 周庆智:《基于公民权利的乡村治理建构——对汉中乡村治理的制度分析》,《哈尔滨工业大学学报(社会科学版)》2014 年第 6 期。

理的长效发展奠定了基础。

三是具有文化滋养作用的“德治”要求精准扶贫更需培育韧性。“人类的政治生活的基本秩序不仅需要基本政治制度的维护，也需要道德伦理规范的发挥。”①从当前乡村治理体系来看，基层治理正面临着经济发展与道德建设失衡、传统思想价值与现代多元价值冲突等挑战，乡村治理成效有出现“反复”甚至“退步”的可能。特别是在乡村振兴背景下，为了提升乡村治理的整体品位和发展内涵，实现乡村产业、人才、文化、生态、组织的协同发展与可控韧性，迫切需要发挥道德规范的作用。具体到乡村的贫困治理领域，德治对贫困治理具有约束、教化和凝聚功能。首先，乡村德治的软约束要求贫困治理要合情合理。德治作为非正式的“隐性制度”，既包含传统乡村伦理规范，也包含各个乡村的村规民约。这是一种“隐形”的软约束手段，如道德舆论和良心谴责，虽然不具有强制性，但具有很强的导向作用。贫困治理在重视正式法律法规外在约束的基础上，需要进一步加强与乡规民约、伦理规范等内在约束的衔接。畅通治理贫困乡村的诉求表达体系和舆论监督体系，尊重贫困户的自身发展意愿，健全村集体事务的参与机制，以自律为内核增强党政干部的干事创业能力，以自强为动力提升贫困户的可持续发展能力。其次，乡村德治的教化作用要求更加注重激发贫困对象的内在脱贫动力。德治的教化作用即是要充分挖掘乡村内在的道德资源，促使村民反省自身的社会价值选择，降低贫困治理的难度。中国传统社会之所以能够长期稳定，在很大程度上得益于乡村社会中德治的教化功能。虽然当前的乡村社会面貌已经与传统社会大不相同，但以德润心、以德促善仍然可以成为治理现代化的重要途径。在精准扶贫过程中，勤俭节约、踏实肯干、发家致富的乡村文化能够增强贫困户脱贫的积极性，用正面典型做好榜样示范能够促进扶贫对象由争当贫困户向争当脱贫户转变，引导贫困户想方设法脱贫、千方百计致富。最后，乡村德治的凝聚作用要求建设贫困治理共同体。广大群众对共同地域文化、价值观念和社会规范的认同，在精准扶贫过程中能够起到凝心聚力的作用，能够使“政府、社会组织、公众等基于互动协商、权责对等的原则，基于解决社会问题、回应治理需

---

① 万俊人：《“德治”的政治伦理视角》，《学术研究》2001 年第 4 期。

求的共同目标,自觉形成相互关联、相互促进且关系稳定的群体”①,这个群体构成贫困治理共同体以达成“立志、行志与守志的统一”②。因此,为了提升精准扶贫的实效,德治理念会更加重视培育群众的共同价值观,营造和谐、向上、向善的乡村文化氛围。

二、扶贫脱贫与“三治融合”的张力及原因分析

(一)“三治融合”与精准扶贫的张力

“三治融合”不仅仅是一种理念、一种制度,更重要的是它已经作为一种治理创新的示范而普遍推行。“三治融合”导引下的精准扶贫在推动乡村治理体系和治理能力现代化过程中取得了一定的成效,但在治理理念、治理方式、治理手段方面还存在诸多不相适应的地方,主要表现为“自治”功能弱化、“法治”保障松软、“德治”发挥不充分等几个主要方面。

1.“自治”功能弱化

在中央的强力支持和推动下,精准扶贫成为各级政府履职的重要体现。各项扶贫政策和资源向贫困地区的输入,既为精准扶贫中的村民自治提供了物质基础,也检验着乡村在治理结构、资源的整合配置和使用等方面的能力水平。结合实际情况来看,“自治”在精准扶贫实际工作中并未发挥出理想效果,主要存在着以下三个方面的问题:

一是“自治”不规范,精准识别难精准。贫困户精准识别的流程,大致可分为“农户申请—村民代表大会民主评议—村委会和驻村工作队核实—乡镇政府审核—县扶贫办复审”等步骤,其间还有乡村“两公示”和县级“一公告”。在此过程中,主要的、具体的操作是由行政村来完成,且民主评议在识别流程中处于核心位置。然而民主评议在有的地方却带有较强的主观性,并非严格意义上运用量化手段进行的客观识别,村民很难避开乡土社会的人情逻辑进

---

① 郁建兴:《社会治理共同体及其建设路径》,《公共管理评论》2019 年第 3 期。

② 张永:《扶志贫困对象内生动力系统论》,《系统科学学报》2021 年第 2 期。

行公正性投票。此外,在贫困户指标事先划定的情况下处在贫困线附近的"临界农户"会遭遇"规模排斥"①。而当出现"规模排斥"的贫困户争议时,最后又往往是村委会作决定,使村民代表大会识别演变成村委会识别。

二是"自治"无序化,精准帮扶难落实。扶贫资源要精准到达贫困户并发挥有效作用,需要"自治"的有序配合。如果村庄"自治"秩序被侵蚀,精准帮扶也难以落实。如果前期的民主评议不精准产生了识别偏离,那么便会导致扶贫资源的错位输送,而遭到"规模排斥"的"临界农户"可能会产生对村干部、基层政府的不信任和对政策执行的低认同,破坏村庄的公共秩序,致使精准扶贫遭受关系危害和秩序危害。② 同时,帮扶到户体现的区分性与乡土秉持的平均主义之间存在张力,容易引发争贫上访。③ 精准帮扶的目的与基本逻辑是找出真正的贫困户,将扶贫资源输送到他们手中。但乡村社会"不患寡而患不均"的思维使未能纳入建档立卡体系的农户怀疑政策的公平性,诉诸争贫或上访行动,不仅严重扰乱"自治"秩序,也不利于精准帮扶的开展。此外,农民的去组织化使"自治"处于无序状态,难以形成有效的利益表达,导致精准帮扶难落实。当代农民处于事实上的"去组织化"状态,贫困群体强烈的利益诉求与有限的决策话语权之间会产生矛盾,国家扶贫资源进入村庄时直面数量庞大又高度分散的贫困群体,产生高昂的对话成本和较大的交易偏差,难以对接目标群体。最终结果是贫困群体自下而上的利益诉求无法有效表达,国家自上而下的扶贫资源难以精确反馈,精准帮扶落实困难。④

三是"自治"水平不高,脱贫内生动力不足。党的十八大以来,精准扶贫脱贫攻坚上升为国家战略,各级政府为此投入巨大的人力、物力、财力,"全国累计选派25.5万个驻村工作队、300多万名第一书记和驻村干部"⑤。外在的

---

① 邓维杰:《精准扶贫的难点、对策与路径选择》,《农村经济》2014年第6期。

② 袁树卓、殷仲义、高宏伟:《精准扶贫中贫困的瞄准偏离研究——基于内蒙古Z县建档立卡案例》,《公共管理学报》2018年第4期。

③ 李博、左停:《谁是贫困户? 精准扶贫中精准识别的国家逻辑与乡土困境》,《西北农林科技大学学报(社会科学版)》2017年第4期。

④ 张奇林、凌爽:《精准扶贫背景下我国村民自治组织的适应性变革——以贵州省石门乡为例》,《决策与信息》2019年第11期。

⑤ 习近平:《在全国脱贫攻坚总结表彰大会上的讲话》,《人民日报》2021年2月26日。

帮扶终究需要发挥农村组织、贫困群众的主体作用,才能实现既定的目标。精准扶贫对村“两委”的治理能力提出了新的要求,要求村干部具有精细处理事务的能力,能适应新形势,并且掌握一定的现代科学技术。然而一些村干部习惯于搞基础设施建设,对于新鲜事物的学习能力不够,或者对脱贫攻坚任务不够重视,导致在精准扶贫具体管理过程中出现纰漏,整体水平有待提高。[①] 精准扶贫也对农民个体提出了要求,即贫困户自身要积极参与到脱贫工作中来,实现自身的脱贫。反观现实,贫困户参与精准扶贫的激情不高,贫困户按其致贫原因既包括老弱病残等特殊贫困群体,也包括因教育负担过重、缺少技术和知识文化等原因造成的一般贫困群体。总体而言,特殊困难群体的信息闭塞,对于公共事务相对冷漠,常常导致扶贫工作受阻。一般困难群体又会过于依赖外部环境改变与政府政策支持,脱贫意识内在动力不足。

2.“法治”保障松软

贫困治理作为国家治理的重要组成部分,必须重视贫困治理的法治化,坚持通过制度化、规范化和程序化的方式推进脱贫攻坚工作,“法治”对农村精准扶贫具有巨大的促进作用。实践中农村精准扶贫过程中出现的诸如挪用扶贫款、任意分配扶贫名额等权力滥用问题,更加表明了精准扶贫需要“法治”护航。现实中“法治”保障松软主要体现在以下两个方面:

一是扶贫主体法治意识不强。法治思维仰赖法律的信仰和法律的精神,运用法治思维的工作方式就是法治方式。法治思维和法治方式既强调严格运用法律原则确保公正性,又注重灵活运用法律原则确保适应性。法治思维要求我们在思考问题过程中以法治为最终价值导向,法治方式要求我们在处理问题之时反对人治的思维和手段。与法治思维相对立的是人治思维,人治思维信奉的是“人之为治”,迷恋权力至尊、漠视民众的权利诉求、放纵权力、拒斥程序[②],由于缺少法律和制度的监督制约,容易助长权力腐败和权力寻租的现象。人治思维在农村精准扶贫过程中的危害屡见不鲜。有的农村基层干部利用手中权力将自己的亲朋好友任意确定为扶贫对象,这严重败坏了党和政

① 叶霄、曾静、李钰:《四川省贫困地区精准扶贫存在的问题及对策建议》,《农村经济与科技》2019 年第 1 期。

② 任红杰:《法治思维与人治思维的五大冲突》,《中国党政干部论坛》2013 年第 7 期。

府的形象,由此引发的上访问题和社会问题也并不少见。农村精准扶贫所涉及的利益分配必须实现程序公开和结果公开,但是某些农村基层干部不采取精准识别、精准管理、精准帮扶阶段的民主评议和公开程序,从而严重加剧了群众对基层政府和精准扶贫工作的不信任。

二是精准扶贫中的软法缺失。随着现代社会的多元化和全球化以及管理型国家向服务型国家转变,单向度的、居高临下和单纯依赖国家强制力的“硬法”逐渐无法适应现代社会和国家治理的多样化需求,双向度的、开放协商和灵活多样的“软法”应运而生。在精准扶贫中,只有“软硬兼施”并适当重视发挥软法的功效才能获得事半功倍的效果,最大限度地促进农村精准扶贫事业的高速发展。因而,精准扶贫不仅需要那些依赖国家强制力的“硬法”,同时也需要那些具有激励性、引导性、回应性的“软法”。然而,我们在农村精准扶贫的工作实践中往往没有足够重视软法的积极作用,主要表现在农村精准扶贫中法律所发挥的作用力过分集中于维护公民的消极自由,推动积极自由不足,因而精准扶贫的内生动力不足。过分集中于精准扶贫中的公共管理事项,忽视公共服务事项,因而精准扶贫中的教育扶贫、能力扶贫不足。过分集中于对权力和权利的制约,忽视了对权力和权利的激励,因而会出现形式化扶贫和被动接受扶贫的情形,无法实现从救济式扶贫向开发式扶贫的转变。①

3. 精准扶贫进程中“德治”发挥不充分

德治主张以高尚的道德感化人、教育人,乡村社会的村规民约、文化体系、道德规范等构成了乡村治理的思想道德基础,它通过“春风化雨”的形式为群众的行为选择提供价值导向和精神动力。具体到精准扶贫领域,良好的“德治”能够在精神、思想等方面引领精准扶贫工作,成为提升其实效的强大力量。从实际来看,精准扶贫进程中干群两方面的“德治”都发挥得不够理想,主要表现在以下两个方面:

一是传统榜样力量减退,德治主体力量弱化。在乡村治理中,传统的榜样被视为生活节俭、乐于助人、诚实守信等美德的代表,而随着乡村价值观、价值取向的多元化,乡村传统的文化共识,传统价值观念不断被削弱腐蚀,丢失了

① 闫斌:《新时代农村精准扶贫的法治困境及其破解》,《学术探索》2019 年第 12 期。

良好的社会风尚习惯，本应贬斥的行为却大受追捧，投机取巧被看成“有本事”，生活节俭却被视为“吝啬”。在脱贫攻坚的过程中，政府通过多种形式进行了诸如“最美贫困户”“乡村好人”等评选活动，农村道德评价在取得重大成效的同时，我们也应当看到实践中因为评价规则不明确、评价程序不规范等带来的“逆向”激励，贫困俨然成了一部分人的获利工具，存在着通过“贫困扮演”获利、滥用“贫困户”身份等问题。① 同时，在传统的乡村治理中，德高望重的长者、才学出众的文人等乡村精英是德治的主体，而随着城市化的推进，大量的乡村精英外流，农村留下的大都是老弱妇孺，使得乡村德治建设中的主体严重削弱。

二是乡村文化生态功利化，道德约束力不足。精准扶贫中“德治”的考察，除了作为治理关键的先进典型和乡村精英的情况外，还包括普通群众的价值取向和道德品质。一方面，由于受市场逐利性特质、拜金主义、享乐主义等方面的影响，人际交往“商品”化、“利益”化，出现了是非不分、荣辱不辨、黑白不明的状况，这些状况裹挟了优秀的传统道德观念，人际关系变得冷漠。特别是近些年来以抖音、快手等为代表的自媒体的迅速发展，更是加速了道德责任的异化，网络中良莠不齐的信息泥沙俱下，冲击了农民已有的价值观念，盲目攀比、高价彩礼、大操大办等行为司空见惯。乡村居民道德责任和归属感的下降最终会影响到乡村治理的实效，“在集体活动中，他们以是否关乎自身利益为标准决定是否参加，对社会乡村集体等公共事业漠不关心”②。另一方面，作为乡村治理重要工具的乡规民约却未能与时俱进，并形成有效的“软约束”。“村规民约重在通过道德教化规范社会行为实现对乡村的治理，它具有以传统家教文化形成家庭美德、以日常生活伦理培育个人品德、以扬善惩恶方式弘扬社会公德的德治功能特征。”③但这些功能的发挥也有赖于村规民约本身的“质量”。传统乡规民约存在着只重视对个人、家庭利益的调解，而缺乏

① 宁华宗、汪黎：《后精准扶贫时代农民的道德风险及其防控研究》，《学习与实践》2021年第4期。

② 王甄玺：《乡村德治的困境及其完善路径》，《党政论坛》2019年第11期。

③ 高艳芳、黄永林：《论村规民约的德治功能及其当代价值——以建立“三治结合”的乡村治理体系为视角》，《社会主义研究》2019年第2期。

对现代公共事务的关注,重视口口相传而忽视正式的文件规范,以及激励惩戒机制不健全等方面的问题,难以满足现代社会生活发展的要求。

(二)"三治融合"问题的主要原因

"三治融合"在全社会形成了共识性理念,并建立了相应制度后,作为一种实践进入到精准扶贫工作中,理论上讲应当对于精准扶贫工作起到促进和推动作用。但实际上随着精准扶贫工作的推进,"三治融合"也呈现出明显的不适应性。对此,必须分析其中原因,才有利于找到解决问题的办法。

1. 思想观念和能力素质对"自治"的影响

"三治融合"的乡村治理体系中,"自治"主要是通过村民委员会这一载体民主管理村级公共事务,精准扶贫过程中出现的"自治"不规范、"自治"无序化、"自治"水平不高等问题造成了精准识别难和精准帮扶难,最终影响了乡村自治的效果,就其原因,主要表现在以下三个方面:

一是"保姆式"扶贫降低了村庄自治组织的自主性。精准扶贫政策的实施,离不开外界力量的帮扶。为了实现到2020年全面消除贫困的目标,各级政府采取了多种方式向贫困村派驻干部,帮助贫困村实现脱贫。驻村干部制度为解决贫困村基层领导和组织力量不足发挥了重要作用,但同时也要看到,在实际工作中有的驻村干部"越俎代庖",对村级事务大包大揽,甚至架空村干部,自行安排村里工作。在西部某贫困县,一位贫困村支书说,从产业布局规划,项目资金引进,入户做统计、搞调研,到最后制表填表,对接考核组调查组的检查……现在村里的扶贫工作全是驻村扶贫工作队在干,扶贫成为"保姆式"扶贫。"保姆式"扶贫的出现,是由于村里的各项工作时间紧,任务重,考核繁复,同时有的基层村干部、村支书素质相对较低,能力不足,为了任务的及时有效完成,驻村干部往往就顶在了第一线代替村干部去工作。[①] 但由于扶贫驻村工作队1—2年就会轮换甚至在脱贫后会被撤销,他们驻村的这种作用是不可持续的。并且"保姆式"扶贫在某种程度上是用驻村干部取代

---

① 《驻村帮扶要避免"保姆式"大包大揽,会弱化基层管理能力》,见 http://www.xinhuanet.com/politics/2018-05/27/c_1122893145.htm。

了村委会的部分公共事务,引起了一些村“两委”干部的不满。他们认为有的驻村干部不听取村“两委”的意见,工作安排不够符合实际,没有发挥村民主动性,也没有将村干部熟悉村情民意的优势发挥出来,从而弱化了村干部的基层管理能力,在一定程度上弱化了村民自治,缩小了村民自治的活动空间,以致出现村民有事找扶贫干部而忽视村委会,使得村委会在村庄的权威受到一定的威胁,①也可能产生脱贫攻坚任务结束后人员、资金、项目后继乏力,发展停滞等新问题。

二是农民群众自身能力和素质导致参与度不高。农民文化素质普遍不高,尤其是贫困户文化程度较低的现实在当前仍较为突出。有学者调查了四川 30 个县区 147 户贫困户 428 位家庭成员,发现大专及以上仅 16 人,占比 3.7%,文化程度以小学及其他文化程度为主。② 由于受教育程度低,贫困户思想守旧,很难改变其固有思想。如四川凉山州整体贫困,不仅是由于地理环境太差,生存环境恶劣,更是由于彝族乡亲思想守旧,改变较为困难。当地政府为贫困的群众修建了安居房,建议他们从山上搬下来,但有的群众搬下来住几天又搬回去了,他们习惯了原来的生活,不愿意改变。③

三是政府宣传、引导力度不够,造成当地农民不能或者想参与但参与度不高。有的地方政府未能认识到贫困群众既是脱贫攻坚的对象,更是脱贫致富的主体,因此比较重视物质上的扶贫而精神帮扶比较少,甚至不知道怎么帮,很多时候就采取了“保姆式”扶贫。在“保姆式”扶贫模式下,一些贫困地区的贫困户思想懒惰,他们拒绝扶贫干部带来的脱贫点子,自身发展动力根本没有,没事约村友打打牌,下下棋,到点吃饭,按时睡觉,坐等政府的“救济、慰问、支助、关怀”,什么心都不用操,有吃有住有衣穿,只剩下帮扶干部和政府干着急。④

---

① 万江红、苏运勋:《精准扶贫基层实践困境及其解释——村民自治的视角》,《贵州社会科学》2016 年第 8 期。

② 刘行、黄位年、张小红:《四川贫困地区农业产业脱贫后续发展问题分析及对策建议》,《产业经济》2020 年第 4 期。

③ 熊忠有:《贫困地区干部队伍建设应重视家国情怀的引导》,见 https://www.sohu.com/a/379350675_479139。

④ 张甜甜:《扶贫工作要做好,思想引导是关键》,见 https://m.sohu.com/a/285959900_528116。

2. 传统文化和现实因素对"法治"的影响

贫困地区干群法治素养薄弱的原因有多方面,既有传统因素的影响,也包括现实因素的制约。传统文化中"熟人社会""权力至上"观念,现实中法律运行机制和宣传教育体制不完善等都是影响精准扶贫"法治"实效的重要原因。

一是传统因素中"熟人社会"和"权力至上"观念的影响。中国是一个有着两千多年封建社会和一百多年半殖民地半封建社会历史的国家,正如邓小平所言,"旧中国留给我们的,封建专制传统比较多,民主法制传统很少"。中国社会的传统和习惯有着许多与现代法治不相符的理念,时至今日对农村地区尤其是深度贫困地区的干群还产生着影响,并对他们法治素养的提升造成了一定程度的阻碍。中国农村社会的一个基本特征,就是费孝通所言的"乡土性""熟人社会"。尽管20世纪80年代末以来,随着农民流动的加剧,这种乡土社会的特性已经大为减弱,但在贫困地区由于受地理环境、资源以及基础设施等因素的影响,现代化进程较为缓慢,人口流动性较小,在很大程度上还保留着传统社会的乡土性,一些传统的观念和习惯至今还对贫困地区的干群产生着影响,即使是在国家法律已经触及农村社会末端的情况下,传统礼法观念仍然根深蒂固。人们在日常生活中普遍重视"礼"、重视伦理道德和教化的作用,如有问题和纠纷需要解决,碍于人情关系和邻里之间的睦邻友好,往往避免诉讼,更倾向于用传统的方式来解决。受此影响,农村广大贫困地区未能形成知法、懂法、守法、用法的法治氛围,贫困地区的干群在日常生活之中未能感受到法律的作用,这必然导致其法治素养淡薄,法治认知和法治信仰不足。就传统的"法治"来讲,中国古代就有法家主张"法治",但法家的"法治"具有鲜明的阶级性和差别性,统治者拥有超越法律的权力,强调对普通百姓的处罚和刑罚,并不能保证在法律面前人人平等,也无法有效维护个人的合法权益,"法"只是统治者统治国家的工具,其实质仍然是人治,统治者拥有超越法律的权力。受人治文化和权大于法等因素的影响,中国长期缺乏法治的传统,人们对于权力具有强烈的崇拜和畏惧心理。这种现象在传统观念根深蒂固的农村贫困地区表现得尤为突出。"权大于法""权力至上"等观念至今还对贫困地区干群的思想产生着影响,从而使得一方面村干部在扶贫的过程中容易轻视群众个人权利,另一方面普通群众则迷信、畏惧权力,同时不清楚自己享有哪些权利,也不清楚自己必须履行什么样的义务。在面对扶贫领域的违法违纪行为时,不敢行使自身的监督权利,当自身合法权益受损时,首先想到的不是法律,而是选择托关系、找熟人来解决问题。

二是现实中法律运行机制和宣传教育体制不完善的影响。除了传统因素的影响外,贫困地区干群法治素养不高还有很强的现实因素的影响。从农村法律的运行机制来看,尽管改革开放后中国加强了法治建设,提出了“法治下乡”,但在农村贫困地区“法治”的作用却难以彰显。在执法上,某些执法机关和人员滥用执法权,在执法活动中有法不依、执法不严、以权压法。在司法上,存在司法不公正的现象。两个方面的因素使得贫困群众对司法活动信任感不强,甚至内心产生了“厌诉”情绪,因而遇到矛盾和纠纷时缺乏信心通过司法途径来解决。“一个合理的和令人满意的法律制度之所以会得到社会大多数成员的遵守,乃是因为它服务于他们的利益、为他们所尊重、或至少不会在他们的心中激起敌视或仇恨的情感”①。法律运行过程中的失范现象,损害了贫困地区群众的合法权益,加剧了贫困地区群众对法律的不信任感,从而导致他们在日常的生活之中轻视和疏远法律,法治信仰模糊。从农村的法治宣传教育体系来看,1986 年起中国就开展了全民普法教育工作,并且深入到了农村。经过近四十年的努力,农村的法治宣传教育工作成就显著,不同年龄、不同阶层人群的差异化法治需求都得到了一定程度的满足,农民的法治素养也有了较大提升,为中国的法治建设奠定了坚实的基础。然而必须看到的是,这些成绩的取得与国家“法治”建设的要求和人民群众的期待相比,还有诸多不适应的地方,尤其与新时代中国社会矛盾变化的客观需求还有较大距离;法治宣传教育还停留在贴标语、挂横幅、发宣传资料等形式上,既单一也不新颖,脱离贫困群众的生活实际,难以调动贫困地区群众学法的积极性;法治宣传教育的内容针对性不强,在宣传内容上较为笼统,没有根据受众群体的不同设置针对性的宣传内容,法治宣传教育不能满足不同需求,实际效果也不理想;基层法治

---

① [美]E.博登海默:《法理学:法律哲学与法律方法》,邓正来译,中国政法大学出版社 1999 年版,第 344 页。

宣传队伍力量薄弱,主要由法治宣传与教育工作者、普法讲师团队、法治宣传志愿者等组成,队伍群体往往一人兼多职,工作繁重,法治素养也参差不齐,在工作的主动性、责任心以及农村工作经验等方面也各异,从而降低了法治宣传教育的效果。

3. 物质条件和客观环境对“德治”的影响

“德治”对精准扶贫有着很大的推动作用。实践中各地也开展了各式各样的“德治”活动以提升精准扶贫绩效,然而“德治”的作用仍然欠佳,主要包括以下三个方面原因:

首先,“德治”活动中未能充分发挥群众的参与作用。当前的“德治”活动更多的是基层干部从自身认识和需要出发,进行的一些内容设计。而作为主体的农民群众没有得到充分的尊重,被排斥在外,不能参与其中和对工作展开监督,从而在乡村“德治”中出现“剃头挑子一头热”现象。无论是文化下乡、送戏下乡的文化活动,还是“美丽乡村”的文明创建活动,以及扫除“陈规陋习、封建迷信”的精神活动,农民群众抱着事不关己、旁观热闹而不愿参与的态度都不同程度存在。

其次,“德治”的基础建设重视不够。一是经济投入力度不够,有些村由于自身集体经济薄弱,加上各级地方财政投入的经费也偏少,“德治”阵地和平台建设就缺乏或落后,“德治”的作用难以发挥。二是乡村“德治”人才缺乏,难以组织起有活力、有吸引力的“德治”活动,有些地方对“德治”活动的开展还停留在“完成任务的层面”,表面上看似轰轰烈烈,实则没有效果,出现“声势大,效果差”现象。

最后,“德治”功能遭遇现实冲击。进入21世纪,互联网和自媒体异军突起并逐渐下乡,深入田间地头,为农民所掌握,极大地改变了农村生产和农民生活,农民甚至可以足不出户就最大限度地接触到外面的思想与世界,“三观”也由此受到很大影响。在此时代背景下,传统的农村道德规范以及原有的社会准则遭受较大冲击,“道德模范”“先进典型”的影响力大不如前,农村“五老”、族长的话语权大大减弱,基层干部的权威也明显降低,使得农村“德治”作用的发挥面临困境,“德治”功能不断弱化。

三、以效能为中心推动“三治”体系在乡村振兴中与时俱进

中国打赢脱贫攻坚战,是“21 世纪最伟大的世界故事之一”,“将成为全球反贫困事业的教科书”。① 实现精准扶贫与乡村振兴的有效衔接,将精准扶贫的典型经验运用于乡村振兴过程并推动乡村“三治”体系的完善和发展,这是当前乡村治理的重要任务。为了实现乡村振兴和农业农村的现代化,持续做好相对贫困治理,迫切需要通过治理方式、治理机制的创新,弥合“三治融合”与贫困治理之间的张力,将我国的制度优势转化为治理效能。从治理机制的创新到治理效能的产出,需要治理结构与治理机制的双重创新,将制度优势通过一系列具体的组织动员、监督考核等中间机制转化为治理效能,这是中国贫困治理的重要经验。

效能强调的是“达成预期结果或影响的程度,一定程度上是效率、效果与效益的综合体现”②。国家层面的治理效能由制度和政策共同决定,制度是共同体内各种行为的规范和规则,是实现共同体集体行动的手段和方式。政策指集体行动的目标和意向,制度的供给和制度的执行共同影响着治理的效能,好制度要配套好政策才能产生良好效能。③ 但是制度优势并不必然自动转化为包括贫困治理在内的特定领域的治理效能,贫困治理的成功得益于在实践中创新了治理结构和治理机制,因此继续完善以“自治、法治、德治”为主要内容的治理体系创新,将是揭开制度优势与相对贫困治理效能之间“黑箱”的关键。④ 从与乡村振兴背景下相对贫困治理的关系来看,完善和发展“三治融合”的乡村治理体系,需要从以下三个方面着眼。

---

① 新华社国家高端智库:《中国减贫学》,《经济日报》2021 年 3 月 5 日。

② 刘凤、傅利平、孙兆辉:《重心下移如何提升治理效能?——基于城市基层治理结构调适的多案例研究》,《公共管理学报》2019 年第 4 期。

③ 燕继荣:《制度、政策与效能:国家治理探源——兼论中国制度优势及效能转化》,《政治学研究》2020 年第 2 期。

④ 符平、卢飞:《制度优势与治理效能:脱贫攻坚的组织动员》,《社会学研究》2021 年第 3 期。

(一)乡村振兴要强化农民的主人翁意识

基层群众自治制度是中国的一项基本政治制度,已为中国现行宪法所规定。村民自治既是农村基层民主的一种基本形态,也是有利于实现贫困乡村治理的活力源泉。在乡村振兴中健全“三治融合”的乡村治理体系,首先就是要以“自治”增活力。

1. 驻村工作队精准发挥“指导”“参与”作用

从当前乡村振兴中相对贫困治理工作的实践来看,要在帮扶中促进“自治”,关键在于基层政府和扶贫工作队要转变思想观念,不能采取“保姆式”扶贫的做法。关于扶贫工作队或驻村干部的职责,2014 年 5 月 12 日国务院扶贫办等七部门印发的《建立精准扶贫工作机制实施方案》进行了专门规定,“驻村工作队负责协助村“两委”摸清贫困底数,分析致贫原因,制定帮扶计划,协调帮扶资源,统筹安排使用帮扶资金,监督帮扶项目实施,帮助贫困户、贫困村脱贫致富,不脱贫、不脱钩;协助基层组织贯彻落实强农惠农富农政策;积极参与各项扶贫开发工作”。2017 年 12 月 24 日中共中央办公厅、国务院办公厅印发的《关于加强贫困村驻村工作队选派管理工作的指导意见》,则规定了驻村工作队的十项工作任务,包括:宣传贯彻党中央、国务院关于脱贫攻坚各项方针政策、决策部署、工作措施;指导开展贫困人口精准识别、精准帮扶、精准退出工作,参与拟定脱贫规划计划;参与实施特色产业扶贫、劳务输出扶贫、易地扶贫搬迁、贫困户危房改造、教育扶贫、科技扶贫、健康扶贫、生态保护扶贫等精准扶贫工作;推动金融、交通、水利、电力、通信、文化、社会保障等行业和专项扶贫政策措施落实到村到户;推动发展村级集体经济,协助管好用好村级集体收入;监管扶贫资金项目,推动落实公示公告制度,做到公开、公平、公正;注重扶贫同扶志、扶智相结合,做好贫困群众思想发动、宣传教育和情感沟通工作,激发摆脱贫困内生动力;加强法治教育,推动移风易俗,指导制定和谐文明的村规民约;积极推广普及普通话,帮助提高国家通用语言文字应用能力;帮助加强基层组织建设,推动落实管党治党政治责任,整顿村级软弱涣散党组织,对整治群众身边的腐败问题提出建议;培养贫困村创业致富带头人,吸引各类人才到村创新创业,打造“不走的工作队”①等。从中可见,“指导”“参与”“帮助”这几个关键词已明确规定了驻村工作队的角色定位。从而,驻村扶贫工作队要处理好“两类关系”,充分推进乡村治理中的“自治”。

2. 妥善处理驻村工作队与村“两委”、贫困群众之间的关系

一是要处理好驻村扶贫工作队与村“两委”的关系。在乡村振兴工作中,驻村工作队要做到“帮办不包办”。也就是帮扶的外力作用要体现为“指导”“出主意”“做参谋”上,而不是包办代替上。具体实践中,遇到扶贫工作的重要事项需要研究解决时,驻村工作队应召集村(社区)党支部书记、村委会主任、村民代表举行座谈会,实行村庄民主和协商民主,让村干部和村民群众唱主角决定村庄大事项,自己做好引导和监督工作,在村干部主导的工作中坚持公平正义,提高扶贫资源分配公平性,以及村“两委”需要帮助时要发挥帮助作用,从而充分调动起被帮扶村庄干部群众的主动性和积极性。同时,驻村工作队还应积极帮助帮扶村庄加强自治组织规范化建设,拓展村民参与村级公共事务包括扶贫事务平台,如:健全村级议事协商制度,创新协商议事形式和活动载体,让农民自己“说事、议事、主事”;实施村级事务阳光工程,加强制度建设,利用信息化手段,扎实推进党务、村务、财务“三公开”,充分发挥村民监督作用;等等,从而增强扶贫工作中的“自治”能力。二是要处理好驻村扶贫工作队与贫困群众的关系。驻村扶贫工作队要发挥群众工作优势,激发群众内在积极性。要让主体贫困对象动起来,参与脱贫工作。只有贫困主体真的参与和动起来了,扶贫才能说真正成功了,并且在衔接实施乡村振兴中也才有内生动力。为此,驻村扶贫工作队要加强对贫困群众的思想教育。首先要培育贫困户的现代发展理念,增强贫困户的发展意愿,提振“精气神”。教育、帮助贫困群众树立脱贫攻坚的主体意识,摒弃“等靠要”思想,实现从“要我脱贫”到“我要脱贫”的观念转变。② 驻村扶贫工作队可在群众中挖掘一批通过自力更生发展产业实现脱贫的先进典型,让他们深入群众中间现身说法,讲述自身脱贫致富事迹和心路历程,不断增强其他贫困户脱贫致富的信心决心和

① 《中办国办印发〈关于加强贫困村驻村工作队选派管理工作的指导意见〉》,《人民日报》2017年12月25日。

② 郑之杰:《激发脱贫内生动力的“五字诀”》,《经济日报》2017年6月16日。

干劲。同时充分利用气象大喇叭、手机短信、微信的形式,全方位宣传中央、省(区、市)、市、县脱贫攻坚政策、措施、方法、经验等,不断激发贫困群众内生发展动力。① 其次是改变帮扶策略,找准激发内生动力的路径。要变“送钱、送物”为“送经验、送技术”,加强对贫困人口的职业教育和技能培训,帮助他们获得市场需要的生产能力;努力在扶贫产业规划、产业培育、产业发展上下功夫。

(二)乡村振兴要增强乡村干群的“法治”素养

“法治乡村建设”是“法治中国建设”的重要组成部分,也是实施乡村振兴工作的重要抓手和根本保障。2020 年 3 月,中央全面依法治国委员会印发了《关于加强法治乡村建设的意见》,强调指出:“健全党组织领导的自治、法治、德治相结合的乡村治理体系,坚持以社会主义核心价值观为引领,着力推进乡村依法治理,教育引导农村干部群众办事依法、遇事找法、解决问题用法、化解矛盾靠法,走出一条符合中国国情、体现新时代特征的中国特色社会主义法治乡村之路,为全面依法治国奠定坚实基础。”②因此,增强乡村干群的法治素养是“法治乡村建设”的核心。

1. 健全乡村多元化矛盾纠纷解决机制

乡村矛盾纠纷解决,应采取多元化途径,包括通过乡镇司法所、派出所和人民法庭,村法律顾问、村调解员和村辅警等等。在乡村中,由于是熟人社会(至少也是半熟人社会),一般的小矛盾可以通过协商,说事、议事、调事进行解决,畅通百姓诉求表达的渠道。解决不了的,可交由“个人调解室”调解,调解室注重聘请乡贤社贤,充分发挥他们懂政策懂法律的优势,帮助调解矛盾纠纷;对调解员要进行经常性培训,提高他们的基础法律素养和处理问题能力;调解室还应加强资源整合,建立联动机制,积极整合律师、公证、司法鉴定、法律援助、基层法律服务等司法行政工作资源,为调解室组建专业服务团队,纳

---

① 尚登旺:《山丹县大马营镇圈沟村着力激发农户脱贫原动力》,甘肃张掖网,见 http://www.shandan.gov.cn/xydt/xzdt/201907/t20190725_287107.html。

② 《中央全面依法治国委员会印发〈关于加强法治乡村建设的意见〉》,人民网,见 https://baijiahao.baidu.com/s? id=1662104893854906143&wfr=spider&for=pc。

入公共法律服务实体平台,为群众提供及时、便捷服务。[①] 从而,将“法治”与传统解决方式相融合,逐渐养成农村干群遇事找法的习惯。

2. 优化农村法治宣传教育体系

一是改进农村普法宣传教育。将农村普法教育实用化,即贴近农民日常生产生活实际,从农民最关心、最密切的现实问题如征地拆迁、婚姻家庭、邻里关系、土地流转、农民工维权等入手,开展形式多样、具有地方特色的“法律进乡入户”活动,做好法制的宣传教育,使每家每户至少有一个法律明白人,从而促进农村法治化程度的不断提升。二是加强农村普法宣传教育力量。党的十八届四中全会通过的《中共中央关于全面推进依法治国若干重大问题的决定》指出:全面推进依法治国,要“推进法治专门队伍正规化、专业化、职业化,提高职业素养和专业水平”;要“提高法治工作队伍思想政治素质、业务工作能力、职业道德水准”;要“创新法治人才培养机制”“培养造就熟悉和坚持中国特色社会主义法治体系的法治人才及后备力量”。[②] 因此,解决农村基层普法人员力量薄弱的途径,可以采取两条措施:一方面,通过各种方式加强现有机构人员的数量和法治素养。例如扩充乡(镇)司法所的人员编制,重点吸收引进具有法律专业背景的专业人才,解决司法所目前工作人员不足的问题。同时继续加强“法律明白人”培养工程,提高村屯自有人才的培养、选拔和任用。另一方面,通过社会化的方式将优质的公共法律服务人员引入农村,通过法律援助、聘请律师顾问等方式,引入法律专业人才,最大限度满足农民的多样化法律诉求,让农民在家门口就能享受到高效便捷的法律服务,促进法律公共服务均等化,也可以快速提高人才队伍的专业水平。[③]

(三)乡村振兴要提高“德治”的实效

乡村社会的“熟人”“半熟人”性质,决定了乡村治理中加强“德治”的先天优势,也是降低贫困治理成本、实现贫困“治理有效”目标的必由之路。要

---

① 黄佳:《加强乡村法治文化建设》,《吉林日报》2020 年 8 月 3 日。

② 《中共中央关于全面推进依法治国若干重大问题的决定》,《党建》2014 年第 11 期。

③ 黄佳:《加强乡村法治文化建设》,《吉林日报》2020 年 8 月 3 日。

提高“德治”在乡村治理中的实效，需要从平台搭建和思想引导等方面着手。

1. 要加强“德治”的制度和平台搭建

要在制度上建立完善贫困村村规民约（村民道德公约）、道德评议会、红白理事会、村民议事会、禁毒禁赌会即“一约四会”制度，通过制度构建引导农民群众自我教育、自我管理、自我提高，以及引导农民爱党爱国、向上向善、孝老爱亲、重义守信、勤俭持家。在平台建设方面，可以借鉴一些地方实施的“乡村道德银行”激励模式，以银行运行理念考核村民道德行为，量化道德积分，存入村民个人账户，以积分数高低作为评选道德模范的重要依据，并通过集体经济村民议定，按月按积分给予一定生产生活物质激励，让群众形成道德建设的自我推动力。此外，平台建设可以充分采用人们喜闻乐见的方式，如建立新媒体的教育功能，让优秀的传统文化、榜样的故事等在不同新媒体平台上得到宣传，达到润物细无声的效果。要有效的引导新媒体舆论，使其朝着健康真实的方向发展，积极解读人们关心的政策问题，避免人们受不良舆论的影响。人们接受优秀文化的熏陶以及正确的舆论引导，可以不断提高人们思想道德水平，从而纠正不良风气，提高整个社会的道德水平。

2. 要用榜样的力量教育乡村干群

要深入挖掘本地道德模范人物及事迹，深入宣传社会主义核心价值观，形成积极向上的舆论氛围，用道德文化涵养村民和村干部，在潜移默化中唤醒村民和村干部见贤思齐的内在动力。本村的道德模范应该是自下而上的推选，不是自上而下的选择，村民自己推选的才更具有影响力。

3. 要从家风入手培养和继承良好美德

如对于有能力赡养父母的家庭，要明确子代赡养老人的义务和责任；帮扶干部要宣讲传递良好家风理念，帮助后进家庭树立父慈子孝的传统美德，让后进家庭形成良好的精神风貌。

总之，乡村振兴下相对贫困的治理与健全“三治”的乡村治理体系相结合，本质上是党领导下的治理体系创新。一方面，农村基层党组织是党在农村全部工作和战斗力的基础，也是农村各项事业的领导核心，即乡村振兴工作的领导核心。推动乡村自治、法治、德治“三治”结合，必须坚持党建统领，加强党的全面领导。乡村振兴中的贫困治理工作要继续加强基层党组织建设，使其真正在健全“三治”结合的乡村治理体系中发挥战斗堡垒作用,实现乡村善治。另一方面,乡村振兴中“三治”的关键是治理体系的融合,自治、法治与德治不能各行其是或相互打架,要根据具体的治理内容选择针对性更强、实效性更高的治理方式而不能平均用力。在建章立制、整治阻碍乡村治理行为的阶段更多要依靠法治,在地方治理创新探索、榜样示范宣传推广阶段则要重点依靠自治和德治来夯实治理创新的民意基础,促进先进典型由内而外、由近及远扩散,在“三治融合”的统一体中突出治理方式选择的重点。

第七章　“三级”结构:落实乡村组的扶贫责任

乡村历来是国家治理的基础性环节,是将国家公共政策供给和精准扶贫的蓝图转化为实际行动的“最后一公里”,也是民众诉求与公共服务需求表达的重要场域。乡镇是中国政府设置的最低层级,向上连接着国家政权,向下对应着诸多民众。村是推行“自我管理、自我教育、自我服务、自我监督”即实现村民自治的基础层级,更是促进基层民主发育与成长的重要场域。村民小组是村民长期生产、生活的具象共同体,是村民自治活动开展的最基层组织,“是村一级组织联系村民的桥梁与纽带,是村民自治最坚实的基石”①。精准扶贫脱贫攻坚是以习近平同志为核心的党中央带领亿万贫困民众破解贫困及其伴生的饥饿、疾病、社会冲突等系列难题,带领人们追求美好生活的伟大战略与生动实践。精准扶贫政策要落地生根、进村入户,以及合乡并镇与合村并组的农村基层结构改革,把充分发挥乡镇机关和村民小组的作用提上重要议程,使之地位更加凸显。乡镇机关是国家政权的基础,村民小组是乡村社会的基础,只要基础牢靠,何惧风雨飘摇。事实上,“脱贫攻坚对中国农村的改变是历史性的、全方位的,是中国农村的又一次伟大革命”②。具体而言,县级组织以下的乡村组层次是怎样落实精准扶贫政策的,精准扶贫又是如何影响着基层“三级”治理(即乡村组三级)的结构,重塑着公共权力的边界、责任与目标,推动着基层治理结构的改革、变迁与完善,调适着政府、社会与农民三者之

① 梁志信:《村政组治——解决村庄治理》,社会科学文献出版社 2012 年版,第 162 页。

② 中华人民共和国国务院新闻办公室:《人类减贫的中国实践》白皮书,《人民日报》2021 年 4 月 7 日。

间的关系,这期间产生的良好经验值得总结、提升,同时,存在一些影响基层治理体系和治理能力现代化的困境、障碍亟待突破。

基于此,一方面要从历史变迁的角度看待乡、村、组的演变逻辑,把握精准扶贫乡村管理机制创新的现实动因,另一方面要从脱贫攻坚市县抓落实的管理体制、“五级书记”抓脱贫和要求精准扶贫到村到户方面导入,分析乡村组三级治理结构的功能是如何发挥的,以及底层运行逻辑中是如何将脱贫攻坚制度优势、政策优势转化为治理效能的。在总结脱贫攻坚乡村组三级治理既有经验的基础上,从如何巩固脱贫攻坚成果的现实出发,提出扩权强镇与改进社区治理的政策建议。

一、乡村组治理结构与精准扶贫政策落实

治理(governance)一词,原有控制、引导和操纵之义。1989 年,世界银行首次使用“治理危机”,自此开始,治理被广泛运用于政治学及相关的研究,国内学者俞可平较早对“治理”概念进行了系统的阐述,认为治理即在一个既定的范围内以政府为核心的公共部门运用权力去引导、控制或规范权威秩序并满足公众需要的一种过程或方式。从政治学角度讲,“治理”即“政治管理的过程,它包括政治权威的规范基础、处理政治事务的方式和对公共资源的管理。它特别关注在一个限定的领域内维持社会秩序所需要的政治权威的作用和对行政权力的运用”①。治理活动存在于由一定的主体角色所构成的治理结构中,那么何谓结构呢?结构既非时空之中的实体存在,也非散布于现象真实中的局部并作为这种真实的某种特质。② 我们对结构的探讨,主要是从作为整个政治系统的一般意义上的特质和关系到个体行为和制度操作的通常会想到的某种特质。简言之,结构是体现研究客体内部局部之间或客体本身之间关系的一种经验性或描述性特质。政治结构又分为层级结构、权力结构、功能结构等,不同的组织结构,差异性也较大。乡村组治理结构的差异性是由其

① 俞可平主编:《治理与善治》,社会科学文献出版社 2000 年版,第 5 页。

② [美]戴维·伊斯顿:《政治结构分析》,王浦劬等译,北京大学出版社 2016 年版,第 53 页。

体制决定的,这种结构差异主要体现为外部结构与内部结构的差异,而体制、层级、功能和权力配置为分析乡村组结构及其类型划分提供了不同的角度。①

行政层级结构是政治权力结构的一种外在的显性呈现且体现为层级的分工及其关系。依据《中华人民共和国宪法》和《中华人民共和国地方各级人民代表大会和地方各级人民政府组织法》等法律,当前,中国行政区层级划分为省、市、县、乡四级,基层农村政权为镇、民族乡、乡一级;行政村一级依托村民自治组织实行村民自治;村民小组是根据行政村管理需要进行设置的,“根据村民居住状况、集体土地所有权关系等”②而分设的治理单元。传统意义上,人们将基层治理的三级结构定位于县、乡、村,这一定位具有一定的法定性和普遍性。为了推动精准扶贫政策及时转化为政策效能,中国创造性地建立了“中央统筹、省负总责、市县抓落实”的工作机制,这既体现了行政层级的职责分工,也体现了层级之间的协作联动。回归现实,市县抓落实的关键在乡村组三级建立分工明确而又能够较好协调的工作联动机制。众所周知,中国传统乡村社会是一个建立在以农业生产为基础,以血缘和地缘关系为纽带而形成的社会关系网络,因为大多数农户之间利益相近、文化相连、观念相似而形成了半熟人社会。虽经历时代变迁,但熟人社会特性依旧突出。正是基于这样的社会特性,要深入理解脱贫攻坚的制度优势如何转化为实际的治理效能,就需要突破以往研究主要定位于“县、乡、村”三级的分析路径,克服对“乡、村、组”三级尤其是“组”的地位与功能的认识的不足。实际上,要考察扶贫良图良策如何落地,恰恰需要从纵向、横向以及现实三个维度探析乡、村、组三级职能及其关系,而既有探析的相对不足使得对脱贫攻坚的基层运行逻辑缺乏实质性的把握,进而难以形成并提炼为有益经验服务于巩固脱贫攻坚成果、助力乡村振兴。

(一)纵向维度:新中国成立以来乡、村、组的历史演变及治理成效

马克思主义认为经济基础决定上层建筑,经济状况影响着政治制度的设

① 方雷主编:《地方政府学概论》(第二版),中国人民大学出版社 2015 年版,第 30 页。

② 《中华人民共和国农村土地承包法　中华人民共和国村民委员会组织法》(2018 年修订),中国法制出版社 2019 年版,第 12 页。

计和运行,当然,反过来讲,健全、科学的政治制度亦为经济的发展提供有力的制度保障。生产力发展水平从根本上决定着经济基础、上层建筑的发展。在中国传统农业社会中,由于生产力发展水平低下,以传统农(牧)业为基础的乡村生产中农(牧)民所得极少,加之,国家汲取税收的技术能力较为有限,使得自夏商以来,传统的乡村社会形成了自己的一套运行秩序并维持着乡村社会的整体稳定与发展。自给自足的自然经济所具有的封闭性、自主性,使得乡村对国家的依赖程度较低,同时,也正是因为这种封闭性的存在,使得国家介入乡村的能力较为有限,因此,逐渐形成了后来封建社会中的“皇权不下县,乡村靠乡绅”的“双轨政治”①。当然,这种“双轨政治”并不意味着国家对乡村治理的完全放任,更不意味着乡村治理的自我失序,恰恰相反,国家构建了自己的一套运行控制体系,使得底层乡村与顶层国家保持一种既存在张力又存在相对稳定的和谐状态。从乡村治理的制度看,经历了从周朝的乡遂制度、井田制度,到秦汉时期的郡县制度,再到元朝的里甲制度、村社制度,乃至清朝的保甲制度等,乡村管理制度相对稳定。

进入 19 世纪末到 20 世纪的前半叶,晚清政府受国内外矛盾的深刻影响,稳定政权的压力加大,财政支出压力空前高涨,为此国家加大了对乡村社会的政治控制与财政汲取,通过保甲制度嵌入到中国的乡村社会。当清政府被推翻后,新的政权为了加大对松散的乡村的汲取,国家开始依托族长乡绅、地方名流等来组织动员,但遗憾的是村庄的“保护型经纪人”在帮助国家征税纳捐的过程中逐渐变成了“盈利型经纪人”②,部分乡绅也由此变成了劣绅。这期间国家政权对乡村的渗透主要体现为自 1900 年到民国政府实施的“闾邻制”(1990—1929 年),试图削弱宗族制度;日本入侵之后,在侵占区开始推广大乡制(1929—1941 年),随后在日伪政权所在地大乡制取代了自然村落制,实现了高度的行政嵌入和强力整合。总之,近代以来资本主义市场经济的侵入、帝国主义的侵略,以及地主的剥削使得传统的小农经济受到了巨大的冲击,同时,国家的强渗透和竭力提取,使得乡村处于被瓦解的地步,农民处于艰难困

① 费孝通:《乡土中国》(修订本),上海世纪出版社 2013 年版,第 285 页。

② [美]杜赞奇:《文化、权力与国家——1900—1942 年的华北农村》,王福明译,江苏人民出版社 2013 年版,第 3 页。

苦的地步。新中国成立后,乡村组三级治理被纳入到国家的整个治理结构中,并随着国家政策或制度的调整而发生变化。具体如下:

1. 政社合一(1949—1978 年):"全能"治理

新中国成立初期,党带领人民进行土地改革和"三大改造"。在基层治理的机构设置上,在乡与村一级设置人民政府和人民代表大会。1954 年《宪法》规定,县以下行政区划分为乡、镇、民族乡,撤销了行政村建制,由乡级政权对自然村实行统一管理,而村级公共权力由村党支部和上级部门下派的工作组行使,学界将这一政治现象即"现代国家对乡土性社会的整合过程"①称为"政权下乡"。自此,乡(镇)政府作为基层政府正式具有法律地位,为中国基层政权奠定了制度基础。

1956 年,高级合作社的建立标志着"这种以分散性为特征的社会结构被以高度集中为特征的新型农村社会结构所取代"②。人民公社实行统一领导、分级管理的制度,实施"一大二公""政社合一"为基本特征的集体所有制,建立了"三级所有、队为基础"即公社管理委员会、生产大队、生产小队(即生产队,是组织劳动的基本单位)三级的农村经营管理体制,其基本核算单位是生产队而不是生产大队,同样,一般所说的"队"也主要是指生产小队或生产队,而不是指生产大队。这种管理体制和生产集体化、管理军事化,为公共服务的供给奠定了基础,弱势群体被纳入集体合作社,使得贫困群体的规模相对较小,但同时,我们也发现这样的模式既混淆了社会主义集体所有制和全民所有制的界限,又为无偿占有农民和农业社财产提供了理论上的依据和现实的可能,但最终伤害了农民生产的积极性,影响了农村生产力的蓬勃发展。③

2. 乡政村治(1978—2006 年):压力型"乡政"与有限"村治"

20 世纪 80 年代初,随着家庭联产承包责任制的实施,人民公社体制逐渐走向衰败与解体,农村各种社会矛盾凸显,影响着秩序稳定。为适应人民公社

① 徐勇:《政权下乡:现代国家对乡土社会的整合》,《贵州社会科学》2007 年第 11 期。

② 陈吉元、陈家骥、杨勋主编:《中国农村社会经济变迁(1949—1989)》,山西经济出版社 1993 年版,第 105 页。

③ 陈吉元、陈家骥、杨勋主编:《中国农村社会经济变迁(1949—1989)》,山西经济出版社 1993 年版,第 508 页。

解体后村级治理的需要,以广西河池县合寨村为代表的村民自治组织逐渐兴起。1982年《宪法》明确强调村民委员会的组织属性为“基层群众性自治组织”。1988年《村民委员会组织法》正式颁布,村民委员会实行“民主选举、民主管理、民主决策、民主监督”。随着村民自治的深入开展,逐渐形成了“乡政村治”的治理格局,国家明确在乡镇一级建立基层政府,在乡村建立党支部、村委会,依法实行自治。就其关系而言,乡镇与村民委员会的关系是工作上的指导与被指导的关系,必要时乡镇给予支持和帮助但不违法干预村内自治事务,而村民委员会则需协助乡镇政府开展工作。

农村税费改革前,县级对乡镇实行“财权上移,事权下放”,使得乡镇政府面临巨大、繁杂的公共事务,但又要维护乡镇一级政府的运转,乡镇在征收农业税费的基础上,增加乡、村一级的统筹,这种农业税费收入的获得和统筹的增加,增加了乡镇一级的财政收入,为乡镇的有效运转奠定了坚实的基础,但也加重了村一级的负担。因此,在取消农业税前,媒体将乡镇政府的主要功能称为“收粮派款,刮宫引产”,一方面,为了完成税收的任务,乡镇政府不得不戏称为依靠村一级组织,通过村一级组织来汲取农业税和相关的统筹部分;另一方面,为了获得村一级对工作的支持,乡镇也加大了对村一级的转移支付,由于乡镇政府对村一级的依赖,使得部分村“两委”在做出有损村民利益的行为时,乡镇政府本着“大事化小、小事化了”的方式进行处理,对村级治理采取相对包容的态度。乡镇政府与村“两委”基于农业税费的收取所形成的相互依赖关系及其共谋行为的发生也加重了农民的负担。因此,一度出现了“农民真苦,农村真穷,农业真危险”①的感叹和呼喊。

农村税费改革后,推动了乡镇政府、村“两委”社会治理的体制改革,一方面,农村税费改革后,尤其是农业税的取消,农村自治组织工作中心面临巨大的转换,从以农业税费资源的汲取转向为农民服务为中心;另一方面,国家纵向转移支付无法有效填补乡村社会治理中存在的庞大的支出缺口。因此,乡村改革面临向何处去的发问,从中央来讲,乡村体制改革的重点,在于转换乡村的组织职能;从学界来看,主流意见是“官权退、民权进”;从实际操作部门

① 李昌平:《我向总理说实话》,陕西人民出版社2009年版,第5页。

看,乡村首先面临的是入不抵出,改革的核心是减少财政支出。撤乡并镇、合村并组、裁减人员、取消村民小组组长等方式,虽然转嫁了一些治理的支出成本,但忽视了削减村干部、取消村民小组后对乡村治理所带来的消极影响,如农村灰黑势力因为缺乏权力的制约而泛滥,影响着村民自治活动的有序展开;个体小农无法与大中型水利设施对接,从而引发农田灌溉的困境;等等。这些情况引发了人们对"三级"治理问题再认识再思考。

3. 后税费时代(2006—2012 年):"服务民主型"治理

农业税取消后,乡村治理面临新情况:一方面,农民农业税负担得到大幅度的减轻,推动着农民与村"两委"关系的重构,农民对村级组织的依附性降低,村级组织也因为农业税负的取消而与农民缺少利益联结,村级组织存在一种"空转"的现象;另一方面,因为乡村组织自身所获得的财税资源有限,使得某些职能难以发挥,难以向农村提供公共服务,乡镇与村级自治组织的相互依赖程度降低,使得乡村公共产品、公共服务的供给明显不足。为了应对这样的风险发生,2005 年党的十六届五中全会提出建设"生产发展、生活宽裕、乡风文明、村容整洁、管理民主"的社会主义新农村的总目标。试图借农村税费改革之机推进社会主义新农村建设,但是这种以整村的形式推进的政策并未达到预期的目标,同时,由于对村干部的监督不力,出现了大量的村干部腐败、个体的大面积贫困等情况。

4. 一核多元(2012 年至今):党建引领,多主体共治

进入新时代以来,党中央加大了对乡村治理的物质性的投入力度,同时,从一种更为系统性、全局性的角度来审视乡村的发展,将乡村的发展纳入到治理体系之中进行思考和审视。2017 年,中共中央、国务院出台《关于加强和完善城乡社区治理的意见》,强调治理重心下沉并突出基层群众性自治组织在整个基层社会治理中的基础性作用,要求充分发挥自治章程、村规民约、居民公约在城乡社区治理中的积极作用,促进法治、德治、自治有机融合。党的十九大报告提出:"加强农村基层基础工作,健全自治、法治、德治相结合的乡村治理体系。"《乡村振兴战略规划(2018—2022 年)》提出,要促进自治、法治、德治有机结合,健全和创新村党组织领导的充满活力的村民自治机制。与此同时脱贫攻坚战略实施,一方面要求乡、村、组三级治理结构形成合理的协作

关系,精准聚焦,靶向发力;另一方面又从落实精准扶贫政策的角度倒逼乡、村、组进行改革,以适应脱贫攻坚战略实施的要求。

(二)横向维度:公共政策中的乡、村、组的职能分工

从横向的角度考察乡村组的职能分工对于深入理解脱贫攻坚中的乡、村、组的关系具有重要的意义。组织是具有共同目标的行为主体的集合体,价值追求体现组织的性质,功能的发挥体现结构,不同的结构关系与组织发挥着不同的功能。现以乡、村、组所依赖的主要组织主体来分析乡、村、组的结构与功能,进而分析脱贫攻坚中的乡、村、组的职能分工及价值。

1. 乡镇党委与村党组织的主要职能及其关系

2018 年,新通过的《中国共产党农村基层组织工作条例》对乡镇党委、村党组织职责进行了重新定位。第九条、第十条中分别有 6 条是对乡镇党委、村党组织职责的规定,相对以往的《中国共产党农村基层组织工作条例》,均增加了“乡村振兴”“脱贫致富”的职责,如“讨论和决定本乡镇经济建设、政治建设、文化建设、社会建设、生态文明建设和党的建设以及乡村振兴中的重大问题”,“领导本乡镇的基层治理,加强社会主义民主法治建设和精神文明建设,加强社会治安综合治理,做好生态环保、美丽乡村建设、民生保障、脱贫致富、民族宗教等工作”。然而,不同的是村级党组织“讨论和决定本村经济建设……以及乡村振兴中的重要问题并及时向乡镇党委报告”。具体而言,在经济建设中的共同职责是“党的农村基层组织应当动员和带领群众全力打赢脱贫攻坚战,如期实现脱贫目标,巩固发展脱贫攻坚成果、防止返贫,组织发展乡村致富产业,推动农民就业创业,教育引导农民既‘富口袋’又‘富脑袋’,依靠自己的辛勤劳动创造幸福美好生活”。“应当因地制宜推动发展壮大集体经济,领导和支持集体经济组织管理集体资产,协调利益关系”。在党的农村组织与乡村治理的关系方面,指出“党的农村基层组织应当保障和改善民生,努力解决入园入托、上学、就业、看病、养老、居住、出行、饮水等群众最关心最直接最现实的利益问题,加强对贫困人口、留守儿童和妇女、老年人、残疾人、‘五保户’等人群的关爱服务”。在领导和保障方面,“乡镇党委应当全面落实抓村级组织建设的直接责任。乡镇党委书记和党委领导班子其他成员应当包

村联户,经常沉下去摸情况、查问题,及时研究解决”。这些职能的提出既适应了新时代脱贫攻坚战略实施的需要,也为相对贫困的解决和乡村振兴战略的推进指明了方向。

2. 乡镇一级政府与村委会的主要职能及其关系

乡镇政府的主要职责是执行本级权力机关的决议和上级政府的决定和命令,以及根据辖区范围内公共事务治理的需要发布决定和命令;执行经济社会发展计划、为辖区农民提供公共服务、保护国有资产和集体财产、开展社会主义民主与法制教育、推行计划生育等。1988 年《村民委员会组织法》(以下简称《组织法》)试行,随后经历了两次修订,使之得以完善。其中对村民委员会性质与地位做了具体规定:“村民委员会是村民自我管理、自我教育、自我服务的基层群众性自治组织”,主要职责为“办理本村的公共事务和公益事业,调解民间纠纷,协助维护社会治安,向人民政府反映村民的意见、要求和提出建议”。在乡镇政府与村民委员会的关系上,“对村民委员会的工作给予指导、支持和帮助,但是不得干预依法属于村民自治范围内的事项”。由此可见,乡镇政府与村民委员会是指导与被指导的关系,村民委员会协助乡镇一级政府开展工作。村民委员会的主要职责是促进农村生产建设和经济发展、尊重并支持集体经济组织和合作经济组织的发展,组织协调村内生产工作推动经济发展、宣传和落实国家的政策法规、支持社会组织依法开展活动、推动农村社区建设、引导村民遵纪守法等。

在土地承包权方面,《农村土地承包法(2018 年修正)》规定:“农民集体所有的土地依法属于村农民集体所有的,由村集体经济组织或者村民委员会发包;已经分别属于村内两个以上农村集体经济组织的农民集体所有的,由村内各该农村集体经济组织或者村民小组发包。村集体经济组织或者村民委员会发包的,不得改变村内各集体经济组织农民集体所有的土地的所有权。”

3. 村委会与村民小组的主要职能及其关系

村民小组是行政村内部基于血缘、地缘、业缘关系而形成的关系相对密切的自治共同体,维持着农民基本性生产生活和熟人社会关系的往来,既是村民与行政村发生政治关系、经济往来与社会互动的桥梁,也是生产村庄价值、凝聚共识的重要场所。① 正是基于这样的特点,《村民委员会组织法(2018年修正)》中明确规定:“村民委员会可以根据村民居住状况、集体土地所有权关系等分设若干村民小组。”在土地发包方和承包方的权利和义务方面,《农村土地承包法(2018年修正)》规定,“已经分别属于村内两个以上农村集体经济组织的农民集体所有的,由村内各该农村集体经济组织或者村民小组发包”,“国家所有依法由农民集体使用的农村土地,由使用该土地的农村集体经济组织、村民委员会或者村民小组发包”。此外,《民法典》对其所拥有的国家所有权和集体、土地承包经营权等所有权和用益物权也作了明确规定。比如,对集体所有的不动产所有权行使明确规定,“对于集体所有的土地和森林、山岭、草原、荒地、滩涂等,依照下列规定行使所有权:属于村农民集体所有的,由村集体经济组织或者村民委员会依法代表集体行使所有权;分别属于村内两个以上农民集体所有的,由村内各该集体经济组织或者村民小组依法代表集体行使所有权;属于乡镇农民集体所有的,由乡镇集体经济组织代表集体行使所有权”,“农村集体经济组织或者村民委员会、村民小组应当依照法律、行政法规以及章程、村规民约向本集体成员公布集体财产的状况”。

村民小组是村级治理的基础单元,无论是国家“政权下乡”,还是激发农民建设农村的积极性,抑或为了共同的生产、管理事务,都需要调动农民的积极性发挥主体性作用。村民是村民自治组织内的理性行动主体,其积极性的调动离不开村民小组,而最有效、最有力的方式就是召开村民小组会议,进而将国家的方针、政策、路线等通过村民小组会议集中学习、探讨、献计献策等方式获得最基本、最扎实的共识,从而实现国家与农民最基础、最细微的对接。尽管在不同时期,其地位和功能不尽相同,在人民公社时期,实行“三级所有、队为基础”的管理体制,初级社、生产小队(即组织劳动的基本单位)、生产队(当时的基本核算单位),形成了一种自治微治理单元,保留了基层治理过程中的活力,使得农民在人民公社化运动过程中形成人际分工与互惠,在自给的基础上能够获得一些基本的物质生产、生活资料,从而维持着家庭的基本运转和基层自治单元的相对稳定。如今《村民委员会组织法》的实施仍然未忽视

① 贺雪峰:《新乡土中国》,北京大学出版社2013年版,第132页。

村民小组在现实治理中的基础作用。取消农业税后,部分地方取消了村民小组和村民小组长,但是治理的现实矛盾倒逼村民委员会重拾“村民小组”及其在村内治理中的重要作用。如今,回到现实,村民小组仍然是调动农民参与公共管理事务、献计献策、沟通协调、化解邻里矛盾的重要渠道。细而言之,通过召开村民小组会议,能够在一定程度上激发农民参与村庄公共事务的积极性,畅所欲言,凸显主人翁地位,在交流互动中达成共识,凝聚力量,共同解决公务事务,也能起到团结村民的重要作用。正是村民小组所具有的这种独特地位和作用,使得脱贫攻坚抓落实的过程中,发挥了打通“最后一公里”的作用,推动了精准扶贫方略的落地开花与生根发芽,达到了政策规划的预期目标。

(三)脱贫攻坚管理机制倒逼“三级”治理变革

1. 缘由:原有的村民自治组织无力解决精准扶贫问题

(1)村民自治组织治理效能逐渐降低,无力解决村庄内部的贫困问题

改革开放以来,中国农村实行家庭联产承包责任制,土地的所有权与经营权分开,与此相适应,“村民自发性的民主要求与国家有意识的推动和介入相结合”①,建立了村民委员会这样的自治组织,并于 1987 年出台《村民委员会组织法(试行)》得以确认。在农村地区依托村民委员会开展民主选举、民主决策、民主管理、民主监督。这种村民自我管理、自我服务和自我教育的治理共同体,客观地讲,适应了当时人民公社解体后农村生产力的发展要求,满足了农村民众参与基层民主的诉求,为村民有序参与村级公共事务提供了机会,在实践的过程中民众的政治素养得到了很大提高,同时,通过开展村民自治,使得村庄发展的活力得到激发,村级治理水平得以提升,国家在农村的执政基础得到稳固。

制度变迁是强制性制度变迁与诱致性制度变迁合力推动的结果,制度的存在需要与外在的环境发生频繁的互动与重构,当这种互动不足、重构能力下降时,就需要重启对制度的思考,在思考中寻求一种臻于至善方向的变革,作

① 朱宇:《村民自治的生理与病理》,《黑龙江社会科学》2005 年第 3 期。

为解决乡村治理问题的村民自治制度亦不例外。随着市场经济体制的确立、人们活动范围的逐步扩大,农民的经济观念明显增强、外出就业增多,使得人们的活动范围跨出了以行政村为边界的治理空间。市场经济对乡村生产要素的激活,使得相当一部分劳动力转而进入城市,在城市获得就业、增收的机会,人口向城市的涌入以及一部分选择在城市安家落户,久而久之,使得原有村庄的劳动力逐渐流失,剩下的主要为妇女、儿童和老人,难以真正通过“四个民主”来实现自治。同时,在村民自治制度实践中存在“四个民主”制度建设不平衡的情况,“民主选举”的程序性、过程性备受重视,而“民主决策”“民主管理”“民主监督”这些更能体现“中国式”基层民主实质性内容与丰富性内涵的则被相对地忽视。① 不仅使得村民自治陷入“村委会的自治”,而且因为村庄无人、无力和无心自治,形式多于内容,过场多于实效,村民自治处于“空转”,更为严重的是引致了“村务决策、管理和监督中的不民主、不规范和违法乱纪现象”。现实中,一部分以村民委员会为核心的村级自治组织被政治精英、经济精英,甚至灰黑势力所控制,成为少数人的自治;另一方面由于经费不足、人员缺乏,使得村委会的运转处于半瘫痪状态。显然,这样的村民自治组织的存在,是难以解决村庄中的贫困问题的,因为贫困问题的政治性、民生性、艰难性以及多维性的存在,都需要发挥以村委会为核心的村级自治组织的关键作用,但因为治理的低效能,不得不考虑对其进行改革,引入外部治理主体参与治理成为一种现实必要,实际上嵌入的驻村第一书记、驻村工作队以及其他社会组织就是要为村级治理注入“活水”,促进有效治理。

(2)村级自治组织运行行政化倾向突出,自治能力下降

《村组法》对乡村治理过程中所涉及的党的基层组织、政府组织、驻村企业、事业单位、村民自治组织等主体及其关系进行了相对清晰的制度规定。各类乡村治理主体有不同的地位、功能和作用,自然主体间关系不尽相同,如领导类关系(具体如党的基层组织与村民委员会、村民的关系)、指导类关系(具体如乡镇政府与村委会的关系)、生产负责类关系、监督制约类关系等。而实

① 刘方亮、刘雁成:《乡村治理主体结构:内容构成、问题成因和优化路径》,《理论导刊》2021 年第 4 期。

际上,在压力型政治体制和"村财乡管"财税管理体制的双重挤压下,村级自治组织由协助配合乡镇政府工作变成乡镇党政机关交办和布置各项工作的下级单位或附属机构,并接受其监督和考核。在人民公社体制废除后,农村土地坚持集体所有,实行家庭联产承包责任制,对原有的人民公社留存下来的土地实施了"分田到户"、家庭经营,仅有少量土地归集体经营,这种自然村、村民小组土地集体产权与行政村所辖区域的集体产权存在模糊不清且相互博弈的情况,使得村民自治缺乏集体经济作为基础。为了解决这种"悬浮"状态,就不得不依靠各种提留、收费来维持日常的运转。又由于提留、费用征纳缺乏规范和透明,一部分乡村干部在利益的驱动下,存在乱收费、乱摊派等情况,使得农民与乡村干部的矛盾加深,农民对村"两委"、乡镇党委和政府缺乏政治信任和政治认同。在农业税取消后,村"两委"依靠提取、摊派获得组织日常运转的经费急剧减少,但为了不影响基层组织的运转,县乡财政加大了对村"两委"组织运行的经费保障力度,通过这样的财政吸纳村"两委"成员不得不依赖上级组织,同时,上级组织为了"经营村庄",实现"良策落地",也加大了对村"两委"的考核力度,由此,使得村"两委"实际上成了乡镇党政机关的附属机构和下级组织。这种村级自治组织行政化的凸显,使得村级自治组织的自治空间不断受到挤压,影响着自治效能的发挥。

由此可见,村级自治组织的经济基础的缺乏使得村级自治缺乏有效的物质保障,"村财乡管"的体制,使得村级自治组织的依附性增强,同时,乡镇政府及其机构通过行政吸纳的形式将村级自治组织纳入科层制的动员体系之中,使得村级自治组织的自治性、自主性、群众性、积极性不断下降。这样的结构地位,自然难以有效发挥"四个民主"的功能作用。进入新时代以来,脱贫攻坚面临诸多难题,比如"现有贫困人口贫困程度更深、减贫成本更高、脱贫难度更大,依靠常规举措难以摆脱贫困状况"①,这样的难题的破解自然难以依靠传统的村民自治来解决,需要引入一种新的管理体制,打破原有的乡村组织的治理结构。

① 《国务院关于印发"十三五"脱贫攻坚规划的通知》,《中华人民共和国国务院公报》2016年第35期。

2. 体现:脱贫攻坚管理体制的建立,创新和提升“三级”治理

(1)脱贫攻坚管理体制的提出与政策内涵

消除贫困是社会主义的本质要求,如何打赢脱贫攻坚战,需要脱贫攻坚的管理体制的创新,以攻克“贫中之贫、困中之困,是最难啃的硬骨头”。2015 年《中共中央国务院关于打赢脱贫攻坚战的决定》提出“中央统筹、省负总责、市县抓落实”的工作机制。2016 年出台《脱贫攻坚责任制实施办法》,对“中央统筹、省负总责、市县抓落实”的具体内容与实施要求作了详尽说明,其中“市县抓落实”主要体现为:“县级党委和政府承担脱贫攻坚主体责任,负责制定脱贫攻坚实施规划,优化配置各类资源要素,组织落实各项政策措施,县级党委和政府主要负责人是第一责任人。县级党委和政府应当指导乡、村组织实施贫困村、贫困人口建档立卡和退出工作,对贫困村、贫困人口精准识别和精准退出情况进行检查考核。县级党委和政府应当制定乡、村落实精准扶贫精准脱贫的指导意见并监督实施,因地制宜,分类指导,保证贫困退出的真实性、有效性。县级党委和政府应当指导乡、村加强政策宣传,充分调动贫困群众的主动性和创造性,把脱贫攻坚政策措施落实到村到户到人。县级党委和政府应当坚持抓党建促脱贫攻坚,强化贫困村基层党组织建设,选优配强和稳定基层干部队伍。县级政府应当建立扶贫项目库,整合财政涉农资金,建立健全扶贫资金项目信息公开制度,对扶贫资金管理监督负首要责任。”①乡(镇)、村基层组织承担着脱贫攻坚政策、制度落实并向治理效能发挥转变的重要职责与任务。《中共中央国务院关于打赢脱贫攻坚战的决定》中对党组织及其负责人的作用提出了根本性要求:“充分发挥各级党委总揽全局、协调各方的领导核心作用,严格执行脱贫攻坚一把手负责制,省市县乡村五级书记一起抓。切实加强贫困地区农村基层党组织建设,使其成为带领群众脱贫致富的坚强战斗堡垒。”②据此可知,乡村组三级是“市县抓落实”的有机组成部分,在文件中虽未正式提及却不意味着可以忽略,而实际上,精准扶贫良策的落地恰恰需要乡村组三级

---

① 《中共中央办公厅、国务院办公厅印发〈脱贫攻坚责任制实施办法〉》,人民网,见 http://politics.people.com.cn/n1/2016/1017/c1001-28785562.html。

② 《中共中央国务院关于打赢脱贫攻坚战的决定》,《中华人民共和国国务院公报》2015 年第 35 期。

职能的发挥,一旦离开了乡村组三级的有效治理,精准扶贫就可能重走“大水漫灌”的老路,进而导致脱贫攻坚目标的偏离与使命的没办法完成。

(2)脱贫攻坚管理体制推动乡、村、组进行组织结构变革

改革开放以来,中国经济社会快速发展,综合国力明显提升,为扶贫减贫工作的推进提供了人力、物力、财力的强有力的保障,但是长期以来,贫困地区基础设施相对薄弱、公共服务供给相对匮乏、经济社会发展相对滞后,面对的几乎都是贫中之贫、坚中之坚,当减贫进入“啃硬骨头”“攻坚拔寨”的艰难时刻,但面临致贫原因的复杂性、多维性,攻克的高难度性,意味着单纯靠个人或某个单位难以攻克。因此,采取超常规思路和办法,创新扶贫管理体制便成为题中之义。

乡、村、组三级是推进脱贫攻坚政策落地的重要场域,其成效事关我们党的执政基础的稳固和全面建成小康社会的实现。实际上,乡(镇)、村、组三级组织在脱贫攻坚中扮演着不同的角色,发挥着不同的功能与作用,尤其是村民小组的地位再次得到尊重、功能再次得到发挥,因为“六个精准”的完成无一不需要村民小组的配合和支持。比如,如何实现精准识别,不仅需要一套科学的理论方法,也需要一种可操作的技术解决识别对象信息的不对称,而村组相对是个熟人社会,农户之间的知根知底和较强的公平感,使得精准识别成为可能,需要发挥村民小组在乡村治贫中的作用。因为随着合村并组的出现,行政村的治理空间范围在扩大,原先的熟人关系网络也逐渐向半熟人社会关系网络转变,但实际上组的自然村落属性仍然较为突出,建立在血缘、地缘关系基础上的熟人关系网络在精准识别、村组道路建设、农田改造、邻里纠纷化解等公共事务或私人事务中发挥更为重要的作用。如四川省将贫困村退出标准定为“一低五有”①。实际上,这样的重大决策与部署要求,无不涉及村组内民众的参与与支持,需要切实落实“民主选举、民主决策、民主管理、民主监督”,倒逼村“两委”从保守、封闭走向开放、透明,以村民小组为依托推动脱贫攻坚良策落地。

① “一低五有”即贫困发生率低于3%,有集体经济收入、有硬化路、有卫生室、有文化室、有通信网络。《四川省贫困县贫困村贫困户退出实施方案》,《四川日报》2016年8月24日。

乡(镇)政府主要承担着将精准扶贫的政策、任务、目标与要求,分解落实到村级层面,一方面乡(镇)自身内部各部门之间需要协调与沟通,对组织内部进行变革,以适应脱贫攻坚的政策要求,避免“九龙治水”的局面出现;另一方面,还需要妥善处理好与村级自治组织及其人员的关系,比如对驻村第一书记、驻村工作队、村“两委”的考核与监督等,这些都需要对乡(镇)、村的组织结构进行变革,将政策落地、治理有效作为变革的出发点和落脚点。在实践中,乡(镇)政府所凸显出来的“人少、事多、权少、责大”即所承担的职责与其所拥有的权力存在一种倒置的现象,这种权责倒置使得乡(镇)作为最基层的地方政府又面临新的问题:一是数量庞大,财政不堪重负;二是乡镇内部虽然机构林立、人员众多,但行政权力却日益支离破碎;三是乡镇政府成为社会矛盾的焦点,干群关系也在恶化。

但脱贫攻坚作为一项必须完成的政治任务,乡(镇)承担着落实政策、决策部署的最后一级政府的责任。为了推动政策的落地,乡镇将脱贫攻坚作为中心工作来推动,成立了以乡镇党委书记担任脱贫攻坚领导小组组长、乡镇长担任副组长的脱贫攻坚指挥部,通过分区分领域包片、签订目标责任书、工作督导考核等举措强化了责任担当,同时,针对村、组对脱贫攻坚中的权力与权利、责任与义务进行了相对明确的界定,通过责任边界的厘清、权力与义务的明确,既强化了组织及其人员的责任、担当意识,也减少了相互推诿的事情发生,最大限度地保证了脱贫攻坚政策的落地。

二、脱贫攻坚中的乡、村、组职能发挥及意义

自党的十八大以来,乡村基层社会治理呈现新形态:一方面,强化党在乡村治理中的突出地位,通过发挥党建引领来达到重构乡村秩序、凝聚乡村发展力量的作用;另一方面,突出对贫困地区和贫困人口绝对贫困问题的解决,将脱贫攻坚政策的落实与乡村组职能的变革结合在一起,倒逼乡村组职能的转变与治理效能的提升。这些不仅推动了脱贫攻坚政策的落地落实,也使得基层组织的结构与功能发生深刻变革,治理的效能得以极大提升。乡、村、组三级是脱贫攻坚中“市县抓落实”的最为关键、最为薄弱的环节,直接关系着脱

贫攻坚的制度优势能否及时转化为实际的治理效能,而这种制度优势如何转化为治理效能,自然需要深入探讨脱贫攻坚中乡、村、组的基本职能以及实际的分工、协作逻辑。既往学界对精准扶贫的研究主要聚焦于"县、乡、村",而对"乡、村、组"三级"底层运作"逻辑的分析相对薄弱,尤其是对"组"的地位与职能的探讨明显不足。实际上,要考察扶贫良策如何落地,恰恰需要分析乡、村、组三级在脱贫攻坚中的具体职能、互动关系及亟待改善的地方,为后脱贫攻坚时代成果的巩固与乡村振兴战略的落地生根提供经验支持或理论启示。

(一)脱贫攻坚中的乡、村、组职能与任务

在基于现实需求的基础上对涉及脱贫攻坚管理组织的内部权力结构进行调整、优化、革新与完善,使得不同的内部层级结构发挥着不同的功能,而这种功能发挥需要各行动主体承担着不同的角色,为完成角色所赋予的目标任务而采取不同的手段。2018 年,习近平总书记对脱贫攻坚作出重要指示:"强化中央统筹、省负总责、市县抓落实的管理体制,强化党政一把手负总责的领导责任制。"实际上,市县抓落实的关键与核心并不在于市县本身所应具有的超凡的顶层设计的能力,这种能力固然重要,而更为重要的是在抓落实的过程中明确乡、村、组三级治理的结构特点,把握乡、村、组三级组织职能的分工与协作关系,强化制度保障,推动脱贫攻坚良策"最后一公里"的落地。而这种职能的分工既需要遵从"文本"的制度规定,也需要观照"现实"的底层运行逻辑,进而在"文本"与"现实"之间以清晰的脉络呈现乡、村、组的运行实绩,尤其是组的运行情况。同时,乡、村、组三级结构的职能发挥,在精准扶贫过程中最突出的特征就是强化了县域统筹的整体性治理、政权重回村组形成压力型体制,超越了运动式治理、科层制治理、项目式治理、参与式治理的模式及其特征,而更具"混合治理"的特性。正因此,这种政策的强力推动也倒逼乡、村、组三级在脱贫攻坚的过程中不断重塑自己的角色,这种角色重塑与目标再定位对于我们重新理解乡、村、组组织职能具有重要的理论价值和现实意义。

1. 脱贫攻坚中的乡镇党政职责与新定位

广义的乡镇组织,包括乡镇党委、乡镇人大、乡镇政府以及上级政府派出

或驻扎在乡镇的派出机构。乡镇政府在乡镇党委领导下开展扶贫攻坚工作,权力来源于乡镇人大和上级人民政府,重要事项一般由乡镇领导班子召开会议决定。

在脱贫攻坚政策落地的过程中乡镇政府发挥着最低层级政府的作用,通过将脱贫政策、任务、目标等分解到下辖的各个村,强化了责任和落实。在组织领导方面,乡镇党委、政府组织形成以乡镇党委书记担任脱贫攻坚领导小组(或脱贫攻坚指挥部)组长的“一把手”负责制,领导小组组长负责统筹领导督办“本战区”的脱贫攻坚工作,领导小组组长即指挥长是第一责任人,具体负责“本战区”的脱贫攻坚工作;副组长一般为2—3名,分别负责脱贫攻坚的某一部分业务,同时负责自己所对接的片区扶贫工作;设置成员6到9人不等,工作主要涉及综合协调、政策法规、督办检查、脱贫验收考核、对外宣传等。在具体工作内容方面,落实上级安排的脱贫攻坚任务;负责调研,实事求是地制定自己辖区内的脱贫攻坚年度计划,总指挥部审批后实施;调动积极因素,执行好各项指令、决策,完成“户脱贫、村退出、县摘帽”工作;为贫困村配齐配强德才兼备、担当作为的村党支部和村级作战班子;研判村级作战上报的问题;作战指挥员深入群众走访、调研,掌握脱贫攻坚在村一级的落实情况以及群众的思想动态,及时化解扶贫中的矛盾;负责对战区内参与扶贫的驻村工作队、第一书记及相关的干部进行督导考核;等等。总之,以“政治挂帅”的组织形式强化了组长“一把手”的政治责任与行政责任;突破了直线型组织结构、职能型组织结构等存在的局限而更具多维立体组织结构的特性,实现了分工与协作的统一,民主与集中的有机结合,为脱贫攻坚的深入推进提供了组织保障。

2. 脱贫攻坚中村“两委”职能与新要求

从系统论角度看,科学化的公共政策系统是由“信息、咨询(参谋)、决断、执行和监控等子系统所构成的大系统”①。在脱贫攻坚的过程中,村一级承担着推动脱贫攻坚政策具体落实的责任。现通过“帮扶谁”“谁来扶”“怎么扶”

① 陈振明主编:《政策科学——公共政策分析导论》(第二版),中国人民大学出版社2003年版,第136页。

“如何退”这一公共政策的先后逻辑分析村级组织在脱贫攻坚中的主要责任:

从精准识别看,“帮扶谁”,就是要解决如何精确锁定帮扶对象的问题。建立科学的识别机制是精准帮扶的基本前提,涉及识别的主体、对象、内容、标准、程序和评估等。《方案》规定以“整户识别”为单位对贫困人口进行识别——确定“帮扶谁”,统筹考虑农户的收入、吃穿、住房、教育、医疗等情况——确定是否纳入帮扶,遵循“农户申请、民主评议、公示公告和逐级审核”的基本程序——确保程序合法合规。具体为:先由农户自愿提交帮扶申请,阐述家庭概况、致贫原因和帮扶诉求,再由行政村一级组织召开村民代表大会对申请人的资格、条件等进行集体评议,然后将公示无异议的名单报送乡镇政府,乡镇政府进行核查、审批,审核通过的名单进行公示,公示期完后,将无异议的名单报送县级政府部门,县级最后将复审(或复核)结果公告于各行政村。贫困人口的规模分解,在中央、省、市县层级一般都比较容易确定,由于缺少村一级人口收入数据,到乡到村的贫困人口规模需要各地结合实地调查情况确定。识别工作的重任看似落在县级政府的身上,实际上村级组织在接到县级、乡镇政府识别工作任务后,必须在规定的时间内完成识别程序、提交贫困户名单。从“精准识别”的角度看,能否准确地进行贫困识别、信息报送,主要责任在行政村一级,而“层层报送、层层审核”的制度反过来也强化了各个层级的责任。

从帮扶主体看,“谁来扶”,就是要解决扶贫主体责任不清、分工不明,相关部门不能形成共治合力的问题。在精准识别确定“帮扶谁”的基础上,针对多元致贫原因,“谁来扶”又将采取什么样的针对性帮扶措施,这将直接关系着贫困问题能否被消除。事实上,在“谁来扶”这方面,除了国家的政策要求外,全国各地也有诸多创举,比如在四川创新实施“五个一”帮扶机制,即指每个贫困村有一名县级联系领导、一个帮扶单位、一个驻村工作组、一名第一书记、一名农技员。①“五个一”帮扶力量突破了传统的以村“两委”为核心的组织结构,外部力量的“嵌入”,不仅对村“两委”的工作起到了引导、协调、

① 国家乡村振兴局:《四川:创新“五个一”帮扶机制,有力促进干部驻村工作落地落实》,见 http://www.cpad.gov.cn/art/2016/10/10/art_38_54007.html。

沟通与督导的作用,更重要的是形成了内外结合、协同共治的互动关系,同时,因村因户因贫的精准派人,这些均促进了精准扶贫精准脱贫方略在基层落地落实。"五个一"帮扶力量主要作用于贫困群众的增收创收,贫困村的扶贫产业发展和基础设施的供给,既保证了贫困农户的增收致富,也一定程度上解决了村庄发展物质基础薄弱、村庄组织力量涣散的问题,更重要的是激活了村"两委"作为村级自治组织的活力。从"帮扶主体"的角度看,扶贫政策落地需要村"两委"、驻村第一书记及驻村工作队等多主体之间进行关系的协调。

从帮扶举措看,"怎么扶",就是要解决扶贫资金和项目指向不准、扶贫效益和质量低下的问题。既往的扶贫主要是针对区域扶贫、整村扶贫,而对个体的贫困聚焦比较有限,因此出现了"撒胡椒面""大水漫灌"的现象,未达到扶贫的预期目标。而现在实施的精准扶贫,在"怎么扶"的问题上通过"五个一批"即发展生产一批、教育帮扶一批、医疗保障一批、生态补偿一批、易地搬迁一批等举措,实现了病因与药方的对接、手段与目标的对接,取得了很大成效。总结起来,之所以能够做到精准帮扶,这是与村级组织的积极努力工作分不开的,村级组织主要起着承接上一级政府帮扶举措并将其转化为实际行动与成效的责任。

从脱贫退出看,"如何退",旨在衡量和判断贫困村和贫困人口的脱贫是否达标以及达标程度如何。《关于建立贫困退出机制的意见》对贫困人口、贫困村退出标准和程序作了严格规定,要求村一级退出标准要严格执行、工作流程要规范、程序要公开、数据要准确、档案要完整、结果要经得起历史检验。为此,贫困户退出,重在衡量"一超五有"①的完成情况。由村"两委"组织民主评议后提出,经村"两委"和驻村工作队核实、拟退出贫困户认可,在村内公示无异议后,公告退出,并在建档立卡贫困人口中销号②。贫困村退出,除了重点

---

① "一超五有",即"该户年人均纯收入稳定超过国家扶贫标准且吃穿不愁,义务教育、基本医疗、住房安全有保障"。《中共中央办公厅国务院办公厅印发〈关于建立贫困退出机制的意见〉》,《中华人民共和国国务院公报》2016 年第 14 期。

② 《中共中央办公厅国务院办公厅印发〈关于建立贫困退出机制的意见〉》,《中华人民共和国国务院公报》2016 年第 14 期。

考核贫困发生率[①]外,还统筹考虑其他方面的达标情况,比如被帮扶的村村内基础设施的建设成效、公共服务的供给质量、扶贫产业的带动能力、村集体经济的发展规模等,在乡镇内公示无异议后,公告退出。如四川省的贫困村退出的标准是“一低五有”即有硬化路、有卫生室、有集体经济收入、有通信网络、有文化室。[②] 这种程序性的要求,使得第一书记、驻村工作队、村“两委”在确定贫困人口、贫困户、贫困村退出时需要采取审慎、求实、开放的态度,退出结果公示公告,接受群众的监督和第三方评估的监督检查,进而保证了脱贫攻坚成果的可靠、可信,经得起历史检验(见图 7-1)。

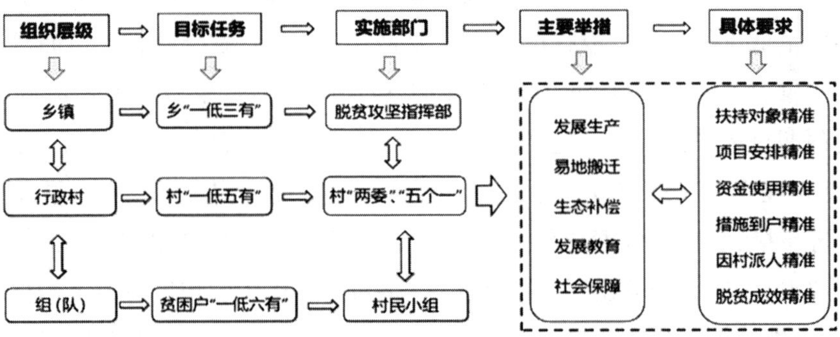

图 7-1　乡、村、组三级脱贫攻坚工作机制:四川省为例(自制)

3. 脱贫攻坚中村民小组的组织职责审视

村民小组(自然村、自然屯)是农村基层社会治理中的最为基础的政治单元。从组织意义上讲,在人民公社时期,实行“三级所有、队为基础”的管理模式,以生产队为基本核算单元,除了少数地区以公社或生产大队为基本核算单位外,生产队如同今天的村民小组拥有部分所有权和管理权,如归队所有的农具、耕畜等生产资料,甚至包括部分队营企业,并未完全转归社所有,生产队拥有一定的所有权和使用权。这种部分所有权和管理权的存在使得人民公社体

① 《中共中央办公厅 国务院办公厅印发〈关于建立贫困退出机制的意见〉》,《中华人民共和国国务院公报》2016 年第 14 期。国家规定,原则上贫困村贫困发生率降至 2%以下,西部地区降至 3%以下。

② 四川新闻网:《四川贫困户脱贫标准为“1 超 6 有”贫困村为“1 低 5 有”》,见 http://sc-news.newssc.org/system/20161009/000712372.htm。

制保有一定的弹性和活力,保证了最基层组织村民小组的运行管理、活力秩序的存在。这种队(村民小组)通过内部的分工与职责的划分,促进了个体与个体、户与户之间的交流与互动,基于农业生产所形成的互惠、信任关系推动农业生产得以继续运行,对于稳定基层政权发挥了重要作用。在村民自治时期(含农业税时期、新农村建设时期),村民小组仍然处于公共政策执行“最后一公里”的地位,发挥着村民自治“民主试验田”的重要作用,通过“民主选举、民主决策、民主管理、民主监督”实现了小组内部基本公共事务的处理、人际关系的和谐建构,以及集体行动的一致表达。

村民小组在推动脱贫攻坚政策“最后一公里”的落地过程中发挥着不可忽视的作用。从扶贫对象的精准识别看,能否识别精准主要依赖于村民小组作用的发挥。村民小组是一个相对成熟的社会共同体,这种共同体内部的左邻右舍、家长里短相互知晓,这种信息的几乎完全对称有利于精准识别。实际上,相当一部分地区的精准识别已经将村民小组(自然村、自然屯)的积极作用考虑了进去,如内蒙古制定的识别程序:“农户申请→村‘两委’、驻村工作队组织自然村农户代表评议→初始名单依次报乡镇、旗县、盟市、自治区进行比对,并反馈→村‘两委’、驻村工作队召开村民代表大会评议表决→乡镇核查、公示→旗县抽查、公示”,也是先评议后审议,但采用自然村和村民代表大会“两轮评议”①(见图 7-2)。

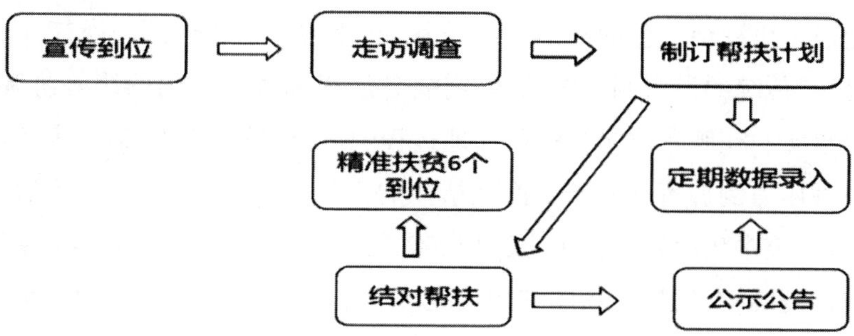

图 7-2 精准扶贫中帮扶贫困户脱贫的过程(自制)

① 左才、曾庆捷、王中原:《告别贫困——精准扶贫的制度密码》,复旦大学出版社 2020 年版,第 27 页。

从扶贫项目的落实看,精准扶贫中供给的公共产品或公共服务,大多具有竞争性和排他性或两者具有其一的属性,公共产品或公共服务这种属性的存在,在具体的供给与享用中容易出现“搭便车”“集体行动的困境”等现象。这种具体的矛盾与冲突,都需要村民小组以及村民小组之间进行协调沟通,否则就难以推动该项目的落地生根。比如产业扶贫涉及土地的流转,若是有几户不答应,土地流转就难以形成规模,进而不利于统一的经营与管理;村内基础设施如道路硬化、卫生室建设、文化室修建、通信网络以及集体经济发展等,无不涉及村民小组中农户的利益,无不需要建立一种良好的协商、沟通机制,通过组内民主协商的开展,将矛盾“大事化小,小事化了”,进而推动扶贫政策转化为惠农惠民政策。事实上,从合村并组后的治理实绩看,村民小组仍然有存在的必要。

(二)脱贫攻坚中乡、村、组三级职责落实的实现机制

政治层级结构外在体现为各种行为主体的角色之间的互动关系。阿尔蒙德认为现代政治结构内部存在不同的协作分工并发挥着专业性的角色。① 大型组织结构表现出高度的结构分化和专业化,这种高度的分化使得每一个存在于结构体系中的个体能够精力较为集中地完成角色所承担的一项细小的工作。从现代组织的内部结构来看,组织内部结构分化与专业化有利于体现个人的专业性,因为分工而提高工作效率。脱贫攻坚是一项系统的、宏大的关乎全面建成小康社会成色的政治性的任务,已经超越了单个部门所能完成的工作,突破了传统的科层制组织结构,需要各层级和各个部门的统筹协调,以推动政策落实。在脱贫攻坚政策的落地过程中,目标任务压力、监督考核压力以及竞争性压力倒逼着县乡条块治理结构的变革,通过行政动员与政治动员并举、行政权集中化配置以及中心工作扩大化,使得乡、村、组三级形成条块结合的协同治理结构,发挥着新的结构功能,推动脱贫攻坚良策在乡村落地。

1. 县乡层级:扶贫部门职能转变,乡镇“双动员”力得以强化

脱贫攻坚任务的政治性、艰巨性和复杂性倒逼县乡(镇)政府的组织结构

① [美]加布里埃尔·A.阿尔蒙德、G.B.鲍威尔:《比较政治学:体系、过程和政策》,曹沛霖等译,上海译文出版社1987年版,第69页。

体系进行变革以适应现实的脱贫攻坚要求。为了推动政策的落地，首先，根据县级脱贫攻坚指挥部的要求，组建乡镇脱贫攻坚领导小组并成立实体性的脱贫攻坚指挥部，专门负责脱贫攻坚事项。原来的乡镇扶贫办被改革并吸纳进了乡镇脱贫攻坚领导小组，由之前的职能部门变成了协调部门，乡镇扶贫办公室变成了脱贫攻坚战指挥室，原机构成为现在县级脱贫攻坚指挥部在乡镇一级的代理机构，依据“行政发包制”的逻辑，县乡关系转变为“发包—委托”关系。① 由于脱贫攻坚政策的刚性要求，脱贫攻坚成为乡镇政府的中心工作，使得原来在扶贫办被淡化的政治动员、关系协调、考核激励机制再次被激活，需要脱贫攻坚领导小组承担召开动员大会、部门关系协调、脱贫成效考核、督导问责等一系列事务。在脱贫攻坚工作的推进中，这些机制得到进一步的强化：一方面，考核任务的艰巨性、政治性、紧迫性增强，乡镇一级需要在落实县级考核要求的基础上，实行自我加压，将县级的考核指标依据各个行政村的情况进行逐一分解和细化，确保县一级的考核指标与要求在乡镇一级得到有效的落实；另一方面，各个部门为配合完成脱贫攻坚这一中心工作，整个基层治理体系不得不将有限的人、财、物治理资源不断地向此处集中。② 实际上，在具体的推动落实过程中，除了常规性的召开调度会议、月度季度考核、组织专项督查外，还采取了督查暗访、催促、道义劝告、座谈、约谈等非科层制的方式保证工作的推进，同时，与牵头的负责人沟通协调，及时化解工作中的压力与矛盾，保证工作的顺利推进与实效的取得。在这一过程中，原来的乡镇扶贫办职能部门就变成了以乡镇党委书记担任脱贫攻坚“一把手”的调度部门，其掌握了全乡镇扶贫资源整合、人员协调、工作任务分配以及施加工作压力的权力。由此，原来的职能部门成为现在的组织协调部门，而将责任转移到了乡镇各职能部门，既保障了职责分工和资源的集中使用，也较好地整合、协调了各职能部门之间的关系，大幅度降低了因为“条块分割”而产生的组织、沟通与协调成本。

---

① 曾明：《压力型体制下贫困治理的基层条块协同逻辑》，《安徽师范大学学报（人文社会科学版）》2020 年第 5 期。

② 仇叶：《行政权集中化配置与基层治理转型困境——以县域“多中心”模式为分析基础》，《政治学研究》2021 年第 1 期。

其次,脱贫攻坚责任的层层分解与刚性要求,使乡镇政治动员力增强。如果说县级脱贫攻坚指挥部的动员侧重于行政动员,那么乡镇脱贫攻坚指挥部的动员则具有混合性的特征——兼具运动式治理、参与式治理、科层化治理、项目制治理等多维立体复合特性。因为分税制和“营改增”启动后,乡镇一级的财政权力急剧压缩,“乡财县管”体制的存在使得乡镇一级政府对县一级政府具有极高的依附性,同时,又由于市县抓落实的工作机制,使得县级政府及其职能部门拥有了对乡镇监督、考核的权力。在这种工作机制中,乡镇一级政府承担着巨大的工作任务,更为重要的是,乡镇政府除了承担脱贫攻坚的刚性任务,还承担着上级政府及其职能部门转移给乡镇政府的其他核心性事务、紧急性事务以及非核心但必须完成的工作任务等。这些刚性任务、紧急任务等等交织,使得乡镇政府的治理任务与压力倍增。然而,“财权上移,事权下放”的治理现实,使得乡镇明显缺乏充足的资源来应对上一级政府及其部门对脱贫的硬性考核要求。在这种情况下,基层政府便衍生出了一种“策略主义”的抉择,而将主要的精力放在脱贫攻坚任务的完成上,因为脱贫攻坚时间紧、任务重、政治性强以及硬性考核的存在,使得乡镇政府降低治理成本的空间大幅度压缩,同时,也使得治理资源以脱贫攻坚工作为中心而聚集。

脱贫攻坚工作的严格考核与督导,以及乡镇政府所拥有的有限治理资源,使得乡镇政府,一方面沿用县级脱贫攻坚指挥部的考核指标、监督机制对本级及村“两委”、驻村工作队实施严格的管理与考核。比如要求本级干部要“两手抓,两手都很硬”即一手抓脱贫,一手抓本职工作,同时,要求本级干部和村“两委”、驻村工作队等要每天或每周汇报脱贫攻坚工作的进展情况;另一方面采用非正式的治理资源调动本级干部及村“两委”、驻村工作队的积极性,确保脱贫攻坚政治任务不折不扣地完成,如个别地方将正常的人员福利资源转化为对工作人员的奖励、将正常的周末双休转为对工作人员的福利,同时,个别干部还动用个人的资源,解决本级干部或村“两委”、驻村工作队成员及其个人的生活问题、家庭问题,如工作人员的子女家教、父母住院的陪护等,通过这样的个人资源与非正式治理资源的灵活使用,使得本级工作人员及村“两委”、驻村工作队的成员能够将更多的时间和精力用在脱贫攻坚的工作任务的完成上。正是通过正式治理手段与非正式治理举措的交叉、叠加、混合使用,乡镇政府在脱贫攻坚中的动员能力得到空前的强化,从而保证了脱贫政策在乡镇一级得以贯彻执行。

最后,脱贫攻坚责任书强化乡镇组织对上一级组织的责任。县级党委与乡镇党委是领导与被领导的关系,而脱贫攻坚中的“五级书记”抓落实①则将这种领导与被领导的关系变成了明确而又具体的政治责任、行政义务、法律关系,强化了上一级党组织对下一级党组织的领导,下一级党组织对上一级党组织的忠诚和服从,这种责任共担与工作分工的工作机制,使得上下级之间的关系相互强化。脱贫攻坚实行“五级书记”负责制,乡镇党委书记作为“五级书记”之一需要亲自挂帅,与上级职能部门签订脱贫攻坚责任书,使得乡镇脱贫攻坚领导小组的组长即乡镇党委书记及其小组成员受到考评、督导机制的约束,这种对干部的考评、督导与年度奖惩、未来职务升迁及其他相关福利紧密地结合在一起,作为乡镇脱贫攻坚“一把手”的乡镇党委书记及其脱贫攻坚指挥部(或脱贫攻坚领导小组)的成员不敢懈怠,必须尽最大努力把县一级所要求的脱贫攻坚的政策落实到位。

2. 村级:村级组织纳入考评、督导体系,组织能力大幅度提升

依据《中华人民共和国村民委员会组织法》,行政村本是实行“民主选举、民主决策、民主管理、民主监督”的自我管理、自我教育、自我服务的基层群众性自治组织。然而,随着新时代社会治理重心的下沉,行政村被吸纳进政府体系之中,当然,这种政治统合、行政吸纳并非是一种强制力,而是和“服务下乡”“政策下乡”紧密联系在一起的。脱贫攻坚中要求实施“六个精准”,达到“五个一批”,这样的政策要求使得国家权力介入乡村成为可能和必要。

在推动脱贫攻坚政策落地过程中,上级政府部门已经通过各种形式“打入”行政村内部:一方面,通过访谈、暗访等多种形式深入行政村,查看政策的落实、执行情况。将行政村的责任落实纳入到全县脱贫攻坚的整个政策系统中,形成了全县“一盘棋”的思路;另一方面,任务的层层分解与责任的转移强

① 2018 年 2 月 12 日,习近平总书记在四川成都市主持召开打好精准脱贫攻坚战座谈会时指出,在脱贫攻坚伟大实践中,我们积累了许多宝贵经验。其中第一条就是坚持党的领导、强化组织保证,落实脱贫攻坚“一把手”负责制,省市县乡村“五级书记”一起抓,为脱贫攻坚提供坚强政治保证。

化,县级、乡镇一级政府及其职能部门也有吸纳行政村的强烈冲动,使得次一级组织成为政策落实的“代理人”①。在实践中,乡镇扶贫办作为职能部门向脱贫攻坚领导小组这一组织协调部门的转换,除了需要本级政府及其他部门来承接工作任务外,也需要依靠村“两委”、驻村工作队等组织来推动,然而,乡镇执行政策资源的相对匮乏,使得乡镇脱贫攻坚领导小组不得不将本该由自己完成的脱贫攻坚工作任务转移给行政村一级,行政村村级组织以及领导便成为考核、督导的对象,在考核、督导的过程中,行政村村级组织被强行“俘获”。

实际上,自实行“乡财县管,村财乡管”以来,国家将行政村系于财政体制的链条上,通过财政的转移支付保障村民自治活动的开展,村“两委”班子及其成员的收入主要是通过财政拨付的基本工资、组织内部务工补贴以及自身从事经营活动的形式呈现,但是这几年脱贫攻坚、乡村振兴战略的实施,村“两委”所面对的村级治理任务明显增多,同时,加上村组范围内的自身事务,要完成的工作多达近百项,从大类讲,主要有值班工作、党务工作、扶贫工作、民政工作、村务工作、文明创建工作等。为了保障工作的开展、任务的落实,一些地方便将村干部进行“公职化”改造,最为典型的就是实行工资制,同时,要求坐班,甚至个别地方要求村干部核心成员每天要完成工作的打卡和工作内容的上报,于是便将行政村一级组织纳入了科层制的范围,按照科层制的一般运行逻辑来推动,进而保证工作任务的落地。在此基础上,还赋予乡镇一级考核行政村一级重点工作、日常工作的权力,这就将村级组织纳入到了乡镇的行政组织体系之中,使村级组织呈现行政化的明显趋势,法律上规定的乡镇政府与村级自治组织之间的指导与被指导的关系,在现实运作中变成了领导与被领导的上下级关系。正是这种强力的嵌入和吸纳,村级组织不得不频繁地应对乡镇政府的检查、督导、暗访、座谈、调研、填表等工作。村一级脱贫攻坚工作正是在乡镇党委和乡镇脱贫攻坚领导小组的推动下,以工资、会议、文件、检查、考核、督导等形式强化了村级组织的职责,保证了政策在村一级的较好执

① 曾明:《压力型体制下贫困治理的基层条块协同逻辑》,《安徽师范大学学报(人文社会科学版)》2020 年第 5 期。

行。当然,为了更好地完成脱贫攻坚工作,部分地方对村组治理结构体系进行了变革与调整,如贵州毕节石门乡针对“村‘两委’+村民小组”日渐不能适应乡村脱贫攻坚的政策要求的情况,于是在实地调研、广泛征求村民意见的基础上,实行村党支部领导下的“村委会+村民自我管理委员会+十户一体”三级村民自治体系,在不改变村支委核心地位的同时,强化“自管委”对村级具体事务的管理,而“十户一体”则成为微治理单元。脱贫攻坚既是事务性工作,更是群众性工作,调动群众主体的积极性、参与性是实现有效脱贫的关键,这样的组织体系变革既考虑了分层、分工与协作,也激发了村民参与管理村级事务的积极性,群众与村干部的互动性明显增强,改变了扶贫前“支书主任满村跑,大事小事四处找,一年下来老十岁,老少爷们儿放狗咬”①的村级治理困局。

3. 组级:村民小组打通脱贫攻坚政策落实“最后一公里”

依托于原来人民公社时期的“生产小队”而形成的村落共同体以及现行的村民小组,是村民自治的基础单元,发挥着村民自治、协商民主的重要作用。从传统意义上讲,村民小组(抑或生产小队)是一个基于地缘关系、血缘关系基础上所形成的熟人社会的关系网路,这种熟人社会的特性,意味着彼此可以相互了解,同时,也因为农业生产的需要,使得邻里之间、户与户之间保持相对亲密的互惠合作关系。尽管现实中因为农村土地资源的稀缺、人际交往的冲突时有发生,但是组内的成员之间关系的调节基本是依靠乡村道德伦理,长时间里整体上保持了一种相对稳定与和谐的状态。

从现代意义上讲,市场经济的飞速发展将村、组纳入到了市场经济体系中,对相对稳定的村、组体系产生较大冲击,突出表现为劳动力、资金的外流和现代传媒的渗透,但是由于“保护型城乡二元体制”②的存在,使得外流的劳动力中仍然有一部分村民以“候鸟式”形式回到所在的村组。尽管依托农业生产而产生的相互依存的交往行动较少,但自然村落、村民小组中的老人、妇女、

---

① 国务院扶贫开发领导小组办公室综合司、国务院研究室农村经济研究司:《脱贫攻坚基层实践》,中国言实出版社 2020 年版,第 184—185 页。

② 即以代际分工为基础的半工半耕的农村劳动力再生产方式。贺雪峰:《新乡土中国》,北京大学出版社 2013 年版,第 2 页。

儿童依旧存在。外出村民组建的微信群、QQ 群等便捷的交流平台促成了小组内村民新的聚合,组内的人际互动呈现出“线上线下”互动并存的格局,这意味着这种基于农业生产所形成的互惠、信任关系基础上而形成的以自然村落、村民小组形式存在的熟人社会的关系网络并没有完全断裂和瓦解,更多只是这种关系的互动方式发生了变化,注入了现代性的要素——互联网,而这种基于地缘关系、血缘关系基础上构建的村组共同体对于稳定基层政权仍然发挥着重要作用。

正是这种熟人社会关系网络的存在,使得“六个精准”的落地生根成为可能,一是谁来组织的问题;二是谁来参与的问题;三是以何种途径来参与并保证参与的效果的问题,只有这三种程序与内容前后衔接,才能实现脱贫攻坚在组一级的预期目标的实现。事实上,脱贫攻坚成效显著的村民小组都有强有力的组织者、积极参与的小组村民和形式多样的沟通、协商对话平台,村民小组长与小组村民之间的互动较为充分。现实中,村民小组长成为村民委员会的成员是脱贫攻坚时期许多村级组织的操作模式,一方面直接参与村级组织的决策与管理,及时获得政策消息,为准确、无误地传递给小组村民提供了可能;另一方面,在一些地方,村民小组长也享受财政基本工资的发放或财政的年度补贴、劳务补贴,这样的补贴尽管不高,但为村民小组长落实上级政策和组织动员小组内的民众给予了经济动力。村级组织对村民小组长的年度履职情况进行考核,对平时的扶贫工作进行督导、考核,使得村民小组长并非可以信马由缰地不受村级组织的管控而是需要根据村“两委”的决定或安排开展工作,这样一来就为脱贫攻坚政策在村民小组一级的落地找到了代理人。另外,由于基本工资、劳务补贴的有限性以及组民生产生活的忙碌性、分散性,使得村民小组长在开展脱贫攻坚工作的过程中采取“因地制宜”的模式,但由于脱贫政策的落地又有既定的程序要求,村民小组长往往会在程序与内容、民主与集中、“法理情”之间相机选择一种既符合政策规范又符合组民参与意愿的方式。例如,在四川省泸州市的合江县,小组范围内通过坝坝会、茶话会的形式组织村民参与到贫困识别、产业发展、道路建设、自来水管道铺设等扶贫工作中,①已经

① 笔者于 2020 年 6 月参与“平安合江治理”课题时,访谈所得。

成为常用方法;再比如,在该县尧坝古镇街道旁设置的“法治茶馆”不仅成为包括扶贫政策在内的“政策下乡”的宣讲场所,也成了矛盾纠纷的调解场所。实际上,这些地方性的举措创新或援借既方便了村民的参与、意见的表达,也由于“群脑众智”的发挥而有效地推动了“国家战略”在村组“最后一公里”的落实。

由于村民小组范围内大家基本知根知底,使得在精准识别的过程中,召开小组会议进行讨论,打破了信息不对称的壁垒,村民小组对贫困户的确定的争议在小组会议上得到表达,最终“谁该扶、谁不该扶、怎么扶、谁来扶、谁退出、何时退”等问题大家很快就能够达成基本共识,确保精准识别、精准帮扶的科学性和退出的合理性。同时,由于组民之间信息互通、扶贫优惠政策支持力度大,农民“不患寡而患不均”的平均主义思想的存在,以及权利意识的觉醒,相当一部分村民有监督精准识别、项目安排、资金使用和脱贫成效的积极性。这进一步倒逼村民小组管理公共事务变得民主、透明、公开,严格执行精准扶贫政策,以最大限度减少帮扶过程中优亲厚友、厚此薄彼而产生非议的情况的发生,从而保证了国家政策在村民小组一级的落地。此外,一些地方在结合国家政策要求的基础上,创新了精准扶贫的工作机制,强化了工作要求,保证了政策在村组一级的落地,并形成了典型经验。例如,贵州省在实践中总结出了“四看法”精准识别模式,即“一看房,二看粮,三看劳动力强不强,四看家中有没有读书郎”①,精准度高,认可度高;在项目实施中,重庆奉节要求“八个到户到人”②;等等。

(三)脱贫攻坚中乡、村、组三级治理的成效与存在问题

1. 脱贫攻坚中乡、村、组三级治理取得的积极成效

政治决策实施后效果如何涉及对政策的评价,而科学的评价需要统筹考

① 《中国共产党领导脱贫攻坚的经验与启示》,当代世界出版社 2020 年版,第 151 页。

② 即“干部到户,见面到人;宣传到户,引导到人;政策到户,落实到人;产业到户,收入到人;问题到户,解决到人;帮扶到户,志智到人;环境到户,文明到人;效果到户,满意到人”。详见国务院扶贫开发领导小组办公室综合司、国务院研究室农村经济研究司:《脱贫攻坚基层实践》,中国言实出版社 2020 年版,第 209—210 页。

虑事实性和价值性因素。纵观国内外,对于政治决策的分析存在诸多不同的标准,比如燕继荣提出了四个方面的标准①,脱贫攻坚作为一项政治决策,产生的实际效果显著,依据这四个方面进行评价亦具有合理性,但限于学科和聚焦的议题,我们拟从"结构—功能"的角度,结合脱贫攻坚责任落实、基层组织治理绩效以及村民政治参与等方面展开简要分析。

(1)"五级书记"负责制使得"一把手"责任得到明确与强化

"五级书记抓落实"是脱贫攻坚的一大特色与优势,体现了分层分工与协同共治。从现实讲,党的十八大以来所面临的贫困问题需要"啃硬骨头""攻坚拔寨",中西部一些省市贫困人口规模依然较大、贫困程度较深、减贫成本更高、脱贫难度更大,这样的贫困问题成为全面建成小康社会的突出短板,而中国共产党所具有的独特优势自然成为攻克脱贫攻坚堡垒的关键力量。从理论上讲,"党政军民学,东西南北中,党是领导一切的"②,党的领导是社会主义现代化建设能够取得胜利的根本保障,党对社会发展的领导是全面的,贫困问题是社会主义现代化建设中总的社会问题的一部分。因此,党对脱贫攻坚的领导是合情合理合法的,只有党的领导才能取得胜利。

要强化党的农村基层组织对脱贫攻坚工作的领导,发挥坚强的战斗堡垒作用,就要建立以乡镇党委书记、村支部书记为"一把手"的脱贫攻坚领导小组。为了进一步压实地方责任、强化责任担当,脱贫攻坚实施"五级书记"负责制,作为"五级书记"之中的乡镇党委书记、村支部书记都要对上签订脱贫攻坚目标责任书,定期向上一级党组织汇报工作,接受监督检查、考核评价等,对不称职的乡镇党委书记、村支部书记实施诫勉谈话、通报问责,情况严重的进行警告、严重警告、撤销党内职务、留党察看和开除党籍等处分,通过这些叠加方式强化了乡镇党委书记、村支部书记"一把手"的责任、担当意识,推动了脱贫攻坚工作的顺利开展。此外,建立的脱贫攻坚领导小组,为多种资源的整合、多部门关系的统筹协调提供了便利,更好地保证将脱贫攻坚资源配置到

① 其认为政治决策的分析应从稳定和秩序、经济繁荣和发展、公民权利和职责、民主规则四个方面来评价。详见燕继荣:《现代政治分析原理》,高等教育出版社 2004 年版,第 268 页。

② 习近平:《决胜全面建成小康社会　夺取新时代中国特色社会主义伟大胜利——在中国共产党第十九次全国代表大会上的报告》,《人民日报》2017 年 10 月 19 日。

位，保证政策的落地到位。

（2）村级组织治理的方法与效能得到提升

第一，第一书记驻村为村级党建注入活力与生机。

从脱贫攻坚政策落实角度看，向贫困村派遣第一书记，对村“两委”和驻村工作队实施统一的领导，具有很大的优势：一是有利于宣传上级党组织的路线、方针、政策，将党的政治意图传达并落实到基层；二是第一书记相对独立的特点和优点，使其能够在扶贫对象识别、村庄矛盾纠纷化解等中避开村庄中纷繁复杂的利益矛盾，以外来者独特身份而保持相对的客观性、独立性，其化解矛盾的结果，往往更能够形成共识和信赖；三是在具体的实践中，第一书记能够发挥模范带头的作用。现有数据分析表明，驻村第一书记不仅发挥个人专业特长、社会资本实现目标绩效，还与其派出单位形成“联村共扶”，共同实现了“第一书记当先锋，派出单位做后盾”的政策目标。①

从干部成长与组织选拔角度，脱贫攻坚不仅将扶贫的资金、技术、物资等资源输送到贫困地区，而且还通过“干部下乡”这一机制为年轻干部展示能力与才华、锻炼成长提供了机会。驻村第一书记在驻村的过程中需要与村干部、村民打交道，使其人际交往、沟通协调能力得到提升，更为重要的是在推动政策落实的过程中，会遭遇种种矛盾，通过化解矛盾使自己统筹全局与对具体问题分析把握的能力得到了提升。因此，脱贫攻坚成为培养、考核、选拔、任用干部的重要场域，既成就了自己，也使得党在农村的执政基础得到厚植。无疑，这样的示范效应，也为乡村振兴战略的实施提供了重要的价值参考。

第二，驻村工作队引入推动着村级组织更新治理理念与方法。

驻村工作队相对于原有的村“两委”，在人员素质方面，驻村工作队的人员由原单位选派，大多具有政治素质过硬、社会阅历丰富、工作能力突出、综合素质高等特点，相对于贫困村干部而言，普遍受有良好的专业教育，这种良好的专业素养转化为工作实践时，自然具有示范性。在人际资源方面，驻村工作队及其成员基本来自经济实力、技术实力较为雄厚的单位，个人拥有较为广泛

---

① 倪大钊、徐志毅、钟超：《“先锋”与“后盾”：个体资本、单位层级与第一书记贫困治理绩效——基于陕甘宁深度贫困地区 72 个贫困村的实证分析》，《公共管理学报》2020 年第 4 期。

的社会资本，而在实际的调研中得知，驻村工作队成员基本都愿意利用自己的社会资本来解决村庄扶贫中力所能及的一些事情，进而为村庄扶贫注入了更多资源。《关于加强贫困村驻村工作队选派管理工作的指导意见》规定，新选派的驻村工作队队长（原则上由第一书记兼任）一般为处级或处级后备干部，而事实上省派的第一书记基本在 45 岁以下，大多拥有丰富的人生阅历、人力资本和对社会资源强整合能力。① 事实证明，驻村工作队确实能够给贫困村和贫困人口带来需要的资源，包括资金、项目、就业、技术等。在组织工作方面，驻村工作队外部力量的介入，打破了村"两委"权力独大的局面，同时，企业、社会组织等多元治理主体的介入，改变了村庄组织原有的治理的权力架构、组织方法与运行方式，推动着村级自治组织朝着决策民主、管理科学、监督有效的方向发展。

（3）村民小组的职能得到重塑，微治理单元作用凸显

村民小组是基于共同的地域、共同的经济单元而形成的熟人社会的关系网络。村民小组长发挥着组织组内部生产生活、执行村级决策、沟通人际往来、化解矛盾纠纷、组织动员村民、信息及时传达等的重要作用。脱贫攻坚作为一项政治性任务，村组承担着将国家权威性价值分配与创造转化为贫困治理效能的职责，而如何将这种自上而下的惠及贫困人口的政策精准作用于贫困户，就需要以村民小组为单位对贫困的治理对象实施精准识别，这是精准帮扶及成效取得的基本前提。而村民小组熟人社会关系网络的形成以及对各家各户所具有的完全的信息为精准识别提供了可能。村民小组活动主要以小组会议的形式呈现，当然，这种会议并非拘泥于正式的办公场所，而是根据工作的需要，就地、就近召开，比如在四川川南、川北地区广泛存在的"坝坝会"、川西凉山地区的"火塘会"等，具体形式多样，讨论内容丰富。这些简约而灵活的组织方式不仅保障了精准识别的精准性，帮扶的针对性，退出的及时性，也极大激发了组民参与小组内公共事务的积极性。此外，村民小组以灵活的组织形式、柔性的解决问题办法，将村民小组、村庄内部的社会矛盾压缩在一个

---

① 倪大钊、徐志毅、钟超：《"先锋"与"后盾"：个体资本、单位层级与第一书记贫困治理绩效——基于陕甘宁深度贫困地区 72 个贫困村的实证分析》，《公共管理学报》2020 年第 4 期。

柔性治理的空间内，[①]通过组织面对面协调沟通、集体探讨等方式化解了脱贫攻坚政策落地过程中的村民之间的可能的利益矛盾，进而保障了政策的顺利推进。实际上，在整个的脱贫攻坚政策落地的过程中涉及大量的利益分配问题，相当一部分村民比较关心自己的利益是否能够得到满足，这种参与的积极性既是随着经济利益走的，也是随着理性思维走的，因为经济利益的分配而寻求公平，因为理性思维的存在而呼唤公正。再有，村“两委”要求村民小组一级要对精准识别、精准帮扶的对象负责，这样就自然进一步强化村民小组议事的责任感。总之，正是因为这种积极参与，村民小组长及组内成员隐瞒信息的空间在不断压缩，使得村民小组尽可能的秉持客观、公正、透明的原则处理小组内的事务，因此，倒逼并推动村民小组微治理单元治理绩效的提升。

（4）村集体经济发展，村级组织经济基础得以夯实

村集体经济是依托村庄资源禀赋所形成的一种公有制合作经济，这种经济的发展盘活了村庄的闲置资源，如劳动力、资金、技术等，赋予了生产要素积极的使用价值，参与市场化的生产过程中使得价值得以实现。村集体经济的发展，除了满足政策层面所提出的给予贫困户人均分红的要求外，非贫困户也通过股权、资金、土地等形式获得分红。通过涉农产业的发展、扶贫加工车间的建立等，使得贫困户家中的富余劳动力获得了就业机会，增加了家庭的经济收入，进而缩小了贫困户与非贫困户之间的财富差距。村集体经济发展中村“两委”提取的部分，增强了村“两委”运行的物质基础与保障。[②] 事实上，脱贫攻坚成效显著的村庄，也几乎是集体经济发展较好的村庄，有了坚强的物质基础才能更好地带领贫困人口脱贫奔康。因此，从这个角度讲，进入后脱贫攻坚时代，更要持续地发展好村集体经济，完善利益联结分享机制，为脱贫成果巩固、村“两委”组织运转构筑坚实的经济基础。

2. 脱贫攻坚中乡、村、组三级治理结构待改善方面

在中国现行基层行政体系中，“县级既是国家政治体系的末端，也是基层

---

① 贺雪峰：《新乡土中国》，北京大学出版社 2013 年版，第 134 页。

② 汪三贵、郭建兵、胡骏：《巩固脱贫攻坚成果的若干思考》，《西北师大学报（社会科学版）》2021 年第 3 期。

政权的顶端,具有承上启下的桥梁作用”①。从某种程度上讲这种表述亦具有一定的科学性,若无县级,乡村治理自然也难成独立体系,然而,作为基层治理中的关键中枢乡镇以及作为开展社会主义“民主试验田”的村级也不容忽视,三者各有职责、分工,扮演着不同的角色。《中国共产党章程》规定:“街道、乡、镇党的基层委员会和村、社区党组织,统一领导本地区基层各类组织和各项工作,加强基层社会治理,支持和保证行政组织、经济组织和群众性自治组织充分行使职权。”由此可知,作为基层群众性自治组织的村民委员会、村民小组要接受乡镇党组织、村级党组织的领导并在其领导、支持下开展村民自治工作。然而,在实际的运行过程中,由于存在乡、村、组三级治理主体权力结构及其关系的失衡,影响着各主体功能、角色的发挥以及脱贫攻坚手段的使用,进而影响着脱贫攻坚成效的巩固。

(1)乡(镇)村组三级中的治理主体存在结构失衡

比较政治学认为,政治结构即是各种角色之间的关系,而角色是一种通过自己的和他人的期望和行动而建立起来的规则化的行为模式。② 政治体系中不同的结构发挥着不同的功能。脱贫攻坚政策体系中不同主体的结构组合及其关系的处理同样会影响扶贫效果的彰显,而主体权责关系结构的失衡为扶贫成果的巩固带来一定的风险。

第一,“一把手”权力独大,决策失误风险增加。

在政治权力结构体系中,权力的分配与制衡关系着社会制度的合理、稳定与价值旨归,关注权力的分配与制衡并非要搞权力“平均主义”,而在于使不平等的权力分配迈向合理化、制度化与公开化。③ 乡村干部在基层政治权力结构体系中居于重要位置并在治理的过程中扮演着多重职责与角色,因为多重职责与角色的存在并通过诱发传导机制而转化为乡镇、村级治理的风险。从政治学科角度讲,“角色”原本是人们对具有特定政治身份的主体的行为的期望,是人们在社会或组织内部所具有的某些社会地位、权利义务、行为规范

---

① 赵秀玲:《乡镇履职能力与乡村治理现代化》,《东吴学术》2020 年第 4 期。

② [美]加布里埃尔·A.阿尔蒙德、G.B.鲍威尔:《比较政治学:体系、过程和政策》,曹沛霖等译,上海译文出版社 1987 年版,第 62 页。

③ 燕继荣:《现代政治分析原理》,高等教育出版社 2004 年版,第 169 页。

等。政治学注重对干部的角色行为的研究，乡村干部的角色是乡村干部在乡村中的职责扮演者，乡村干部因其在科层制系统中所处的地位以及民众的期盼，使之上接上一级党委、政府，下对应着民众。乡村干部起着政策传递、决策执行、诉求反馈等重要作用，相对于乡镇干部，村干部直接参与村级公共事务的治理，其角色的发挥直接关系着治理的成效。

在脱贫攻坚之前，村支书是村党组织的“一把手”，对整个村级公共事务具有统领的作用；脱贫攻坚实施过程中，驻村第一书记主要职责为“在乡镇党委领导和指导下，紧紧依靠村党组织，带领村‘两委’成员开展工作，注意从派驻村实际出发，抓住主要矛盾、解决突出问题”①。党的十九大提出“党政军民学，东西南北中，党是领导一切的”，正因此，部分“一把手”认为村级组织的运转应该服从自己的领导，加之，权力惯性的存在，部分“一把手”在村级公共事务的治理中出现了“决策拍脑袋”“花钱一支笔”的现象，在个别地方出现了村党支部个人化的现象，严重破坏了党的民主集中制组织原则，因为“一把手”负责制是建立在集体领导和民主决策基础上的，是要让“一把手”发挥领导者应有的角色，而非建立个人主义。实际上，部分地方村“两委”组织个人化的倾向较为突出，已经影响到村“两委”民主决策的质量，反过来，这种组织个人化的倾向又使得民主选举往往难以体现民主选举的本真。例如，在产业扶贫的过程中，一部分地方为了赶进度、赶工期，采取了“大赶快上”的地方策略主义，看似产业发展如火如荼，但是从更长的发展周期看，产业同质化、短期化、盆景化、领导偏好化的现象比较突出，发生“谷贱伤农”的现象已不胜枚举，这些无不与“一把手”权力过大而组织内部民主决策缺失存在关联。

第二，村“两委”与驻村第一书记主从关系存在错位。

“干部下乡”是我们党走群众路线的一种常用方式，更是培养干部、提升能力的一种有效途径。向贫困村派遣第一驻村书记的初衷在于将党的路线、方针、政策落实到乡村，凝聚党的组织，引领村级党组织发挥村级治理“领头羊”模范作用。为此，中央有关部门《关于做好选派机关优秀干部到村任第一

① 中共中央组织部、中央农村工作领导小组办公室、国务院扶贫开发领导小组办公室：《关于做好选派机关优秀干部到村任第一书记工作的通知》，见 http://www.cpad.gov.cn/art/2015/5/13/art_50_13584.html。

书记工作的通知》规定,第一书记接受乡镇党委书记的领导和指导,在脱贫攻坚中承担如下主要职责:一是建强基层组织。明确要求村党组织要发挥战斗堡垒作用,“两委”班子要团结合力攻坚。二是推动精准扶贫。宣传扶贫、涉农惠农政策,推动“六个精准”“五个一批”的落地。三是为民办事服务。将群众路线教育实践活动落到实处,倾听民声,吸纳民意,切实解决贫困人口(村民)的生产生活问题。四是提升治理水平。强化党组织在村民自治中的引领作用,提升村级公共事务治理效能。① 有关地方的政策规定中又进一步明确了包村单位、驻村工作队和第一书记的责任。比如,山西省某县规定:包村单位的主要领导是干部驻村帮扶工作的第一责任人,对所包村帮扶工作负总责,统筹抓好本单位干部驻村帮扶工作,与帮扶村签订帮扶责任书,鼓励、支持和督促党员干部定期到帮扶村调研指导,帮助协调解决突出困难和问题。

在推进精准扶贫过程中,第一书记与村“两委”的分工不同。调研资料表明,第一书记更主要的是在扶贫工作规划和争取扶贫资源上起主导作用,而在化解扶贫工作中的矛盾、扶贫资金分配、贫困户的识别与退出工作、扶贫产业选择方面主要由村“两委”干部主导。第一书记认为扶贫若干工作最难做的三项分别为化解扶贫中的矛盾和冲突、争取扶贫资源以及迎接上级检查。第一书记在日常工作中,花费时间最多的三项事务是“走访贫困户”“填表格”和“党建”工作。在责任方面,40%的受访基层干部认为“如果扶贫任务不达标,第一书记来负主要责任”,36%的受访干部认为由村支书来负责,选择由村主任和乡镇干部负最主要责任的分别为3%和4%。这些均说明村“两委”与第一驻村书记在脱贫攻坚中的主从关系与政策规定存在一定的偏差。②

第三,在脱贫攻坚的过程中,村民小组的运行面临“主体缺乏之困”。

随着市场化的“浸入”和村里土地流转发展产业的冲击,村民小组内的绝

① 中共中央组织部、中央农村工作领导小组办公室、国务院扶贫开发领导小组办公室:《关于做好选派机关优秀干部到村任第一书记工作的通知》,见 http://www.cpad.gov.cn/art/2015/5/13/art_50_13584.html。

② 左才、曾庆捷、王中原:《告别贫困:精准扶贫的制度密码》,复旦大学出版社 2020 年版,第 216 页。

大多数青壮年劳动力已经外出读书、经商、打工等,留在村民小组内部的基本为老人、妇女、儿童,一方面因为这样的相对弱势的地位,难以对村“两委”及其干部形成监督,村组干部腐败风险增加;另一方面脱贫攻坚中易地搬迁使得村落空间结构发生了变化:一种是出现了小区这样的治理单元新模态,这种新的治理模态不同于传统的村民小组的治理模态,需要在治理理念、方式、机制、手段等方面进行创新,以适应小区单元这种新模态的治理诉求;另一种是原来的村民小组所在的村落共同体,因为青壮年劳动力的外流和一部分农户的易地搬迁,村落空心化的程度加剧,村落共同体面临解构与重塑的双重压力。

第四,项目制运作中项目的瞄准与获益存在偏差。

为了防止项目资金的层层截留,国家在扶贫过程中采取了“项目制”①的方式。采取项目制扶贫方式虽在一定程度上为乡镇、村级组织缓解项目、资金短缺提供了机会,但由于项目制底层运作逻辑的存在,精准扶贫的部分项目被“精英村”和“村庄精英”所俘获,扶贫项目并未达到预期的目标,甚至在个别地方发生较大偏离。村干部工资在由上级政府财政经费的保障下,村委会的运作出现“行政化”倾向。为了保障脱贫攻坚政策的顺利推进,乡镇、县级政府加大了对村一级的支持力度,通过村委会及其委员工资的发放、福利的提供,提升村委会干部的积极性,同时,加大了对其的考核力度,使得村“两委”在无法依托村集体经济所得收入维持自身运转所需经费的情况下,倾向性地倒向了上级组织,服从上级组织的安排,出现了“对上不对下”的悬浮现象,“强治理与弱治理”②并存的矛盾突出,实际上,这样的村级组织已经背离了村民自治的本来定位,村“两委”成了上级政府在村级治理的“代理人”。

---

① 即在财政体制的常规分配渠道和规模之外,按照中央政府的意图,自上而下以专项资金方式进行资源配套的制度安排。详见周黎安:《转型中的地方政府——官员激励与治理(第二版)》,上海人民出版社 2017 年版,第 93—104 页。

② 欧阳静认为,在中西部地区的县级治理中存在一种“强治理与弱治理”矛盾即关系到民众日常生活的小事情总是得不到有效治理,如农田水利年久失修、纠纷矛盾化解等,而县乡政府在招商引资、征地拆迁等关乎地方经济发展领域的不遗余力,表现出超强的治理能力。详见欧阳静:《强治理与弱治理——基层治理中的主体、机制与资源》,社会科学文献出版社 2018 年版,第 1 页。

(2)乡(镇)村组三级治理中的权责利关系存在不对等

第一,治理体系刚性化突出,灵活性、组织性明显不足。在脱贫攻坚工作开展的过程中,县、乡、村三级治理体系的刚性化较为突出,脱贫政策标准的具体性、考核的定量性、任务的政治性以及完成的紧迫性,使得县、乡、村三级组织均被纳入到了考评、督导和奖惩的体系中,但县、乡、村三级呈现的权力结构、职能结构与角色分工有所不同。县级扶贫办从职能部门转变为领导、组织、协调、统筹部门,移民与扶贫局局长同时兼任县政府办副主任(比如四川),专门成立脱贫攻坚指挥部(脱贫攻坚领导小组),县委书记担任脱贫攻坚领导小组组长,县长和副书记担任副组长。乡镇政府则依靠“双动员力”维持着高压运转,村级组织呈现出高度的行政化倾向。在整个的脱贫攻坚动员体系中,在层层传导刚性规则、政治压力的同时,也将县级、乡镇、村级组织整合进了这一工作体系,围绕着脱贫攻坚工作的高质量完成而进行组织动员和资源配置,但由于上级无法解决行政权的集中与合理化能力不足的核心困境,不得不采取行政动员与政治动员并存的推进办法,看似提高了脱贫攻坚的工作效率,但是这种过程呈现出明显的刚性化特征,使得基层治理体系灵活性与适应性相对不足,日益变得僵化突出,自治空间不断压缩,也意味着未来治理过程中组织、动员、整合、协调的成本将会增加。

乡(镇)、村、组三者之间的关系并不顺畅。首先看乡镇,乡镇政府是连接县与村的最基层的政府治理单元,处于脱贫攻坚的前线位置,连接着县级与村落,是国家与贫困户互动交汇点上的中介。乡镇政府职能的发挥直接关系着脱贫的成效,在实际的运转中仍然存在一些亟待改进的地方:一是目标导向性的脱贫考核机制,乡镇政府面临“目标之困”。乡镇政府处于政府科层制的底端,脱贫政策的目标实现机制通常使科层化分解。为了完成目标,还须建立目标考核制,但是目标考核制的达成需要建立指标体系和考核方式,形成一种“数字化管理”,但是在以结果为导向的脱贫考核指挥棒下,“数字化管理”遭遇以结果为导向的考核时,极容易催生数字式脱贫。二是在压力型的传导机制下,乡镇政府面临“财政之困”。长期以来中国实施的是一种以政府为主导的贫困治理模式,通过政府自上而下的传导机制将任务层层降解,在压力型的动员体制下,乡镇政府成为脱贫重担实际承担者。然而又由于“乡财县管”、层级较低,乡镇政府几乎没有更多的财政资金来规划产业发展、参与上级决策的权力,同时还需要将脱贫攻坚的责任落到实处,就不得不采取其他方式“化斋”“解围”。

第二,驻村工作队内部职责分工与协调待加强。依据中共中央办公厅、国务院办公厅印发《关于加强贫困村驻村工作队选派管理工作的指导意见》,驻村工作队的职责涉及10条,主要任务如下:宣传和贯彻落实脱贫攻坚各项方针、政策、决策、举措;指导开展贫困村的精准识别、帮扶、退出,参与拟定脱贫规划;参与实施产业发展、劳务输出、危房改造、健康扶贫等扶贫工作;推动发展村集体经济;帮助贫困村加强组织建设,提升党组织的凝聚力、向心力;培养贫困村创业致富带头人,加强班子的培育与建设,打造“不走的工作队”。《关于做好选派机关优秀干部到村任第一书记工作的通知》明确规定,“在乡镇党委的直接领导和指导下,紧紧依靠村党组织,带领村‘两委’成员开展工作;注重从派驻村实际出发,抓住主要矛盾、解决突出问题”①。

从政策规定看,驻村第一书记与驻村工作队、村“两委”是领导与被领导的关系,这个比较容易理解。从政策实践看,驻村工作队这一组织的运行仍然有待加强:一是驻村工作队内部职责分工相对比较模糊。虽然各队员各有专长和特色,但是各有专长和特色并不意味着能够自然聚合在一起并发挥团队协同攻坚的作用,而内部职责与分工的模糊,势必会影响整个团队的凝聚力、战斗力;二是驻村工作队队员之间的权力存在一定冲突,应然责任与实然责任之间存在一定的张力。如河南新县郭大洼村驻村工作队人员中队长原单位职务是镇宣传统战委员,队员有副镇长、驻村第一书记、敬老院院长、镇计生办工作人员、镇人居环境改善办主任、村支部书记兼村委主任、村委委员,工作队整个队员有8人(见表7-1)。②

---

① 中共中央组织部、中央农村工作领导小组办公室、国务院扶贫开发领导小组办公室:《关于做好选派机关优秀干部到村任第一书记工作的通知》,见 http://www.cpad.gov.cn/art/2015/5/13/art_50_13584.html。

② 中国新县:《郭大洼村驻村工作队人员组成名单》,见 http://www.hnxx.gov.cn/ygcw/suhe/cj/gdwc/tpgj/bfdw/webinfo/2018/08/1535686645177343.htm。

表 7-1 郭大洼村驻村工作队人员组成名单(公示时间:2018-08-14)

队长		队员	
姓名	职务	姓名	职务
李永权	镇宣传统战委员	熊登银	副镇长
		游新远	驻村第一书记
		左锋	镇敬老院院长
		曾卫海	镇计生办工作人员
		胡勇	镇人居环境改善办主任
		黄立新	村支部书记、村委主任
		苗娟	村委委员

从权力结构讲,队员副镇长、镇人居环境改善办主任的实际权力是比镇宣传统战委员权力大的,当组成驻村工作队之后,前者是否会服从后者即队长的安排,实际上可能并不一致,若是前者称职也愿意出谋划策贡献智慧与力量,则有利于队长工作的开展,否则,内部存在的这种权力结构上的不平衡性及存在的冲突势必会影响到整个驻村工作的质效。此外,驻村工作队并没有形成一种常态化的制度安排,驻村工作队在实际的工作中追求短期目标的现象较为突出,这些都在一定程度上影响了驻村工作队实际职能作用的发挥。

第三,村集体经济组织与村委会、村民管理边界模糊。最新修订的《中华人民共和国村民委员会组织法》规定,“村民委员会依照法律规定,管理本村属于村农民集体所有的土地和其他财产”,“村民委员会应当尊重并支持集体经济组织依法独立进行经济活动的自主权”。《中华人民共和国农村土地承包法》第 13 条规定:“农民集体所有的土地依法属于村农民集体所有的,由村集体经济组织或者村民委员会发包;已经分别属于村内两个以上农村集体经济组织的农民集体所有的,由村内各该农村集体经济组织或者村民小组发包。”据此可知,作为村庄内部行动主体的村委会和村集体经济组织两者在农村土地、集体资产等的管理方面均具有合法性,但回归现实,二者不免会产生矛盾冲突。两者职能的交叉,也使得农村集体资产由谁负责,又由谁处置,存在模糊的情况。此外,在实际的运行过程中,村支书或村主任“一肩挑”村集体经济组织负责人的情况仍然存在,“一肩挑”的存在,看似有利于整合村集体资源，集中力量干大事，但目前两者边界的模糊以及农村基层组织内部监督的软弱、村民监督的相对不足，也使得这种“一肩挑”存在巨大的腐败风险，实际上，由于经营集体经济而引发的贪腐案件早已不胜枚举。

人员流动后出现的“村民”与“成员”权利的双双落空。随着城镇化的加快，一部分村民流向了城市，在城市获得了相对稳定的工作；一部分外来人员已经成为农村居民，但又未能成为居住地集体经济组织一员，自然受益权也未能实现，很显然与《村民委员会组织法》（2010 年修订）的规定“户籍不在本村，在本村居住一年以上，本人申请参加选举，并且经村民会议或者村民代表会议同意参加选举的公民”相冲突。同时，《村民委员会组织法》（2010 年修订）第 24 条规定“集体经济的收益使用、土地承包方案的确定、征地补偿费的分摊与使用”①等这些重要事项均需由村民会议讨论决定。目前，村集体经济组织相关的法律尚未出台，从现实运作看，村集体经济事宜由村民委员会或村民代表会议来决定，虽具有一定合理性，但法律上总是有些蹩脚，因为与此相关的政策文本之间存在规定不一致的情况，比如《土地承包法》《乡村振兴促进法》《中国共产党农村基层组织工作条例》以及《关于加强和改进乡村治理的指导意见》中对“农村土地集体所有权”主体的规定并不一致，容易造成村“两委”、村民小组以及村集体经济组织在土地的承包与流转中产生利益纠葛。

三、优化结构：扩权强镇与完善社区自治

脱贫攻坚经验告诉我们，要增强乡、村、组三级自身的扶贫减贫能力。此次脱贫攻坚胜利，主要依靠中央和省市资源的投入和输入，而乡村组的人力、物力、财力所发挥的内生性力量相对不足。我们也应该清醒地看到这种以政府为主导的运动式的脱贫策略，在短期内成效显著，但从长期讲，还得依靠增强乡村组的自力更生能力、自扶自救能力，同社会保障制度一样，属于长效机制常态机制建设。正是在这种意义上，在有效治理乡村社会方面，我们需要以

① 《中华人民共和国村民委员会组织法（2010 年修订）》，《中华人民共和国全国人民代表大会常务委员会公报》2010 年第 7 期。

巩固和拓展脱贫攻坚成果为重心,优化乡村治理结构,包括县域治理结构的顶层设计;扩权强镇;把社会治理和村民自治下沉到基层基础层面。《乡村振兴促进法》中也明确规定,“地方各级人民政府应当加强乡镇人民政府社会管理和服务能力建设,把乡镇建成乡村治理中心、农村服务中心、乡村经济中心”①;村民委员会、村集体经济组织接受乡镇党委和村党组织的领导和监督;乡镇人民政府支持和指导村民委员会开展工作;等等。换言之,优化结构就是要扩大乡村组的自主权,这是精准扶贫的重要经验,也是乡村振兴的内在要求。在这里重点是抓两头即扩大乡镇和小组的自主权,使乡镇真正成为有职有权有责的政权组织,使村民小组真正担负起新时代社区自治的职责。现结合脱贫攻坚中乡村组三级治理结构所存在的问题,为了进一步巩固和发展脱贫攻坚成果,基于撤乡并镇、合村并组这样的背景,以乡(镇)域治理体系和治理能力现代化为目标,探讨乡村组三级治理结构的优化路径。

(一)明确基层职责分工,突出县级“顶层设计”

1. 县域社会治理所具有的权力完备、职责同构的优势

对乡(镇)域治理体系和治理能力现代化的探讨离不开对县域治理的分析。“县域是城市与乡村、传统与现代、中心与边缘地带的‘接点’部位。”②2015 年 1 月 12 日,习近平总书记同中央党校县委书记研修班第一期学员座谈时强调:“在我们党的组织结构和国家政权结构中,县一级处在承上启下的关键环节,是发展经济、保障民生、维护稳定、促进国家长治久安的重要基础。”县域社会是一个基于血缘、地缘、文化、传统、民族等多种因素影响而形成的具有相当稳定且特色鲜明的区域,同时,长期发展中所形成的“生态链”,使得其治理的政策出发点、政策目标、政策手段又具有不同于高一级政府的特点。

除外交、军事等职能外,县级拥有相对独立与完备的权力,承担着发展经

---

① 《中华人民共和国乡村振兴促进法》,《中华人民共和国全国人民代表大会常务委员会公报》2021 年第 4 期。

② 王晓莉:《新时期新时期我国乡村治理机制创新——基于 20 个典型案例的比较分析》,《科学社会主义》2019 年第 6 期。

济、保障民生、维护稳定的职责,县级党政机关享有国家法律所赋予的权力,但同时也具有其特殊性,连接着城区与乡村,政策的好坏直接影响着乡镇和村级治理的开展。县域这种权力的完备性、职责的同构性以及相对乡村的实践性,既是推进国家治理能力现代化的“试验田”,也是巩固脱贫攻坚成果的重要层级——既可以承接上级的路线、方针、政策,也可以向下贯彻落实自己的政策和举措,能够通过体制改革、机制创新等多种途径创造出具有典型性的社会治理创新经验与脱贫攻坚成果巩固的典范。“据 2015 年有关统计数据,中国有 77%的户籍人口居住在县及县以下区域单位,县域经济的 GDP 在全国经济中的占比达到 57%。”①

进入新时代,以习近平同志为核心的党中央聚精会神、凝心聚力攻克绝对贫困堡垒,带领全国人民奔小康。如今,脱贫攻坚取得的伟大胜利载入史册,取得的丰硕成果值得肯定,但绝对贫困的消除并不意味着贫困问题将一劳永逸地得到解决。进入后脱贫攻坚时代,相对贫困问题依旧存在,对返贫风险的防范与化解仍然不能松懈。既往的扶贫突出政府主导、运动式治理的特性,这样的治理模式是以中央、省的大量财政投入为支撑的,而进入后脱贫攻坚时代,如何更好地巩固脱贫攻坚成果,需要县级政府在总结“市县抓落实”经验的基础上,反思不足,完善县级政府在巩固脱贫攻坚成果中的作用。基于此,需要对县域管理体制、机制进行变革,突出县域治理的“顶层设计”,通过改革举措的系统集成,协同推进,精准发力,破解巩固脱贫攻坚成果所存在的体制约束和机制障碍,扩权强镇,还权赋能,提升基层治理的有效性。从优化结构的角度讲,要求县级机关一手抓“顶层设计”,一手抓职能转换、简政放权,反对形形色色的形式主义和官僚主义,真正给基层的乡村组松绑减负,成为名副其实的服务型政府。

2. 明确部门职责分工,使“权、责、事”协调匹配

在原有的脱贫攻坚工作机制中,县乡(镇)组织之间依旧存在“财权”与“事权”不匹配,以及“撤乡并镇”后乡镇的治理空间扩大、处理事务增多,乡镇政府仍然处于被动员的地位,行政自主性明显不足。纵观脱贫攻坚治理实践,

① 高德强、陈琳:《县域社会治理创新的动力机制分析》,《领导科学》2020 年第 6 期。

县级政府掌握着项目及其资金的分配权、项目实施的检查权;县级党政各部门,是基层社会治理的组织者、指挥者和监督者,相对于乡镇、村一级,更多是扮演着“权力中转站”的角色,一般的工作流程主要体现为:“学习政策—开专题会议布置工作任务—分解工作任务到各乡镇(部门)—乡镇(部门)签订项目责任书—频繁检查、督查,看落实”。从脱贫攻坚的整个工作流程看,乡镇政府几乎成了脱贫工作任务的被动接受者,在扶贫项目决策与实施的过程中几乎没有参与决策的权力;县、乡政府之间的权责匹配失调,乡镇政府、村级自治组织并无与责任、任务相对应的资源调配权和行政执法权,相反,县级政府则通过任务分解、压力传导、监督检查等途径将工作任务降解到乡镇政府、村级自治组织身上,在脱贫攻坚方面表现尤为突出,一旦出现怠慢或者未能按照要求完成便要承担“追责”的风险。这种“权、责、事”不匹配的治理困境,使得乡镇、村一级的治理滋生诸多问题。巩固脱贫攻坚成果和乡村振兴战略实施的关键不仅在于县一级要抓“顶层设计”的体制改革,通过放权、赋能、强责来提升乡村治理的积极性和创新活力,而且要旗帜鲜明地反对形式主义和官僚主义,为乡镇政府、村“两委”等乡村组织松绑减负。具体需要从以下几个方面着力:

第一,强化问题导向意识,明晰各部门主要职责。职责与权力、责任、义务划分相关联。首先,厘清巩固脱贫攻坚职责任务清单。依据“定职能、定机构、定编制”规定,明确脱贫攻坚巩固中政府各相关职能部门的权力边界与责任范围,编制《政府部门职责任务清单编制指南》,宣讲政策,回应各部门共性问题。其次,细化职责条目,落实到岗到人,规范运行流程,确保脱贫巩固工作有对接,运行有程序,力求做到“件件有着落、事事有人干”。针对“同工多岗,同岗多责”情况,建立健全部门内部人员合理的分工、沟通、协作机制,既要使组织富有弹性,又要保证责任对接到人、事情落实到人,防止相互推诿和扯皮。县区委编制办要牵头重点对涉脱贫攻坚巩固的部门职责变动、调整情况进行重点审核,及时发现“权、责、事”不对等的情况,督促相关部门及时修改和调整,通过部门“三定”与部门的“权、责、事”的匹配,实现部门间职责边界清单与部门权责清单的有机结合。抓住“材料提报—研究指导环节—联合审查环节”,实施“谁牵头、谁提报”的工作流程,对提报事项进行审理;要求相关部门进行较强沟通的同时主动与上级部门对接,及早厘清边界。对各相关业务部门提交的表格、报告汇同司法局进行一一审理,审理其科学性、合理性、合法性,并提出相应意见反馈各部门,修改、确定无误后,由编制委员会印发实施。此外,做好“立改废释”,将最终确定的职责任务清单通过人民政府网站、乡村振兴局网站等进行发布,接受广大人民的监督。

第二,以解决问题为重点,突出政府公共服务导向。将政府各工作部门、县区委机关等纳入清单编制范围,由两个及以上部门共同完成的脱贫攻坚巩固事项,应该成为重点关注、思考、解决的对象。聚焦本辖区范围内重点关注的领域,民众反映比较突出、企业诉求比较多、监管比较薄弱的领域如卫生健康、农业农村、教育管理等,将相关职能部门的职责边界作为重点关注和研究的对象,依据“属地管理”和“权责清单”,使得涉及主办、协办关系的部门关系得到厘清,减少后脱贫攻坚时代“责任真空”“权力真空”地带的出现。增强与乡镇部门的沟通与协作,突出工作的整体性与协作性。简政放权、还权赋能,扩大乡镇的自主权和裁量权,突出考核的结果导向,减少或杜绝中间环节的形式主义,同时,鼓励乡镇政府大胆创新,以服务民生为导向,打造简约高效的服务型政府。此外,坚持以服务人民为中心,优化职能部门结构,重新审视各种政策、法律、法规、制度的治理效能,做好“立改废释”,以简约、高效、科学的政策更好服务县乡民众。

第三,完善工作机制,增强各部门之间工作的协调性。基层体制过热是这几年学术界、实务界反映比较突出的问题,而形式主义、官僚主义是人们广泛吐槽的现象,而乡镇政府、村组干部更是对形式主义、官僚主义深恶痛绝。基层社会治理中各种形式主义、官僚主义之所以滋生蔓延,一个重要的原因就是各上级职能部门均在追求自身工作在下一级组织中的“存在感”,当各职能部门均出台自己的考核、督导体系并要求下级组织来执行时,下级组织在缺乏充足的人、财、物的情况下,自然会选择“相机抉择”的方式来回应上一级组织的要求,而以文件对文件、报表对报表等则是回应的常见方式。长此以往,不仅会破坏乡镇组织与县级组织的信任关系,而且更为严重的是会耗费乡镇、村组组织大量的精力放在迎接上级组织检查、考核的事情上,这样一来,乡镇组织真正干事情的时间就会大量缩减,影响着乡村治理的成效。因此,县级组织要职能转换、简政放权,旗帜鲜明地反对形式主义和官僚主义。基于此,首先,对县区各部门提交的先前的公共事务议程进行集中审核,对不合时宜的进行撤销,对有效的予以保留,减少形式主义产生的政策土壤。其次,督促办事机构建立完善工作规则,使得职责任务、主协办关系明确,减少政出多门对乡镇组织、村组组织等干事创业热情的消磨。最后,相关办事、协调机构应该保持高效、简约、务实的原则,推动信息、意见的定期交换与共享,减少工作的扎堆、同质,同时,突出目标、结果导向,减少对乡镇、村组组织的中途考核和检查,为乡村基层组织干事创业留有足够的时间和精力。

(二)强镇扩权,健全民主,提升服务决策效能

1.强镇扩权的内涵与内外动因

"强镇扩权"原本是指"市县向经济发达镇下放管理权限的行政体制改革,将一部分原属于县市的经济社会管理权限,通过法定的途径赋予乡镇一级政府,以促进镇域经济社会发展"①。实质主要在于解决经济社会快速发展与乡镇现有管理权限不匹配的矛盾,试图在大部制改革的背景下通过对原来政府公共权力在县、乡镇的重新定位与分配,以达到强镇扩权提升治理效能的目标。

乡镇权力规范运行是公共权力的内在要求,是发展乡镇经济的重要保障,是健全基层民主的渐进过程②,是推动"财权"与"事权"平衡的重要途径。具体地讲,扩权强镇的动因如下:

第一,城镇化的推动。传统的乡镇治理框架下,使得乡镇缺乏必要的审批权、规划建设权、行政审批权、财权、人事调配权,使得发展活力不足、治理能力不强,进而束缚了小城镇的发展。从财税制度看,1994 年分税制改革,使得"财权上移,事权下放";2006 年农业税的取消,使得乡镇向农民通过征收农业税而获得收入的途径被堵死;营改增的启动,使得原本属于地方税务局收取的共享税(营业税)变成了由国家税务局收取的增值税(中央税种);现有"乡财

① 黄雯:《强镇扩权:乡镇行政体制改革的新探索》,《理论与改革》2016 年第 4 期。

② 邹木:《强镇扩权背景下的乡镇权力规范运行研究》,《武汉交通职业技术学院学报》2016 年第 3 期。

县管”的体制使得乡镇并无多少自主的财权,实际上中西部非中心城区的相当一部分乡镇成为了名副其实的“吃饭财政”,财力的缺乏,使得乡镇机构的运行较为困难,难以发挥乡镇一级政府的职能。从人事权看,在强镇扩权实践中,相当一部分县级政府并未将在乡镇的“七站八所”的人事调配的权力下放到乡镇,相反,“七站八所”还把持了乡镇相当一部分的日常事务的管理,部门的分割与利益的分化,使得难以形成横向的配合,进而影响着城镇化过程中的公共事务治理的整体效能的提升。因此,在巩固脱贫成果的过程中,需要改革乡镇相关职能机构、转变职能的同时,给予乡镇更大的财权、事权和人事调配的权力,使得乡镇具备一级政府所应有的权力,发挥乡镇干事创业的积极性。

第二,县域经济发展的动力。作为县域经济的重要单元,镇域经济发展的相对落后影响着整个县域经济的快速发展,究其原因是县、乡镇政府管理体制不活,本应该作为经济重要驱动力的体制却束缚了经济发展。事实上,县域要发展,就需要进一步发挥乡镇在其中的作用,需要突破一些体制机制障碍。

第三,以服务型政府建设为推力。行政管理体制改革,倒逼基层政府要实现“放管服”,更好地提供公共服务,然而,乡镇政府职权的残缺、行政管理责任的膨胀、事务的不断增加,等等,严重影响着后脱贫攻坚时代公共服务的供给以及对民众多元化诉求的满足。实际上,当地民众和乡镇企业家对基层政府也有强烈的改进公共服务的诉求,民众希望给提供更加便捷的政务服务、更加优质的医疗、教育、卫生服务等;企业家也试图影响基层政府的公共政策,获得税收的减免、企业建设用地的优先指标等。这些利益相关者不断地通过游说、倡议、报告等方式倒逼基层政府回应这些现实诉求。

2. 赋权赋能,提升乡镇服务供给能力

乡镇在整个国家治理体系中处于政权的最后一级,是党政干部与农民群众互动最为频繁的场域,农民群众对国家政策的感受,主要来自乡镇、村一级的服务质量和水平,同时,乡镇也需要更大的自主权,包括财权、人事权,以满足政策执行的需要和公共服务供给的需要。

第一,扩大财权,给予“强镇扩权”的财力保障。传统的“乡财县管”的财政体制,使得乡镇处于“钱少、事多、责任大”的尴尬局面,有必要通过一些举措扩大乡镇财政税收,保障基层政权的有效运转。一是建立乡镇财力保障机制,在已有财政预算的基础上扩大乡镇一级财政预算的自主权,扩大其预算收入来源。辖区内的企业、事业单位及其相关单位的收支结算可归并到乡镇,通过财税上“条块”关系的调整进而充实乡镇政府的财源,同时,多举措化解乡镇各类债务负担,降低乡镇一级财政运行的风险。积极发展经营性、发展性产业扶贫项目。二是整合各部门、各类型的项目资金,包括财政转移支付,对辖区内的税收、非税收项目、资源有偿使用部分、国有资产、土地出让收入等实施登记备案、审核审查制度,审核无误划归试点乡镇。三是优先支持试点乡镇的乡村振兴产业、社会事业和基础设施建设项目,引入市场投资运营主体,激发活力,减少对政府财政资金的依赖,依法支持所在乡镇组建具有筹资、投资、资产经营和项目建设能力的城镇建设投资公司,参与部分公共基础设施的建设。四是积极引导社会资本参与辖区内巩固脱贫成果的农田改造、道路建设、水利建设等项目,并在税收、税费减免等方面给予适当倾斜和照顾。

第二,下放事权,增强乡镇组织服务能力。长期以来包括脱贫攻坚过程中,乡镇作为一级政府单位却不拥有完备的行政审批、资源分配等权力,往往面临“看得见,管不着”或“管得着,执行难”的尴尬境地,这些都需要县一级权力的适当下放,增强乡镇一级政府的能动性。一是对县乡审批事项进行系统的梳理,本着“能放则放”的原则,协同各个部门进行协调沟通,赋予乡镇一级政府拥有一定的行政处罚权、行政审批权、国有资产管理、土地收购储备、建设管理、综合管理等权限。优化、精简服务流程,减少不必要的审批、证明、佐证等事项,在乡镇设立“政务(便民)服务中心”,并适时启动“互联网+”、云服务,将上级政府及其部门下放、委托交办的事项,纳入政务服务站,实施“一站式”服务,争取“最多跑一次”。二是结合撤乡并镇、合村并组后的实际情况,对党政综合办公室、社会事务管理办、财政所等主要科室职能进行调整、优化,一方面增强对县级及各职能部门下放的行政权力的承接能力,另一方面通过适当合并、优化、拆分、重组等,使得各科室既能够相互区别又能够相互协作。同时,根据需要设立乡村振兴、农业综合办、社会事业、村镇规划与建设办等事业机构。三是优化各乡镇用地、提升集镇吸附能力、优化农村产权交易、推动集体经济股份制改造、改进公共服务供给等五项核心要素对乡镇发展的支撑作用。探索社会资本参与政府公共产品或服务供给的创新机制,适时和审慎地推进城镇建设用地和农村建设用地增减挂钩,增强乡镇的吸纳、整合与辐射带动的能力。基于乡镇资源禀赋,盘活各类资源,有针对性地发展壮大特色产业经济,吸引农民向镇一级集中,增强医疗、教育、文化、企业等配套公共服务、企业的供给能力,实现就地城镇化。

第三,赋予人事权,增强管理调配权。以往脱贫攻坚中主要的人事管理权、任免权、考核权、奖励权几乎不在乡镇,人力资源有待进一步的开发。一是将乡镇所属事业单位、综合办事机构,如义务教育阶段学校、乡镇卫生院等的人员的人事任免,包括负责人,按照干部管理权限进行任免,争取由乡镇实施统一管理,增强党委对核心人才的管理与培养。二是乡镇事业单位人员的公招、公选、引进计划由党委决定,党委派员参与人员的评选。人员调配需要征求乡镇党委的同意,保证乡镇巩固脱贫攻坚人才的相对稳定。三是派出机构在遵从“条块结合、以块为主”的基础上,除有明确规定外,将乡镇负责辖区内所属事业单位参与乡村振兴的人员的党(团)组织、工资关系、年度考核的权限一律转入乡镇驻地,赋予乡镇更大的人事使用权。四是人员的奖惩。除了奖励外,还应赋予乡镇党委、政府对辖区内党员、公职人员或参公管理人员一定的如给予警告、记过等的惩罚权。比如四川平昌县元山镇已经主动探索“因事设岗、以岗定人、自主选择”的用人机制,为人才的内部流动、活力的激发提供了可能。

(三)完善村党组织领导的村级治理体制机制

村级组织的发展是乡村治理现代化的重要基石。村级党组织如何发挥创新引领作用,夯实脱贫攻坚的组织、物质基础,实现治理有效、民主管理,是后脱贫攻坚时代农村发展过程中的重要挑战和基本问题。

《中国共产党农村基层组织工作条例》指出:“党的农村基层组织应当加强对各类组织的统一领导,打造充满活力、和谐有序的善治乡村,形成共建共治共享的乡村治理格局。”“村党组织书记应当通过法定程序担任村民委员会主任和村级集体经济组织、合作经济组织负责人”。① 另外,对村务监督、重大

---

① 《中共中央印发〈中国共产党农村基层组织工作条例〉》,《人民日报》2019年1月11日。

事项决策、信息公开等提出明确要求。围绕村级治理，各个地方进行了大胆的实践创新，比如广东清远"自治下沉"、浙江宁海"五议决策法"、四川成都"村民议事会"、浙江德清"理事会"等。但是结合脱贫攻坚、乡村振兴以及新时代乡村治理所呈现的新特征，仍然需要在村级治理层面进行完善：

第一，尊重农民的主体地位，同时发挥多元治理主体的作用。村民尤其是在乡村民是乡村的主人，村级治理的核心在于引导村民规范、有序参与村里公共事务。在脱贫攻坚中存在的"干部干，群众看""等靠要"的现象比较突出。因此，在后脱贫攻坚时代，需要充分尊重农民的主体地位，在重大决策中让农民"说事、议事、主事"，发挥村民参与村级事务的积极性、主动性，涉及村民重大利益的事项应本着以民为本、人民至上的理念商量着办，加快构建"民事民议、民事民办、民事民管"村级公共事务的治理格局。教育引导农民自觉遵守党和政府的法规、纪律，抵制迷信、不良宗教等的影响。利益主体的多元化以及诉求的多样性，倒逼村级治理的理念、思路、方法、手段等不同于以往，既需要对多元主体的利益进行整合，也需要发挥多元主体的力量，如经济精英、妇联、红白理事会、老年协会等主体发挥其联系群众、组织群众参与村级民主管理、民主监督、民主决策的作用。

第二，建立健全自治、法治、德治相结合的乡村治理体系。乡村治理中的自治、法治、德治三者既非可以孤立分开，也非随意糅杂在一起，而是各有分工，德治弘扬正气、法治提供保障、自治彰显活力，但三者是一个有机整体。在具体的操作过程中，如何使得自治、法治、德治能够巧妙结合，优势互补，相得益彰，成为了实践环节重点思考的议题。如村规民约何以落地？在村规民约制订的过程中，要避免"制度只存在于墙上"、村干部拍脑袋决策的处理方式，就需要引入民主管理、民主决策的程序，征求百姓意见，民事民议民办，体现自治；村规民约的制订在上位法的范围内，符合法律的规范和程序，体现法治；在公布、实施后，要积极宣讲、教育引导友邻友舍、四邻街坊、邻里乡亲要相互尊重、尊老爱幼、互敬互爱、互帮互助，体现德治。针对红白喜事相互攀比、过度消费的情况，在制订具体的规范公约时，可以邀请法律专业人士、德高望重人士共同参与，使得制订的规范公约能够切实起到引导民众杜绝铺张浪费、树立理性消费的理念的目的。同时，还可以采用道德积分、卫生积分或者道德风尚奖励等方式,引导村民守法、从善。

第三,适应乡村社会结构转型,丰富村民协商议事形式。当前,中国农村社会经济结构得到不断调整、社会主体利益关系趋向多元、农民思想观念不断趋于解放,不断形塑着复杂的社会关系网络,对民主、法治、公平、正义等提出了更高诉求,在村级治理的过程中需要将保障和改善民生作为重点,解决好村民最关心、最直接、最现实的利益问题,将发展成果惠及更多农民,增强农民的获得感,同时,激发活力,努力形成村民各尽其能、各得其所而又和谐相处的村庄治理局面。一是需要推动治理重心的下沉,将干部力量、财政投入、治理资源等向乡镇、村级倾斜,夯实党的执政基础。二是规范村级组织工作事务。当前村级组织行政化较为严重,各种检查评比繁多,需要对其进行减负,突出村级“简约治理”。三是推动公共服务下沉。秉持“放管服”和“最多跑一次”的理念,结合现代信息技术,推进治理方式和治理理念的转变,通过“互联网+”、区块链、大数据推动信息的集成与整合,为农民提供“一站式”服务。四是丰富村民议事协商的形式,村民议事协商是化解矛盾、增进信任、凝聚共识的有效途径,针对现阶段农村社会治理面对的矛盾情形,还需要在议事协商形式、议事协商范围、搭建议事协商平台等多方面着力,化解多元矛盾。例如,四川省合江县的“坝坝会”“五老①调解”“法治茶馆”等议事渠道,宣传了法治,化解了矛盾,和谐了邻里。

第四,改革村“两委”,提升村“两委”在后脱贫攻坚时代的治理效能。当前地方政府为了推进乡村振兴战略,提升规划发展的水平,在诸多地方实施了乡镇合并、村组撤并等举措。从统筹规划的角度讲,乡镇、行政村统辖、服务的范围在扩大,但工作人员配备可能并未实现同步的增加,而要提高辖区范围内治理的效能,就得创新举措。为此,需要:一是改革村“两委”,建立村民理事会。行政村治理空间的扩大,组织动员的成本会上升,沟通的及时性、有效性可能会受到较大的影响,而组建村民理事会,一方面可以减少挨家挨户组织动员的成本,另一方面也可以满足村庄民众政治参与、社会参与的需要。二是逐步实行村支部书记与村主任“一肩挑”。村支部书记与村主任“一肩挑”自然

① “五老”即老党员、老干部、老军人、老教师、老职工(或老律师)。

有诸多优势,进一步凸显党在农村的领导地位,有利于统筹整合各方力量,但是这样的"一肩挑"的实施仍然需要因地制宜、渐进过渡,而不能急功近利,进而影响着乡村的政治稳定。三是重视村级集体经济组织和社会组织在参与村庄治理中的作用,拓宽民主参与渠道、健全民主参与制度,发挥"群脑众智增能"的作用。此外,建立健全村民监督委员会、监事会等在村级党务、政务、村务等方面的职能作用。

(四)实施村民小组与社区自治,提升组一级自治组织的功能

实施村民小组与社区自治,是为了让村民自治进一步的回归和落地。这种回归和落地并非是"躲进小楼成一统"而不管"春夏与秋冬",恰恰在于回应撤乡并村后村庄治理所呈现的新形态、新格局的要求,回应新型城镇化、易地搬迁中所出现的社区治理新模态的要求。

第一,重视合村并组后村民小组在村级治理中的作用。合村并组后,在一定程度上有利于提供公共服务并扩大公共服务的外溢效应,但是同时也存在较大的问题,如村庄治理的空间规模扩大,组织、动员群众的成本会增加;村民与村干之间的关系会因为空间距离的加大而变得生疏,对行政村的归属感可能会下降。要走出困境就要再造治理单元即单元下沉。① 因此,需要重视村民小组在合村并组后村级治理中的作用。

第二,以村民小组为单位,实施村民小组范围内的自治。村民小组是行政村内部互动最为频繁的社会共同体,因地缘相同而相互依赖、因血缘相近而相互亲切、因经济基础相同而互动频繁、因相互知晓而彼此信任,正如徐勇教授所言:"组是最紧密的经济共同体、社会共同体和文化共同体。"②所以,在组一级建立诸如"村民议事会"协商会等,使得公共事务在组内通过协调、沟通的形式达成共识,具有长效性和方向性价值。当然,在具体的操作中可以有多种形式,比如召开"坝坝会"、组织"广场舞"、举办"茶话会"等多种方式组织组民参事议事。实际上,这种村民小组不仅可以很好地反映和维护自然村村民

---

① 饶静:《农村组织和乡村治理现代化》,中国农业大学出版社 2019 年版,第 61 页。

② 徐勇:《中国农村村民自治》(增订本),生活·读书·新知三联书店 2018 年版,第 338—339 页。

小组的利益,参与和较好的协助村委会开展工作,也有利于村民在参与民主管理、民主决策的过程中提升政治素养。①

第三,顺应易地搬迁小区服务需求,开展新型社区治理。脱贫攻坚中建立的新型社区大多属于易地搬迁型社区,而这种社区往往具有较高的同质性、整合性,体现了政府的政策意图。“搬得出,稳得住,能发展,可致富”是易地搬迁的基本要求。回归现实,在农(牧)民易地搬迁完成后,仍需要着力解决两大问题:一方面是政府如何对易地搬迁社区实施治理的问题;另一方面是脱贫户如何实现“稳得住,能发展,可致富”。针对前者,在易地搬迁的过程中,原来的一部分村民小组变成了小区,形成了一种新的模态,需要在发挥原有村民小组治理模式的基础上,引入单元治理、数字治理,如“掌上 APP”“云服务”等,引导农民从双脚进门到观念上楼,实行社区居民自治。针对后者,则需要根据脱贫户或返贫风险户家庭及其成员的具体情况而精准施策,比如有劳动力但无法直接就业的要通过转移就业、技术培训等方式实现其就业与增收;而老弱病残孕等群体除了依靠国家政策外,在社区(小区)内部还应该成立互助自治、志愿组织等,提升社区(小区)的整体治理能力与水平。

(五)建立健全村集体经济组织运行机制

农村集体经济是社会主义公有制经济的重要组成部分,是实行以家庭承包经营为基础、统分结合的双层经营体制,是集体成员通过合作或联合并依托集体所有的资源要素,利用市场机制实现共同发展的一种经济组织模态,实质上是组成该集体经济组织的全体成员劳动者共同拥有生产资料,共同劳动,共享收益的一种经济组织形式。② 村集体经济组织不同于村“两委”,村集体经济组织是基于劳动群众集体所有制的经济组织。也不同于农民专业合作社,农民专业合作社注重生产和交易,而村集体经济组织注重资源、资产的整合与开发,注重成员的资格权和受益权。相对于企业,村集体经济组织股权成员的资格只能在组织内部流转,资产由股民共有。

---

① 项继权、王明为:《村民理事会:性质及其限度》,《福建论坛(人文社会科学版)》2017 年第 9 期。

② 饶静:《农村组织和乡村治理现代化》,中国农业大学出版社 2019 年版,第 66 页。

在现实的运行过程中仍然存在一些问题亟待解决，部分省份已出台改革举措，如《中共四川省委关于深入贯彻党的十九届四中全会精神推进城乡基层治理制度创新和能力建设的决定》（以下简称《决定》）提出："坚持和完善农村基本经营制度，深化农村集体产权制度改革，发展农村集体经济。落实农村承包地'三权分置'制度，探索宅基地'三权分置'，加快集体资源资产'三权分置'改革，培育新型农业经营主体，落实村集体所有权，保护村集体经济组织成员收益权。"①这里结合全国实际情况，就进一步改进和完善谈一下思考。

第一，明晰产权性质，确认归属主体。长期以来，基层政府、村"两委"对村集体经济的经营权和控制权具有较大的控制力，这不利于集体经济的独立自主地发展壮大。为此，在清产核资上，首先要确定不同的集体资产所有权属，由不同的组织来行使所有权，如分属村内两个以上农民集体所有的，由村内各集体经济组织分别派遣代表行使权利；不存在集体经济组织的，由村民小组通过民主推荐的方式派遣代表集体行使所有权。属于乡镇农民集体所有的，以此类推。② 对于城郊村、城中村、经济发达村，《决定》要求建立健全农村集体经济组织的经营管理制度，接受村党组织的领导和村民委员会对经营管理工作的支持，村党组织负责人可以担任村集体经济组织的负责人，但是得厘清权、责、利之间的关系，防止政经组织一体化、集体经济组织私人化、公共权力个人化。以产权归属进行确权，原则上不能打乱原集体所有的界限。

第二，探索多种实现形式，明确法人地位。传统的村集体经济大多限于农业生产、土地出租、资源使用权出让等形式，实现形式单一，法律主体模糊，村"两委"干部干预村集体经济的时有发生，甚至部分打着村集体经济组织的名义将集体资源、资产转化为个人的财产。还有人认为集体组织的负责人就是村主任，使得边界模糊，权力独大，腐败现象时有发生。因此，一方面要"积极探索新型农村集体经济有效实现形式，在清产核资、界定成员的基础上，有序

① 《中共四川省委关于深入贯彻党的十九届四中全会精神推进城乡基层治理制度创新和能力建设的决定》，《四川日报》2019 年 12 月 12 日。

② 饶静：《农村组织和乡村治理现代化》，中国农业大学出版社 2019 年版，第 90 页。

推进经营性资产股份合作制改革,规范建立村民集体所有的村合作经济组织”①。承担保护、增值、流转等管理集体资产的权限,盘活集体资源,将集体资源优势转化为经济效能;发展集体经济,发挥引领群众发家致富、巩固村民自治组织运转所需经济基础的作用;服务集体成员,为集体成员提供信息、技术、决策等功能。另一方面,需要通过颁布法律、出台政策等形式赋予集体经济组织及其负责人的法人地位,确保以平等的市场主体地位参与市场经济活动。

第三,优化内部治理结构,提升治理效能。纵观国内集体经济组织发展,大多存在“悬浮”的情况,如何推动集体经济组织“软着陆”是亟待解决的问题,除了完善法律、出台政策赋予其“名”外,还需要通过集体经济组织内部治理结构的完善赋予其“实”,来提升其有效治理的水平。在实际操作中,可以提高集体经济建设比例,但不能搞第二次合作化、集体化运动,以排斥和取代家庭承包制度。具体如下:完善内部主体权、责、利、事的关系,着力解决好经营、管理、监督三者的矛盾关系;在利益分配上要坚持“效率优先,兼顾公平”的原则,鼓励以技术、劳动力、资金、资产等多种要素参与集体经济组织的生产,凸显要素贡献在分配中的地位;分区、分类逐步推进集体经济所有权与经营权分离的经营机制,确保村集体经济组织经营的相对独立性。大胆尝试探索建立省市“统一的农村产权交易流转等平台,为放活村集体经济经营权提供支撑”②,但需注意的是,在此过程中,应充分尊重农(牧)民的自主决策权,切实保障农(牧)民对自己土地的各项合法权益。

第四,厘清村集体经济组织与村“两委”之间的缠绕关系。村集体经济组织与村委会长期关系不清,影响着村集体经济的发展。基于此,需要解决村集体经济组织与村民委员会“两块牌子,一套人马”的情况,合理划分村民委员会与村集体经济组织的权责关系与职责功能,减少“既是运动员,又是裁判员”的情况发生,说到底就是要村集体经济组织的经营管理体现自主性、独立

① 《中共四川省委关于深入贯彻党的十九届四中全会精神推进城乡基层治理制度创新和能力建设的决定》,《四川日报》2019 年 12 月 12 日。

② 《中共四川省委关于深入贯彻党的十九届四中全会精神推进城乡基层治理制度创新和能力建设的决定》,《四川日报》2019 年 12 月 12 日。

性、法治性。在村“两委”的领导、支持下有序开展各项经营管理工作。在分配中保障村集体经济组织成员的知情权和受益权,实施村集体经济组织“取得”与“分配”相分离即“收支两条线”,尤其是村委会提取的这一部分,应该“探索实行村集体经济资产收益与村民委员会收入分账管理制度”①。此外,长期以来,国家、社会力量对村集体经济组织的监督明显不足,而内部监督又比较软弱,使得内外监督双双落空,据此应建立健全法律法规,将村集体经济组织负责人及其核心成员纳入国家监察的法律范围,确保负责人及其核心成员依法依规从事村集体经济的经营管理活动。

① 《中共四川省委关于深入贯彻党的十九届四中全会精神推进城乡基层治理制度创新和能力建设的决定》,《四川日报》2019 年 12 月 12 日。

第八章　全面领导：精准扶贫与“书记负责”

贫困问题是一个世界性治理难题，如何消除贫困、实现共同富裕是人类社会的共同使命。百年中国共产党的发展史，就是一部党领导人民反贫困的奋斗史。贫困治理是一项涵盖范围广泛、关系群众切身利益的系统工程，其成效如何是判断一个国家和社会是否公平正义以及治理能力强弱的重要标准。中华人民共和国成立七十余年来，中国共产党始终高度重视贫困治理，依托于党自身的政治权威、群众认同以及制度优势，领导中国的贫困治理实践取得了举世瞩目的脱贫成就，探索出了一条中国特色的脱贫之路。尤其是党的十八大以来，以习近平同志为核心的党中央高度重视脱贫攻坚，把其摆在治国理政的突出位置，采取了许多具有原创性、独特性的重大举措，实行了新型的扶贫脱贫工作机制，实现了中国扶贫领导机制的重要创新，构建了横向到边、纵向到底的“五级书记”一起抓扶贫的“一把手”负责制，形成了共产党领导的中国特色的扶贫减贫、脱贫攻坚制度体系。

一、党领导贫困治理的政策变迁与生长逻辑

（一）党的领导与贫困治理的内在一致性

党的十九大报告阐明了中国特色社会主义的最本质特征是中国共产党领导，也强调了中国共产党领导是中国特色社会主义制度的最大优势。新修正

的党章明确“党政军民学,东西南北中,党是领导一切的”①,旗帜鲜明地指出了中国共产党是中国特色社会主义事业的领导核心。事实上,新时代中国扶贫脱贫的伟大实践就是中国特色社会主义的伟大事业,因此,坚持党的全面领导是中国贫困治理的题中应有之义。事实证明,党的领导与贫困治理具有一体两面的特点,贫困治理的复杂性与长期性内在地涵盖了党的领导的客观要求,与此同时,党的领导的权威性与组织性也需要在贫困治理的实践中磨砺。事实上,党的领导与贫困治理紧密相连,二者互动前行、相得益彰、相辅相成。

1. 党的领导是贫困治理有效实现的根本保障

从历史、现实与理论三个层面的发展逻辑来看,中国共产党的领导与贫困问题的治理具有内在一致性。历史发展证明中国共产党对贫困治理的领导具有正当性、合理性和必然性,能够确保贫困治理的科学性。中华人民共和国成立以来,中国共产党始终把解决贫困问题放在突出位置,在历次党和国家的重要会议以及涉及农业农村发展的主要文件中,都把扶贫脱贫的相关工作作为重要内容。七十余年来,中国的贫困治理经历了扶贫对象瞄准愈加精准、扶贫方式愈加合理、扶贫主体愈加多元的转变,这些转变是中国共产党精准研判不同时期的具体情况后作出的科学决策,依托于中国共产党的领导,确保了贫困治理的正确方向和效能发挥。现实实践证明中国共产党的领导能够保障贫困治理的协同性。贫困治理是一项系统工程,需要广泛动员社会各界的力量。中国共产党具有强大的组织动员能力,能够破解农村低组织化的困境,最大限度地调动和协调各方资源参与脱贫攻坚,构建大扶贫格局汇聚扶贫合力,保证扶贫脱贫过程的协同性。马克思主义执政党的理论品格与本质属性决定了中国共产党的领导能够保障贫困治理的人民性。中国共产党始终是把人民利益放在首位的马克思主义政党,她是以人民幸福和民族复兴为初心和使命的。中国共产党的宗旨是全心全意为人民服务。习近平总书记强调:“消除贫困、改善民生、逐步实现共同富裕,是社会主义的本质要求,是我们党的重要使命。”②共产党人的奋斗目标和贫困治理的目标是一致的,都是为了全面建成

① 习近平:《决胜全面建成小康社会 夺取新时代中国特色社会主义伟大胜利——在中国共产党第十九次全国代表大会上的报告》,《人民日报》2017 年 10 月 28 日。

② 《习近平谈治国理政》第二卷,外文出版社 2017 年版,第 83 页。

小康社会和全面建设社会主义现代化国家,进而实现全体人民共同富裕,建设社会主义现代化强国。

党的十八大以来,习近平总书记反复强调要在扶贫脱贫的全过程中始终坚持加强和改善党的领导。在决战决胜脱贫攻坚座谈会上,习近平总书记强调,“越是进行脱贫攻坚战,越是要加强和改善党的领导”①,这为加强党对脱贫攻坚战的领导提供了基本遵循,从而将脱贫攻坚战引向胜利。事实证明,正是依托于中国共产党的科学领导,中国取得了巨大的减贫成就,历史性地解决了绝对贫困问题。至2020年,现行标准下农村贫困人口全部脱贫,贫困县全部摘帽,区域性整体贫困得到解决,脱贫攻坚战取得决定性胜利,彰显出中国共产党全面领导的政治优势。

2. 贫困治理是加强和改善党的领导的内在要求

坚持中国共产党在农村贫困治理中的领导,是增强党的政治权威,提升党的组织力,进而加强和改善党的领导的必然要求。一方面,以扶贫为载体,密切党群关系,增强党的话语权和领导权。在唯物史观中,党和人民群众的关系是一切社会关系和政治关系中最根本、最核心的部分。精准扶贫的过程实际上就是加强党组织同人民群众相互联系的过程。历史上最大规模的党员干部进村入户,精准识别、瞄准致贫原因,广泛宣传党中央的扶贫政策并因户施策制订帮扶计划,让农村居民深切感受到党组织和党员干部对其生产生活的关心,也转变了党员干部的工作作风。以精准扶贫为载体,通过“访贫问苦”的方式密切党群关系和干群关系,增强党组织与党员干部在群众中的威信,从而增强党在人民群众中的话语权和领导权,巩固党执政的阶级基础和社会基础。另一方面,针对基层党组织弱化、虚化问题,在精准扶贫精准脱贫的实践过程中坚持加强和改善党的领导,提升了党组织的组织力、战斗力以及先进性。精准扶贫的广泛开展在思想改进和人才支持两个层面为整治软弱党组织提供了契机。在思想改进方面,党中央的扶贫政策要靠基层党员干部去宣传和落实,通过村党支部集中学习和党员日常学习让党员深刻领会党中央的扶贫精神,破除党员干部陈旧落后的思想观念,夯实基层党员的思想根基,从而发挥党员

① 《习近平谈治国理政》第二卷,外文出版社2017年版,第85页。

在扶贫减贫工作中的先锋模范作用;在人才支持层面,县级以上党政机关和国有企事业单位在精准扶贫过程中派遣干部到贫困村和软弱涣散村担任第一书记或驻村干部,以第一书记带领贫困村的村"两委"开展工作,完善村级组织和制度体系配套建设,促进基层支部向服务型党支部转型。在精准扶贫过程中,"全国累计选派25.5万个驻村工作队、300多万名第一书记和驻村干部,同近200万名乡镇干部和数百万村干部一道奋战在扶贫一线"①,大大增强了农村基层党组织的组织执行力、社会动员力以及统筹协调能力。

(二)党领导贫困治理的政策变迁

新中国成立七十余年以来,中国共产党始终高度重视农村扶贫开发工作。从新中国成立初期到改革开放时期和党的十八大以来,根据不同时期的贫困特点制定不同的扶贫战略和扶贫政策,取得了举世瞩目的减贫成就,形成了贫困治理的"中国之治"。

1. 治贫目标从一维向多维转变

目标是划定行动的边界,贫困治理的目标是指导扶贫工作方向、明确贫困改善程度以及衡量贫困治理效能的标准。新中国成立七十余年来,依托于中国共产党的领导,贫困治理的目标在世情国情和贫困治理需求的转变中不断嬗变,经历新中国成立、改革开放、世纪跨越和党的十八大等多个关键转折点,实现了从一维向多维的转变。新中国成立初期中国共产党领导下的减贫工作囿于经济基础薄弱、农业生产发展缓慢、贫困人口数量巨大等诸多制约,主要聚集于拔除生存性贫困痼疾、满足基本温饱。以毛泽东同志为核心的第一代中央领导集体确立了以单纯提高贫困人口收入水平为主要标准、以实行农业合作化进而改造旧的生产关系为主要手段的"收入减贫观",力图通过集中力量发展社会生产力促进农民增收,缓解极端贫困问题。改革开放在国家发展战略和发展方式层面的变化引致贫困人口在数量、结构和需求等诸多方面呈现出新的特点,这成为治贫目标转变的关键节点。以邓小平同志为核心的第二代中央领导集体确定了"贫穷不是社会主义、发展生产力是社会主义

---

① 习近平:《在全国脱贫攻坚总结表彰大会上的讲话》,《人民日报》2021年2月26日。

本质要求”的“发展减贫观”，中国共产党领导下的贫困治理开始从单一祓除生存性贫困痼疾、满足基本温饱向不断发展生产力、逐步实现小康迈进。“小康社会”是介于温饱和富裕之间的生活发展阶段，由邓小平在1979年提出，党的十三大报告提出的“三步走”战略正式将其定位为满足温饱后的更高阶段，党的十五大报告中将“建设小康社会”确定为新的历史任务。“小康社会”从提出到划定步骤再到强调“全面建设”的过程彰显出中国共产党领导下的治贫目标超越单一的温饱范围而不断丰富和提高的发展。党的十八大以来，以习近平同志为核心的党中央将脱贫攻坚纳入“五位一体”总体布局和“四个全面”战略布局，提出到2020年全面建成更高水平的小康社会，在教育、就业、社会保障方面形成对贫困人口的全面保障，减贫目标较之以往愈加具体和全面。2011年发布的《中国农村扶贫开发纲要（2011—2020年）》将新的扶贫总目标定为“两不愁三保障”。党的十九大报告在明确“两不愁三保障”总体目标的基础上，进一步将扶贫目标细化为就业、新型农村合作医疗覆盖、基本公共服务均等化等子目标。以全面建成小康社会为指引，按照总体目标的规划和子目标的要求规范扶贫脱贫行动，将提升贫困人口自我发展的能力，实现更高的发展追求作为贫困治理的指向。中国共产党领导下的减贫目标历经中华人民共和国成立初期应对极端贫困设定的“温饱”到改革开放时期面对贫困结构差异设定的“小康”再到党的十八大以后满足多元减贫需求设定的“两不愁三保障”以及新发展阶段实现共同富裕的目标转变，减贫目标从一维向多维的转变历程正是中国共产党对于中国贫困问题症结愈加明晰、治贫之策建构愈加深入的过程。

2. *治贫主体从单一向多元转变*

主体是行动的承担者和实践者，贫困治理的主体是把握贫困治理全局、统筹各类扶贫资源和担负扶贫减贫责任的支撑力量。新中国七十余年的贫困治理在中国共产党领导下由政府单一主导转向多元主体参与，突破单一行政扶贫的壁垒，不断汇聚各方力量形成扶贫合力，逐步构建出多元主体共谋共治的“大扶贫格局”。中华人民共和国成立至20世纪90年代中期，政府统揽一切扶贫事务，财政拨款是扶贫资金的主要来源，其他组织与社会力量参与扶贫的体制机制尚未形成，其力量发挥弱小。1986年国务院成立了贫困地区经济开发领导小组(后改为扶贫开发领导小组)及其办公室,各地方也建立了相应的扶贫开发领导小组办公室,由其专门负责扶贫业务,更加凸显政府在扶贫资源的管理、使用和监督方面的主导权与支配权。以政府为单一主体的扶贫在实践中出现投入大、成效慢、脱离实际等诸多问题,受到社会各界的诟病。自20世纪90年代中期起,党中央领导集体适时转变扶贫思路,扶贫工作开始由政府搭建平台并动员社会力量参与,采取国内和国际"两条腿走路"的模式。在国内,开展定点扶贫和东西部协作扶贫,通过中央和国家机关、民主党派和人民团体等与贫困县开展结对帮扶,东部15个较发达的省、市对口支援西部11个经济较为落后的省(区、市),为贫困县提供人、财、物、技术等方面的支持。国际方面,引进国外的扶贫资金、技术、理念和模式,与国际组织和非政府组织合作,增强扶贫的国际支撑。世界银行最早与中国政府合作,投入也较多。从1995年到2010年,世界银行先后投入1000多万元在中国中西部贫困地区开展综合性扶贫项目。① 以定点扶贫、东西部协作扶贫、国际合作扶贫为导向,引入社会扶贫资源弥补以政府为单一主体的行政式扶贫的减贫效应不足问题,逐步构建贫困治理的社会支持网络。党的十八大以来,精准扶贫、精准脱贫的要求直击一元主体扶贫的痛点和难点,治贫主体由单一的政府独揽向党委领导、政府主导下的多元开放主体转变。在充分发挥定点扶贫和东西部协作的引领作用的基础上,逐步建立起广泛的社会动员机制,吸纳企业、民间组织与群众个体的力量。采取村企共建、技术服务、企业扶贫捐赠税前扣除等形式鼓励企业向贫困地区投资,开展对民间组织扶贫的信息服务、业务指导和规范管理以鼓励民间组织对政府扶贫项目的承接,通过自下而上制定村级扶贫开发规划,动员贫困群体表达自身的利益和诉求,依托社会组织鼓励和引导社会成员和港澳台同胞、华人华侨及海外人士加入扶贫志愿网络,形成了中国共产党领导的涵盖中央及地方政府、部委、事业单位、企业、社会团体及个人多元主体广泛参与的大扶贫格局。中国共产党领导下的中国减贫之路,从20世纪90年代前政府独揽扶贫事务到党的十八大以来各方主体广泛参与治贫,扶贫

---

① 国家统计局住户调查办公室:《中国农村贫困监测报告2016》,中国统计出版社2016年版,第8页。

力量由弱到强、治贫主体由单一到多元。

3. 治贫对象从区域向个体转变

对象是目标施治的作用物,贫困治理的对象是扶贫脱贫行动的目标群体,也是治贫减贫成效的最终评判者与受益者。中华人民共和国七十余年的减贫史,是中国共产党历代领导集体依据不同时期贫困问题的阶段性特点调整贫困治理对象的发展史,治贫对象历经三个阶段的深入发展,实现了由粗转精、由面到点、由区域到个体的蜕变。第一阶段是由区域整体带动的“面”上扶贫。20 世纪 90 年代以前,贫困人口的分布具有显著的地缘性特征,这一时期的治贫措施主要针对区域性贫困问题,从资金、人力和技术三个方面重点扶持 18 个集中连片贫困地区。国家财政从 1980 年起设立“支援经济不发达地区发展资金”、“三西”农业建设专项资金,中央单位向集中连片贫困地区选派专门干部定点轮换常驻,国家科委牵头实施“星火计划”,对集中连片贫困地区进行农业技术培训与推广。由此,区域性扶贫取得了显著成效。第二阶段是由贫困地区扩展到贫困村的“面、点结合”扶贫。20 世纪 90 年代中期,依据贫困人口点、片、线结合的块状、网状分布特征,中国共产党将扶贫工作瞄准于贫困县,在资金投入、政策优惠方面给予国家级贫困县支持。资金投入方面,1997 年,国务院发布《国家扶贫资金管理办法》,指出国家各项扶贫资金必须全部用于国家重点扶持的 592 个贫困县,并明确规定各地方政府向国家重点扶持贫困县投入的扶贫资金应当占到国家扶贫资金总量的 30%—50%。政策优惠层面,通过适当放宽信贷条件、返还企业所得税、产业照顾和进出口贸易支撑等方式,减轻贫困县的生产发展负担。“八七扶贫攻坚计划”完成后,592 个国家级贫困县的贫困人口数量迅速减少。2001 年,国家级贫困县贫困人口占全国贫困人口的比例下降至 61. 9%。① 针对贫困人口从区域分布转向点状分布的特点,中国共产党进一步细化贫困治理的对象,在全国确定了 14. 8 万个贫困村,将扶贫资金和干部帮扶落实到贫困村,以贫困村为对象和村级扶贫规划为基础实行整村推进。第三阶段是由“面”聚焦“点”,实行到户、到人的精准扶

① 李小云、张雪梅、唐丽霞:《我国中央财政扶贫资金的瞄准分析》,《中国农业大学学报(社会科学版)》2005 年第 3 期。

贫。精准扶贫与粗放式扶贫相对,要求在扶贫过程中的对象识别、资金使用、干部帮扶等各个方面都要实现“精准”。按照党中央、国务院的要求,各地以户为单位,通过与国家扶贫标准的综合对比实行建档立卡,根据贫困识别结果深入分析致贫原因,并逐村逐户制定帮扶措施。根据贫困识别结果因村因户施策,普遍建立驻村工作队制度,确保每个贫困村都有驻村工作队,每个贫困户都有帮扶责任人。2015 年,中共中央组织部、中央农办、国务院扶贫办印发《关于做好选派机关优秀干部到村任第一书记工作的通知》,要求选派政治素质好、工作能力强的优秀干部担任贫困村和基层组织的第一书记。2013 年年底至 2017 年年底,全国共选派了 77.5 万名干部驻村帮扶,19.5 万名干部到村任第一书记。① 驻村工作队对建档立卡村全覆盖,第一书记定期开展入户走访,与群众同吃同住同劳动,打通服务群众的“最后一公里”。七十多年来,中国共产党始终将缓解贫困难题、提高人民生活水平作为领导事业的重中之重,依据不同时期的贫困之症精准施治。七十多年间,治贫对象历经三次变迁,由区域开发到精准扶贫、由宏观到微观、由“面”聚焦“点”不断演变。

4. *治贫方式从救济向发展转变*

方式是为实现目标所具体采用的方法和手段,治贫方式的选择关系到国家扶贫政策的具体落实和扶贫减贫目标的实现。中国共产党领导下的贫困治理方式在中华人民共和国成立至改革开放前、改革开放至 20 世纪末期和 21 世纪以后三个不同的发展阶段中逐渐从“救济”转向“发展”,由“输血”向“造血”改革。中华人民共和国成立至改革开放前,为应对新中国成立初期极端的经济困难,党和政府在资金拨付、医疗保障和社会保障方面对贫困群体实行“输血式”生活救济,由中央政府拨付和地方政府筹措资金进行灾荒救济和失业工人救济。1950 年至 1977 年,国家财政用于农村救济的费用累计达 127.73 亿元,1964 年和 1976 年国家财政用于农村救济的费用超过 10 亿元。同时,国家初步建立起以五保制度和农村合作医疗制度为支撑的农村社会保障体系。1958 年,全国农村享受五保的有 413 万户,共计覆盖 519 万人。②

---

① 陆汉文、黄承伟主编:《中国精准扶贫发展报告(2017)》,社会科学文献出版社 2017 年版,第 17 页。

② 崔乃夫:《当代中国的民政》(下),当代中国出版社 1994 年版,第 86 页。

1976年,全国有90%的农民参加了合作医疗①,广大农村社会成员看病难的问题基本得到缓解。救济式扶贫在中华人民共和国成立初期对缓解大规模极端贫困发挥了一定作用,但单纯依靠政府向贫困人口“输血”存在投入成本高、减贫成效小、返贫风险高等诸多问题。改革开放至20世纪末,救济式扶贫因其固有的弊端而难以为继,党的领导集体对于贫困治理的基本思路开始转变,将开发式扶贫作为扶贫减贫的基本方针,依托于体制改革释放的红利改善贫困人口的生活状况。将人民公社的集体经营制改为实行家庭联产承包责任制,将对农副产品的统购、派购改为自由购销,推进农业经营体制和农产品流通体制的变革,重新赋予了农民生产经营权和收益支配权。将扶贫开发纳入国民经济和社会发展的整体布局,实行专项扶贫。随着改革开放进程的加快,开发式扶贫的成效迅速显现出来②。但这一时期的贫困治理主要以经济开发为主,还停留在外部开发层面,“造血”功能还尚未形成。进入21世纪以来,逐渐以发展性扶贫为基本扶贫方式,综合运用扶贫资金管理、教育扶贫、最低生活保障等方式攻克深度贫困。第一,完善扶贫资金和扶贫信贷管理。2014年,国务院扶贫开发领导小组办公室出台了《关于创新发展扶贫小额信贷的指导意见》,探索扶贫小额信贷模式,对符合贷款条件的建档立卡贫困户提供信用贷款,用于发展扶贫特色产业,增加收入。第二,大力发展农村教育事业。2006年中央一号文件指出“对西部地区农村义务教育阶段学生全部免除学杂费”“建立健全农村义务教育经费保障机制”。2010年、2012年、2017年和2018年中央一号文件指出从学前教育、义务教育、中等职业教育和高等教育四个层面着手,加强乡村教师队伍建设,以教育扶贫工程阻断贫困的代际传递。2000年以来,中国教育总经费的年均增速超过了17%,财政性教育经费增速高于同时段GDP的增速。③ 第三,衔接农村最低生活保障制度。在政策、对象、标准和管理层面加强无缝衔接,将符合农村低保

① 林闽钢:《中国农村合作医疗制度的公共政策分析》,《江海学刊》2002年第3期。

② 按照1978年的贫困标准,我国农村贫困人口迅速从1978年的2.5亿减少到1999年的3142万,贫困发生率也从30.7%下降到3.7%。

③ 彭妮娅:《教育扶贫成效如何?——基于全国省级面板数据的实证研究》,《清华大学教育研究》2019年第4期。

的对象全部纳入建档立卡范围,力求全面做到应扶尽扶。定期核查农村低保对象和建档立卡贫困人口,建立精准台账,坚持动态管理。[①] 发展式扶贫通过提升贫困人口的人力资本和社会资本激发其发展的内在动力,打造内生"造血"能力,扶贫减贫成效取得了突破性进展。2020 年,全国的所有国家级贫困县全部脱贫摘帽,农村贫困人口全部脱贫,中国成为全球最早实现联合国千年发展目标中减贫目标的发展中国家。这正是依托于中国共产党对于贫困治理认识的不断深化,将反贫困模式由"外部输血"的救济式扶贫转变为"内部造血"的发展式扶贫,才得以取得如此大规模的减贫成就。

(三)党领导贫困治理的生成逻辑

中国贫困问题所具有的复杂性和长期性决定了反贫困行动面临着严峻的情势,新时代下农村组织力量、农村村民自治和基层行政力量的变化进一步加剧了减贫的难度,甚至陷入"越扶越贫"不断循环的"陷阱"之中,而中国共产党在组织、动员和领导方面的巨大优势内在地与新时代的治贫方略相契合,在精准扶贫过程中坚持加强和改善党的领导是破解农村贫困治理失效或低效困境的根本之策,是中国减贫"密码"的关键所在。

1. 基层组织式微,亟待有效整合各类扶贫资源

基层组织式微导致乡村社会缺乏强有力的整合,从而影响扶贫资源的公平分配和有效传递。在分配过程中,扶贫资源时常发生的"精英俘获"现象严重影响了扶贫资源的公平分配。传统的宗族是由个人和社区赋予威望的村庄共同体代理人,但宗族的力量在村庄的分化和发展中不断减弱,而接替宗族管理乡村的精英是向内挤压的"谋利型"代理人,力图在扶贫资源的分配中为自己攫取大部分的收益,将真正需要扶持的贫困户排斥在扶贫资源的收益范围之外。在承接过程中,农村社会长期的去组织化流变导致扶贫资源在向乡村传递的过程中遭遇交易成本高、动员成本高、配合成本高的"三高"障碍,严重阻碍了扶贫资源的有效利用。传统宗族等社会组织的影响范围和影响作用减弱,逐渐式微的宗族力量失去了对农户的组织和动员能力,无法实现农村人、

① 习近平:《在决战决胜脱贫攻坚座谈会上的讲话》,《人民日报》2020 年 3 月 7 日。

财、物的有效连接,难以有效实现扶贫资源的整合。贫困户对扶贫减贫不了解、不关心、不参与的“三不”状况成为农村扶贫现状的常态。

中国共产党的组织优势恰恰能够弥补乡村社会组织性不足的问题,以党的话语权威和组织依托解决扶贫资源分配不公和传递失效的问题。中国共产党的话语权威是扶贫资源公平分配的保障,党与人民在长期的密切联系中结成的亲密关系内在地决定了党的感召力优于其他任何组织。在扶贫脱贫过程中,第一书记成为对扶贫资金使用与扶贫受益分配进行全过程把控与监督的责任人,逐步提高贫困户在扶贫项目资金运行使用中的参与权和发言权。中国共产党的组织依托是扶贫资源有效传递的关键,党的基层组织是整合农村社会的关键力量,能够降低扶贫资源传递中的交易成本和动员成本。将分散的农户整合到基层党组织当中,将有限的扶贫资源覆盖到动态变化的扶贫对象上,[①]“党建+产业”的扶贫模式将党组织建在产业链上,以党组织承接扶贫资金,实施扶贫项目,减少与农户分散对接导致的资源浪费。此外,以第一书记带头、驻村工作队全员参与的形式动员农户参与到扶贫项目的建设中,尤其是道路、水力、通信等基础设施改进的项目建设中,充分利用农村的资金和劳动力资源,大大降低扶贫项目的整体成本。农村宗族力量的减弱和精英的“谋利”性造成乡村组织力量的严重匮乏,扶贫资源难以精准“下沉”到贫困户,基于此,在精准扶贫中引入具有强大话语权威和动员能力的党组织,以第一书记作为农村扶贫的领头人,动员全方位力量,监督全过程运作,充分发挥全过程人民民主,是扶贫资源公平分配和精准传递的坚强保障。

2. 村民自治不足,急需充分激发脱贫内生动力

村民自治是农村基层民主运转的基本形式,也是贫困治理的重要方式。但在精准扶贫、精准脱贫过程中出现了村民自治不足的现象,在贫困人口的识别、帮扶和管理三个环节都偏离了精准的目标定位。首先,村民自治的参与度不高,参与精准识别的主动性弱。作为村庄治理主体的村民文化素质较低,个人能力受限,村庄治理的参与热情不高,对村庄事务大多保持观望的态度。长

① 曾小溪、汪三贵:《中国大规模减贫的经验:基于扶贫战略和政策的历史考察》,《西北师大学报(社会科学版)》2017 年第 6 期。

期以来政府给予贫困农户大量的扶持也导致贫困户形成了对政府的过度依赖，不愿意自觉参与到村庄共同事务的管理中去，两方面的原因导致村民的民主自治意识低，参与精准识别的主动性差。其次，村民自治缺乏经济动力，精准帮扶的群众基础弱。家庭联产承包责任制的实行使得农户分散经营，自负盈亏。在这样的情况下，村委会缺少集体经济的支持。缺乏集体经济支撑的村委会为村庄提供公共物品和服务的能力不足，从而失去凝聚群众的物质基础，无法赢得村民的认可和支持。最后，村民自治程序不规范，精准管理流于形式。民众评议环节缺失或影响过小，在涉及贫困户的识别、扶贫资金的分配和扶贫项目的承接等方面，民众评议环节往往是缺失的，或者即使进行了民众评议，评议结果也并未被纳入最终决策当中，民众的意见得不到有效表达。另一方面，是村民自治受到上级的行政渗透，村干部是上级意愿的执行者，村民是被动的接受者，也就无法根据村庄实际的贫困情况进行精准施策。

面对村民自治在精准识别、精准帮扶和精准管理方面的问题，制度化地嵌入中国共产党的领导是脱贫攻坚取得成效的关键。依托于党的领导能够激发精准识别的参与积极性，党员发挥先锋模范作用，以党员参与带动村民参与，使村民参与到村庄公共事务的商讨、建设中，依托农村党组织举办民主生活会、民主评议会等，以党内民主带动人民民主，激发村民参与村庄公共事务的热情。借助于党的领导能够提升精准帮扶的群众基础，第一书记遍访贫困户，与贫困户保持密切的联系，是群众表达自身利益诉求的平台与出口。一些地方为了有效解决空壳村问题，采取了党组织领办合作社发展集体经济，党的领导为村域提供更多的公共物品与服务，在更大程度上赢得村民的支持，厚植精准帮扶的群众基础。借助于党的领导有助于规范精准管理的程序，党组织对民主评议会的全过程实行监督，及时纠正民主评议不举行、不重视、走形式等问题，保障村民的发言权和选择权。此外，党的领导是执行上级政策和表达民众需求的平衡点，在党的“五级书记”领导体制下，将党中央的扶贫意志经过省、市、县、乡自上而下传达至村一级，由第一书记将党中央意志落实到具体的扶贫实践中。在自下而上的过程中，第一书记是群众意见的接收者、汇合者，将群众意愿与诉求逆向传导至中央，实现自上而下和自下而上的连接，进而保障村民在自治中的主体地位。脱贫攻坚是一个长期而艰难的过程，面对村民自治的困境,在扶贫脱贫行动中嵌入中国共产党的领导,实现"五级书记挂帅、第一书记驻村"的新型领导体制,是锚定精准扶贫航向、提升扶贫工作水平的内在要求。

3. 基层行政悬浮,驱使大力提升扶贫领导能力

基层政府位于行政体系链条的末端,基层政府行政效率的高低对精准扶贫的效果有重要的作用,在贫困治理的具体实践过程中,基层政权悬浮和策略性扶贫问题严重。税费改革后,基层政府与农民的关系从"汲取型"转变为松散的"悬浮型"①。处于"半瘫痪"状态的基层政府丧失了管理村级事务的能力,也缺乏与村民沟通的制度性渠道,致使基层政府对于贫困村贫困户情况的了解程度低。基层政府不再向农民"要钱要粮",基层政府对农村的干预变得"无利可图",因而基层政府不愿意介入村级事务。能力和动力的双重缺乏使得基层政府对村民的组织和动员能力都在下降。除政权悬浮外,基层政府为应对上级政府而采取的策略性扶贫问题也同样值得关注,基层政府可资利用的资源较少,但同时基层政府又承担着繁杂的各类事务,在此矛盾下,基层政府往往选择性执行上级政策,以应对上级考核和检查为工作重点,主要表现在扶贫政策异化和扶贫样板打造两个方面。扶贫政策异化是基于基层政府对政策实施的自主空间,基层政府倾向于对上级扶贫政策作出有利于自身的重新解释。打造扶贫样板是基层政府往往选择配套资金充足、承接能力和组织能力强的村庄和家庭作为扶贫项目的实施重点,将这些村庄打造为扶贫脱贫的典型村,以应付上级检查,这种做法就会导致真正的贫困户进一步边缘化,进一步加大了贫富差距。

将党的领导贯穿精准扶贫的全过程、全领域,实行"五级书记挂帅、第一书记驻村"的新的领导体制能够破除科层制的弊端,进而破解基层政权的"悬浮"和扶贫中的策略性扶贫难题。通过党组织的规范实现"悬浮"化的基层政权的"软着陆",②通过各级"一把手"负责制,将扶贫任务层层分解压实,逐级

① 周飞舟:《从汲取型政权到"悬浮型"政权——税费改革对国家与农民关系之影响》,《社会学研究》2006 年第 3 期。

② 高军龙、寇荷超、张海洋:《协同治理:"悬浮"化乡镇基层政权"软着陆"的实现理路》,《理论导刊》2015 年第 8 期。

下沉到基层政府,强化乡镇政府在扶贫领域中的权责。乡镇党委全面落实主体责任,将精准扶贫作为重点工作纳入基层党组织的建设目标,通过召开党委会议专题研究精准扶贫、精准脱贫工作并制定实施方案,具体分配职责与任务,并在乡镇一级建立党委领导、政府主导、各部门配合的工作机制。党委主要负责人带头遍访贫困村,贯彻落实党的群众路线,了解群众需求,以之增进群众认可,成为引领群众脱贫奔康的主轴力量。借助于党的力量强化对基层政府及其领导人的监督是应对策略性扶贫、确保扶贫成效的根本保证,通过党内监督并带动村民监督,加大对基层政府在扶贫项目的实施推进以及扶贫决策、验证信息的公开,减少扶贫政策执行中的异化和阻滞。"悬浮"的基层政权在扶贫减贫中采取的政策"再解释"和打造扶贫样本等行为导致扶贫政策走样,背离了"精准"的要求,构建横向到边、纵向到底的"五级书记"一起抓扶贫的"一把手"负责制,是规范乡镇政府的行为、理清其权责和定位、保障扶贫政策精准实行的关键所在。

二、基层实践:村党组织书记"一肩挑"模式

村级党组织是党在农村全部工作和战斗力的基础,是贯彻落实党的扶贫开发工作部署的战斗堡垒。中国共产党始终坚持党管农村工作,高度重视发挥村级党组织在动员和带领群众打赢脱贫攻坚战中的作用。习近平总书记指出:"扶贫开发,要给钱给物,更要建个好支部。要把扶贫开发同基层组织建设有机结合起来,抓好以村党组织为核心的村级组织配套建设,选好配强村级领导班子。"①2018 年 9 月,中共中央、国务院印发的《乡村振兴战略规划(2018—2022 年)》强调要"坚持农村基层党组织领导核心地位,大力推进村党组织书记通过法定程序担任村民委员会主任和集体经济组织、农民合作组织负责人"②。村级组织负责人"一肩挑"的模式是确保村党组织在农村的核心地位,推进贫困治理和乡村振兴的创新性实践。

① 《习近平扶贫论述摘编》,中央文献出版社 2018 年版,第 37 页。

② 《中共中央国务院印发〈乡村振兴战略规划(2018—2022 年)〉》,《人民日报》2018 年 9 月 27 日。

（一）村党组织书记“一肩挑”的实践指向

农村要发展，农民要致富，关键靠支部。党的十八大以来，针对一些贫困村存在的基层党组织软弱涣散、党员教育宽松软、党建主体责任缺失等问题，党中央提出严格要求、持续整顿，建强基层党组织为民办事服务、助力农村减贫增收。党的十九大以来，中央高度重视党的基层组织建设并积极提倡推进村党组织书记的“一肩挑”①，各省市分别制定了全面推行“一肩挑”的政策、办法和要求，“一肩挑”模式在推进乡镇及村制改革的过程中取得了明显进展。“一肩挑”的施行有着强烈的实践指向，在强化党的领导权威、理顺“两委”关系、密切党群关系和优化组织体系等方面都具有积极作用，是一次村级治理的重大改革。

1. 强化党的领导权威，推进扶贫政策落地落实

农村工作是全党工作的重中之重，农村基层党组织是农村工作的领导核心。村民自治的推行改变了农村的权力结构，权力来源的不同和制度安排的漏洞挑战着党组织的领导，基层党组织甚至面临被架空的威胁，严重影响了农村扶贫脱贫的效果。从权力来源看，实行村民自治以后，由村民直接选举出来的村委会主任拥有广泛的民意基础，受村民委托而成为带领村民脱贫致富的责任人，相比之下，由党员选举出来的党组织书记则难以得到村民认可，村民们大多认为“主任是村民选举出来的，村务大事主任说了算，支部书记是党员选举出来的，只管党务就行了”②。从制度安排看，农村基层党组织的领导核心地位缺乏具体明确的制度安排。《村民委员会组织法》（1998）规定，“村民委员会办理本村的公共事务和公益事业”，“中国共产党在农村的基层组织，按照中国共产党章程进行工作，发挥领导核心作用”。③ 修订的《村民委员会

① 参见《中国共产党支部工作条例（试行）》（2018）、《中国共产党农村工作条例》（2019）、《中国共产党农村基层组织工作条例》（2019）、《中共中央国务院关于坚持农业农村优先发展做好“三农”工作的若干意见》（2019）、《中共中央国务院关于建立健全城乡融合发展体制机制和政策体系的意见》（2019）以及2021年中央一号文件等十九大以后中央出台的文件，政策中都明确强调“推行村党组织书记通过法定程序担任村委会主任”，且表述的限定性语词都较为积极，如“应当”“大力推进”“全面推行”等。

② 卫裕国：《农村两委“一肩挑”模式下的党组织执政能力研究》，《前进》2007年第7期。

③ 《中华人民共和国村民委员会组织法　中华人民共和国城市居民委员会组织法》，中国法制出版社1998年版，第3页。

组织法》(2010)在“发挥领导核心作用”的基础上，强调了“领导和支持村民委员会行使职权”①，突出在农村工作中尤其是“两委”关系层面发挥党的领导核心作用的重要性。《中国共产党支部工作条例(试行)》(2018)指出，“村党支部全面领导隶属本村的各类组织和各项工作”②。但“领导核心作用”“全面领导”等提法都较为模糊，在运行中存在界限不明、随意性较大和解释空间宽泛等问题，在农村的实际工作中，党组织领导核心作用的发挥取决于村支书和村主任对于“领导核心”的个人理解③，个别地方甚至出现村委会主任借此打压村支部书记的情况。基层党组织是贯彻落实党中央决策部署的“最后一公里”，在村级党组织领导权威弱化的情况下，一些地方的村委会主任成为村庄唯一的“当家人”，掌握主导权的村委会主任在扶贫政策执行过程中往往利用其所掌握的资源，通过歪曲解释、敷衍应对等不正当的方式攫取私人利益，一定程度导致扶贫政策的执行梗阻。除村民委员会以外，农村各类经济组织和社会组织在迅速发展的过程中出现了一些混乱和边界不清的问题，也对党组织领导核心作用的发挥造成了阻碍。

实行村党组织书记“一肩挑”可以扩大党组织领导的民意基础，有利于强化、显化党在农村贫困治理中的领导核心地位，不断提高党的领导水平和执政水平。在民意方面，村党组织书记“一肩挑”需要经过村民选举这一关。“一肩挑”负责人拥有村民民主选举和党内民主选举两种权力来源，其选举过程将组织的意图和村民的意图有机结合起来，从而大大增强了党在农村贫困治理中的领导权威性和合法性。在制度方面，村党支部书记兼任村主任，从而实现对村委会的直接领导，对村内大小事务进行直接管理，将党中央扶贫脱贫的政策、方针和措施贯彻落实到村委会的各项工作中，做到“两手抓”，为减少扶贫政策的执行梗阻，推进扶贫政策落地提供有力保障。

2. 缓解“两委”关系对立，提升扶贫资源获取能力

村党支部和村委会是农村的主要支撑力量。改革开放后，随着农村流动

---

① 《中华人民共和国村民委员会组织法》，人民出版社2010年版，第3页。

② 《中国共产党支部工作条例(试行)》，人民出版社2018年版，第11页。

③ 程同顺、史猛：《推进村级组织负责人“一肩挑”的条件与挑战——基于P镇的实地调研》，《南开学报(哲学社会科学版)》2019年第4期。

性、开放性的增强，“两委”关系逐渐恶化，冲突与矛盾不断加剧，互相之间推诿扯皮，二者之间的内耗削弱了贫困村扶贫资源的获取能力，减缓了贫困村和贫困户的脱贫进程。一方面，村党支部和村委会分设，两个“一把手”产生了竞争，尤其是在村庄资源严重匮乏的贫困村，“两委”之间的矛盾与冲突更为严重。村支部认为村委会是在与村支部争权，试图架空党支部，而村委会则认为党支部排挤致其法定权益受到侵害①。村党组织和村委会将大部分精力用在了相互拆台、相互抗争方面，反而忽视了扶贫项目的发展、集体经济的建设以及贫困户的识别与帮扶等关键问题。另一方面，依据现有法律制度的规定，“两委”之间存在职权交错、责任不清的现象，导致扶贫工作中“谁来扶”的问题一直较为模糊。依据《中国共产党农村基层组织工作条例》(2019)的规定，村支部的主要职责是“讨论和决定本村经济建设、政治建设、社会建设、生态文明建设以及乡村振兴中的重要问题”②。而2018年修订的《中华人民共和国村民委员会组织法》则规定，“村中大事”应由村民通过村委会、村民代表会议和村民大会等自治组织来决定③。“村中大事”“重要问题”的提法较为模糊，在实际操作过程中也很难界定。村党组织和村委会各自运作、相互推诿，出现了“谁说了都不算”“谁都不愿干”甚至是“对着干”的现象④。对于与扶贫资金相关的有利可图的事项，两边抢着干。对于识别贫困户、跑项目等耗时、耗力且见效慢的事情，两边都不干，“两委负责”变成了“两不负责”。

村党组织书记“一肩挑”制度能够有效避免职务分设所导致的关系对立，明晰扶贫工作中的权责，提升贫困村的扶贫资源获取能力。村党组织书记“一肩挑”将两个“一把手”合二为一，从而为村“两委”之间的沟通和协调提供了平台，“‘两委’之间即便还存在着关系问题，也完全可以通过村党组织内

---

① 徐增阳、任宝玉：《“一肩挑”真能解决“两委”冲突吗——村支部与村委会冲突的三种类型及解决思路》，《中国农村观察》2002年第1期。

② 《中国共产党农村基层组织工作条例》，人民出版社2019年版，第5页。

③ 《中华人民共和国农村土地承包法　中华人民共和国村委员会组织法》，中国民主法制出版社2019年版，第6页。

④ 陈军亚：《农村基层党组织“一肩挑”的制度优势与现实障碍》，《人民论坛》2019年第11期。

部或村委会内部工作来协调,这比组织间的协调应当容易得多”①。在这种“一肩挑”模式下,“一把手”成为“两委”之间沟通的桥梁和纽带,进而减少“两委”争权夺利而导致的村庄治理失序。由此观之,“一肩挑”可以减少“两委”之间的内耗,以“促进村庄经济发展、增进村庄减贫成效”为统一的目标引领,驱动“两委”将精力集中到为村庄发展集体经济、发展特色产业及争取扶贫项目等事务中来,以保障村民自治的有效运转和农村治理的良性发展。通过“一肩挑”将扶贫脱贫的责任直接落到一人身上,强化“一把手”的责任意识,破解以往存在的扶贫任务无人承接,扶贫责任无人承担的问题,厘清归属于党组织的事务和归属于村委会的事务,系统梳理各个组织的基本任务、重点任务、主要职能和职责,协调各个组织各负其责,提高办事效率,规避责任模糊的情形,让村庄扶贫脱贫“有人管”且“有成效”。

3. 密切党群干群关系,提高对贫困户的认知和帮扶能力

“党的根基在人民,党的力量在人民。”②群众路线是党的生命线,“我们党的最大政治优势是密切联系群众,党执政后的最大危险是脱离群众危险。党风问题、党同人民群众联系问题是关系党生死存亡的问题”③。在新时期新形势下,农村党员人数不足,党员老龄化等问题影响党组织队伍建设,导致党在人民群众中的威信下降,部分党员党性退化、漠视群众疾苦,与村民的接触甚少,基层党组织出现了弱化、虚化、边缘化的问题,进一步加剧了群众对党的不信任,严重影响了扶贫脱贫中基层党组织战斗堡垒作用和党员先锋模范作用的发挥。《中国共产党支部工作条例(试行)》(2018)规定党支部是党的基础组织,担负组织、宣传、凝聚、服务群众的职责④。《中国共产党农村基层组织工作条例》(2018 年修订)也对村党组织的职责作出了规定,“组织群众、宣传群众、凝聚群众、服务群众,经常了解群众的批评和意见,维护群众正当权利

① 唐鸣、张昆:《论农村村级组织负责人党政“一肩挑”》,《当代世界社会主义问题》2015 年第 1 期。

② 习近平:《在庆祝中国共产党成立 95 周年大会上的讲话》,人民出版社 2016 年版,第 18 页。

③ 《中国共产党章程》,《人民出版社》2017 年版,第 4 页。

④ 参见《中国共产党支部工作条例(试行)》,人民出版社 2018 年版,第 4—5 页。

和利益,加强对群众的教育引导,做好群众思想政治工作”①。但对于“群众路线”的具体贯彻缺乏强有力的约束,“为人民服务”还停留在文件报告上、在党员口中,偏偏不在实际工作中,不在人民群众心中。一些党员为民服务本领不强,面对扶贫脱贫中遇到的困难往往躲着走绕着走,严重影响了农民脱贫的时效。习近平总书记指出,要“增强村党组织联系群众、服务群众、凝聚群众、造福群众的功能,真正发挥战斗堡垒作用,成为带领乡亲们脱贫致富奔小康的主心骨、领路人”②。

村党组织书记“一肩挑”的制度设计在实践过程中通过党建引领,逐步加深基层党组织和党员与人民群众的联系,重构起村民对于村党支部的信赖,厚植贫困治理和乡村振兴的群众基础。通过实行“一肩挑”更新党组织成员,“两委”交叉任职,将村委会中的优秀干部、集体经济组织、农民合作经济组织中的致富能手发展成为党员,为党组织注入新鲜的血液,选优配强基层党组织书记,选好农村工作的“领头雁”。此外,“一肩挑”负责人的产生过程能够对农村党组织形成竞争压力,根据2002年《关于进一步做好村民委员会换届选举工作的通知》的文件精神,主张“提倡拟推荐的村党支部书记人选,先参加村委会的选举,获得群众承认以后,再推荐为党支部书记人选;如果选不上村委会主任,就不再推荐为党支部书记人选”③。这就要求村党组织成员将为人民服务的思想牢记于心,深入群众、了解群众、联系群众,将党的工作由“虚”向“实”转化,牢牢植根于为村民发展服务的具体事务之中,把握贫困户和农民的实际需求,制订切实可行的帮扶计划,做到扶贫为了群众,增强人们群众对党的满意度和认同感;在与群众的深刻联系中加强思想教育宣传,引导贫困群众摒弃“靠着墙根晒太阳,等着别人送小康”的“等靠要”思想,树立脱贫的自主自觉行动,进而在贫困治理和乡村振兴中凝聚最广大人民群众的磅礴力量。

---

① 《中国共产党农村基层组织工作条例》,人民出版社2019年版,第11页。

② 习近平:《在河北省阜平县考察扶贫开发工作时的讲话》,《求是》2021年第4期。

③ 《中共中央办公厅、国务院办公厅关于进一步做好村民委员会换届选举工作的通知》,见http://www.gov.cn/gongbao/content/2002/content_61679.htm。

4. 完善党组织领导下的乡村治理机制,推进农业农村现代化

党的十九届五中全会指出,"十四五"时期要努力实现"社会治理特别是基层治理水平明显提高",为乡村治理指明了目标和方向。农村社会发展中产生的各类组织在活跃农村社会的同时也带来了一系列的问题,各类组织各行其是,未形成整体合力,出现了治理碎片化的问题,主要表现在村级集体经济发展严重不足和集体行动的困境两个方面。其一,农村集体经济是公有制经济的重要组成部分,发展农村集体经济是保障小农户与大市场有效对接,建立脱贫攻坚长效机制的重要依托。但农村集体经济的发展长期受制于带头人能力不强、集体行动困难的桎梏。其二,农村中的村党组织、村委会、村集体经济、农民合作组织及其他各类不断发展的社会组织在农村社会中并存,却缺乏统一的整合机制,出现了扶贫责任主体不明、扶贫资源分配不均、扶贫管理工作混乱等问题,致使一些村庄规划的项目无法实施,扶贫有效性降低。

村党组织书记"一肩挑"担负起发展集体经济和整合村级组织的担子,能够发挥整合效益,推进脱贫攻坚与乡村振兴有效衔接,健全现代乡村治理体系。《中共中央国务院关于稳步推进农村集体产权制度改革的意见》指出,"围绕巩固党在农村的执政基础来谋划和实施农村集体产权制度改革,确保集体经济组织依法依规进行,逐步实现共同富裕"①。2020 年中央一号文件指出,要充分发挥农村基层党组织的领导作用,"组织群众发展乡村产业,增强集体经济实力,带领群众共同致富"②。由村党组织书记兼任集体经济组织负责人,实际上是破解集体行动困境,降低决策成本、组织成本,增强集体经济组织灵活性的正常反应。③ "一肩挑"的村党组织书记经过党内选举、村民选举和股东会选举多个步骤把关,能力和素质过硬,能够成为发展集体经济的带头人,由"一肩挑"的村党组织书记依据村庄的比较优势进行整体设计,统筹开发集体资源,促进集体资产保值增值,农民从集体经济中获得财产性收入,

① 《中共中央国务院关于稳步推进农村集体产权制度改革的意见》,人民出版社 2017 年版,第 5 页。

② 《中共中央国务院关于抓好"三农"领域重点工作确保如期实现全面小康的意见》,《人民日报》2020 年 2 月 6 日。

③ 高鸣、芦千文:《中国农村集体经济:70 年发展历程与启示》,《中国农村经济》2019 年第 10 期。

从而实现集体经济的益贫效应。四川省“一肩挑”村（社区）33493个，占比达到97.5%，党组织书记担任村级集体经济组织负责人约占83.1%。[①] 2019年年末，全省村集体经济组织总收入130.38亿元，当年有经营收益的村27745个，比2018年增加4455个。其中，当年经营收益在5万元以上的村5055个，比2018年增加430个，成员从集体分红总额达1.76亿元。[②] 村党组织书记“一肩挑”通过整合村级组织，实现了村庄持续发展的目标。2019年发布的《关于建立健全城乡融合发展体制机制和政策体系的意见》强调要“全面推行村党组织书记担任村级集体经济组织、合作经济组织负责人”。《乡村振兴促进法》规定“建立健全党委领导、政府负责、民主协商、社会协同、公众参与、法治保障、科技支撑的现代乡村社会治理体制”。村党组织书记“一肩挑”是创新基层党组织工作机制的有益实践，以村党组织为领导核心，村委会、村集体经济组织、农民合作组织等为主体，构建“1+X”的村级治理体系，持续巩固拓展脱贫攻坚成果，接续推进脱贫地区乡村振兴，提升乡村治理能力。

（二）村党组织书记“一肩挑”的现实困境

适宜的条件和良好的外部环境是制度运行的有力保障，由于农村各方面条件的限制和不利因素的影响，村党组织书记“一肩挑”在运行中也面临制度不明、民意不达、监督不力、人才不足等现实困境，影响了“一肩挑”的制度效力。

1. 缺乏完善的制度规范，与现行法律法规之间存在多重张力

村党组织书记“一肩挑”尚未形成完善的制度规范，村党组织书记担任村委会主任和村集体经济组织、农民合作组织负责人使政治、经济和自治等社会组织的性质和职能界限更为模糊、混同，进而与现行的法律法规存在多重张力。村党组织书记担任村委会主任与现行的村民自治的法律法规存在张力。一是在村委会主任的产生方式上，《村民委员会组织法》（2018年修订）明确

---

① 《高标准严要求　选优配强乡村振兴主力军》，《四川日报》2021年5月6日。

② 《全面推进农村集体产权制度改革》，《四川日报》2020年11月6日。

规定,“村民委员会主任、副主任和委员,由村民直接选举产生。任何组织或者个人不得指定、委派或者撤换村民委员会成员”①。而党组织书记“一肩挑”意味着村委会主任候选人先经由党内选举,与村民自治中“村民直接行使民主权利”的要求产生了张力。二是村委会主任参选的法律资格方面,《村民委员会组织法》(1998)规定,村委会主任的候选人资格具有普遍性,除被法律剥夺政治权利的人,年满十八周岁的村民都有选举权和被选举权②,2010 年、2018 年先后修订的《中华人民共和国村民委员会组织法》也一直沿用这一规定。村党组织书记“一肩挑”内含了参选人首先必须是“中共党员”这一要求,从而排除了非党员参选的资格,这与现行的以《村民委员会组织法》为代表的法律法规之间产生了较大的张力。在缺少直接法律依据的情况下,如果基层政府仅用策略化的方式排除非党员村民竞选村主任,那么党和国家在基层群众中的政治权威就会面临透支甚至丧失的危险。特别是党支部书记带领群众发家致富的能力不强时,群众选举其为村委会主任的意愿就大大降低。

村党组织书记担任村集体经济组织负责人和农民合作组织负责人的环节也存在与现行法律之间的张力。在村集体经济组织负责人的法律资格方面,《民法典》第 96 条明确规定农村集体经济组织是一种特别法人,是独立的民事主体③。按照法律规定,拥有村集体产权的人员才有资格担任集体经济组织的负责人,如果当选的村党支部书记不拥有本村的集体产权,村党组织书记“一肩挑”就难以实现。在农民合作组织负责人的法律资格方面,《农民专业合作社法》(2017 年修订)第 33 条规定,“理事长、理事、执行监事或者监事会成员,由成员大会从本社成员中选举产生”④。在党内选出的村党组织书记不是农民专业合作社的社员时,“一肩挑”也面临推行困境。如果将当选的村党组织书记调整为农民专业合作社社员则面临一系列参选条件限制,且成员大会或者成员代表大会并不一定会通过,“一肩挑”的合法性容易受到质疑。

---

① 《中华人民共和国农村土地承包法　中华人民共和国村民委员会组织法》,中国民主法制出版社 2019 年版,第 6 页。

② 《中华人民共和国农村土地承包法　中华人民共和国村民委员会组织法》,中国民主法制出版社 2019 年版,第 3 页。

③ 《中华人民共和国民法典》,人民出版社 2020 年版,第 25 页。

④ 《中华人民共和国农民专业合作社法》,中国民主法制出版社 2018 年版,第 4 页。

2. 村务参与空间缩小，村民的支持度和认可度不够

“一肩挑”的村党组织书记“自上而下”的工作方式导致村民参与的空间缩小是阻碍“一肩挑”全面推行的障碍之一。农村基层党组织是基层的战斗堡垒，采用的是“政令下达”的工作方式，而村民委员会是村民自治组织，采用的是“民意上传”的工作方式。长期位于党组织系统内的党组织书记“一肩挑”以后，通常按照民主集中制的原则，通过“任务下达”统筹安排和贯彻执行各项事务，压缩了村民“自下而上”参与的空间。在扶贫移民搬迁中，通常由村党组织书记与乡镇及县级党委对接，村党组织书记根据上级精神制订本村移民搬迁计划，以权威推进限期实行对于宅基地安置方案、补偿赔付标准、搬迁时限等与群众生产生活密切相关的问题，村民的反馈渠道少、参与度低甚至一些是零参与，不仅没有实现“搬迁一户，脱贫一户”的目标，甚至一些贫困户因此陷入更深层次的贫困；在农村集体产权制度改革中，“一肩挑”的村党组织书记，往往自上而下地制定和传达改革方案较多，而自下而上征集村民意见较少，村民参与空间被压缩，削弱了“一肩挑”制度的实践效力。加之各地在村“两委”换届中对村党组织书记“一肩挑”的合理性和正当性宣传不足，一定程度上存在“只做不讲”的情况。对海南的调查结果显示，29.1%的村民对“一肩挑”持赞成态度，另有37.5%的人持反对态度。① 有对上海市的调查结果显示，18%的村民不清楚“一肩挑”政策，16%的村民不赞同该举措②。村民未形成对村党组织书记“一肩挑”的正确认识，严重影响了村民对“一肩挑”的认可和支持。

3. 监督供给不到位，权力集中容易滋生腐败

自2020年以来，全国绝大多数省份在村级组织换届选举中全面推行村党组织书记“一肩挑”制度。2021年中央一号文件《中共中央国务院关于全面推进乡村振兴加快农业农村现代化的意见》要求“与换届同步选优配强村务监督委员会成员”③。然而，在实践过程中，村务监督委员会的效能发挥十分有

---

①　杨素稳、李白山：《海南农村基层党建存在的主要问题与对策分析》，《海南大学学报（人文社会科学版）》2013年第3期。

②　谢炜、郝宇青：《乡村振兴视域下“三治融合”实施成效研究——基于上海的实证调查》，《学习与探索》2021年第2期。

③　《中共中央国务院关于全面推进乡村振兴　加快农业农村现代化的意见》，人民出版社2021年版，第22页。

限。因此,在同级、下级、上级三个维度的监督都存在供给不到位的情况,村党组织书记“一肩挑”后容易产生滥权和贪腐行为。村“两委”之间的相互监督格局被打破,村民监督委员会的效力较弱导致同级监督的不足。在长期的村级组织运作中,村党组织和村委会形成了二元权力运行结构,村党组织是“国家代理人”,而村委会则扮演“村庄当家人”的角色,角色定位的不同造成了两者在村庄公共事务方面的竞争,形成相互之间的监督与制约。比如,对于土地征收补偿款的分配需由村党支部和村委会联合审议、联合签批①。而实行“一肩挑”意味着村党组织、村委会、集体经济组织都由一人负责,打破了两委二元权力的监督制约模式,“一肩挑”当选人具有了更大的行动自由空间,形成了权力的相对集中。且“一肩挑”当选人管理着村集体资产,掌握着扶贫资金、扶贫项目等资源的分配权,权力与资源的多重叠加增加了权力滥用的可能性。村民监督委员会的效力低下,一些村民监督委员会“走过场”的形式主义问题严重,难以发挥监督效力。同级监督约束力的下降使得“一肩挑”村党组织书记更加容易陷入“家长制”和“一言堂”,产生滥权和贪腐行为。下级监督也存在效力不足,副职对正职依赖性较大,副职权力不稳定且力量较弱的问题,难以有效牵制正职的权力。上级监督作用不强,乡镇党委和政府通常与村级干部形成“利益共同体”,较高级别的纪检部门的监督作用范围有限,难以监察到村一级。权力导致腐败,绝对权力导致绝对腐败,“一肩挑”将权力集中于一人,又尚未形成对“一肩挑”村党组织书记权力的有效监督和制约机制,面临着“上级监督太远,同级监督太软,下级监督太难”的困境,这不仅不利于改进和加强党的领导,反而会进一步削弱党的领导,对巩固脱贫攻坚成果和乡村振兴战略实施的效能发挥造成损害。

4. 乡村流出性衰败,党员队伍难以适应竞争压力

党员队伍数量不足、老化严重、素质不高等问题导致“一肩挑”缺乏充分的人才资源保障,阻碍“一肩挑”的全面有效推行。集村支部书记、村委会主任、集体经济组织负责人等多重角色于一身要求“一肩挑”的候选人需具有党

① 董敬畏:《村级组织负责人“一肩挑”制度面临的挑战及对策》,《中州学刊》2020 年第 9 期。

员身份，具有村民群众基础，具有政治领导、社会管理、企业经营等多种能力。改革开放后，大量的农村人口流向城市，一些地区尤其是西部农村地区人口“空心化”问题比较严重，农村陷入了“流出性衰败”的困境，支撑“一肩挑”的人才资源严重不足。首先，农村党员数量发展潜力不足。根据《2019 年农民工监测调查报告》，2019 年农民工总量达到 29077 万人，其中，外出农民工 17425 万人。大量的农村青壮年进城务工，居住在农村的人口数量少，且以老、少、妇、残等弱势群体为主，农村党员的后备人才不足，一些农村党支部多年不发展党员①。农村中新党员发展数量的不足严重影响到村党组织领导核心作用的发挥，影响村党组织书记“一肩挑”的实践运行。其次，农村党员整体质量不高，“一高一低”（年龄高、文化低）现象较为突出。农村党员老龄化问题严重，随年龄结构呈现出较为明显的倒金字塔形态，老年党员已然成为农村党员的主力。在山东南部某乡镇，60 岁以上党员的比例达到 68%，50 岁以上的村党组织书记占比达到 75%②；在一西部偏远地区，65 周岁以上的党员占总数的一半以上（65.69%），而作为村主要干部黄金年龄段（35—65 周岁）的党员比例仅为 32.15%，作为生力军的 35 岁以下党员仅为 2.16%。与农村党员老龄化相对应的是农村党员队伍的文化层次普遍偏低，致富能力弱，有的地方 80%以上的农村党员是初中以下文化程度，60 岁以上的老党员绝大多数只有小学及以下文化程度③。受年龄和文化程度的限制，一些农村党员思想观念陈旧，缺乏开拓创新精神，带头致富、带领群众致富能力弱。再者，部分党员与党组织联系弱，一些“挂名党员”“三不党员”长期游离于组织之外，脱离党组织的管理，严重涣散了党组织的斗志，影响了党员队伍的先进性。党员队伍数量不足、质量不佳、流动性强导致“一肩挑”施行的后备人才供给严重不足，难以从中选出能承其重任的“一肩挑”村党组织书记。

---

① 根据民政部政策研究中心 2018 年“社会治理动态监测平台及深度观察点网络建设”项目调查的数据，28.56%的农村全年 1 名党员都没有发展。

② 张书林：《新时代农村基层党建创新：困境、肇因、路径——基于对山东农村基层党建综合调研的视角》，《中共福建省委党校（福建行政学院）学报》2020 年第 3 期。

③ 姚锐敏：《全面推行村级组织负责人“一肩挑”的障碍与路径》，《中州学刊》2020 年第 1 期。

5. 村级集体经济薄弱,激励村党组织书记"一肩挑"的动力不足

集体经济薄弱,难以实现对村"两委"的有效激励也是导致"一肩挑"难以落地的重要原因之一。从全国层面看,农村集体经济弱化和边缘化的问题严重。村集体经济总量小、负债多,集体经济"空壳村"数量巨大,2011 年,在全国 58.9 万个行政村中,集体经济经营收益在 5 万元以下的村占 79.7%,其中,集体经济经营收益为零的行政村占 52.7%,2018 年,在全国 54.5 万个行政村中,集体经济收益在 5 万元以下的村占 27.8%,集体经济收益为零的行政村占 35.8%①。村集体经济中经营性收入占比少,补助收入高,通过补助扶持只能短暂地从浅层次上帮助贫困村和贫困户脱贫摘帽,但集体经济始终面临自身发展能力不足的问题。另外,集体土地所有权不明晰,产权交易平台的不统一和经营方式的单一也导致了村集体资产的闲置。集体经济薄弱,村级组织负责人"一肩挑"缺乏有效运行的经济基础,无法激励村"两委"负责人兼任集体经济组织、农民合作组织负责人。即使村"两委"负责人通过合法程序成为了集体经济组织、农民合作经济组织的负责人,也无法实现扩展农民增收渠道,增加农民财产性收入的目的。

农村产权制度改革始终是农村经济体制改革的重点和难点,党的十八大以来,中央重点推进农村集体资产的清资核算和"三权分置"改革,一些地方积极推进资源变资产、资金变股金、农民变股东,然而村民委员会与集体经济组织的职责不清,权能关系混乱,许多地方的集体经济产权由村民委员会代行,村民委员会掌握着集体经济的经营权、管理权和组织权,进而造成集体经济可持续发展能力不强。

(三)村党组织书记"一肩挑"的路径选择

在后扶贫时代,为进一步发挥村党组织书记"一肩挑"制度在治理相对贫困中的优势,需要克服上述诸多方面的障碍或困境,建立健全新型的农村领导体制和工作机制,构建中国共产党领导下的系统完备、科学规范、运行高效的

---

① 高鸣、芦千文:《中国农村集体经济:70 年发展历程与启示》,《中国农村经济》2019 年第 10 期。

农村贫困治理体系。

1. 加强与法律法规的衔接,缓解“一肩挑”与现行法律法规之间的张力

村党组织书记“一肩挑”起多重职务,承担的责任更重,对党组织书记的要求也更高,在此情景下,可以从三个方面着手,缓解村党组织书记“一肩挑”与现行法律法规之间的张力。一是加快研究制定农村集体经济组织的法律法规,目前,《村民委员会组织法》是村民自治主要的法律依据,村党支部依据党章和相应的党内法规为行事依据,农民合作组织主要依据《农民专业合作社法》,而农村集体经济组织则缺乏专门的法律依据。研究制定农村集体经济组织的法律法规,明确规定集体经济组织的运作机制及其负责人的产生方式、职能职责、任期等,明确村委会与村集体经济组织的职责范围,为村党组织书记担任集体经济组织负责人提供法律层面的保障。二是用好上级党委的力量,强调上级党委对“一肩挑”候选人进行把关,确保候选人的政治素质、能力素质及群众基础都过硬。三是完善以《村民委员会组织法》《农民专业合作社法》《公司法》等为代表的法律及相关法规,对党组织的全面领导作用作出更加明确、清晰的界定,减少因法律规范的模糊性而导致的执行困难和操作异化情况,保证“一肩挑”的村党组织书记决策的科学性和准确性。

2. 统筹党内民主和协商民主,构建内外联结的衔接治理机制

加强党内民主和协商民主的建设,构建党内民主与协商民主融合决策的机制、内外联结的衔接治理机制。统筹党内民主与协商民主,规范完善候选人的提名方式和介绍办法,实现党支部书记人选组织满意和党员满意,探索建立党内询问和质询制度,党支部书记接受党员群众对贫困户帮扶、扶贫移民安置等事项的质询。创新村民议事协商形式,探索建立村民小组议事协商机制,“一肩挑”村党组织书记的选举、扶贫资金分配使用、扶贫产业发展规划以及集体经济改革等事务的决策权都要“下沉”到村民手中,由村小组会议、村民会议或村民代表大会提出意见,经过商议作出最后决策。调节外部压力与内部压力,借助上级政治资源增进村民对“一肩挑”的认可和接受,借助党的话语体系的权威性和传播力重塑村民认知,通过“政治任务”“党的政策”等话语凸显“一肩挑”的合理性,减少村民对“一肩挑”制度的质疑。

3. 实行权利清单制度,建立健全权力运行的制约和监督机制

通过建立健全上下联动、内外结合的监督机制以降低“一肩挑”的权力滥用和贪腐风险。建立自下而上的内部监督机制,建立健全村务公开的民主管理机制和村级权力的自我约束机制。推行村级权力清单制度,具体划定“一肩挑”的权力边界和职能职责,建立党务、村务、财务细分的事务清单,实行党务、村务、财务三公开,并明确公开的时间、形式及程序,推进各项事务公开的经常化、系统化和制度化。建立健全对村级权力的自我约束,保障村民会议和村民代表会议在村级重大事务中的议事决策地位,加强对村民监督委员会成员的培训和考核,强化村民监督委员会对村务公开和村民代表会议议事情况的监督,明确监督的内容、程序和责任,打通村务监督的“最后一公里”。构建自上而下的外部监督机制。要落实地方党委和政府的责任,乡镇、县级纪委监委加大对村级党组织的党纪巡查和违法违纪行为的惩处,审计部门实行对村集体资产、村日常财务收支情况的定期审计,对在职、离职干部经济责任的专项审计,将集中审计和重点审计结合起来,规范对村级财务的监管。建立党委组织、纪检部门牵头,民政、涉农部门共同参与的公开监督小组,实行对村级权力运行的日常监督。与此同时,要加强和完善媒体舆论的监督,媒体对贫困户识别、扶贫资金使用、集体资产收益等情况进行跟踪报道,让“一肩挑”干部的权力运行在阳光下。

4. 建立村级干部后备人才库,完善村级干部选拔培育机制

统筹建立后备人才库、拓宽干部选拔渠道和创新干部选拔方式以完善村干部选拔培育机制,缓解党员队伍的年龄和结构难以适应“一肩挑”竞争压力的难题,培养带领群众脱贫致富的“中坚力量”。统筹建立“一肩挑”干部后备人才库,加强与外出党员的联系,加强对农村外出党员的摸排工作,建立外出党员管理台账,通过新媒体渠道将党日活动精神、党员学习资料等发送到外出党员手中,关心外出党员生活,鼓励外出党员回乡,从中挖掘优秀人才,以贫困治理和乡村振兴战略为抓手,同步引进扶贫产业和人才,为农村输送“回乡能人”。拓宽“一肩挑”干部的选拔渠道,打破行业、地域限制,从退役军人、返乡创业人员、下乡服务的医生、教师、律师等人群当中培养选拔党员,重点发展其中 35 岁以下的青年人才,优化党员队伍的年龄结构和知识结构,健全和完善

从村级优秀干部中选拔和招录机关公务员、事业编制人员的制度,畅通“一肩挑”村党组织书记个人晋升渠道,吸引农村青年了解和加入村级党组织,积极参加“一肩挑”村党组织书记竞选。创新干部选拔培育方式,将“内选、回请、外聘”三种形式结合起来,打破“村人治村”的传统,通过联建党支部探索村支书跨村落、跨地域任职,通过干部和村庄的双选,从机关事业单位中选派村干部领导班子以补充力量,通过院校定向培养、乡镇党委代培等方式增强村党组织的储备力量。

5. 深入推进农村集体产权制度改革,建立健全干部问责与激励机制

大力开展农村集体产权制度的改革,实行“三权分置”,推进农村集体土地所有权、承包权和经营权的分置并行,推进农村集体经营性资产股份合作制改革。改革将扶贫的资金直接分给贫困户的做法,改为将精准扶贫到户的资金和村集体的建设项目资金等扶贫资源投入村集体经济组织,作为村集体经济组织成员的股金,贫困户从中获取收益分红。以“一肩挑”村党组织书记为引领,号召村民融资,以资金入股集体经济组织、成为农民专业合作社的股东,按股分红。以“一肩挑”带头人的优势,增进与其他企业的联系,建立“以企带村、以村促企”的利益联结机制。与此同时,要建立“一肩挑”村党组织书记的问责与奖励机制。建立“一肩挑”村党组织书记的目标责任制度,“一肩挑”村党组织书记定下集体经济发展的具体目标承诺,履职情况未达标则不再继续担任集体经济组织、农民合作组织的负责人,倒逼“一肩挑”村党组织书记履职履责,助推集体经济的跨越式发展。建立针对“一肩挑”村党组织书记的激励机制,允许提取集体经济经营性收入中的一部分对“一肩挑”村党组织书记进行奖励,实现“一肩挑”村党组织书记的待遇与集体经济挂钩,激发干部的工作积极性和集体经济的发展活力。

三、改进和加强党的领导:贫困治理的效度与完善

从以解决生存为要务的救济式扶贫到以人民为中心的精准扶贫,这是中国共产党探索社会主义共同富裕道路的伟大实践。坚持中国共产党的领导是中国特色社会主义扶贫事业的本质特征和根本政治保障。中国贫困治理成功

的关键在于坚持党的领导,充分发挥党在扶贫开发中总揽全局、协调各方的作用。中国共产党对贫困治理领导作用的有效发挥,既在于高度强调合法性,也在于十分注重有效性,并将两者有机结合起来。因此,改进和加强党对贫困治理的领导,就必须从合法性和有效性的维度加以审视和考量。

(一)党领导贫困治理效度:合法性与有效性的检审

在现实政治实践中,合法性与有效性是衡量政党执政能力和领导能力强弱的两个核心维度,是构建政党现代性的两个支点。因此,能不能在贫困治理、乡村振兴战略等农村治理实践中提高中国共产党的合法性与有效性,是判断其先进性、适应性的根本指标。事实上,任何政党和政府追求的现代化,其实质都是通过治理体制机制的调整与改革,使合法性和有效性都达到较高水平,进而提升其治理能力。然而,就目前中国共产党领导贫困治理效度限度的相关研究主要侧重于单向度的实绩考察,立足于技术层面的科层制(如混合科层组织、政治—科层等)效率检审。这一定程度忽视了价值层面的考量,更难以将价值向度和技术向度结合起来。据此,党领导贫困治理效度的评价或测评有两个标准:一是价值标准,着眼于治理活动引致的主观层面的认同和承认,即合法性;二是效率标准,着眼于治理活动取得的客观层面的实绩和业绩,即有效性。因此,拟从合法性与有效性及其二者有机统一的角度分析党领导贫困治理的效度及其限度。

1. 党领导贫困治理:合法性的领导效用与治理限度

(1)党领导贫困治理与合法性

合法性的内涵主要是围绕着统治阶级与社会公民之间相互关系而延展的。经验主义学派的代表人物马克斯·韦伯认为,合法性是民众对统治者统治事实的认可和确认,任何成功与稳定的统治都是合法的,不合法的统治本身就无法存在。[①] 哈贝马斯认为,"合法性意味着,对于某种要求作为正确的和公正的存在物而被认可的政治秩序来说,有着一些好的根据。一个合法的秩

---

① [英]约翰·基恩:《公共生活与晚期资本主义》,社会科学文献出版社 1999 年版,第 284 页。

序应该得到承认。合法性意味着某种政治秩序被认可的价值”①。显然,以哈贝马斯为代表的规范主义学派强调从真理、正当性的视角出发去认识合法性。② 由此观之,合法性有两个维度的理解。一个维度是合法律性,也就是指统治阶级、政府或者执政党的统治(执政)行为符合法律制度规范的要求,这也是韦伯意义上的法理型统治。当然,“这些法律”本身应当是符合社会公平、程序公正等普遍价值观的。另一个维度是认同性,也就是说统治阶级、政府或者执政党的统治(执行)行为、社会秩序和权威得到社会公众自愿的服从、支持和承认,这是一种积极主观的心理状态,属于政治价值层面。

新中国成立以来,中国共产党带领人民持续向贫困宣战。经过改革开放四十余年的努力,成功走出了一条中国特色扶贫开发道路,使七亿多农村贫困人口成功脱贫,为全面建成小康社会打下坚实的社会基础。消除贫困,改善民生,实现共同富裕,是社会主义的本质要求,也是中国共产党执政合法性的重要来源之一。党的十八大以来,中国共产党领导的精准扶贫,坚持以人民为中心,把减贫摆在治国理政的突出位置,并将脱贫攻坚作为全面建成小康社会的底线任务,实行“六个精准”“五个一批”,成功完成了消除绝对贫困的艰巨任务。中国共产党领导贫困治理的合法性效度可以从党内和党外两个层面考察,其在党内表现为凝聚力,在党外表现为向心力。就党组织内部关系而言,脱贫攻坚战强化了“书记负责制”,构建了“五级书记”抓扶贫、“一把手”负责制的全党动员促攻坚的局面,党组织以及党员队伍在扶贫过程中得到了磨砺和淬炼,真正发挥了党组织的坚强战斗堡垒作用,确立了贫困治理中党的中央组织、地方组织以及基层组织之间权责意识,促进了党组织、党员干部以及党员之间的紧密联系,充分体现了党领导精准扶贫、精准脱贫所展现出的组织力、执行力、动员力和协调力,重塑了党的权威,诠释了中国共产党的初心使命,增强了党组织内部的凝聚力和战斗力。就党和人民群众的关系而言,通过最大规模的选派驻村工作队,建立以“中央、国家机关和有关单位”的定点帮扶、东西部协作的对口帮扶以及地方包村联户的结对帮扶为主的跨区域、跨层

① [德]哈贝马斯:《交往与社会进化》,张博树译,重庆出版社 1989 年版,第 184 页。

② 余科杰:《关于中国共产党执政合法性的几点思考》,《新视野》2017 年第 2 期。

级、跨部门的联结式帮扶网络[①],进而将中国的制度特色转化为贫困治理效能,充分体现了社会主义制度的生产分配的公平正义性,农民群众的幸福感、获得感大大增强,诠释了党和人民群众的血肉联系,密切了党群、干群关系,农民群众的政治认同感、信任度都得到了大幅度提升。由此观之,党领导贫困治理的合法性效应显著。

(2)合法性的治理限度:低度效能

党的十八大以前,党领导的贫困治理以"大水漫灌、粗放扶贫"为主要特征,扶贫脱贫的局限性明显,效度不彰。在精准扶贫制度实施以前,经过多年的开发扶贫,贫困地区和贫困人口大大减少,致贫的共性因素被极大改善。但贫困治理中的低度效能却一直存在,严重影响党领导贫困治理的合法性。有学者在对湖北和四川两省的农村社会救助政策进行评价时发现,抽取的12131户50357人中大约有6%的困难户,但其中只有28%获得了救助;而在获得救助的群体中38%的农户既非自评特困户也不是村组干部认定的困难户。[②] 也有研究在对重庆市11个易地扶贫搬迁安置点进行分析时发现,贫困治理中的"精英俘获"弱化了生态补偿政策实施效益,降低了补偿资源在主客体间的匹配效率,进而影响贫困农户收入提高,影响低收入群体的获得感。[③] 2008年有调查发现,曾经存在农村最低生活保障制度的瞄准遗漏和瞄准漏出现象。其中,在村级层面的调查分析发现,样本村中只有25.5%的最贫困农户在2007年得到了低保;同时,处于赤贫指数最低端的20%和40%的农户分别只得到了最低生活保障名额的50.67%和73.33%。[④] 上述研究表明,传统的粗放扶贫中存在"精英俘获"、瞄准偏差、应扶未扶等低度效能现象。国家虽然投入了大量的资金、人力、物力至贫困地区,但扶贫效果却不尽如人意。

---

① 左才、曾庆捷、王中原:《告别扶贫——精准扶贫的制度密码》,复旦大学出版社2020年版,第127页。

② 陈传波、王倩茜:《农村社会救助瞄准偏差估计——来自120个自然村的调查》,《农业技术经济》2014年第8期。

③ 吴中全、杨志红、王志章:《生态补偿、精英俘获与农村居民收入——基于重庆市酉阳县11个易地扶贫搬迁安置点的微观数据》,《西南大学学报(社会科学版)》2020年第1期。

④ 易红梅、张林秀:《农村最低生活保障政策在实施过程中的瞄准分析》,《中国人口·资源与环境》2011年第6期。

贫困地区产业规划脱离当地实际,搞“一刀切”,甚至强迫命令。贫困治理被当成简单的发钱发物、送钱送物,助长了“等靠要”思想。低效度的贫困治理扩大了政策享受范围,出现“垒大户”“造盆景”“走马观花”“大而化之”“手榴弹炸跳蚤”等现象,严重影响党领导贫困治理的合法性。党的十八大以后,精准扶贫战略的实施,脱贫攻坚战取得了全面胜利。与此同时,压力型体制下的扶贫“军令状”,通过层层传导压力,压紧压实责任,导致扶贫脱贫过程中的形式主义和官僚主义屡禁不止,一定程度存在文本脱贫、数字脱贫、表格脱贫、指标脱贫、算法脱贫等虚假脱贫,贫困治理过程中的利益交换、优亲厚友、民意替换甚至违法乱纪的现象引致了农民群众的不满和抗议。总之,任何偏离“真扶贫”和“扶真贫”的轨道都将对农民群众带来巨大伤害,影响着脱贫攻坚的效度。

2. 党领导贫困治理:有效性的治理效用和认同限度

(1)党领导贫困治理与有效性

有效性是指政治权力的实际作为,表征为政党或政府治理和引领的实际业绩。通常体现为政治运作的成本与收益问题,侧重于科学性和技术性层面。从马克思主义价值论的角度看,贫困治理中的有效性,是作为客体的贫困治理实践与贫困治理主体之间的“适应性”关系,贫困治理实践是正当合法且具有效率效益的,能够满足贫困治理客体和治理评价主体的需求。因此,贫困治理有效性强调作为治理主体的中国共产党领导的贫困治理过程和结果符合效率效益要求,并与社会公众的需求相符。习近平总书记曾指出,“检验我们一切工作的成效,最终都要看人民是否真正得到了实惠,人民生活是否真正得到了改善,人民权益是否真正得到了保障”①。因此,党领导贫困治理的有效性离不开对贫困群体基本需求的满足,即在社会发展的过程中注重保障和改善民生,让改革发展成果更多更公平惠及广大人民群众,使人民群众在共建共享发展中有更多获得感;在贫困治理的过程中保障贫困地区人民群众的生存权、发展权、教育权、生命权,让贫困地区人民群众的基本权益得到有效保障。

---

① 《习近平在纪念毛泽东同志诞辰120周年座谈会上的讲话》,见 http://www.xinhuanet.com/politics/2013-12/26/c_118723453_2.htm。

贫困的减少是社会个体的福利状况随着经济社会发展按照一定的标准而不断改善的过程。根据中国政府 1985 年确定的贫困标准(1978 年人均纯收入 100 元)测算,1978 年农村贫困发生率为 30.7%,贫困人口规模为 2.5 亿人。经过多年的努力,到 2010 年年底,贫困发生率降为 2.8%,贫困人口下降到 2688 万人。2011 年,中央决定将农民人均纯收入 2300 元(2010 年不变价)作为新的国家扶贫标准,全国贫困人口数量和覆盖面扩大到了 1.65 亿人。同年,国务院也印发第二个扶贫开发纲要——《中国农村扶贫开发纲要(2011—2020 年)》,提出到 2020 年消除农村绝对贫困。自党的十八大至 2020 年年底,现行标准下的农村贫困人口全部脱贫。贫困人口的收入和福利水平大幅度提升,贫困地区农村居民人均可支配收入增长持续快于全国农村,增速比全国农村高 2.3 个百分点。① 贫困地区基础设施明显改善,彻底改变了长期制约农村发展的出行难、用电难、用水难、通信难的瓶颈,从根本上破解了贫困地区脱贫致富的难题。贫困地区基础治理能力显著提高,政策执行力和竞争力不断上升。坚持抓党建促脱贫攻坚,农村基层党组织更加坚强;脱贫攻坚助力贫困地区基层民主政治建设,基层治理主动性、创造性进一步增强,基层群众自治更加有效。这些扶贫成绩的取得都来源中国共产党领导的扶贫脱贫战略,编织了从纵向到底、横向到边的立体式扶贫脱贫网络,有效地整合了组织、财政、人力、技术等资源,通过数字扶贫建设提高信息汇聚能力,优化了治理绩效,彰显了中国共产党始终坚守初心使命和强大领导能力。由此可见,中国共产党领导贫困治理的有效性得到了充分诠释。

(2)有效性的认同限度:低度同意

党领导贫困治理的有效性以农村居民的认同度与支持率为基础,即以国家的政治产品满足农村居民需要的有效程度为基础。② 质言之,如果党领导贫困治理的活动失去了人民群众认同与支持,那么党领导贫困治理的政策行动就难以顺利推进,其有效性就大打折扣。事实上,扶贫开发过程中存在的瞄准偏差、“精英俘获”、“垒大户”、“造盆景”、“拔两头”、“撒胡椒面”等行为,这

① 《人类减贫的中国实践》,人民出版社 2021 年版。

② 倪明胜:《中国共产党社会整合功能的调适与优化——基于现代政治有效性的思考》,《社会主义研究》2012 年第 3 期。

些扶贫过程产生的偏差既有乡村精英的角色转变、贫困农户的弱势地位等主观原因，也有制度文本漏洞、信息黑箱遮蔽、发展主义至上等客观原因。但无论是什么缘由，这些行为客观上都影响了党领导贫困治理的有效性，自然也影响了人民群众的主观感受，呈现出低度同意甚至认同障碍。事实上，有效性源自于人民群众基本需要的满足与实现，因此党领导的贫困治理活动需要获得人民群众的支持和认可，否则无法实现治理活动的有效性。然而，在农村扶贫脱贫过程中，一定程度上存在着行政行为与基层自治缺乏应有的张力和弹性的现象，一些地方存在被动式扶贫，村民自治不足，农民群众的参与性缺失，真正的需求未得到满足，农民的内生脱贫致富能力缺乏。单向度的有效性着重强调的是管理效能，这往往忽视参与与合作，权力自上而下的线性运动必然导致权力高度集中，权力异化现象在所难免，这势必引起人民群众的不满和异议，从而降低了认同度，损害了合法性。

3. 合法性与有效性的统合：党领导贫困治理的内在诉求

有效性与合法性是政治学常用的两个概念，一般与“政治”或“执政”相关联。李普塞特认为，“任何一种特定民主的稳定性，它不仅取决于经济发展，而且取决于它的政治系统的有效性和合法性”①。有效性意味着实际的绩效，合法性意味着政体具备提出并维持一种信念——现有的政治制度是最适合所在社会的制度——的能力。一定意义上，二者分属不同范畴，有效性是工具性的，合法性是评价性的。前者强调客观性，立足于权力运行，表现为自上而下集中性视野下的特定政绩；后者侧重主观性，立足于权力溯源，表现为自下而上弥散性视野下人民群众的散布性支持。尽管二者有明确的界限和分野，但二者却在政党执政和管理中呈现出一体两面的属性。通常在一国政党和政府治理活动的实践与研究中，有效性和合法性二者关系呈现出三种认识和判断：一是一元论，认为合法性与有效性各自是独立的、平行的，不相交的。因此，往往将某一方面作为考察和实践的唯一标准，要么单纯强调合法性，忽略有效性；要么单纯强调有效性，忽略合法性。二是主次论，认为二者相互关联，但二

① ［美］西摩·马丁·李普塞特：《政治人——政治的社会基础》，张绍宗译，上海人民出版社 1997 年版，第 55 页。

者的关联是以主次界分的,通常以某一方面为主,另一方面为次。即要么强调合法性为主、有效性为次;要么以有效性为主、合法性为次。三是互动论,认为二者密不可分、高度统合,一方的得失会影响另一方的得失。因而,二者的关系是有机统一、共同发展的。就认识论来看,先后呈现出一元论、主次论以及互动论由低到高式的梯度递升认识发展历程。目前,基于一致的共识是,两者相辅相成、唇齿相依、共同促进。合法性离不开有效性,有效性是合法性的重要基础。有效性也离不开合法性,合法性是有效性的前提和保障。两者相互转化、辩证统一,具有内在一致性。高度认同的合法性有利于政策执行的有效性实现,长期持续的有效性又可以累积政治的合法性。反之,合法性的危机会阻碍其实现有效性,有效性的缺失又会丧失合法性。事实上,任何偏废都可能带来政治发展的挫折和失败,任何政治发展都应该对合法性和有效性给予同时关照,实现联动和互补。

由此可见,合法性和有效性的统一是国家有效统治的基础。政党执政或领导的合法性和有效性在贫困治理场域也具有广泛的适用性,实现合法性和有效性的内在统一同样是党领导贫困治理的内在诉求。当贫困治理活动中的认同度和支持度下降,其政策活动的执行力和竞争力也将受到影响,反之亦然。如果人民群众认可和支持党领导贫困治理而使其具有较高的合法性,那么贫困治理活动就会顺利进行并取得良好的效果。与此同时,党领导贫困治理的合法性也要受到有效性的影响,贫困治理活动的效率、效能,即实质意义上的发展、可持续生计、脱贫不返贫等等也会深刻影响人民群众的认同度和支持度。纵观历史发展,合法性和有效性不是静止不动、一成不变的。党领导贫困治理活动体现了合法性和有效性的互动统一。一方面,要注重党领导贫困治理的合法性基础来提高贫困治理活动的有效性。这需要大力加强社会主义核心价值观的传播,积极宣扬党领导人民建设社会主义伟大事业的初心使命。另一方面,要以党领导贫困治理的有效性来提升贫困治理中人民群众的政治认同度和信任感。总的来看,党领导贫困治理需要从正确处理合法性和有效性二者关系的视角,立足于二者互动场域,寻求和构建一个动态发展的平衡点或理想的坐标,将自上而下的权力运行与自下而上的权力溯源结合起来,求解合法性与有效性二者的最大公约数。

(二)改进和加强党的领导:贫困治理的体制机制完善

在全面消除农村绝对贫困后,为了更好地实现巩固脱贫攻坚成果同乡村振兴的有效衔接,就必须从完善优化体制机制的层面改进和加强党对贫困治理的领导,进一步提升党在治国理政中的合法性和有效性,以之强化党的执政能力。

1. 坚持和完善民主集中制,提升新型举国体制的贫困治理效能

民主集中制是中国共产党的根本组织制度和领导制度。《中国共产党章程》规定,民主集中制包括党员个人服从党的组织、少数服从多数、下级组织服从上级组织等一系列基本原则。民主集中制也是党内的领导工作制度,包括集体领导、分工负责、民主集中、个别酝酿、会议决定等内容,由此不难看出,民主集中制保证了上级党委的意志命令贯彻执行,有利于在贫困治理中实现全国“一盘棋”,统筹协调各方面资源,实现贫困治理活动的效率与效能的提高。但是,党领导贫困治理过程中也出现了一些问题。如:各行其是,不执行决议,表现为多数人集体决定的事情,有些干部依旧阳奉阴违、另搞一套,上有政策、下有对策。对上级党委要求的贫困治理工作弄虚作假,假申报、迟退出,数字脱贫、表格脱贫,舍不得放弃贫困县的帽子,严重扰乱全国贫困治理工作进度。还有一些地区出现程序倒错,运行机制紊乱,糊涂决定,出现不匹配贫困县经济基础的“形象工程”、“政绩工程”、豪华办公楼等。为了更好地实现贫困治理的效果,需要继续坚持和完善民主集中制,实现新型举国体制的贫困治理效能。首先,深化民主集中制重要性的教育,把民主集中制能否得到贯彻执行提到有关党和国家前途和命运的高度来认识。其次,完善民主集中制的制度。继续健全完善民主集中制的基本制度,建立健全民主集中制的具体制度,努力探索基层党组织贯彻民主集中制的具体制度和程序。再次,完善民主集中制的理论。正确认识民主集中制的含义,明确阐释民主集中制的运行程序,科学界定民主集中制的使用范围。① 最后,抓好贯彻民主集中制的重要环节。切实维护中央权威是贯彻民主集中制的中心环节,在贫困治理中各级党

① 李剑:《民主集中制贯彻执行中存在的问题、原因及对策》,《理论学刊》1998 年第 6 期。

委和政府要服从中央要求,维护中央权威,在思想上保持一致,在行动上保持统一,不能因为个人利益破坏贫困治理的总体格局。

2. 落实全面从严治党主体责任,完善权力配置和运行制约机制

2009 年 6 月 30 日,中共中央办公厅、国务院办公厅颁布《关于实行对党政领导干部问责的暂行规定》,要求对县级以上领导干部实行问责。2015 年,《中国共产党纪律处分条例》出台,对党组织不履行全面从严治党主体责任或者履行责任不力,造成严重损害或影响的,对直接责任人根据情节轻重给予不同纪律处分。2019 年党的十九届四中全会明确提出,"完善和落实全面从严治党责任制度"。这是首次从党的历史上作出的关于全面从严治党责任制度的系统性论述。全面从严治党责任制度,是全面从严治党制度体系的重要组成部分。全面从严治党责任制度设计的目的,不是针对普通党员行为失范的情况进行责任追究,而是针对党组织和党的领导干部不履行或者不正确履行管党治党职责的行为进行重点追责问责①。基于身份的"关键少数"、集中统一的组织秩序、直面问题的自我革命是全面从严治党责任制度生成的三重根源。全面从严治党责任制度包括四个支点:规定问责主体、划定问责对象、明晰问责情形、规范问责方式,四者有机统一。(1)谁来问责是首要问题。它决定问责调查的启动和决定的作出。在贫困治理中,主要是党委、纪委和党的工作机关对贫困治理中各级领导责任的落实情况进行监督检查。(2)划定问责对象十分关键。因为党领导的贫困治理遵循的是首长负责制,因此牢牢抓住"一把手"这一"关键少数"可以有效把控贫困治理效果。(3)因何问责是判断党组织和党员领导干部是否失职的关键性问题。在贫困治理中,主要表现为没有积极履行上级指示要求,没有履行好党赋予的职责和使命。(4)怎么问责是落实责任追究的执行环节。要根据情节轻重对党员干部进行管理,通过追究党纪责任、干部责任、法律责任等形式,教育党员领导干部要恪守党的初心和使命。在贫困治理中,保留对党员干部领导不力的问责是保证贫困治理效果的重要手段。因此,需要完善党组织和党员干部的权力配置和运行制

① 石伟:《全面从严治党责任制度的法理基础与逻辑判定》,《当代世界与社会主义》2020 年第 1 期。

约机制。具体而言,首先要树立主体责任意识,思想是行动的先导,没有清晰的思想认识不会有坚定的实际行动。其次以压力传导、责任追究增加主体责任感,强化领导干部在贫困治理中的紧张感和迫切感,[①]提高政治站位,层层落实责任。最后,突出纪委监督,确保主体责任不懈怠。以不定期检查、抽查、巡视、“回头看”、审计等多重形式,解决贫困治理中基层党委主体责任不落实问题,把纪委监督嵌入到全面从严治党的主体责任中。

3. 健全党组织领导的村民自治和基层议事协商机制,厚植党领导贫困治理的群众基础

贫困治理是党领导下的惠民工程,是解决农村地区贫困,保障民生发展的重要手段。[②] 精准扶贫是新时期党领导贫困治理的全新方法,与传统的“粗放式扶贫”不同,精准扶贫着重强调“精准”,以确保“扶真贫”“真扶贫”。但国家层面的贫困治理落实至基层社会却常常出现治理失灵的窘境,出现国家话语和地方性之间的冲突,大传统与小传统的冲突,正式规则与非正式规则的冲突,显性规范与隐性习俗的冲突,如何制定出让群众满意的扶贫方案,如何动态监测新型标准下的贫困户,需要健全党组织领导的村民自治和基层议事协商机制,厚植党领导贫困治理的群众基础。第一,加强对贫困群众的教育引导,强化贫困群众的主体责任和进取精神。要大力逐步扭转落后习俗和不良生活方式,倡导新风正气和积极健康的生活方式。健全党组织领导的村民自治机制与议事协商机制,落实基层“三重一大”的党内集体决策制度和重大事项群众议事制度,切实提高村委会在贫困治理中的组织实施能力。第二,完善村民自治制度与议事协商制度,建立贫困人口参与机制,健全相对贫困人口自主发展的组织保障机制。第三,广泛听取村民意见。在村民自治中,民主决策是核心,凡是涉及村民利益的重要事项都要经过民主讨论协商,村民委员会在充分听取村民意见后,根据村民的意愿作出决策。

---

① 刘毅、杜彬伟:《基层党委落实全面从严治党主体责任的思考》,《学习与实践》2016 年第 10 期。

② 杨秀丽、徐百川:《精准扶贫政策实施中村民自治能力提升研究》,《南京农业大学学报(社会科学版)》2017 年第 4 期。

4. 引入市场机制和科学技术的扶贫开发,优化贫困治理发展模式

在社会主义市场经济体制下,无论是贫困地区的经济社会发展,还是贫困农户的个人发展,都有赖于市场机制的作用。所以,遵循市场机制,激发市场机制的潜力和活力,区域经济社会和公民个人才能有更广阔的发展。当然,党在领导贫困治理中也通过生态补偿退出机制、东西部增减挂钩指标交易等市场交易机制推动贫困地区发展。在治理相对贫困的过程中需进一步发挥市场机制和技术知识的作用,提升贫困治理的内生动力。一方面,实行政府与社会资本合作模式。政府主导的扶贫模式在扶贫攻坚方面取得巨大成果,但是也出现了效果短暂、扶贫后再返贫的问题。市场机制遵循逐利原则,贫困地区经济的发展并不必然地带来减贫效应。因此,可以通过政府与市场合作的方式克服"政府失灵"和"市场失灵",由当地政府提出具体的扶贫目标,制定出详尽的合作扶贫合约和法律法规体系,明确规定政府、社会资本和贫困人口的权利义务,由社会资本竞标扶贫开发项目,政府为中标的社会资本提供相应的服务,协同社会和目标贫困农户对中标的龙头企业、农业大户或工商企业化的专业合作社进行监管、评价和考核。① 另一方面,实行政府和科学技术合作模式。党在贫困治理中通过教育扶贫实现贫困地区"扶志扶智",提高贫困地区青少年儿童的入学率,提高中青年人的职业技能水平,这为贫困地区实现内生性发展发挥了重要作用。在未来的贫困治理中,党需要通过科学技术水平的提升和知识结构的完善来消除贫困地区相对贫困问题。众所周知,科技发展是长期投入过程,存在"市场失灵"的区域,企业很难承担这一责任,因此需要政府在贫困治理中有所作为,以技术服务和技能培训提高贫困农户就业率,以政策支持引导优秀青年到贫困地区创新创业,真正实现贫困地区自我"造血"。

5. 注重脱贫摘帽后过渡政策调整和制度设计,筑牢返贫风险识别和防范机制

贫困治理是全面建成小康社会的重要基础,也是实现乡村振兴战略的重

---

① 李爱国:《基于市场效率与社会效益均衡的精准扶贫模式优化研究》,《贵州社会科学》2017 年第 9 期。

要内容。随着全面建成小康社会、决胜脱贫攻坚任务的如期完成，中国的贫困治理呈现出从绝对贫困转向相对贫困，从农村重点突破转向城乡协调发展，从超常规决战转向常态化防控的阶段特征。① 在相对贫困的治理过程中，仍要秉持以人民为中心的核心价值理念，实现城乡融合发展。要注重脱贫摘帽后过渡政策调整和制度设计，做好制度衔接工作，筑牢返贫风险识别和防范机制。首先，2020 年后的相对贫困治理应树立以人为本、全面发展、城乡融合的目标取向。其价值导向应拓展“减贫”“扶贫”的外延，以人的全面发展和多维正义更新贫困治理的目标结构。不同于 2020 年前的贫困治理，新阶段应该树立更高的标准和目标，将人的全面发展作为价值目标和衡量标尺，满足人民群众日益增长的美好生活需要，解决不平衡、不充分发展的问题。同时，这一阶段的贫困治理应该厚植城乡融合发展理念，打破传统发展阶段中城乡割裂的既存事实，让农村人口共享城市基本公共服务与社会保障体系，实现更高水平的新型城镇化。其次，明确贫困治理政策衔接与过渡时期的重点工作，渐进提升相对贫困识别新标准。在政策衔接时期，贫困治理的重点工作是建立长效机制以巩固脱贫攻坚成果，只有如此才能为相对贫困治理提供良好基础。相对贫困的治理需要国家顶层制度设计，确立识别相对贫困的国家标准。但相对贫困具有显著的地域性、城乡性和变动性特征，因此，各省级区域需要因地制宜地根据国家标准制定适合本地的相对贫困标准。最后，建设政党、政府、社会和公民协同共振的贫困治理共同体，巩固提高国家社会保障体系。坚持党建引领基层发展的重要原则，通过党的政治引领统合横向和纵向层级的优势资源，打破碎片化贫困治理，发挥贫困治理合力。积极引导社会组织、企业参与贫困治理过程，通过市场经济的发展提高相对贫困地区经济发展活力。同时，政府部门需要完善社会保障体系，建立更高标准的教育、医疗、就业保障机制，积极监测各地区相对贫困状况，提高相对贫困地区贫困治理能力。

---

① 顾海英：《新时代中国贫困治理的阶段特征、目标取向与实现路径》，《上海交通大学学报（哲学社会科学版）》2020 年第 6 期。

结　　语

中国的全面脱贫，首次解决了世界上人口最多国家的“两不愁三保障”的问题，从整个人类史来讲都是前所未有的，可谓“三千年未有之大变局”，具有划时代的意义，彰显了中国共产党领导和中国社会主义制度的政治优势。对于社会治理和基层治理而言，通过精准扶贫实现全面脱贫这一事实也深刻表明了社会治理的有效性以及基层治理的制度优势，这是中国实现全面脱贫的最大经验。在未来，不论是为巩固拓展脱贫攻坚成果还是实施乡村振兴，都应当继续坚持这一经验，同时不断提升治理能力，发挥社会治理和基层治理在国家治理体系和治理能力现代化中的基础作用。

一、精准扶贫是一场深刻的社会治理革命

“革命”，在狭义上说，是指社会革命和政治革命，而在一般意义上讲，则是指一切事物发生根本性的变革。就此而言，综观中国扶贫的历程和脱贫成效对比，可以说，精准扶贫无论在扶贫理念、扶贫方式还是在扶贫成效等方面都堪称一场深刻的社会治理革命。

（一）“精准扶贫”是一场深刻的贫困治理理念革命

党和政府以强烈的使命感和高度的责任感，对人民群众的生活异常重视，以实现人民群众的共同富裕作为治国理政的伟大理想。进入改革开放后，面对仍然存在较大数量贫困人口的现实，邓小平从社会主义本质的高度来看待这一问题，提出“搞社会主义，一定要使生产力发达，贫穷不是社会主义。我

们坚持社会主义，要建设对资本主义具有优越性的社会主义，首先必须摆脱贫穷”①，故而自20世纪80年代中期起，我国正式开启了大规模的贫困治理。然而当时的扶贫有两个基本情况：一个是以当时的扶贫标准，贫困人口减到3000万左右就减不动了，另一个是戴贫困县帽子的越扶越多②，以至于扶贫“边扶边贫”。这种现象的产生，原因固然很多，但根本在于，过去的扶贫理念更多是注重粗放“漫灌”、只“输血”不“造血”，更多体现为扶贫而不是扶农，针对性不强。基于这一扶贫困境与尽快实现脱贫的紧迫感，2013年10月，习近平总书记到湖南湘西考察时，首次提出了“精准扶贫”概念③。在贵州又讲了“六个精准”。这“六个精准”是“精准扶贫”思想的精髓，包含了扶贫对象、帮扶方式和精准管理等各环节，且环环相扣，紧密相连，涉及扶贫开发工作每一个环节、每一个层面，抓住了扶贫开发工作的关键，贯通了扶贫开发全流程，着力整治过去“大水漫灌”式扶贫的弊端，开启了国家扶贫开发工作的新模式、新篇章。随着“精准扶贫”思想的提出，广大干部群众已认识到，贫困不单是经济维度上收入与消费的显示，消除贫困实际上还关涉贫困对象的制度保障、脱贫能力、知识文化、贫困心理、社会交往等综合因素，精准扶贫实际上是综合治理在扶贫理念上的体现，它要求改变过去小规模的救济式、解决温饱问题的扶贫政策④。这些理念为实现2020年全面脱贫奠定了坚实的基础。

从根本上看，习近平总书记的“精准扶贫”理念是对过往扶贫理念的重大创新，充分体现了目标导向与问题导向相统一、战略性与可操作性相结合的方法论⑤，不仅丰富了社会主义共同富裕的思想认识，也是中国特色社会主义理论的重要组成部分。习近平总书记对“精准扶贫”的论述，将“精准扶贫”思想上升到前所未有的国家战略高度，是马克思主义中国化的最新理论成果。⑥

---

① 《邓小平文选》第三卷，人民出版社1993年版，第225页。

② 习近平：《在决战决胜脱贫攻坚座谈会上的讲话》，《人民日报》2020年3月7日。

③ 王达阳：《习近平的脱贫方略》，《老区建设》2020年第15期。

④ 贺东航：《在脱贫攻坚中彰显中国特色社会主义制度优势》，党建网，2020年9月15日。

⑤ 黄承伟：《充分认识习近平总书记关于精准扶贫精准脱贫基本方略的重大意义》，《党建》2020年第6期。

⑥ 张祖晏：《浅析习近平精准扶贫思想的意义》，《知音励志》2017年第1期。

(二)"精准扶贫"是一场深刻的贫困治理方式革命

过去的"粗放式""漫灌式""输血式"扶贫,不仅是一种理念,更是一种实践,是一种"给一点钱、修一条路、盖一幢办公楼"等扶贫工作的老套路、老办法。这种方式粗放、简单,也易于见效,在减贫压力以及官员晋升"政治锦标赛"的竞争背景下,在地方扶贫工作中被普遍使用。尤其是采取送钱给物的"输血式"扶贫模式,仅仅是增加了贫困群众家里的柴米油盐,而不能提高群众的脱贫意识和脱贫能力,最后的结果是"好心办坏事",不仅加重群众"等靠要"心理,也容易带偏实干扶贫的节奏。

而"精准扶贫"方式不同。通过"扶持对象精准",把"真贫"群众识别出来,进行贫困户建档立卡工作,解决好"扶持谁"的问题。并且在后续管理中,对扶贫对象进行精准动态管理,符合脱贫标准或贫困标准的都及时进行了调整,从而做到有进有出,确保扶贫对象精准;通过"项目安排精准",使具体的扶贫区别不同情况,做到对症下药、"精准滴灌"、靶向治疗①,实现扶贫项目与实际需要相匹配,这就是中央提出的"五个一批"脱贫渠道,即通过扶持生产和就业发展一批、通过易地搬迁安置一批、通过生态保护脱贫一批、通过教育扶贫脱贫一批、通过低保政策兜底一批②,实现贫困人口精准脱贫。如在生态环境恶劣、资源极度匮乏的贫困地区,应当以易地搬迁安置扶贫为主;在经济发展基础较差,但具有一定发展条件的贫困地区,就应当以扶持生产和就业、教育扶贫等为主,为当地经济发展"输血",激发群众脱贫致富的积极性和提高"造血"功能③;在扶贫对象、项目安排精准的基础上,通过"资金使用精准",使"资金跟着项目走,项目跟着建档立卡贫困人口走",将资金花在"刀刃"上,发挥资金的最大效力,从而推进"精准扶贫"工作事半功倍;通过"因村派人精准",结合具体贫困村的民情社情、致贫原因、主导产业等因素,将贫困村划分为不同类别,有针对性地做好干部选派和后盾单位挂点工作。如:针对扶贫移民村,重点选派国土、住建、规划等系统的干部;针对基础设施薄弱村,

① 张晓萌:《高质量决战决胜脱贫攻坚》,《经济日报》2020年5月12日。

② 吴传毅:《决战决胜脱贫攻坚彰显制度优势》,《理论导报》2020年第3期。

③ 周之地:《精准扶贫关键要"项目安排精准"》,《甘肃农业》2016年第22期。

重点选派交通、水利、财政等系统的干部等。① 同时因地精准选派，如对城区服务城市核心"一圈"辖区内的贫困村，安排人社、科协等部门干部进驻，着力帮扶贫困群众适应城区、转移就业。再次是因人精准选派。既充分考虑驻村干部的个人特点，也全盘考虑面上干部结构，全力选好配强乡镇（街道）领导班子，如广西崇左市江州区将 11 名区直部门优秀年轻干部充实到乡镇班子，把 9 名年龄较大或不适应一线工作的领导干部调整出乡镇班子，并全部配齐乡镇分管扶贫工作的副职，实现 11 个乡镇街道领导班子老、中、青梯次合理，基层经验与高学历人员互补，夯实了精准扶贫工作队伍力量。②

（三）"精准扶贫"是一场深刻的贫困治理成效革命

习近平总书记反复强调，扶贫开发"贵在精准，重在精准，成败之举在于精准"、扶贫攻坚"特别要在精准扶贫、精准脱贫上下更大功夫"③，"关键是要找准路子、构建好的体制机制，在精准施策上出实招、在精准推进上下实功、在精准落地上见实效"④。党的十八届五中全会把"精准扶贫"作为打赢脱贫攻坚战的基本方略。据此，中国各地区、各部门切实贯彻执行"精准扶贫"方略，因地制宜、因人施策，精准扶贫工作取得巨大成效。

一是全面消除了绝对贫困人口。1978 年，中国总人口为 9.63 亿人，其中农村贫困人口就达到 7.7 亿人，占比 80%。而到 2020 年，仅仅用了 42 年，就彻底消除了绝对贫困人口问题，充分说明了精准扶贫思想的合理性和精准扶贫措施的可行性。

二是贫困群众收入水平大幅度提高。通过实施"精准扶贫"，在建档立卡贫困人口中，90%以上得到了产业扶贫和就业扶贫支持，三分之二以上主要靠

---

① 黄云革：《抓好"因村派人"这一关键——江州区创新干部选派机制推进精准扶贫的实践》，《广西日报》2015 年 11 月 17 日。

② 黄云革：《抓好"因村派人"这一关键——江州区创新干部选派机制推进精准扶贫的实践》，《广西日报》2015 年 11 月 17 日。

③ 新华社：《习近平在部分省区市党委主要负责同志座谈会上强调 谋划好"十三五"时期扶贫开发工作确保农村贫困人口到 2020 年如期脱贫》，《当代贵州》2015 年第 25 期。

④ 习近平：《脱贫攻坚战冲锋号已经吹响 全党全国咬定目标苦干实干》，《中国纪检监察》2015 年第 23 期。

外出务工和产业脱贫,工资性收入和生产经营性收入占比上升,转移性收入占比逐年下降,自主脱贫能力稳步提高。2013 年至 2019 年,832 个贫困县农民人均可支配收入由 6079 元增加到 11567 元,年均增长 9.7%,比同期全国农民人均可支配收入增幅高 2.2 个百分点。全国建档立卡贫困户人均纯收入由 2015 年的 3416 元增加到 2019 年的 9808 元,年均增幅 30.2%。贫困群众“两不愁”质量水平明显提升,“三保障”突出问题总体解决。①

三是贫困地区基本生产生活条件明显改善。通过实施“精准扶贫”,具备条件的建制村全部通硬化路,村村有卫生室和村医,10.8 万所义务教育薄弱学校的办学条件得到改善,农网供电可靠率达到 99%,深度贫困地区贫困村通宽带比例达到 98%,960 多万贫困人口通过易地扶贫搬迁摆脱了“一方水土养活不了一方人”的困境。贫困地区群众出行难、用电难、上学难、看病难、通信难等长期没有解决的“老大难”问题普遍解决,义务教育、基本医疗、住房安全有了保障。②

四是贫困地区经济社会发展明显加快。通过实施“精准扶贫”,中国贫困地区呈现出新的发展局面。特色产业不断壮大,产业扶贫、电商扶贫、光伏扶贫、旅游扶贫等较快发展,贫困地区经济活力和发展后劲明显增强。通过生态扶贫、易地扶贫搬迁、退耕还林还草等,贫困地区生态环境明显改善,贫困户就业增收渠道明显增多,基本公共服务日益完善。③

五是中国减贫方案和减贫成就得到国际社会普遍认可。通过实施“精准扶贫”完成脱贫攻坚的任务,中国提前十年实现联合国 2030 年可持续发展议程的减贫目标,开创了世界先例,获得了国际社会的高度赞扬。联合国秘书长古特雷斯表示,精准扶贫方略是帮助贫困人口、实现 2030 年可持续发展议程设定的宏伟目标的唯一途径,中国的经验可以为其他发展中国家提供有益参考。许多国家领导人或国际组织主要负责人也肯定中国减贫成就,许多发展中国家还希望借鉴中国的减贫经验。④

---

① 习近平:《在决战决胜脱贫攻坚座谈会上的讲话》,《人民日报》2020 年 3 月 7 日。
② 习近平:《在决战决胜脱贫攻坚座谈会上的讲话》,《人民日报》2020 年 3 月 7 日。
③ 习近平:《在决战决胜脱贫攻坚座谈会上的讲话》,《人民日报》2020 年 3 月 7 日。
④ 习近平:《在决战决胜脱贫攻坚座谈会上的讲话》,《人民日报》2020 年 3 月 7 日。

总之,中国通过实施"精准扶贫",脱贫攻坚取得了前所未有成就,彰显了中国共产党领导和中国社会主义制度的政治优势。

二、精准扶贫成果彰显中国制度优势

"精准扶贫"成效的取得,既实现了贫困地区群众对美好生活向往的第一步,也为全面实施乡村振兴战略奠定了基础,从世界范围来看,还为其他贫困国家和地区提供了可资借鉴的中国治贫经验。同时,"精准扶贫"成效的取得,既是贫困户个体努力的结果,也是中国制度优势的集中体现。贯彻落实党的十九届四中全会提出的"把我国制度优势更好转化为国家治理效能"的要求,在深刻把握脱贫治理成效中认识和理解中国的制度优势,具有重要意义。

(一)举国体制的制度优势

脱贫攻坚成效体现的中国制度优势,首先是举国体制的制度优势。举国体制,指在事关国家发展和国家安全等问题上,党政联动,充分动员和调配全国有关的力量和资源,着力解决某一关键领域或特别重大事项的工作制度和社会动员制度问题。

举国体制,是源于新中国成立后,面临复杂的国际国内局势,为迅速调集各方力量和资源,解决政治、经济、社会、军事、科技等方面重大和关键问题而形成的。七十余年的历史证明,举国体制既有利于中国这样一个大国的统一,也有利于发挥社会主义集中力量办大事的优越性①,符合中国国情,具有制度的优越性。脱贫攻坚作为新时代解决社会主要矛盾的重大课题和全面实施乡村振兴战略的重要基础,是需要方方面面加以支持和投入的事业,也需要充分发挥集中力量办大事的举国体制的制度优势,以聚集不同领域的优质资源,增强脱贫攻坚能力,加快脱贫攻坚进程。

一是充分动员了各方主体参与脱贫攻坚。在单位/组织方面,党政机关、

① 柴尚金、王建华、何虎生等:《转型的必要性、必然性与紧迫性》,《人民论坛》2013 年第 24 期。

企事业单位、非政府组织（社会组织）等都参与了脱贫攻坚；在个体方面，广大公务员、企业家、教师、志愿者等都成为精准扶贫的主体；在身份上，有党员、干部、群众等。仅干部方面，党的十八大以来全国共派出 25.5 万个驻村工作队、累计选派 290 多万名县级以上党政机关和国有企事业单位干部到贫困村和软弱涣散村担任第一书记或驻村干部①。除此以外，中央也鼓励企业积极参与精准扶贫，出台两项涉及企业参与精准扶贫的重大政策：国务院制定的《“十三五”脱贫攻坚规划的通知》和中办、国办联合制定的《关于进一步加强东西部扶贫协作工作的指导意见》，明确要求强化国有企业帮扶责任。在参与模式上，除了产业帮扶和提供就业岗位，中央企业还趋向于开展劳动培训，支持地方公益事业和民生建设等援助帮扶活动。民营企业则围绕一个县（乡、村）开展综合性扶贫，如恒大集团结对帮扶毕节市大方县，或拿出部分利润，在公共服务和公益方面提供支持，如泛海集团发起一系列教育扶贫行动。大部分中央企业以定点扶贫为主，基本上每个央企都有 1—5 个定点扶贫县。② 就具体来看，截至 2020 年 12 月 31 日，广西全区 18402 家民营企业精准帮扶 10607 个村屯，企业参与帮扶数量位居全国第一。③ 而在陕西，据不完全统计，截至 2018 年 7 月全省已有 1168 家社会组织参与精准扶贫行动，社会组织在产业扶贫、医疗救助、教育扶贫、基础设施建设、留守儿童帮扶、困境儿童救助等领域实施帮扶项目 800 余个，覆盖全省 1400 多个贫困村，28 万人次受益，社会组织已成为陕西社会扶贫的一支生力军。④ 在个人方面，经过充分动员，公众对精准扶贫也表现出了巨大的参与热情，统计数据显示，作为全球最大的互联网公益平台，腾讯公益平台发起的“99 公益日”从 2015 年至 2019 年共吸引了超过 3 亿人次捐赠。⑤ 此外，在党政

---

① 习近平：《在决战决胜脱贫攻坚座谈会上的讲话》，《人民日报》2020 年 3 月 7 日。

② 《聚焦精准扶贫　2016 年中国企业参与精准扶贫报告发布》，见 http://www.infzm.com/contents/126872。

③ 《广西参与精准扶贫民营企业数量居全国第一》，2021 年 4 月 21 日，见 http://www.gxnews.com.cn/staticpages/20210421/newgx608006f9-20228010.shtml。

④ 《全省 1168 家社会组织参与精准扶贫　覆盖 1400 多个贫困村》，2018 年 7 月 19 日，见 http://news.sina.com.cn/o/2018-07-19/doc-ihfnsvza5850212,shtml。

⑤ 张明敏：《99 公益日扶贫报告：五年扶贫捐赠人数激增 68 倍　超九成善款用于扶贫》，《公益时报》2020 年 8 月 31 日，见 http://www.gongyishibao.com/html/yanjiubaogao/2020/08/15460.html。

举国一体的制度下，国家还实行了对口帮扶政策，即一些沿海发达省市对口支援贫困地区脱贫，如深圳市在党的十八大后的五年中，全力对口支援和帮扶全国6个省份、34个县大约2500多个贫困村、170多万贫困人口。① 而对贵州省的扶贫，仅在2013年国家就明确安排，在大连、宁波、青岛、深圳对口帮扶贵州的基础上，新增上海、苏州、杭州、广州4个东部城市对口帮扶，实现了东部发达城市对贵州省除贵阳之外所有市州的"一对一"帮扶。据了解，2013年，对口帮扶城市共向贵州投入各类帮扶资金3.35亿元，物资折款1800万元，直接受益农户达到3.5万户；与贵州达成经济合作协议项目175个，投资额超过1600亿元。② 这种由政府主导、东西协作的对口帮扶制度，为中国扶贫开发积累了宝贵经验，让更多的贫困地区群众得到了实惠，从而有利于加快实现"先富帮后富、逐步实现共同富裕"的社会主义"三步走"战略，也是党政举国一体的制度优越性的体现。

二是充分调动了各方财力参与脱贫攻坚。对贫困地区的帮扶，除了大量的人力投入外，还需要有大量的财力支持。财力支持方面，首先需要来自中央的财政资金。据统计数据显示，近年来中央财政支持脱贫攻坚的资金，仅2016年至2020年，连续五年每年新增中央财政专项扶贫资金200亿元，2020年达到1461亿元。③ 其次，中央和地方扶贫资金投入还有多个"源头"——通过下达地方政府一般债务规模、利用跨省域补充耕地收入和城乡建设用地增减挂钩节余指标调剂收入等方式，大力支持各地易地扶贫搬迁、贫困村提升等脱贫攻坚重点项目建设；通过贴息引导金融机构发放扶贫贷款，开展中央财政对地方优势特色农产品保险奖补试点，奖补政策向贫困地区倾斜，引导金融资本脱贫攻坚；统筹运用财税政策工具，调动企业、社会积极性，推动形成大扶贫格局。④ 其中，

① 陈如桂：《强化对口支援　促进精准扶贫》，《人民日报》2018年9月21日。

② 《夏庆丰代表：扶贫还需发达地区对口帮扶更多"干货"》，2014年3月9日，见 http://www.xinhuanet.com/politics/2014-03/09/c_119676747.htm。

③ 国家财政部、《中国经济周刊》采制中心：《2020年财政专项扶贫资金达1461亿元》，《中国经济周刊》2020年第23期。

④ 《化作春泥更护花——中央和地方财政支持脱贫攻坚情况调查（上）》，《中国财经报》2020年11月30日，见 http://www.mof.gov.cn/zhengwuxinxi/caijingshidian/zgcjb/202011/t20201130_3631370.htm。

2016 年中央企业投入扶贫资金 27. 18 亿元,实施扶贫项目 1984 个。中央企业贫困地区产业投资基金设立,累计投放资金 19. 35 亿元。由全国工商联联合国务院扶贫办、中国光彩事业基金会启动的“万企帮万村”行动,则动员 2. 65 万家民营企业参与精准扶贫,累计投入 465. 5 亿元。① 在地方层面,以江西省 2016 年以来的统计数据为例,在投入 290. 4 亿元中央和省级财政专项扶贫资金的同时,省级还安排新增地方债券资金 40 亿元用于支持脱贫攻坚;该省在安排地方债限额时,将贫困人口作为重要因素进行分配测算;2019 年起,扣除工矿仓储用地租让收入和无偿划拨土地收入后,省级统筹国有土地使用权出让收入的 2%用于脱贫攻坚和乡村振兴。② 同时,民间捐款用于扶贫也异常踊跃,根据腾讯公益数据,2015 年至 2019 年,“99 公益日”期间公众扶贫捐赠总额从 0. 96 亿元上升至 16. 96 亿元。③

(二)社会治理现代化的制度优势

党的十九届四中全会指出,“社会治理是国家治理的重要方面”。这一重要论断将社会治理与国家治理紧密联系了起来,表明了在推进国家治理现代化进程中,必然要求同步推进社会治理现代化。

社会治理现代化是相对于传统社会治理而言的。传统社会治理,在治理理念上是“治人”,即治理的目的是使民众服从;在治理主体上,是一元化治理,即片面强调政府大包大揽;在治理手段上,强调法制纪律等“刚性”手段;在治理方式上,侧重事后应急为主的“救火”式管理。而社会治理现代化与此不同,在治理理念上是强调对公共事务的有效管理,是“治事”而不是“治人”;在治理主体上,强调社会多元共治,除政府外,社会组织、企事业单位和公民个

① 《聚焦精准扶贫　2016 年中国企业参与精准扶贫报告发布》,见 http://www.infzm.com/content/126872。

② 《化作春泥更护花——中央和地方财政支持脱贫攻坚情况调查(上)》,《中国财经报》2020 年 11 月 30 日,见 http://www.mof.gov.cn/zhengwuxinxi/caijingshidian/zgcjb/202011/t20201130_3631370.htm。

③ 张明敏:《99 公益日扶贫报告:五年扶贫捐赠人数激增 68 倍　超九成善款用于扶贫》,《公益时报》2020 年 8 月 31 日,见 http://www.gongyishibao.com/html/yanjiubaogao/2020/08/15460.html。

人都是治理主体；在治理手段上，更多强调法治化手段，同时结合经济激励、道德感化和教育宣讲等柔性手段；在治理方式上，侧重源头把关的“防火”式治理。社会治理现代化需要有相应制度作为支撑和保障。而其中有利于推进精准扶贫，对于脱贫攻坚具有优势的关键制度，体现为两个方面：

一是党的全面领导制度。“党政军民学，东西南北中，党是领导一切的。党是最高政治领导力量，党的领导是我们的最大制度优势。”①进行中国特色社会主义事业各项建设，离不开党的全面领导。精准扶贫、脱贫攻坚取得的伟大成就，同样是因为坚持和加强了党的全面领导。首先，是在顶层设计上，党中央统一谋划、科学决策，深刻认识到过去“大水漫灌”式扶贫的弊端，及时调整了扶贫方略，提出了“精准扶贫”理念，并迅速将其作为新时期的扶贫实践，具体化为“六个精准”付诸实施。其次是在扶贫的工作制度上，实行党委领导、党委“挂帅”“出征”。党委对扶贫工作的高度重视，既是长期以来将“三农”工作作为党的各项工作的“重中之重”的体现，也是基于实现2020年全面实现小康社会奋斗目标的迫切需要。为加强党对精准扶贫的全面领导，各地各级党委都制定了相应工作制度，实现“省—市—县—乡—村”的“五级书记负责制”，不仅“党委挂帅”，而且“党委出征”，向贫困村派遣了驻村第一书记，给了精准扶贫强有力的领导，推进了精准扶贫工作的开展。

二是共建共治共享的社会治理制度。社会治理现代化必然要求摒弃传统的以政府为单一主体的治理制度而转变成为多元主体共同参与的制度。为此，党的十九届四中全会强调“坚持和完善共建共治共享的社会治理制度”。从“共建共治共享”的内涵上看，“共建共治共享”的核心是“共”，即通过共同参与、共同协商、共同理事、共同分享，形成人人参与、人人有责、人人享有的治理共同体。其中，共建是基础，要求突出制度和体系建设在社会治理格局中的基础性、战略性地位；共治是关键，要求树立大社会观、大治理观，打造全民参与的开放治理体系；共享是目标，要求社会治理成效更多更公平惠及全体人民，不断增加人民获得感、幸福感、安全感。三者相互作用，有机统一于社会治

① 习近平：《中国共产党领导是中国特色社会主义最本质的特征》，《共产党员》2020年第14期。

理全过程。[①] 共建共治共享的社会治理制度,在精准扶贫工作中,要求除党委政府外,其他的社会组织、企业、公民个人等共同参与、共同协商、共同治贫、共同分享减贫脱贫的社会成果。精准扶贫的共同参与,是共享脱贫攻坚成果的基础;而能够共享脱贫攻坚成果,则是各主体尤其是非党政主体共同参与扶贫的基本动力。

(三)基层群众自治的制度优势

精准扶贫,在中央进行顶层设计后,各种措施和制度最终需要落到基层,由基层来具体实施和落实。在精准扶贫工作中,基层群众自治制度也发挥出了自身优势,加快了精准脱贫的进程。

一是村民自治制度使精准扶贫的精准度更高。"六个精准"中,除"因村派人(第一书记)精准""脱贫成效精准"外,其余的"扶贫对象精准""措施到户精准""项目安排精准""资金使用精准"等都需要村民自治的密切配合。但同时,按照村民自治制度的有关规定,政府的各项政策在实行过程中,必须与村庄实际相结合,通过村民自治制度精准评出让人信服的扶贫对象,通过与村"两委"的沟通制定出精准的到户措施,通过村民民主决策选择出精准的项目安排,制定出精准的资金使用去向,同时通过村民民主监督保障了"扶贫对象精准""项目安排精准""资金使用精准"。

二是村级组织负责人"一肩挑"的基层群众自治制度有利于更好推进精准扶贫的实施。村级组织近年来呈现出日益多样化的特点,但最主要的还是村"两委"组织即村委会和村党支部。理论上说,村党支部要代表全体村民的利益,与村委会不存在利益冲突。但事实上,由于"话语权"的问题,即在村庄中"谁是代表"或"谁说了算"的问题上,又常常会发生"两委"矛盾。多年来,"两委"矛盾难以解决,也影响了村民自治的运行效果。为真正解决这一问题,在地方探索实施村党支部书记与村委会主任"一肩挑"模式的基础上,2019 年 5 月,国务院发布《关于建立健全城乡融合发展体制机制和政策体系的意见》提出,"全面推行村党组织书记通过法定程序担任村委会主任和村级

---

① 刘志昌:《打造共建共治共享的社会治理格局》,《中国社会科学报》2019 年 11 月 27 日。

集体经济组织、合作经济组织负责人”,此即所谓的村级组织负责人“一肩挑”。同年9月,中共中央印发的《中国共产党农村工作条例》第十九条明确提出:“村党组织书记应当通过法定程序担任村民委员会主任和村级集体经济组织、合作经济组织负责人。”这是再度明确了村党组织书记、村委会主任“一肩挑”。

实施村级组织负责人“一肩挑”模式,在精准扶贫工作中,能够从体制上保障加强党的领导与完善村民自治的有机结合,在制度上将二者合而为一,解决了村党支部书记和村委会主任在扶贫事务中互相掣肘的问题,有利于村“两委”班子的协调运转,从根本上更好地发挥村党组织领导精准扶贫的核心作用。

三、在乡村振兴中不断提高基层治理能力

由于脱贫攻坚任务的完成,中国已经正式向世界宣告全面消除了绝对贫困。正如习近平总书记在全国脱贫攻坚总结表彰大会上庄严宣告的那样,“我国脱贫攻坚战取得了全面胜利,完成了消除绝对贫困的艰巨任务,创造了又一个彪炳史册的人间奇迹”①。然而习近平总书记也同样提醒广大干部群众,“脱贫摘帽不是终点,而是新生活、新奋斗的起点”②,全国人民为扶贫攻坚而努力的目标,既在脱贫,也不在脱贫。脱贫只是第一步,更重要的还在于再接再厉、接续奋斗,走好全面实施乡村振兴之路,实现“人民向往的美好生活”。

乡村振兴有二十字总要求,即“产业兴旺、生态宜居、乡风文明、治理有效、生活富裕”,核心在于“治理有效”。而由于乡村振兴是在精准扶贫的基础上实施的,精准扶贫的诸多经验和制度优势可在乡村振兴治理效能的提升中继续发挥作用。

---

① 《习近平庄严宣告:我国脱贫攻坚战取得了全面胜利》,《社会与公益》2021年第3期。

② 习近平:《在决战决胜脱贫攻坚座谈会上的讲话》,《人民日报》2020年3月7日。

(一)治理能力是制度优势转化为治理效能的基础条件

在全面实施乡村振兴战略中,必须更好发挥社会治理的制度优势,并将社会治理的制度优势转化为治理效能,从而推进乡村振兴。但制度转化为治理效能又不是必然的、无条件的,而是有条件的,否则便无法解释为什么面对同样的制度有的贫困村能够较快脱贫而有的较慢脱贫。在众多条件中,可以说,乡村治理能力是制度优势转化为治理效能的基础条件。

乡村治理能力的关键和核心是农村党组织的治理能力。农村党组织是乡村治理的核心,在乡村处于领导核心地位,这已被中共中央于 2019 年 1 月印发的《中国共产党农村基层组织工作条例》所明确规定,因此乡村治理能力就决定于农村党组织的治理能力。为此,2019 年中央一号文件明确提出要增强乡村治理能力,全面加强农村基层组织建设[①]。这是因为:

1. 农村基层党组织的治理能力决定着带领和服务群众实施乡村振兴的能力

作为乡村治理的领导核心,农村基层党组织只有始终对广大农民热情提供生产生活中需要的各种微观、直接、具体的服务,才能获得农民群众的真心拥护,在乡村振兴中提升自身号召力,不仅有利于加强党对农村的全面领导,而且增强了乡村振兴的内在动力。具体而言,农村基层党组织的治理能力包括贯彻落实"三农"政策的能力、发展集体经济的能力、改善农民民生的能力、建设乡村文化的能力[②]等方面。此外,在产业兴旺、生态宜居、乡风文明、农业现代化发展、农民福利、推动乡村社会发展、维护乡村公平正义、化解乡村社会矛盾等方面也要发挥积极作用,从而不断积累组织威望和社会公信力,进而强化党对乡村治理的全面领导能力。

2. 农村基层党组织的治理能力决定着乡村人才队伍建设的能力

按照习近平总书记关于"五个振兴"的科学论断,其中,人才是乡村治理

---

① 新华社:《中共中央 国务院关于坚持农业农村优先发展做好"三农"工作的若干意见》,《中华人民共和国国务院公报》2019 年第 7 期。

② 孙乔婧:《治理能力视域下的农村基层党组织建设》,《人民论坛·学术前沿》2019 年第 22 期。

能力提升的关键性因素。党章明确规定，党的基层组织负有发现、培养和推荐党员群众中优秀人才的使命。① 在乡村振兴中，一方面需要有高素质的党员队伍，另一方面也需要培养造就一支懂农业、爱农村、爱农民的专业型和创新型人才队伍。提升农村基层党组织治理能力，必将逐步缩小城乡差距，持续保持优良的农村生态环境，逐步缓解“空心村”现象，使农村面貌焕然一新，对人才吸引力大大增强，从而为挽留农村建设人才、提高农民群众就近就地创业就业的积极性、激励更多科技人才、创新人才服务“三农”奠定了基础、提供了条件，从而实现“能引来、能留住、能干好”的良性循环和良好局面，为乡村振兴提供持久有力的智力和队伍支持。

乡村治理能力的基础是广大农民群众的治理能力。从“治理”要求的多元主体共同参与这一角度而言，乡村治理能力除以党组织治理能力作为关键外，还需以广大农民群众的治理能力作为基础。在此，农民群众的治理能力是指农民群众参与乡村治理渠道，提升群众自治能力。具体而言，包括在乡村振兴中对有关方针、政策的认知和理解能力，以及对有关项目、资金进行民主决策、民主管理、民主监督等方面的能力。缺乏这些能力，社会治理的制度将成为无源之水、无本之木，难以真正深入到乡村最基层，制度优势也就不能转化为治理效能，甚至优势也会因此而丧失。

可见，只有农村基层党组织和广大农民群众治理能力的提升，才能将社会治理制度转化为治理效能，为乡村振兴提供基本的组织和群众基础的保障。

（二）乡村振兴为治理能力提升开辟道路

在治理能力促进乡村振兴的过程中，乡村振兴也不完全是被动的。实际上，在实施乡村振兴的过程中也势必反过来对治理能力提出了要求，并不断推进治理能力的提升，为治理能力提升开辟道路。

一是乡村振兴对农村党组织治理能力提出了新要求。在精准扶贫时期，由于贫困村都有党政机关下派的驻村第一书记及其工作队，许多村党组织治

① 孙乔婧：《治理能力视域下的农村基层党组织建设》，《人民论坛·学术前沿》2019 年第 22 期。

理能力不足的问题被暂时掩盖。随着脱贫攻坚任务的实现和乡村振兴的开展,“扶贫过渡期”结束后,驻村第一书记及其工作队将陆续撤离,乡村振兴将主要依靠农村党组织来组织开展,众多村庄党组织治理能力问题将凸显出来。从而,乡村振兴将要求持续整顿那些软弱涣散的农村党组织,大力加强农村党组织建设力度,提升治理能力。

二是乡村振兴要求农村中养成“积极主体”,为治理能力的提升奠定基础。从根本上讲,实施乡村振兴战略,是中央基于新时代中国社会主要矛盾发生了转移做出的战略抉择,是中国特定历史发展阶段的产物。通过乡村振兴,就是要解决当前城乡发展不平衡、乡村产业衰败、生态破坏、乡风不振、治理低效无效、生活不富等问题,从而满足广大农民日益增长的对美好生活的向往,促进农民增产增收、生活富美。这一切,均需要广大农民群众以“积极公民”身份参与其中,而且要作为主体而不是客体。乡村振兴则要求广大农民要在基层政府带领下和农村党组织的领导下积极参与乡村建设行动,从而能培养和型塑广大农民在乡村振兴中的主人翁意识,认识到自己是实现乡村振兴的真正受益者,从而更好地发挥主观能动性去有意识培养和训练自己的治理能力。

三是乡村振兴中通过发展壮大村级集体经济,为治理能力的提升提供了物质保障。党的十九届五中全会提出“优先发展农业农村,全面推进乡村振兴”。优先发展农业农村,必然要求发展壮大村集体经济,只有发展壮大村集体经济,才能强农业、美农村、富农民,才能凝聚党心民心、巩固党的执政基础,实现乡村振兴。而通过大力发展村集体经济,村集体有了持续的收入保障,农村党组织有钱办事、有人干事,才能不断提升治理能力;同时农民群众能够持续增收,才有更多的闲暇、更大的动力去参与乡村治理,从不断的学习实践中提升治理能力。

(三)实现乡村治理效能化的愿景

通过精准扶贫,中国乡村治理能力已得到了明显提升,乡村治理效能不断增强。而接续实施的乡村振兴战略及其规划为我们描绘了一幅幅美丽的动人画卷。未来,随着乡村振兴战略按照规划步骤的深入实施,中国的乡村大地必将呈现出前所未有的更加向好的图景，以效能化为指向的乡村治理现代化进一步发展。

一是在乡村振兴中围绕不同侧面主题进行分类化治理。乡村振兴的五个方面的振兴，是从不同方面概括了乡村振兴的内容。未来不管是党政部门下派干部，还是村级内部治理，都应精准施策，针对不同的村、不同的内容和类型，安排或推荐不同的干部进行精准的、分类的治理，并动员群众群策群智，积极参与乡村治理，形成党员、干部与群众共建共治共享的乡村治理制度，彰显出中国乡村治理的巨大优势。

二是党对乡村治理的集中统一领导更加有力。农村党组织在乡村治理中的重要作用随着乡村振兴的实施日益得到体现。无论是增强党在农村的全部工作和战斗力，还是新时代加强和创新乡村治理、推动乡村治理现代化，农村党组织都是核心和领导力量。在乡村振兴中，党管农村的工作原则始终需要贯穿到乡村治理体系建设、乡村治理效能提升的全过程。一方面，要认真落实《中国共产党农村基层组织工作条例》，发挥党组织在乡村治理中的领导作用，使农村党组织在宣传党的主张、贯彻党的决定、领导基层治理、团结动员群众、推动改革发展等方面成为坚强的战斗堡垒，不断提升治理能力；另一方面，农村人才不断得到培养。广大党员、干部、群众的先锋模范作用不断得到激发、示范带动作用不断被展现，乡村干群的乡村治理能力和治理水平也就不断得到提升。

三是人民群众在乡村治理中的主体作用不断得到发挥，群众参与乡村治理的制度化渠道不断得到拓宽。在乡村振兴中，社会治理和服务重心进一步下移，农民的主体地位将得到凸显，真正成为乡村治理的主体，获得感、幸福感、安全感不断提升。这就对村民自治实践提出了进一步深化的要求，即村民自治的重要机制和重要平台，如村民会议、村民代表会议、村民小组会议以及村民理事会、村民监事会、村民议事会等，要切实发挥全过程人民民主的作用，推进乡村民主化治理。同时，广大群众、社会组织和社会力量要实现政府治理、社会调节、乡村居民自治的良性互动，构建共建共治共享的乡村治理格局，夯实基层社会治理基础。

四是自治、法治、德治相结合的乡村治理体系日益得到健全。在乡村振兴的持续推进中,要求“三治”相结合的乡村治理体系进一步健全,“三治”相互配合、相互促进、良性互动。在不断强化“自治”的同时,在乡村中要特别注重和弘扬“重孝”“尚贤”等中华传统美德。在乡村振兴中,还要加强扫黑除恶、建设平安乡村、大力开展普法工作,在乡村树立法治权威,用法治保障乡村振兴工作的开展,助力乡村振兴。

五是科技日益融入乡村治理过程。乡村振兴的过程,就是乡村治理体系和治理能力现代化建设不断深入的过程。在这一过程中,科技的支撑作用将日益显著,在乡村电子政务、数字化乡村、人口管理、流动村民参与村庄公共事务等方面,新技术在乡村的运用日益广泛,老年群体、留守儿童、贫困人口等也在这一趋势下紧跟社会发展步伐,共享技术进步成果。数字化治理将是乡村振兴中的一大特色,不仅给农民群众的生产生活带来极大便利,在乡村治理效能化方面也必将大有作为!

参考文献

一、马列主义著作与党的文献

[1]《马克思恩格斯选集》第1—3卷,人民出版社1995年版。

[2]《列宁选集》第1卷,人民出版社1995年版。

[3]《列宁选集》第4卷,人民出版社1995年版。

[4]《毛泽东文集》第二卷,人民出版社1993年版。

[5]《毛泽东文集》第五卷,人民出版社1996年版。

[6]《周恩来选集》下卷,人民出版社1984年版。

[7]《邓小平文选》第二、三卷,人民出版社1994、1993年版。

[8]《江泽民文选》第三卷,人民出版社2006年版。

[9]《胡锦涛文选》第二卷,人民出版社2016年版。

[10]《习近平谈治国理政》第二卷,外文出版社2017年版。

[11]《习近平谈治国理政》第三卷,外文出版社2020年版。

[12]习近平:《之江新语》,浙江人民出版社2007年版。

[13]《习近平扶贫论述摘编》,中央文献出版社2018年版。

[14]习近平:《论"三农"工作》,中央文献出版社2022年版。

二、中文著作

[1]费孝通:《乡土中国》(修订本),上海世纪出版社2013年版。

[2]梁漱溟:《乡村建设理论》,上海人民出版社2011年版。

[3]王沪宁:《当代中国村落家族文化——对中国社会现代化的一项探索》,上海人民出版社1991年版。

[4]俞可平:《国家治理评估——中国与世界》,中央编译出版社2009年版。

[5]俞可平主编:《治理与善治》,社会科学文献出版社2000年版。

[6]徐勇:《中国农村村民自治》(增订本),生活·读书·新知三联书店2018年版。

[7]徐勇:《国家化、农民化与乡村整合》,江苏人民出版社 2019 年版。

[8]贺雪峰:《大国之基——中国乡村振兴诸问题》,东方出版社 2019 年版。

[9]贺雪峰:《新乡土中国》,北京大学出版社 2013 年版。

[10]汪三贵:《脱贫攻坚与精准扶贫:理论与实践》,经济科学出版社 2020 年版。

[11]汪三贵:《当代中国扶贫》,中国人民大学出版社 2019 年版。

[12]王曙光:《中国扶贫——制度创新与理论演变(1949—2020)》,商务印书馆 2020 年版。

[13]于建嵘:《岳村政治:转型期中国乡村政治结构的变迁》,商务印书馆 2001 年版。

[14]陆益龙:《后乡土中国》,商务印书馆 2017 年版。

[15]陈振明主编:《政策科学——公共政策分析导论》(第二版),中国人民大学出版社 2003 年版。

[16]郑永年:《大趋势:中国下一步》,东方出版社 2019 年版。

[17]欧阳静:《强治理与弱治理——基层治理中的主体、机制与资源》,社会科学文献出版社 2018 年版。

[18]李昌平:《我向总理说实话》,陕西人民出版社 2009 年版。

[19]燕继荣:《现代政治分析原理》,高等教育出版社 2004 年版。

[20]吕德文:《国家治理的基石》,东方出版社 2021 年版。

[21]周黎安:《转型中的地方政府——官员激励与治理》(第二版),上海人民出版社 2017 年版。

[22]王敬尧:《中国农地制度改革经营制度、地方财政与基层治理的维度》,经济管理出版社 2018 年版。

[23]魏后凯:《全面深化改革与小康社会建设》,社会科学文献出版社 2016 年版。

[24]肖唐镖:《中国乡村报告:政府行为与乡村建设研究》,学林出版社 2005 年版。

[25]金太军:《乡镇机构改革挑战与对策》,广东人民出版社 2005 年版。

[26]张静:《基层政权乡村制度诸问题》,上海人民出版社 2007 年版。

[27]任中平等:《巴蜀政治:四川省基层民主政治建设制度创新研究》,中国社会科学出版社 2010 年版。

[28]任中平:《基层民主与乡村治理》,人民出版社 2016 年版。

[29]许纪霖、陈达凯:《中国现代化史　第一卷(1800—1949)》,生活·读书·新知三联书店 1995 年版。

[30]崔乃夫:《当代中国的民政》(下),当代中国出版社 1994 年版。

[31]林耀华:《金翼——中国家族制度的社会学研究》,生活·读书·新知三联书店 2008 年版。

[32]丰子义:《现代化的理论》,北京大学出版社 1995 年版。

[33]张乐天:《告别理想——人民公社制度研究》,上海人民出版社 2016 年版。

[34]陆汉文、黄承伟主编:《中国精准扶贫发展报告(2016)》,社会科学文献出版社 2016 年版。

[35]陆汉文、黄承伟主编:《中国精准扶贫发展报告(2017)》,社会科学文献出版社 2017 年版。

[36]范鹏:《反贫困与精准扶贫——甘肃模式探索》,甘肃人民出版社 2017 年版。

[37]刘重来:《卢作孚与民国乡村建设研究》,人民出版社 2007 年版。

[38]刘尚希、傅志华等:《中国改革开放的财政逻辑(1978—2018)》,人民出版社 2018 年版。

[39]杨道田:《新时期我国精准扶贫机制创新路径》,经济管理出版社 2017 年版。

[40]张磊:《中国扶贫开发政策演变(1949—2005)》,中国财政经济出版社 2007 年版。

[41]左常升主编:《中国扶贫开发政策演变(2001—2015 年)》,社会科学文献出版社 2016 年版。

[42]刘刚:《乡村治理现代化理论与实践》,经济管理出版社 2020 年版。

[43]罗荣渠:《现代化新论——中国现代化之路》,华东师范大学出版社 2013 年版。

[44]陈吉元、陈家骥、杨勋主编:《中国农村社会经济变迁(1949—1989)》,山西经济出版社 1993 年版。

[45]徐志刚等:《打赢脱贫攻坚战:书写人类消除贫困的奇迹》,中国农业出版社 2019 年版。

[46]张世花、吴春宝:《民族地区脱贫攻坚施策效果研究》,经济日报出版社 2020 年版。

[47]《精准扶贫精准脱贫百村调研——金龙坪村卷:社区治理与脱贫攻坚》,社会科学文献出版社 2020 年版。

[48]左才、曾庆捷、王中原:《告别贫困——精准扶贫的制度密码》,复旦大学出版社 2020 年版。

[49]梁志信:《村政组治》,社会科学文献出版社 2012 年版。

[50]饶静:《农村组织和乡村治理现代化》,中国农业大学出版社 2019 年版。

[51]《中国共产党领导脱贫攻坚的经验与启示》,当代世界出版社 2020 年版。

[52]方雷主编:《地方政府学概论》(第二版),中国人民大学出版社 2015 年版。

三、译著

[1][美]E.博登海默:《法理学:法律哲学与法律方法》,邓正来译,中国政法大学出版

社 1999 年版。

[2][美]道格拉斯·C.诺思:《经济史中的结构与变迁》,陈郁等译,上海三联书店、上海人民出版社 1991 年版。

[3][美]塞缪尔·亨廷顿:《变革社会中的政治秩序》,李盛平、杨玉生译,华夏出版社 1988 年版。

[4][美]寒缪尔·P.亨廷顿、琼·纳尔逊:《难以抉择:发展中国家的政治参与》,汪晓寿、吴志华、项继权译,华夏出版社 1989 年版。

[5][美]约瑟夫·E.斯蒂格利茨:《公共部门经济学》(第三版)(上),郭庆旺等译,中国人民大学出版社 2013 年版。

[6][美]戴维·伊斯顿:《政治结构分析》,王浦劬等译,北京大学出版社 2016 年版。

[7][美]西摩·马丁·李普塞特:《政治人——政治的社会基础》,张绍宗译,上海人民出版社 1997 年版。

[8][美]加布里埃尔·A.阿尔蒙德、G.B.鲍威尔:《比较政治学:体系、过程和政策》,曹沛霖等译,上海译文出版社 1987 年版。

[9][美]布莱克:《现代化的动力:一个比较史的研究》,张静译,浙江人民出版社 1989 年版。

[10][美]埃弗里特·M.罗吉斯、拉伯尔·J.伯德格:《乡村社会变迁》,王晓毅、王地宁译,浙江人民出版社 1988 年版。

[11][美]亨利·乔治:《进步与贫困》,吴良健、王翼龙译,商务印书馆 2010 年版。

[12][美]杜赞奇:《文化、权力与国家——1900—1942 年的华北农村》,王福明译,江苏人民出版社 2001 年版。

[13][美]詹姆斯·E.安德森:《公共决策》,唐亮译,华夏出版社 1990 年版。

[14][德]哈贝马斯:《交往与社会进化》,张博树译,重庆出版社 1989 年版。

[15][德]马克斯·韦伯:《经济与社会》上卷,林荣远译,商务印书馆 1997 年版。

[16][英]约翰·基恩:《公共生活与晚期资本主义》,刘利圭等译,社会科学文献出版社 1999 年版。

[17][印度]阿比吉特·班纳吉、埃斯特·迪弗洛:《贫穷的本质——我们为什么摆脱不了贫穷》,景芳译,中信出版社 2013 年版。

[18][印度]阿马蒂亚·森:《贫困与饥荒》,王宇、王文玉译,商务印书馆 2004 年版。

四、学术论文

[1]王浦劬:《党建与脱贫攻坚互动实践的理论分析》,《中共中央党校(国家行政学院)学报》2020 年第 6 期。

[2]王浦劬、汤彬:《基层党组织治理权威塑造机制研究——基于T市B区社区党组织治理经验的分析》,《管理世界》2020年第6期。

[3]徐勇:《GOVERNANCE:治理的阐释》,《政治学研究》1997年第1期。

[4]徐勇:《在社会主义新农村建设中推进农村社区建设》,《江汉论坛》2007年第4期。

[5]徐勇:《东方自由主义传统的发掘——兼评西方话语体系中的"东方专制主义"》,《学术月刊》2012年第4期。

[6]徐勇:《挣脱土地束缚之后的乡村困境及应对——农村人口流动与乡村治理的一项相关性分析》,《华中师范大学学报(人文社会科学版)》2000年第2期。

[7]徐勇、吴毅、贺雪峰等:《村治研究的共识与策略》,《浙江学刊》2002年第1期。

[8]徐勇、徐增阳:《中国农村和农民问题研究的百年回顾》,《华中师范大学学报(人文社会科学版)》1999年第6期。

[9]贺雪峰:《村治研究的意义与方法——兼评几种流行的村治研究倾向》,《青海师范大学学报(哲学社会科学版)》1999年第2期。

[10]贺雪峰:《论后扶贫时代的反贫困战略》,《西北师大学报(社会科学版)》2021年第1期。

[11]贺雪峰:《村庄政治与善治》,《云南行政学院学报》2016年第6期。

[12]赵树凯:《乡村治理:组织和冲突》,《战略与管理》2003年第6期。

[13]党国英:《我国乡村治理改革回顾与展望》,《社会科学战线》2008年第12期。

[14]周庆智:《乡村贫困及其治理:农民权利缺失的经验分析》,《学术月刊》2020年第8期。

[15]周庆智:《城镇化建设与基层治理体制转型——基于中西部城镇化建设的实证分析》,《政治学研究》2015年第5期。

[16]周庆智:《基层社会自治与社会治理现代转型》,《政治学研究》2016年第4期。

[17]汪三贵:《中国40年大规模减贫:推动力量与制度基础》,《中国人民大学学报》2018年第6期。

[18]汪三贵、刘明月:《从绝对贫困到相对贫困:理论关系、战略转变与政策重点》,《社会科学文摘》2020年第12期。

[19]汪三贵、曾小溪:《后2020贫困问题初探》,《河海大学学报(哲学社会科学版)》2018年第2期。

[20]汪三贵、郭子豪:《论中国的精准扶贫》,《贵州社会科学》2015年第5期。

[21]汪三贵、郭建兵、胡骏:《巩固脱贫攻坚成果的若干思考》,《西北师大学报(社会科学版)》2021年第3期。

[22]曾小溪、汪三贵:《中国大规模减贫的经验:基于扶贫战略和政策的历史考察》,

《西北师大学报(社会科学版)》2017年第6期。

[23]郭正林:《乡村治理及其制度绩效评估:学理性案例分析》,《华中师范大学学报(人文社会科学版)》2004年第4期。

[24]黄承伟:《中国扶贫开发道路研究:评述与展望》,《中国农业大学学报(社会科学版)》2016年第5期。

[25]黄承伟:《充分认识习近平总书记关于精准扶贫精准脱贫基本方略的重大意义》,《党建》2020年第6期。

[26]黄承伟、覃志敏:《我国农村贫困治理体系演进与精准扶贫》,《开发研究》2015年第2期。

[27]周飞舟:《从汲取型政权到"悬浮型"政权——税费改革对国家与农民关系之影响》,《社会学研究》2006年第3期。

[28]项继权、王明为:《村民理事会:性质及其限度》,《福建论坛(人文社会科学版)》2017年第9期。

[29]郁建兴:《"三治融合"的持续创新》,《治理研究》2020年第6期。

[30]郁建兴:《"三治"结合提升基层治理水平》,《农村·农业·农民(B版)》2020年第3期。

[31]刘守英、熊雪锋:《中国乡村治理的制度与秩序演变——一个国家治理视角的回顾与评论》,《农业经济问题》2018年第9期。

[32]魏后凯:《加快推进农村现代化的着力点》,《中国农村经济》2021年第4期。

[33]邢成举:《村庄视角的扶贫项目目标偏离与"内卷化"分析》,《江汉学术》2015年第5期。

[34]葛志军、邢成举:《精准扶贫:内涵、实践困境及其原因阐释——基于宁夏银川两个村庄的调查》,《贵州社会科学》2015年第5期。

[35]章文光:《决胜脱贫攻坚背景下的"六个精准"实践分析》,《人民论坛》2019年第21期。

[36]章文光、刘丽莉:《精准扶贫背景下国家权力与村民自治的"共栖"》,《政治学研究》2020年第3期。

[37]王亚华、舒全峰:《中国精准扶贫实践的溢出效应》,《中共中央党校(国家行政学院)学报》2021年第2期。

[38]王亚华、舒全峰:《中国精准扶贫的政策过程与实践经验》,《清华大学学报(哲学社会科学版)》2021年第1期。

[39]王亚华、舒全峰:《第一书记扶贫与农村领导力供给》,《国家行政学院学报》2017年第1期。

[40]赵秀玲:《农村治理体系和治理能力现代化评估与瞻望》,《西南交通大学学报(社会科学版)》2021年第1期。

[41]赵秀玲:《乡镇履职能力与乡村治理现代化》,《东吴学术》2020年第4期。

[42]程同顺、史猛:《推进村级组织负责人“一肩挑”的条件与挑战——基于P镇的实地调研》,《南开学报(哲学社会科学版)》2019年第4期。

[43]程同顺、许晓:《驻村帮扶下的乡村治理变革——基于H省C镇X村的田野调查》,《江苏行政学院学报》2020年第1期。

[44]李小云、张雪梅、唐丽霞:《我国中央财政扶贫资金的瞄准分析》,《中国农业大学学报(社会科学版)》2005年第3期。

[45]李小云、徐进:《消除贫困:中国扶贫新实践的社会学研究》,《社会学研究》2020年第6期。

[46]郑秉文:《“后2020”时期建立稳定脱贫长效机制的思考》,《宏观经济管理》2019年第9期。

[47]何得桂、党国英、张正芳:《精准扶贫与基层治理;移民搬迁中的非结构性制约》,《西北人口》2016年第6期。

[48]燕继荣:《反贫困与国家治理——中国“脱贫攻坚”的创新意义》,《管理世界》2020年第4期。

[49]王晓毅:《现代化视角下中国农村的减贫逻辑和过程》,《甘肃社会科学》2021年第1期。

[50]王晓毅:《精准扶贫如何改变乡村治理结构》,《文化纵横》2020年第3期。

[51]姜晓萍:《乡村治理体系和治理能力现代化的实现途径》,《湖北民族大学学报(哲学社会科学版)》2020年第1期。

[52]公丕祥:《新中国70年进程中的乡村治理与自治》,《社会科学战线》2019年第5期。

[53]史云贵、刘晓燕:《实现人民美好生活与绿色治理路径找寻》,《改革》2018年第2期。

[54]李祖佩:《项目进村与乡村治理重构——一项基于村庄本位的考察》,《中国农村观察》2013年第4期。

[55]唐鸣、张昆:《论农村村级组织负责人党政“一肩挑”》,《当代世界社会主义问题》2015年第1期。

[56]陈军亚:《农村基层党组织“一肩挑”的制度优势与现实障碍》,《人民论坛》2019年第11期。

[57]王晓莉:《中国百年乡村建设的历史沿革与有效性初探》,《行政管理改革》2021

年第 4 期。

[58]王晓莉:《新时期我国乡村治理机制创新——基于 20 个典型案例的比较分析》,《科学社会主义》2019 年第 6 期。

[59]卫裕国:《农村两委"一肩挑"模式下的党组织执政能力研究》,《前进》2007 年第 7 期。

[60]易新涛:《村党组织书记"一肩挑"的生成逻辑、内涵解析和实施指向》,《探索》2020 年第 4 期。

[61]张琦:《巩固拓展脱贫攻坚成果同乡村振兴有效衔接:基于贫困治理绩效评估的视角》,《贵州社会科学》2021 年第 1 期。

[62]张琦、张涛:《中国减贫制度体系探索:考核评估的创新实践》,《甘肃社会科学》2021 年第 1 期。

[63]张力、逄强、张琦:《中国贫困治理的实践历程和主要经验》,《社会治理》2021 年第 1 期。

[64]万君、张琦:《绿色减贫:贫困治理的路径与模式》,《中国农业大学学报(社会科学版)》2017 年第 5 期。

[65]董敬畏:《村级组织负责人"一肩挑"制度面临的挑战及对策》,《中州学刊》2020 年第 9 期。

[66]张书林:《新时代农村基层党建创新:困境、肇因、路径——基于对山东农村基层党建综合调研的视角》,《中共福建省委党校(福建行政学院)学报》2020 年第 3 期。

[67]高鸣、芦千文:《中国农村集体经济:70 年发展历程与启示》,《中国农村经济》2019 年第 10 期。

[68]余科杰:《关于中国共产党执政合法性的几点思考》,《新视野》2017 年第 2 期。

[69]樊雅强、陈洪生:《社会主义新农村建设中的乡村治理理论与实践》,《江西社会科学》2007 年第 3 期。

[70]卢冲、庄天慧:《精准匹配视角下驻村干部胜任力与贫困村脱贫成效研究》,《南京农业大学学报(社会科学版)》2016 年第 5 期。

[71]马文武、李中秋:《中国特色减贫实践:1978—2018——基于贫困治理体系和治理能力分析框架视角》,《毛泽东邓小平理沦研究》2018 年第 12 期。

[72]马晓河、刘振中、钟钰:《农村改革 40 年:影响中国经济社会发展的五大事件》,《中国人民大学学报》2018 年第 3 期。

[73]谭清华:《中国贫困治理七十年——扶贫政策创新视域》,《改革与战略》2019 年第 8 期。

[74]王帆宇:《改革开放以来中国特色扶贫道路:脉络梳理与经验总结》,《西北民族大

学学报(哲学社会科学版)》2020 年第 1 期。

[75]向德平、华汛子:《改革开放四十年中国贫困治理的历程、经验与前瞻》,《新疆师范大学学报(哲学社会科学版)》2019 年第 2 期。

[76]熊晞:《党的三代领导集体对实现共同富裕的探索与创新》,《中国特色社会主义研究》2006 年第 3 期。

[77]易棉阳:《论习近平的精准扶贫战略思想》,《贵州社会科学》2016 年第 5 期。

[78]袁金辉、杨艳花:《深度贫困地区精准扶贫实施成效与长效机制构建——基于渝东北地区的调查》,《重庆社会科学》2021 年第 1 期。

[79]夏锦文:《共建共治共享的社会治理格局:理论构建与实践探索》,《江苏社会科学》2018 年第 3 期。

[80]孙乔婧:《治理能力视域下的农村基层党组织建设》,《人民论坛·学术前沿》2019 年第 22 期。

[81]张晓山:《农村基层治理结构:现状、问题与展望》,《求索》2016 年第 7 期。

[82]李维安:《绿色治理准则:实现人与自然的包容性发展》,《南开管理评论》2017 年第 5 期。

[83]杨达、康宁:《大扶贫、大数据、大生态:"一带一路"绿色治理的中国经验》,《江西社会科学》2020 年第 9 期。

[84]王宾、于法稳:《基于绿色发展理念的山区精准扶贫路径选择——来自重庆市的调查》,《农村经济》2017 年第 10 期。

[85]张毓卿、周才云:《精准扶贫视域下赣南生态扶贫困境与优化路径》,《江西社会科学》2016 年第 12 期。

[86]葛宏、吴宝晶、欧阳放:《绿色扶贫是环境与经济的双赢选择》,《经济问题探索》2001 年第 10 期。

[87]谢炜、郝宇青:《乡村振兴视域下"三治融合"实施成效研究——基于上海的实证调查》,《学习与探索》2021 年第 2 期。

[88]郝宇青:《"政治生态"的内涵解读》,《探索与争鸣》2015 年第 11 期。

[89]熊光清:《如何塑造良好的政治生态》,《探索与争鸣》2015 年第 8 期。

[90]李春根、王雯:《基于五大发展理念的新时期扶贫工作探讨》,《财贸经济》2016 年第 10 期。

[91]吴中全、杨志红、王志章:《生态补偿、精英俘获与农村居民收入——基于重庆市酉阳县 11 个易地扶贫搬迁安置点的微观数据》,《西南大学学报(社会科学版)》2020 年第 1 期。

[92]倪明胜:《中国共产党社会整合功能的调适与优化——基于现代政治有效性的思

考》，《社会主义研究》2012 年第 3 期。

[93]李剑：《民主集中制贯彻执行中存在的问题、原因及对策》，《理论学刊》1998 年第 6 期。

[94]石伟：《全面从严治党责任制度的法理基础与逻辑判定》，《当代世界与社会主义》2020 年第 1 期。

[95]刘毅、杜彬伟：《基层党委落实全面从严治党主体责任的思考》，《学习与实践》2016 年第 10 期。

[96]杨秀丽、徐百川：《精准扶贫政策实施中村民自治能力提升研究》，《南京农业大学学报（社会科学版）》2017 年第 4 期。

[97]李爱国：《基于市场效率与社会效益均衡的精准扶贫模式优化研究》，《贵州社会科学》2017 年第 9 期。

[98]顾海英：《新时代中国贫困治理的阶段特征、目标取向与实现路径》，《上海交通大学学报（哲学社会科学版）》2020 年第 6 期。

[99]马海韵：《"共建共治共享社会治理格局"的理论内涵——基于社会治理创新的视角》，《北京交通大学学报（社会科学版）》2018 年第 4 期。

[100]郭占锋、李琳、张坤：《从"悬浮型"政权到"下沉型"政权——精准扶贫对基层治理的影响研究》，《中国农村研究》2018 年第 1 期。

[101]郑有贵：《脱贫攻坚伟大实践孕育中国特色反贫困理论》，《红旗文稿》2021 年第 7 期。

[102]胡长栓：《中国全面脱贫的重大理论意义》，《红旗文稿》2021 年第 6 期。

[103]郭红军、刘佳琪：《习近平的扶贫方法探论》，《科学社会主义》2021 年第 1 期。

[104]彭庆红：《人类反贫困的划时代成就》，《红旗文稿》2021 年第 3 期。

[105]吕方：《精准扶贫与国家减贫治理体系现代化》，《中国农业大学学报（社会科学版）》2017 年第 5 期。

[106]张伟军：《当代中国农村治理模式的演进逻辑——基于政府与社会关系的分析》，《宁夏党校学报》2019 年第 2 期。

[107]刘承礼：《精准扶贫重构地方治理结构——以甘肃省精准扶贫"1+17"方案为例》，《行政管理改革》2016 年第 5 期。

[108]胡红霞、李达、王俊程：《精准扶贫与乡村治理创新》，《西南科技大学学报（哲学社会科学版）》2017 年第 5 期。

[109]刘正平、王瑶：《精准扶贫如何助推乡村治理能力提升——以甘肃实践为例》，《开发研究》2020 年第 4 期。

[110]王雨磊：《村干部与实践权力——精准扶贫中的国家基层治理秩序》，《公共行政

评论》2017 年第 3 期。

[111]徐琳、樊友凯:《乡村善治视角下精准扶贫的政治效应与路径选择》,《学习与实践》2017 年第 6 期。

[112]王丽惠:《连片山区乡村的发展式治理——精准扶贫溢出效应及对村治体系的重构》,《学术交流》2018 年第 12 期。

[113]万江红、苏运勋:《精准扶贫基层实践困境及其解释——村民自治的视角》,《贵州社会科学》2016 年第 8 期。

[114]牛宗岭、刘秀清、刘泓:《预防型治理:精准扶贫背景下的基层社会治理模式创新》,《湖北社会科学》2016 年第 6 期。

[115]李博:《乡村治理转型与农村精准扶贫》,《山西农业大学学报(社会科学版)》2016 年第 8 期。

[116]李博、左停:《谁是贫困户？精准扶贫中精准识别的国家逻辑与乡土困境》,《西北农林科技大学学报(社会科学版)》2017 年第 4 期。

[117]魏程琳、赵晓峰:《常规治理、运动式治理与中国扶贫实践》,《中国农业大学学报(社会科学版)》2018 年第 5 期。

[118]雷望红:《论精准扶贫政策的不精准执行》,《西北农林科技大学学报(社会科学版)》2017 年第 1 期。

[119]张占斌:《中国减贫的历史性成就及其世界影响》,《马克思主义研究》2020 年第 12 期。

[120]张世勇:《国家认证、基层治理与精准识别机制——基于贵州 W 县精准识别实践的考察》,《求索》2018 年第 1 期。

[121]李亚冬:《新时代“三治结合”乡村治理体系研究回顾与期待》,《学术交流》2018 年第 12 期。

[122]吴新叶:《基层自治扩展:农村治理的困境与出路》,《内蒙古社会科学(汉文版)2005 年第 2 期。

[123]刘俊生、何炜:《从参与式扶贫到协同式扶贫:中国扶贫的演进逻辑——兼论协同式精准扶贫的实现机制》,《西南民族大学学报(人文社科版)》2017 年第 12 期。

[124]闫斌:《新时代农村精准扶贫的法治困境及其破解》,《学术探索》2019 年第 12 期。

[125]王志刚、封启帆:《巩固贫困治理策略:从精准扶贫到乡村振兴》,《财经问题研究》2021 年第 5 期。

[126]兰剑、慈勤英:《后脱贫攻坚时代农村社会救助反贫困的困境及政策调适》,《西北农林科技大学学报(社会科学版)》2019 年第 3 期。

[127]曾明:《压力型体制下贫困治理的基层条块协同逻辑》,《安徽师范大学学报(人文社会科学版)》2020 年第 5 期。

[128]仇叶:《行政权集中化配置与基层治理转型困境——以县域“多中心”模式为分析基础》,《政治学研究》2021 年第 1 期。

[129]倪大钊、徐志毅、钟超:《“先锋”与“后盾”:个体资本、单位层级与第一书记贫困治理绩效——基于陕甘宁深度贫困地区 72 个贫困村的实证分析》,《公共管理学报》2020 年第 4 期。

[130]刘方亮、刘雁成:《乡村治理主体结构:内容构成、问题成因和优化路径》,《理论导刊》2021 年第 4 期。

[131]陈鹏:《中国社会治理 40 年:回顾与前瞻》,《北京师范大学学报(社会科学版)》2018 年第 6 期。

[132]黄一玲、刘文祥:《中国共产党的领导是消灭贫困的政治保证——我国农村扶贫政策的历史演变及其展望》,《毛泽东邓小平理论研究》2020 年第 6 期。

[133]高艳芳、黄永林:《论村规民约的德治功能及其当代价值——以建立“三治结合”的乡村治理体系为视角》,《社会主义研究》2019 年第 2 期。

[134]张远新:《中国贫困治理的世界贡献及世界意义》,《红旗文稿》2020 年第 22 期。

[135]孙剑:《开启精准扶贫新时代》,《红旗文稿》2016 年第 21 期。

[136]黄雯:《强镇扩权:乡镇行政体制改革的新探索》,《理论与改革》2016 年第 4 期。

[137]黄家亮:《百年变迁视野下的定县乡村建设实验》,《山东社会科学》2020 年第 12 期。

[138]农村工作通讯编辑部:《中国共产党百年农政史记》,《农村工作通讯》2021 年第 Z1 期。

[139]吴蓉、施国庆:《后税费时代乡村治理问题与治理措施——基于文献的讨论》,《农业经济问题》2018 年第 6 期。

[140]翟坤周:《经济绿色治理:框架、载体及实施路径》,《福建论坛(人文社会科学版)》2016 年第 9 期。

[141]武沁宇:《中国共产党扶贫理论与实践研究》,吉林大学 2017 年博士学位论文。

[142]何仁伟、李光勤、刘邵权:《可持续生计视角下中国农村贫困治理研究综述》,《中国人口·资源与环境》2017 年第 11 期。

[143]袁树卓、殷仲义、高宏伟:《精准扶贫中贫困的瞄准偏离研究——基于内蒙古 Z 县建档立卡案例》,《公共管理学报》2018 年第 4 期。

[144]叶霄、曾静、李钰:《四川省贫困地区精准扶贫存在的问题及对策建议》,《农村经济与科技》2019 年第 1 期。

[145]高军龙、寇荷超、张海洋:《协同治理:“悬浮”化乡镇基层政权“软着陆”的实现理路》,《理论导刊》2015年第8期。

[146]谢炜、郝宇青:《乡村振兴视域下“三治融合”实施成效研究——基于上海的实证调查》,《学习与探索》2021年第2期。

[147]姚锐敏:《全面推行村级组织负责人“一肩挑”的障碍与路径》,《中州学刊》2020年第1期。

五、法律法规、政策文件及统计资料

[1]《中华人民共和国民法典》,人民出版社2020年版。

[2]《中华人民共和国农民专业合作社法》,中国民主法制出版社2018年版。

[3]《中国共产党章程》,人民出版社2017年版。

[4]《中国共产党支部工作条例(试行)》,人民出版社2018年版。

[5]《中华人民共和国农村土地承包法　中华人民共和国村民委员会组织法(2018年修订)》,中国民主法制出版社2019年版。

[6]《中华人民共和国村民委员会组织法(试行)》,《中华人民共和国国务院公报》1987年第27期。

[7]《中华人民共和国村民委员会组织法(1998年修订)》,《中华人民共和国全国人民代表大会常务委员会公报》1998年第5期。

[8]《中华人民共和国村民委员会组织法(2010年修订)》,《中华人民共和国全国人民代表大会常务委员会公报》2010年第7期。

[9]《中华人民共和国乡村振兴促进法》,《中华人民共和国全国人民代表大会常务委员会公报》2021年第4期。

[10]国家统计局住户调查办公室:《中国农村贫困监测报告2019》,中国统计出版社2019年版。

[11]《国家脱贫攻坚普查公报(第一号)——国家脱贫攻坚普查如期完成》,《中国统计》2021年第2期。

[12]《国家脱贫攻坚普查公报(第三号)——国家贫困县建档立卡户享受帮扶政策情况》,《中国统计》2021年第2期。

[13]《中共四川省委关于深入贯彻党的十九届四中全会精神推进城乡基层治理制度创新和能力建设的决定》,《四川日报》2019年12月12日。

[14]《中国共产党农村工作条例》,《人民日报》2019年9月2日。

[15]《中共中央印发〈中国共产党农村基层组织工作条例〉》,《人民日报》2019年1月11日。

[16]《中共中央国务院关于打赢脱贫攻坚战的决定》,《中华人民共和国国务院公报》2015 年第 35 期。

[17]《中共中央国务院关于坚持农业农村优先发展做好"三农"工作的若干意见》,《中华人民共和国国务院公报》2019 年第 7 期。

[18]《国务院关于印发中国农村扶贫开发纲要(2001—2010 年)的通知》,《中华人民共和国国务院公报》2001 年第 23 期。

[19]《国务院关于印发"十三五"脱贫攻坚规划的通知》,《中华人民共和国国务院公报》2016 年第 35 期。

[20]《中共中央办公厅 国务院办公厅印发〈关于建立贫困退出机制的意见〉》,《中华人民共和国国务院公报》2016 年第 14 期。

[21]中共中央办公厅、国务院办公厅:《省级党委和政府扶贫开发工作成效考核办法》,《中华人民共和国国务院公报》2016 年第 7 期。

[22]《中共中央办公厅 国务院办公厅印发〈关于加强和改进乡村治理的指导意见〉》,《中华人民共和国国务院公报》2019 年第 19 期。

[23]《国务院办公厅关于印发农村残疾人扶贫开发纲要(2011—2020 年)的通知》,《中华人民共和国国务院公报》2012 年第 4 期。

[24]《国务院办公厅关于健全生态保护补偿机制的意见》,《中华人民共和国国务院公报》2016 年第 15 期。

[25]《教育部 国务院扶贫办关于印发〈深度贫困地区教育脱贫攻坚实施方案(2018—2020 年)〉的通知》,《中华人民共和国教育部公报》2018 年第 Z1 期。

[26]《生态环境部关于生态环境保护助力打赢精准脱贫攻坚战的指导意见》,《中华人民共和国国务院公报》2019 年第 10 期。

[27]《中共中央关于制定国民经济和社会发展第十四个五年规划和二〇三五年远景目标的建议》,《人民日报》2020 年 11 月 4 日。

[28]《中共中央关于坚持和完善中国特色社会主义制度 推进国家治理体系和治理能力现代化若干重大问题的决定》,《人民日报》2019 年 11 月 6 日。

[29]《中共中央关于全面推进依法治国若干重大问题的决定》,《人民日报》2014 年 10 月 29 日。

[30]《中共中央国务院关于抓好"三农"领域重点工作确保如期实现全面小康的意见》,《人民日报》2020 年 2 月 6 日。

[31]《中共中央国务院关于打赢脱贫攻坚战三年行动的指导意见》,《人民日报》2018 年 8 月 20 日。

[32]《中共中央国务院印发〈乡村振兴战略规划(2018—2022 年)〉》,《人民日报》2018 年 9

月27日。

[33]《中共中央国务院关于建立健全城乡融合发展体制机制和政策体系的意见》,《人民日报》2019年5月6日。

[34]《中共中央国务院关于全面推进乡村振兴加快农业农村现代化的意见》,人民出版社2021年版。

[35]《中办国办印发〈关于加强贫困村驻村工作队选派管理工作的指导意见〉》,《人民日报》2017年12月25日。

[36]中华人民共和国国务院新闻办公室:《人类减贫的中国实践》白皮书,人民出版社2021年版。

[37]习近平:《在庆祝中国共产党成立100周年大会上的讲话》,《人民日报》2021年7月2日。

[38]习近平:《在决战决胜脱贫攻坚座谈会上的讲话》,《人民日报》2020年3月7日。

[39]习近平:《携手消除贫困　促进共同发展》,《人民日报》2015年10月17日。

[40]习近平:《关于〈中共中央关于制定国民经济和社会发展第十三个五年规划的建议〉的说明》,《人民日报》2015年11月4日。

[41]习近平:《在全国脱贫攻坚总结表彰大会上的讲话》,《人民日报》2021年2月26日。

[42]习近平:《决胜全面建成小康社会　夺取新时代中国特色社会主义伟大胜利——在中国共产党第十九次全国代表大会上的报告》,《人民日报》2017年10月28日。

[43]国务院扶贫开发领导小组办公室:《中国农村扶贫概要》,中国财政经济出版社2003年版。

[44]国务院扶贫开发领导小组办公室综合司、国务院研究室农村经济研究司:《脱贫攻坚基层实践》,中国言实出版社2020年版。

[45]国家发展和改革委员会:《〈十三五扶贫攻坚规划〉辅导读本》,人民出版社2017年版。

[46]国家统计局住户调查办公室:《中国农村贫困监测报告2016》,中国统计出版社2016年版。

[47]习近平:《关于〈中共中央关于坚持和完善中国特色社会主义制度、推进国家治理体系和治理能力现代化若干重大问题的决定〉的说明》,《共产党员》2019年第23期。

后　记

本书是国家社科基金项目“精准扶贫视域下的农村治理体制机制创新研究”(16BSH023)的结项成果。

长期以来,农村曾是贫穷落后的代名词,所以乡村治理总是与贫困治理纠缠在一起。虽然这个问题在农耕文明时代不存在,只是在工业化和信息化时代才突显出来,今天的一二三产业的共时性结构,其位序排列恰好反映了历时性的发展阶段。

农村是一个古老、广阔、文化的天地。当中华大地上的远古先民,结束了最原始的采集狩猎生产方式,就进入了农耕社会,利用人畜等自然力种植养殖了几千年,直到近代以来才逐步走向农业机械化、自动化和生态化。在我国960万平方公里的土地上,600多个城市占有6万多平方公里面积,加上县城、乡镇、开发区、其他建筑物以及水利设施等建设用地,整个面积也就是20万平方公里,而其余广袤土地都是乡村、生态保育区,特别是18亿亩即120万平方公里土地被划定为我国的耕地红线,都是第一产业区。中国作为一个后发国家,直到经过最近四十多年改革开放,才基本完成了工业化和城市化的历史任务,所以,农耕文明是我们中华传统文化的主体。如果说工业文明是对农耕文明的否定,那么,可以预测,以农业现代化为重要内容的生态文明,将是对它的否定之否定。而且,几千年的农耕文明本身并非简单循环和一成不变,恰恰相反,它是一个从低级到高级、由传统到现代的长期进化发展过程,只是这种进化发展的规模、速度和成效,远不如工业化、城市化那么显著、迅猛以及辉煌。

一定意义上而言,几千来尤其是近代以来的农村进化发展史在实质上就是一部反贫困斗争史。作为第一产业的我国农业,担负着解决人口的粮食、饭碗问题的使命，但消费总是多于生产，需求总是大于供给，更何况自然灾害和战争造成的贫困与饥荒，以及社会结构性体制性原因造成的财富分配不公，又扩大和加深了贫困的范围与程度。尽管不同历史阶段有着不同的乡村治理政策，但都直接或间接同治理贫困相关联。本书所考察和分析的是当代中国的治贫治村阶段亦即精准扶贫阶段，精准扶贫肩负着脱贫攻坚的历史使命，同时也是一场深刻的社会治理革命。在这一时期，中国共产党团结带领人民群众，经过八年艰苦卓绝的奋斗，终于在全国范围内消除了绝对贫困、整体性贫困，全面建成了小康社会，“为基层社会治理探索了新路径”，从而兑现了党对人民的庄严政治承诺。

专门研究当代中国的治贫治村问题，对我而言应是源于多种机缘。作为“50后”的我，生长在农村，生活和工作在城市。改革开放的四十多年，是中国工业化和城市化最迅猛时期，现在中国的大多数城市市民，可以说都是此期间的几代青年农民为了摆脱贫困，通过进城求学、务工、考公、经商、办企业等途径，从农村到城市，从农民到市民，完成了一场根本的身份大转变、罕见的人口大迁徙。自己作为其中一员，离开农村后，追随着工业化城市化的浪潮，几十年来一直都在向前奔走，难得驻足回望来路。虽长期在高校从事教学、科研和管理工作，但“乡愁”不能割舍，自己同仍在农村生活的弟弟和亲戚保持着密切联系，不断了解和关注着农村的历史变迁，这是其一。其二，自己在高校从事有关马克思主义、政治学、法理学和社会学等基础理论的教研工作，这些专业课程虽主要与社会上层建筑、宏大历史叙事和概念逻辑演绎相联系，但它们却有一个共同点即治理问题。我基于对治理问题的兴趣及思考，自然延伸到去关注乡村治理这一基层基础和微观问题，并就此在不同的时段和领域进行了一些零散的研究。其三，2016 年开始系统地研究当代中国的治贫治村问题。当时精准扶贫脱贫攻坚的战斗正在全国轰轰烈烈地开展，这种百年未有之大变局吸引了我们的注意力。作为高校教师和人文学者，我和王敏同志把过去零散的研究汇集起来，以此为基础申报获准了国家社科基金项目立项，从此开始了这项专门研究工作，并以这种方式，积极参与精准扶贫和乡村振兴的社会实践，竭力回报生养自己的广阔天地。

整个研撰工作历经五年，为时并不算短。其间遇到诸多难处，最初是自己管理庶务缠身,直到 2018 年才不再“双肩挑”,全身心地回归教研本位,方可集中精力来做此项工作。其后在研撰过程中,不仅是精准扶贫进入了“啃硬骨头”、决战决胜的最后阶段,而且还面临新冠疫情的冲击和挑战,这使得我们对调研资料的完整系统获取时间不得不往后推延,使得我们安排几次线下专题研讨会议因疫情不得不采取线上视频的形式。从学术研究方面来说,困难主要表现为以下几点:首先就是要超越扶贫减贫的乡村经济研究和民主自治的乡村政治研究相互隔膜即“两张皮”问题,以及避免简单的政策解释和经验介绍问题。其次是研撰的切入点问题,为了不“炒冷饭”,避免雷同,开始总想刻意求新,但对切入点、着力点却难于找准,通过深入的文献阅读和调查研究,最后才确定基于精准扶贫内在的结构功能及其发挥来研究乡村治理变革。再次是真正理解精准扶贫问题。在全国广泛开展的精准扶贫脱贫攻坚政策实践,历时八年方才大功告成。为了避免空谈理论,研究团队的各位成员,不仅深入贫困乡村开展常规的现场观察、走访座谈、问卷调查,而且皆受所在单位派遣,以不同的方式和不同程度参加了精准扶贫的具体工作,积累了较为丰富的感性素材,从而能够较深刻地理解本书研究的对象和主题;为了避免身在此山中、不识真面目的局限,我们把课题研究的完成时间延迟了两年,也就是在精准扶贫脱贫攻坚胜利结束后,方才推出课题研撰的结项成果,这就给我们多维度和理性客观地认识这场伟大社会实践创造了条件。

本书是集体劳动的成果。课题研究团队,除我是年长者外,皆是“70 后”“80 后”出生的少壮派,他们也在农村生长,研究生毕业后相继在各高校从事专业技术工作,并将基层民主和乡村治理作为自己的研究方向,如李俊、汤玉权教授早已在该领域做出了突出成绩,因此可以说课题组是一支有实力的队伍。该书由聂应德提出研撰的基本思路和框架结构,经集体讨论确定,然后分头研撰。具体分工是:绪论聂应德(西华师范大学),第一章(一)张强明(四川师范大学)、(二)邓维(西华师范大学),第二章、第七章王敏(西华师范大学),第三章、第五章部清攀(西南交通大学),第四章茹婧(西南石油大学),第六章汤玉权(广西大学)、吴永江(重庆大学),第八章李俊(四川大学),结语汤玉权。最后,由聂应德、李俊统修定稿。邓维在课题调研、会议安排、文稿编辑打印等方面做了许多具体工作,张强明进行了注释和参考文献的核实校对工作。

本书的出版,既是对我们过去研究工作的总结,同时又提出了新的问题、开启了新的征程。诚然,本书基于精准扶贫脱贫攻坚的实践经验,系统地考察和分析了乡村治理的改革创新,指出了这场精准扶贫脱贫攻坚的最主要的特点是党政主导、精细准确,最主要的经验是在全面建成小康社会中把人民至上、共同富裕等制度优势转化为治理效能、在实施精准扶贫方略中巩固和发展基层民主和村民自治、用全面深化改革的精神对待脱贫攻坚的社会实践等,此外,还说明了这场治贫治村改革的重要成果和基本经验被要求在实施乡村振兴战略中推广和提高,并在最近三年全国农村抗击新冠疫情中得到应用和证明。这里,特别需要指出的是,正如精准扶贫脱贫攻坚只是我国治贫治村过程中的一个阶段,是全面深化改革的产物一样,在实施乡村振兴战略和实现农业农村现代化的新时期,精准扶贫脱贫攻坚的治贫治村的价值观念、政策要求、体制机制也需要与时俱进,也面临着被改革被超越的问题。因为任何一种体制机制都不可能绝对地好或绝对地差,要正确地加以选择,必须一切以时间、地点和条件为转移;并且体制机制孰好孰差、孰优孰劣,必须以人民群众是否满意为判断标准。那么,试问扶贫脱贫是通过变革生产关系还是通过发展生产力,亦即是通过制度主义或物质主义来达成目的?乡村治理是通过发扬基层民主自治还是通过国家主导政权下沉,亦即是通过社会中心主义或政府中心主义来达此目的?答案可能不是用非此即彼、非优即劣的形式逻辑所能说清楚的,但有一点可以肯定,这就是任何体制机制摸式都不是单体结构而是复合结构,一定时期的这种复合结构也不是几种元素的简单相加、机械组合,而是表现为以一种结构为主导的多元有机融合体系,正如在精准扶贫阶段,自治法治德治相融合的乡村治理体制机制是以党政权力为基础的法治主导和效能目标一样,但由于本书主题所限,我们这些方面研究还不够,只能以此作为今后努力的方向。

最后,本书的出版,特别要感谢人民出版社吴继平同志的帮助,感谢西华师范大学社科处和政治与行政学院的支持,感谢各位作者的参与和贡献。书中的错漏和不足,敬请专家学者和读者朋友批评指正!

聂应德　谨识

责任编辑:吴继平
封面设计:林芝玉

图书在版编目(CIP)数据

善治乡村:基于贫困治理的当代创举/聂应德 等著. —北京:人民出版社,2023.7

ISBN 978-7-01-025434-0

Ⅰ.①善… Ⅱ.①聂… Ⅲ.①农村-扶贫-研究-中国 Ⅳ.①F323.8

中国国家版本馆 CIP 数据核字(2023)第 068847 号

善治乡村:基于贫困治理的当代创举

SHANZHI XIANGCUN JIYU PINKUN ZHILI DE DANGDAI CHUANGJU

聂应德 等著

人民出版社 出版发行
(100706 北京市东城区隆福寺街 99 号)

北京汇林印务有限公司印刷 新华书店经销

2023 年 7 月第 1 版 2023 年 7 月北京第 1 次印刷
开本:710 毫米×1000 毫米 1/16 印张:26.75
字数:420 千字

ISBN 978-7-01-025434-0 定价:98.00 元

邮购地址 100706 北京市东城区隆福寺街 99 号
人民东方图书销售中心 电话 (010)65250042 65289539